भारतीय समाज से सम्बन्धित

सामान्य अध्ययन एवं सामयिकी

50

निबन्ध

भारतीय समाज से सम्बन्धित

सामान्य अध्ययन एवं सामयिकी 50 निबन्ध

नदीम हसनैन

वाणी प्रतियोगिता 1

वाणी प्रकाशन ग्रुप

4695, 21-ए, दरियागंज, नयी दिल्ली 110 002

फ़ोन : +91 11 23273167 फ़ैक्स : +91 11 23275710

शाखाएँ

अशोक राजपथ, पटना 800 004, बिहार

कॉफ़ी हाउस कैम्पस, महात्मा गांधी मार्ग, इलाहाबाद 211 001, उत्तर प्रदेश

महात्मा गांधी अन्तरराष्ट्रीय हिन्दी विश्वविद्यालय, वर्धा 442 001, महाराष्ट्र

www.vaniprakashan.com
marketing@vaniprakashan.in
sales@vaniprakashan.in

Bharatiya Samaj Se Sambandhit Samanya Adhyayan Evam Samyiki 50 Nibandh
Translated from the English Original
50 Essays on Indian Society General Studies & Current Affairs
by Nadeem Hasnain
Translated by Niraj Kumar

ISBN : 978-93-5518-220-3
Education/Social Science

प्रथम संस्करण 2022

मूल्य : ₹ 775

आर. टेक ऑफ़सेट प्रिंटर्स, दिल्ली-110 032 में मुद्रित

वाणी प्रकाशन का लोगो मक़बूल फ़िदा हुसेन की कूची से

प्रस्तावना

यह पुस्तक सिविल सेवा परीक्षाओं में बैठने वाले मेरे कई छात्रों द्वारा मुझे दी गयी प्रतिक्रिया का प्रतिफल है। **सामान्य अध्ययन** के पेपर में भारतीय समाज के कुछ पहलुओं पर सवाल पूछे जाते हैं। यह विषय पाठ्यक्रम में चिह्नित विषयों से कुछ इतर हैं। इन विषयों पर आमतौर से पठन सामग्री उपलब्ध नहीं होती। इसी प्रकार से **सामयिकी (करेंट अफेयर्स)** के पेपर में सफलता पाने के लिए इस पुस्तक में विभिन्न विषयों को शामिल किया गया है। छात्रों के बीच ऐसे विषयों की जागरूकता को परखने के लिए परीक्षण बोर्ड द्वारा साक्षात्कार केन्द्रित प्रश्नों को बार–बार पूछा जाता है। प्रत्येक जागरूक और संवेदनशील भारतीय नागरिक इस पुस्तक के अध्ययन के बाद विभिन्न सामयिक मुद्दों पर चर्चा करने में अपने आपको सक्षम पायेंगे।

मुझे इसमें कोई सन्देह नहीं है कि पाठकों के लिए यह पुस्तक अत्यन्त उपयोगी व सार्थक सिद्ध होगी।

सुधी पाठकों व विद्वज्जनों द्वारा हमेशा की तरह टिप्पणियों, सुझावों और आलोचनाओं का स्वागत है।

आभार

सबसे पहले मैं अपनी पत्नी निशात को धन्यवाद देता हूँ, जो ख़ुद एक महिला अधिकार कार्यकर्त्री हैं, जिनकी वजह से मुझे विशेष रूप से महिलाओं से सम्बन्धित कई मुद्दों पर अन्तर्दृष्टि समृद्ध करने का मौक़ा मिला।

इस पुस्तक को श्री अरुण माहेश्वरी जी के प्रोत्साहन के बिना लिखना सम्भव नहीं था, इसके लिए माहेश्वरी जी व सुश्री अदिति माहेश्वरी–गोयल को हृदय से धन्यवाद। अन्त में, मैं वाणी प्रकाशन ग्रुप के सम्पादकीय विभाग को हार्दिक धन्यवाद देता हूँ।

लखनऊ, उत्तर प्रदेश
भारत

नदीम हसनैन
nadeemhasnain@gmail.com

अनुक्रम

1

मेरा शरीर, मेरा अधिकार : भारतीय समाज में महिलाओं के प्रजनन व यौन अधिकार

My Body, My Right: Reproductive and Sexual Rights of Women and Indian Society

भारती समाज में महिलाओं के अधिकार

"महिलाएँ मानव समाज और समुदाय को बरकरार रखने के लिए महत्वपूर्ण और निर्णायक हैं, किन्तु कुछ अपवादों को छोड़कर पुरुष ही सामाजिक और वैधानिक अधिकारों का उपयोग और उपभोग करते हैं। महिलाएँ अपनी प्रजनन–क्षमता को सिर्फ़ एक पुरुष से जोड़कर ही पितृसत्ता में कुछ सकारात्मक स्थिति और विशेषाधिकार प्राप्त कर सकीं ताकि वह अपने बच्चों के लिए उस पर निर्भर रह सकें।"

गेर्ड लर्नर की वर्ष 1986 की कालजयी कृति 'द क्रिएशन ऑफ़ पैट्रिआर्की' का यह कथन महिलाओं के प्रजनन अधिकारों के बुनियादी स्वरूप की रूपरेखा को स्पष्ट करता है।

बहरहाल, बुनियादी और मोटे तौर पर प्रजनन अधिकार व्यक्तियों के अधिकार हैं जो यह निर्धारित करते हैं कि प्रजनन करना है कि नहीं या प्रजनन से सम्बन्धित स्वास्थ्य कैसा है? वस्तुतः महिलाओं के प्रजनन अधिकार में निम्नलिखित तत्व समाहित हैं जिन्हें निम्नलिखित बिन्दुओं के माध्यम से प्रदर्शित किया गया है :

- वैधानिक और सुरक्षित गर्भपात का अधिकार
- व्यक्तिगत प्रजनन सम्बन्धी कार्यों पर नियन्त्रण और चयन का अधिकार

- प्रजनन विकल्पों को बाध्यकारी, भेदभावपूर्ण और हिंसा से मुक्त बनाने का अधिकार
- सेक्स, गर्भनिरोधक और यौन संचारित रोगों से सम्बन्धित जानकारी या शिक्षा की उपलब्धता का अधिकार
- बाध्यकारी नसबन्दी और गर्भनिरोधकों से मुक्ति का अधिकार
- जननांग विकृति जैसे लिंग आधारित प्रथाओं और व्यवहारों से स्वयं को सुरक्षित रखने का अधिकार
- प्रजनन से सम्बन्धित स्वास्थ्य के गुणवत्तापूर्ण होने का अधिकार
- प्रजनन के पारदर्शी, सूचित और निःशुल्क विकल्पों से सम्बन्धित शिक्षा का अधिकार।

प्रजनन अधिकारों को मानवीय अधिकारों में अन्तर्भूत करने की माँग का एक लम्बा इतिहास रहा है : महिलाओं के मानसिक स्वास्थ्य और यौन विषय संयुक्त राष्ट्र संघ की चिन्ता नहीं थे जब तक कि महिलाओं के दशक के रूप में सम्बोधित किये जाने वाले दौर (1975–1985) के दरमियान उन्हें इस विषय के सन्दर्भ में विचार करने के लिए विवश नहीं कर दिया गया। हालाँकि इनमें से कुछ अधिकार अब क़ानूनी रूप से अन्तरराष्ट्रीय मानवाधिकार के लिए बाध्यकारी और उपयोगी उपकरण हैं, अन्य अधिकारों को भी मानव अधिकारों के उपसमुच्चय के अन्तर्गत समाहित किया गया है। महिलाओं को भी स्वास्थ्य के उच्चतम मानकों और उसके दोहन के विकल्प का आनन्द मिलना चाहिए और निश्चित रूप से इसमें प्रजनन स्वास्थ्य सम्मिलित है।

'एमनेस्टी इंटरनेशनल' ने प्रजनन अधिकारों को मान्यता देते हुए इसकी रूपरेखा के स्वरूप को निम्नलिखित बिन्दुओं द्वारा माध्यम से प्रदर्शित किया गया है :

- सरकारों को लोगों की कामुकता और प्रजनन को नियन्त्रित करने के लिए आपराधिक क़ानून बनाने से न केवल बचना चाहिए बल्कि इसे तत्काल प्रभाव से निरस्त कर देना चाहिए और आगे, इसे स्थगित कर देना चाहिए।
- लोगों को अपने निर्णय स्वयं लेने के लिए प्रोत्साहित और सशक्त किया जाना चाहिए और उन्हें किसी भी हस्तक्षेप के बिना जीवन व्यतीत करने के लिए उपयुक्त परिस्थितियाँ बनानी चाहिए।

- सरकारों को यह सुनिश्चित करना चाहिए कि प्रजनन, स्वास्थ्य, यौन सम्बन्धी शिक्षा एवं–सूचना लोगों के लिए सरल, सहज और सुलभ रूप से उपलब्ध हो।

इसमें यह भी कहा गया है कि महिलाओं, लड़कियों और हाशिये पर के समूहों, मसलन, समलैंगिक पुरुष–महिलाएँ, लिंग/लैंगिक परिवर्तित समूह (ट्रांस) या तथाकथित निचली जातियाँ, ग़रीब या अल्पसंख्यक जब अपने अधिकारों को व्यवहार में लाने की कोशिश करते हैं, तो वास्तव में वे बहुत बड़ा जोख़िम उठा रहे होते हैं।

गर्भपात और भारतीय समाज

सामान्य और सरल शब्दों में कहें, तो गर्भपात गर्भाशय से भ्रूण का निष्कासन है, इससे पहले कि वह जीवन–योग्य हो जाय। मनुष्यों में यह आमतौर पर गर्भ के 20 सप्ताह के इर्द–गिर्द होता है। गर्भपात अनायास भी हो सकता है, इस परिस्थिति में भी इसे 'अकाल प्रसव' (मिसकरेज) कहते हैं अथवा इसे उद्देश्यपूर्ण और चिन्तन–मनन करके भी किया जाता है। इसे 'अभिप्रेरित गर्भपात' कहा जा सकता है। मेडिकल के रूढ़ शब्दों में कहें, तो अभिप्रेरित गर्भपात को 'द मेडिकल टर्मिनेशन ऑफ़ प्रेग्नेंसी' कहा जाता है।

अधिकांश विकसित, पश्चिमी समाजों में जीवन को बदलने वाले निर्णय लेना महिलाओं का विशेषाधिकार है, चूँकि गर्भपात एक संवेदनशील और भावनात्मक मुद्दा है जो प्रत्यक्ष रूप से महिलाओं के मानसिक और मनोविज्ञान के स्वास्थ्य को प्रभावित करता है, इसलिए किसी को भी यह अधिकार नहीं है कि वह उसे निर्देशित या प्रभावित करने की कोशिश करे। यह निश्चित रूप से दुर्भाग्य और विद्रूपता का भी विषय है कि भारत जैसे पितृसत्तात्मक समाज में सभी जाति, वर्ग, धर्म और जातीय समाजों से आने वाली अधिकांश महिलाएँ अपने प्रजनन सम्बन्धी अधिकारों को व्यवहार में नहीं ला पाती हैं। यहाँ *वंश* और *कुल* को किसी के व्यक्तिगत अधिकारों विशेषकर महिलाओं के सन्दर्भ में प्राथमिकता और वरीयता दी जाती है। जब कोई मर्द या पुरुष यह निर्णय लेता है कि कब और कितने बच्चे करने हैं, तो इस परिप्रेक्ष्य से महिलाएँ बच्चे पैदा करने की ऐसी मशीन या यन्त्र से ज़्यादा कुछ नहीं समझी जातीं जो सम्बद्ध *वंश* या *कुल* की सेवादार या गुलाम है। इस प्रकार, यह स्पष्ट है कि सेक्स या प्रजनन से सम्बद्ध विकल्पों और निर्णयों पर दूसरों, मसलन, पति, पारिवारिक सदस्य, धार्मिक समूहों या अन्य प्राधिकारों का अधिकार है।

अपनी ख़ुद की कोख : निजता और प्रजनन सम्बन्धी अधिकार : घोष और खेतान (2017) ने उपर्युक्त शीर्षक के साथ महत्त्वपूर्ण लेख में निजता या गोपनीयता के सन्दर्भ में दो महत्त्वपूर्ण निर्णयों का विश्लेषण किया है– निजता निर्णय (जस्टिस के. एस. पुट्टस्वामी बनाम भारत संघ, 2012) मामले में 24 अगस्त, 2017 को भारत के सर्वोच्च न्यायालय के नौ न्यायधीशों की पीठ ने सर्वसम्मति से निजता को संविधान के अन्तर्गत एक मौलिक अधिकार के रूप में निर्धारित और रेखांकित कर दिया। पीठ ने निजता को एक परक्राम्य अधिकार के रूप में मान्यता दी, जो गरिमा जैसे मूल्यों पर आधारित है और जो हमारे समस्त मौलिक अधिकारों को रेखांकित करता है और यह स्पष्ट रूप से व्यक्ति में निजता की विद्यमानता को प्रतिष्ठित करता है। पीठ ने निजता के स्वरूप के दायरे में शरीर, मस्तिष्क और विकल्पों के चयन का व्यक्तिगत स्वतन्त्रता/स्वायत्त का अधिकार तो अन्तर्भूत किया ही है साथ ही साथ सूचनात्मक और पारदर्शी निजता को भी समाहित किया है। इन्हीं व्यक्तिगत स्वायत्त सम्बन्धी अधिकारों में महत्त्वपूर्ण और कमोबेश निर्णायक प्रजनन–अधिकार है। इसमें यौन और प्रजनन सम्बन्धी निर्णय लेने के अधिकार भी शामिल हैं। पीठ ने सुचिता श्रीवास्तव बनाम चंडीगढ़ प्रशासन (2009) मामले में यह निर्णय दिया कि "प्रजनन अधिकारों में जन्म देने के लिए गर्भावस्था को पूर्ण अवधि तक ले जाने और बाद में बच्चों को पालने के लिए महिलाओं का अधिकार शामिल है, और ये अधिकार एक महिला की निजता, गरिमा और शारीरिक अखण्डता के अधिकार का हिस्सा है।" क्या यह 'प्रजनन सम्प्रभुता' भारतीय समाज में ज़मीनी है? इसमें कोई सन्देह नहीं है कि गर्भनिरोधक गोलियाँ महिलाओं के लिए व्यापक स्तर पर परिवर्तनकारी रही हैं और सतर्क एवं सजग महिलाएँ इसका उपयोग अपने लाभ के लिए करती रही हैं। दरअसल, मौलिक मानवीय अधिकारों में अन्यों के समान ही प्रजनन अधिकार और लैंगिक समानता भी उतना ही महत्त्वपूर्ण है।

मार्च, 2021 में 'द मेडिकल टर्मिनेशन ऑफ़ प्रेगनेंसी (संशोधन) विधेयक, पारित किया गया और केन्द्रीय सरकार ने इसे विज्ञापित किया। यह 'द मेडिकल टर्मिनेशन ऑफ़ प्रेगनेंसी एक्ट 1971' का संशोधित रूप था। यहाँ था कि 1971 का अधिनियम भी तत्कालीन परिस्थितियों में प्रगतिशील माना जाता तक क्योंकि इस विषय पर ब्रिटिश ज़माने से चले आ रहे भारतीय दण्ड संहिता के प्रावधान वर्षों से लागू थे। गर्भपात के लिए महिलाएँ और

सम्बद्ध चिकित्सक, दोनों के लिए सज़ा मुक़र्रर थी। 'द मेडिकल टर्मिनेशन ऑफ़ प्रेगनेंसी (संशोधन) अधिनियम 2021 के पहले गर्भपात के लिए यह आवश्यक था कि गर्भधारण के 12 सप्ताहों के अन्दर कम–से–कम एक चिकित्सक की सलाह ली जाये और 12–20 सप्ताहों की परिस्थिति में, दो चिकित्सकों की सलाहियत अनिवार्य एवं अपरिहार्य थी। संशोधन के तदुपरान्त कथित समय सीमा को विस्तारित किया गया है। अब, गर्भधारण के 20 सप्ताहों की दशा में एक और बलात्कार पीड़िता समेत विशेष रूप से वर्गीकृत महिलाओं के लिए 20–24 सप्ताहों के अन्दर में दो चिकित्सकों की संस्तुति आवश्यक है। इसमें राज्यों और केन्द्रशासित प्रदेशों के लिए भी यह प्रावधान उपबन्धित किया गया है कि वे ऐसे अधिकार सम्पन्न चिकित्सा समितियों का गठन करें जो विशेष परिस्थितियों जैसे कि मरणासन्न अवस्था में 24 से अधिक सप्ताहों के पश्चात भी गर्भपात के लिए संस्तुतियाँ और सलाह दे सकें। दूसरा प्रगतिशील प्रावधान इस संशोधन में यह सम्बद्ध किया गया है कि इस क़ानून के दायरे में अविवाहित महिलाएँ भी लायी गयी हैं जो वैधानिक रूप से गर्भपात का चयन कर सकती हैं। एक अन्य सकारात्मक प्रावधान चिकित्सकों पर दण्ड से सम्बन्धित है जो गर्भपात करने वाली महिलाओं की निजता और गोपनीयता की रक्षा नहीं करते।

ऐसे दौर में जब पुरुष–महिला सम्बन्ध संक्रमण काल से गुज़र रहे हैं और इसमें पूर्व की अपेक्षा व्यापक स्तर पर परिवर्तन आया है और अब 'लिव–इन–रिलेशनशिप' के अन्तर्गत या इसके परे भी पूर्व–वैवाहिक यौन सम्बन्ध दुर्लभ नहीं रहे हैं, कम–से–कम नगरों और महानगरों में तो ऐसी ही स्थितियाँ हैं। न्यायपालिका भी अपने तथाकथित शुद्धतावादी चोले से बाहर निकलती हुई दिख रही है। यहाँ तक कि महिला अधिकारों के पैरोकारों और इससे जुड़े समूहों ने इन कथित संशोधित प्रावधानों का स्वागत करते हुए इसे 'बहुत थोड़ा' और 'बहुत देर से आया हुआ' बता रहे हैं लेकिन साथ ही साथ यह भी सत्य है कि गर्भपात केवल एक चिकित्सकीय मुद्दा भर नहीं है अपितु इसमें सामाजिक, नैतिक–जातीय और वैचारिक मुद्दे समाहित हैं जो प्रत्यक्ष रूप से परिवार, महिलाओं की यौनता या कामुकता–मातृत्व की अवधारणा और राज्य की भूमिका से जुड़ी हुई है। अस्तु, यह कहने में संकोच नहीं होना चाहिए कि भारतीय समाज को अनावश्यक और अप्रचलित मूल्यों एवं मानसिकता से अवश्यंभावी मुक्ति पानी होगी जिससे कि महिलाओं का वंचित तबका अपने बुनियादी अधिकारों से महरूम न रहे।

2

पितृसत्ता, पुरुषत्व और भारतीय समाज
Patriarchy, Masculinity and Indian Society

कई अन्य देशों की तरह भारत भी उग्र मर्दवाद से गहरे जाकर अभिप्रेरित है और यह समाज अपनी प्रकृति में अत्यधिक सघन रूप से पितृसत्तात्मक है। इस तथ्य से व्यापक रूप से सहमत हुआ जा सकता है कि पितृसत्ता एक ऐसे पुरुषों को 'श्रेष्ठतर' बनाती है और जहाँ पुरुषत्व या मर्दवाद एक ऐसी प्रक्रिया है जो तथाकथित श्रेष्ठ पुरुषों को पैदा करती है। सिल्विया वाल्बी पितृसत्ता को सामाजिक संरचनाओं और प्रथाओं की एक प्रणाली के रूप में परिभाषित करती हैं जिसमें पुरुष महिलाओं पर हावी होते हैं, उनका उत्पीड़न और शोषण करते हैं। वह आगे कहती हैं कि पितृसत्ता को सारगर्भित रूप में विभिन्न दृष्टिकोणों और स्तरों पर परिकल्पित और प्रदर्शित किया जा सकता है :

- सबसे सारांशित रूप में, यह सामाजिक सम्बन्धों की एक प्रणाली के रूप में उपस्थित है।
- इससे कम सारगर्भित रूप में, पितृसत्ता का गठन छह संरचनाओं से निर्मित होता है :
  - उत्पादन की पितृसत्तात्मक प्रणाली
  - वैतनिक कार्य में पितृसत्तात्मक सम्बन्ध
  - राज्य में पितृसत्तात्मक सम्बन्ध
  - पुरुष हिंसा
  - यौन विषयों में पितृसत्तात्मक सम्बन्ध और
  - सांस्कृतिक संस्थानों में पितृसत्तात्मकता।

प्रथम संरचना परिवार की उत्पादन प्रणाली में पितृसत्तात्मक प्रभावों को स्पष्ट करती है। इसमें वे महिलाएँ अपने श्रम के बदले में पालन–पोषण अथवा उससे सम्बन्धित मुआवज़ा प्राप्त करती हैं अगर वह दैनिक श्रमिक नहीं हो तो। वस्तुतः घरेलू महिलाएँ उत्पादक वर्ग हैं, जबकि पति एक प्रकार से उसका शोषक और उस पर बलपूर्वक आधिपत्य स्थापित करने वाला वर्ग है।

वैतनिक कार्य के अन्तर्गत पितृसत्तात्मक सम्बन्ध दूसरी पितृसत्तात्मक संरचना है। यह महिलाओं के बेहतर काम की सम्भावनाओं को धूमिल करता है और उसे ऐसे रोज़गार में धकेलने की कोशिश करता है जो तुलनात्मक रूप से कम कुशल हो।

राज्य पितृसत्तात्मक है। वह अपनी नीतियों और कार्यों में पितृसत्तात्मक हितों के प्रति एक व्यवस्थित पूर्वाग्रह रखता है।

पुरुषवादी हिंसा एक और संरचना का गठन करती है। महिलाओं के ख़िलाफ़ पुरुषवादी हिंसा को संस्थागत और व्यवस्थागत रूप से क्षम्य बना दिया गया है और राज्य भी इसमें हस्तक्षेप करने से कमोबेश इनकार ही करता आया है सिवाय अपवादस्वरूप कुछ मामलों के, हालाँकि राज्य में बलात्कार, पत्नी के साथ हिंसा, यौन हिंसा, इत्यादि से जुड़ी घटनाएँ और व्यवहार कमोबेश सभी क्षेत्रों में फैले हुए हैं।

यौन सम्बन्धों में पितृसत्तात्मकता पाँचवी संरचना का गठन करते हैं। अनिवार्य विषमलैंगिकता यानी कि यौनीय रूप से तथाकथित सामान्य पुरुष एवं स्त्री और अन्यायपूर्ण दोहरे मानक इस संरचना के दो प्रमुख नियामक हैं।

पितृसत्तात्मक सांस्कृतिक संस्थान कथित संरचनाओं की श्रृंखला को सम्पन्न करते हैं। यह संरचना सस्थानों के एक समूह से निर्मित होती है जो धर्म, शिक्षा और मीडिया जैसे विभिन्न क्षेत्रों में पितृसत्तात्मक दृष्टिकोण से महिलाओं को विश्लेषित करती है और ऐसे ही नज़रिये से महिलाओं को देखने का प्रतिनिधित्व करती है।

बहरहाल, वाल्बी वैचारिकी पितृसत्ता के दो मुख्य रूपों, निजी और सार्वजनिक के विभेद एवं स्वरूप को सुस्पष्ट करती हैं जिसे निम्नलिखित बिन्दुओं के माध्यम से प्रदर्शित किया गया है :

- निजी पितृसत्ता महिलाओं के उत्पीड़न के मुख्य स्थल के रूप में घरेलू उत्पादन पर आधारित है।
- सार्वजनिक पितृसत्ता मुख्य रूप से रोज़गार और राज्य जैसे सार्वजनिक स्थलों पर आधारित है।

निजी पितृसत्ता के अन्तर्गत किसी परिवार में महिलाओं के श्रम और उसकी उपादेयता का निर्धारण और आकलन उस परिवार की पितृसत्तात्मक व्यवस्था में होता है जो प्रायः महिलाओं के श्रम और उसके स्वत्व को अपनी उपलब्धि के रूप में रेखांकित करते हैं, जबकि सार्वजनिक रूप में यह अधिक सामूहिक विनियोग है। वस्तुतः पितृसत्ता विचारों का एक समुच्चय है, पुंज है, एक पितृसत्तात्मक विचारधारा पुरुषों के प्रभुत्व और वर्चस्व को स्पष्ट और जायज़ ठहराने का कार्य करती है और उसके लिए पुरुषों और स्त्रियों के बीच नैसर्गिक और प्राकृतिक गुणों को अपना आधार बनाती है।

इस सन्दर्भ में प्रसिद्ध नृविज्ञानी विनय श्रीवास्तव अपना वक्तव्य स्पष्ट करते हुए कहते हैं, 'पितृसत्ता', 'पुरुष प्रभुत्व' के लिए उपयुक्त शब्द नहीं है, क्योंकि इसका अर्थ है 'पितृ–शासन' और पिता सार्वभौमिक रूप से पुरुष नहीं है। मसलन, नुएर, सूडान में एक 'अमीर महिला' एक पुरुष को पत्नी का दर्जा दे सकती है। नुएर समाज के जाने–माने सबसे प्रसिद्ध विद्वान सईद एडनर्ड इवांस प्रिचर्ड कहते हैं कि, इस प्रकार वह 'सामाजिक पुरुष' में तब्दील हो जाती है। शब्दार्थ या शब्दावली पर अधिक बल और बहस से बचते हुए हमें इस विषय पर केन्द्रित होना चाहिए कि पितृसत्तात्मक प्रथाओं और रीति–रिवाज़ों के प्रमुख नियामक या घटक क्या हैं? अनुशीलन–विश्लेषण के उपरान्त कौमार्य अनुष्ठान, अनिवार्य मासिक–धर्म विलगाव, मन्दिरों और अन्य धार्मिक एवं पूजा–स्थलों में महिलाओं के प्रवेश पर निषेधाज्ञा लागू करना, विवाह जैसे अवसरों पर विधवाओं की उपस्थिति को अशुभ मानना वास्तव में सभी पितृसत्तात्मक सांस्कृतिक रीति–रिवाज़ हैं।

पितृसत्ता, पुरुषत्व (मर्दानगी) और स्त्रीत्व

अधिकांश समाजों में मर्दानगी का पितृसत्ता से गहरा सम्बन्ध है। औपचारिक शब्दों में कहें, मर्दानगी और स्त्रीत्व से आशय किसी भी समय के किसी भी समाज में पुरुष और स्त्री की सामाजिक भूमिकाओं, व्यवहारों और उसके अर्थों से है। पुरुषत्व या पितृवंश के रूप में भी सम्बोधित किये जाने वाली मर्दानगी दरअसल पुरुषों और लड़कों के साथ जुड़े गुणों के व्यवहार और भूमिकाओं का एक समूह है। परम्परागत रूप से देखी जाने वाली और बहु–प्रचलित रूप से समझी जाने वाली मर्दानगी ताक़त, साहस, स्वतन्त्रता और मुखरता का प्रतीक है। मर्दाना छवि शक्ति पर आधारित होती है और किन्हीं कार्यों के परिणामों की परवाह नहीं करती।

वास्तव में मर्दानगी से अभिप्राय 'पुरुष' होने के सामाजिक मायने और उसमें सन्निहित तरीक़ों से है। अनेक विद्वान पुरुषत्व को नकारात्मक और विघटनकारी और उसके विषाक्त प्रभावों के सन्दर्भों में देखते हैं। वे हमें यह बताते हैं कि यह सिर्फ़ एक आदमी की तरह व्यवहार करने के बारे में नहीं है, बल्कि इसमें कुछ पुरुषों पर इस तरह से कार्य करने का दबाव शामिल है जो वस्तुतः नुक़सानदायक है। यह एक मादक पेय की तरह है जो एक काल्पनिक दुनिया में ले जाता है। जिन लोगों ने इस प्रकार की कथित मर्दानगी के सन्दर्भ में शोध और अध्ययन किया है, उन्होंने इसके मुख्य रूप से तीन नियामकों को रेखांकित किया है :

- निर्ममता
- शक्ति
- स्त्री–विरोधी

मर्दानगी की अवधारणा युवा पुरुषों की चिन्तन–प्रक्रिया और वैचारिकी को तो आकार देती ही है साथ ही साथ यह उनके किशोरावस्था के दौरान समाजीकरण के तरीक़ों को भी निर्धारित करती है। ज़ाहिर है एक पितृसत्तात्मक समाज लड़कों की परवरिश उसी तरह करेगा जैसे उसकी हुई है। यदि आप पितृसत्तात्मक समाजों में मर्दानगी के प्रारूप को देखें, तो उग्रता और आक्रामकता को एक अनिवार्य और अपरिहार्य माना गया है और उन्हें अक्सर यह ताकीद की जाती है कि उन्हें सख़्त, मांसल और भावहीन होना चाहिए।

बहरहाल, यह पूरा परिदृश्य तब तक सम्पूर्ण नहीं होगा, जब तक कि इस पूरे परिप्रेक्ष्य में स्त्रीत्व की चर्चा न की जाये। सीधे और सामान्य शब्दों में कहें, तो स्त्रीत्व को आमतौर पर महिलाओं और लड़कियों से जुड़ी विशेषताओं, व्यवहारों और भूमिकाओं के एक समूह के रूप में समझा जा सकता है। मर्दानगी की तरह, स्त्रीत्व भी सामाजिक रूप से निर्मित होता है, हालाँकि कुछ व्यवहार जैविक रूप से प्रभावित होते हैं। बहुत से लोग स्त्रीत्व की तुलना नाजुक या कोमलता, संवेदनशीलता, सज्जनता, भावनात्मकता और शारीरिक रूप से पुरुषों की तुलना में कमज़ोर होने से करते हैं।

हमारे जैसे पारम्परिक और पितृसत्तात्मक समाजों में लड़कों का पालन–पोषण और समाजीकरण इस तरह से कैसे किया जाता कि उन्हें रूढ़िबद्ध तरीक़े से दिखना और व्यवहार करना चाहिए, मसलन, एक पिता को अपने बेटे को सम्बोधित करते हुए और ऐसी टिप्पणी करते हुए देखा

जा सकता है, मसलन, *लड़का हो कर रोता है* (लड़का होने के बावजूद रोना)? *औरतों की तरह कितनी ज़्यादा बाते करते हो* (आप महिलाओं की तरह बातूनी हो)? *मेरा शेर आ गया* (देखो, मेरा बाघ आ गया है)। पत्नी के साथ घरेलू काम साझा करना व्यंग्यात्मक टिप्पणी को आमन्त्रित कर सकता है जोरू का गुलाम (पत्नी का गुलाम)। विडम्बना यह है कि इस 'गुलाम' की माँ भी अपने बेटे के इस दृष्टिकोण की तारीफ़ करने के बजाय इस तरह की टिप्पणी करती हुई नज़र आती हैं।

पितृसत्ता और तथाकथित 'प्रतिष्ठा' की ख़ातिर युवतियों की हत्याएँ

पितृसत्ता के अनुशीलन–विश्लेषण करने से हमें असमान लैंगिक सम्बन्धों के परिवेश में विभिन्न प्रकार के भेदभाव और हिंसा को समझने में सहायता मिलती है। महिलाओं की सांस्कृतिक स्वायत्ता अथवा स्वच्छन्दता एक ऐसा क्षेत्र है जिस पर पितृसत्ता सख़्ती से नियन्त्रण करना चाहती है। इन कथित सांस्कृतिक आज़ादखयाली को निम्नलिखित बिन्दुओं के माध्यम से दर्शाया गया है :

- दृश्यता का अधिकार
- आवागमन का अधिकार
- जीवनसाथी के चयन का अधिकार
- परिवार–माता–पिता की पैत्तृक सम्पत्ति में उतराधिकार का अधिकार

बुर्का, घूँघट या किसी भी प्रकार का पर्दा इसलिए बाध्यकारी बनाया जाता है ताकि स्त्रियाँ अस्तित्वविहीन हो जायें। भारतीय ग्रामीण अँचल के बड़े हिस्से, क़स्बों और यहाँ तक कि शहरों में रहने वाले लोगों के एक वर्ग में एक लड़की या महिला को बाहर जाने की अनुमति लेनी होती है, कई मामलों में उसके साथ एक पुरुष सदस्य, यहाँ तक कि एक किशोर पुरुष या उससे भी कम उम्र का उसके साथ रहता है। जीवनसाथी के चयन का अधिकार सर्वदा ही पिता या अन्य बुज़ुर्ग पुरुषों का विशेषाधिकार रहा है। लड़कियों से किसी भी स्थापित मानदण्डों की अवहेलना या उपेक्षा करने की अपेक्षा नहीं की जाती है।

पारिवारिक सम्मान के नाम पर निर्मम हत्याएँ, जिसे मास मीडिया द्वारा 'ऑनर किलिंग' के रूप में बहुप्रचलित किया गया है, यह केवल भारतीय समाज में दुर्लभ नहीं है बल्कि कई अन्य देशों में भी इसकी

बहुतायत देखी जा सकती है। यदि हम 'ऑनर किलिंग' की प्रचलित प्रवृत्तियों का विश्लेषण करते हैं, तो हम पाते हैं कि कथित 'अपमान' आमतौर पर निम्नलिखित में से एक या एक से अधिक व्यवहार का परिणाम है। कभी–कभी ऐसे 'व्यवहार' पर सन्देह मात्र से भी होता है।

- परिवार द्वारा तय किये गये विवाह को अस्वीकार करना और स्वीकार नहीं करना या समाप्त करना और अपनी पसन्द को प्राथमिकता देना या परिवार की इच्छा के विरुद्ध तलाक़ लिया जाना।
- अन्तरजातीय/अन्तरधार्मिक विवाह
- माता–पिता या भाइयों की इच्छा के विरुद्ध किसी व्यवसाय का चयन करना
- समलैंगिक यौन सम्बन्ध
- विवाह पूर्व या विवाहेतर अन्तरंगता या यौन सम्बन्ध

दरअसल, प्रायः लज्जा, अपमान और चेहरे को विकृत करना उस स्थिति में होता है जिसमें बेटी स्थापित मानदण्डों का उल्लंघन करती है। पिता, भाइयों और परिवार के अन्य पुरुषों का इस प्रकार का व्यवहार हमें यह समझने में सहायता करता है कि पितृसत्ता महिलाओं पर पुरुषों के अधिकार और प्रभुत्व को कैसे कायम रखती है। ऐसा लगता है कि लज्जा की भावना के आधार पर एक विद्रोही महिला को मार दिया जाता है लेकिन इसके साथ ही पुरुषों में भी इस आधार पर लज्जा का अहसास–बोध गहरे जाकर पैठ बनाने लगती है कि उसने औरत पर नियन्त्रण खो दिया है। इसके अतिरिक्त, पितृसत्ता का मानना है कि पुरुषों के बीजों की शुद्धता और निरन्तरता बनाये रखने के लिए महिलाओं की कामुकता पर नियन्त्रण आवश्यक है। इस प्रकार, पितृसत्ता जाति और मर्दानगी का एक प्रमुख घालमेल अथवा मिश्रण बन जाती है।

3

भारत में नारीवाद और महिला अधिकार आन्दोलन
Feminism and Women's Rights Movement in India

सामान्यतः और व्यवहारतः नारीवादियों से आशय सामाजिक, आर्थिक और राजनीतिक सन्दर्भों में लैंगिक समानता से है। नारीवाद एक अवधारणा और संकल्पना के रूप में वर्ष 1848 के दरमियान हुए सेनेका फाल्स सम्मेलन के तदुपरान्त अस्तित्व में आया जिसमें सैकड़ों पुरुषों और महिलाओं ने महिला–अधिकारों को लेकर अपनी सकारात्मक संवेदना तो व्यक्त की ही साथ ही साथ इसके विरोध में खड़े अवरोधों और प्रवृत्तियों की पुरज़ोर मुखालफ़त करते हुए उसके समर्थन में अपनी आवाज़ बुलन्द की। इससे सम्बन्धित मसौदे को एलिज़ाबेथ स्टैंटोन (मृत्यु : 1902) ने आकार दिया था जिसमें इस नये आन्दोलन की विचारधारा और सुसंगत रणनीतियों का उल्लेख है। इस सन्दर्भ में यह तथ्य ध्यातव्य और द्रष्टव्य है कि सर्वप्रथम तथाकथित दिवास्वप्नदर्शी चार्ल्स फुरियर ने 1837 में feminismein (नारीवाद) शब्द को गढ़ा था जो कालान्तर में क्रमशः Feminesme (Feminism) तथा Femineste (Feminist) शब्द के रूप में रूपान्तरित होकर व्यवहार में आने लगा। यह शब्द सर्वप्रथम वर्ष 1872 के दौरान फ्रांस और नीदरलैण्ड में प्रयोग में आया, तदुपरान्त वर्ष 1890 और वर्ष 1910 में क्रमशः ब्रिटेन और संयुक्त राज्य अमेरिका में प्रचारित–प्रसारित हुआ। यद्यपि इस शब्द का उद्भव पश्चिम में हुआ लेकिन शीघ्र ही यह शब्द विश्वव्यापी हो गया और महिला–अधिकारों एवं हितों के लिए रूढ़ हो गया।

इसका प्रतिनिधित्व महिलाओं के अधिकारों और हितों के लिए प्रतिबद्ध संस्थानों द्वारा किया गया था। नारीवाद समाज में महिलाओं की निम्नतर स्थिति और लिंग के आधार पर महिलाओं के साथ हुए और हो रहे भेदभाव

से सम्बन्धित है। नारीवाद इस प्रकार एक ऐसा शब्द है जो महिलाओं द्वारा उनकी निम्न स्थिति पर सवाल उठाने और अपनी सामाजिक स्थिति में सुधार की माँग करते रहने के लम्बे समय बाद उभरा।' यहाँ तक कि 'नारीवाद' शब्द के अस्तित्व में आने के बाद भी यह उन लोगों के द्वारा पहचान के निर्धारण में प्रयुक्त नहीं किया जाता था जो 60 और 70 के दशक के दौरान महिलाओं के हितों और अधिकारों के लिए संघर्ष कर रहे थे, वे अपने आपको नारीवादी के रूप में सम्बोधित नहीं करते थे। बहरहाल, अभी हाल की अवधि के दौरान आलम यह है कि सभी महिला–संगठनों पर नारीवादी की चिप्पी अन्धाधुन्ध तरीक़े से चस्पाँ की जा रही हैं।

'नारीवाद' शब्द महिलाओं की मुक्ति, महिलाओं के लिए समान अधिकारों की स्थापना और पुरुष प्रभुत्व के विविध रूपों के विरोध से सम्बन्धित विभिन्न प्रकार के आन्दोलनों और विचारधाराओं को प्राथमिकता देता है। इसे सामाजिक, राजनीतिक और आर्थिक क्षेत्रों में पुरुषों के बरअक्स महिलाओं के समान अधिकार प्राप्त करने के लिए एक आन्दोलन के रूप में देखा जा सकता है। यह पश्चिम में औद्योगिक क्रान्ति के अगले चरण और लोकतन्त्र में उनको मताधिकार से वंचित करने के प्रभावस्वरूप विकसित हुआ। अपने चरमपन्थ अथवा अतिवादी रूप में इसने 20वीं सदी के बीच के वर्षों के दरमियान उग्रवादी महिला मुक्ति आन्दोलन को इस आधार पर समर्थन और प्रोत्साहन दिया कि विश्व के सभी समाज पुरुष प्रभुत्व को सुनिश्चित करने के लिए लैंगिक आधार पर गठित और पुनर्गठित किये गये हैं। कथित मुक्तिवादियों के कुछ कार्य, जैसे संगठित रूप में 'ब्रा को जलाना है' और 'सूअर उग्र मर्दवादी' जैसे वाक्यांशों का उपयोग विद्रोही भावना की अभिव्यक्तियाँ थीं, लेकिन ये अनुत्पादक और अनुपयोगी भी साबित हुए, किन्तु पश्चिम में इस महिला मुक्ति आन्दोलन ने तीसरी दुनिया के देशों की उत्पीड़ित और वंचित महिलाओं को भी प्रेरित किया। पश्चिमी नारीवादी आन्दोलन के कुछ नेता जैसे ग्लोरिया स्टीनहेम और जर्मेन ग्रीर एशिया, अफ्रीका और दक्षिण अमेरिकी देशों की शिक्षित महिलाओं के बीच घरेलू नाम बन गये।

बहरहाल, अधिकांश नारीवादी वैचारिकी और शोध तीन सम्बन्धित लेकिन अलग–अलग दृष्टिकोणों में से एक या अधिक पर आधारित हैं : (i) उदारवादी, (ii) समाजवादी या मार्क्सवादी और (iii) कट्टरपन्थी। इस क्षेत्र के भीतर नारीवादी आन्दोलनों और उसकी वस्तुस्थितियों में व्यापक

स्तर पर अन्तर दृष्टिगत होता है। तीसरी दुनिया के देशों में, नारीवादी आन्दोलनों के स्वरूप वैविध्य के दर्शन होते हैं, हालाँकि मार्क्सवादी या समाजवादी नारीवादी विचारधाराओं और बुर्जुआ नारीवाद में स्पष्ट रूप से विभाजन की रेखा खींची जा सकती है। मार्क्सवादी या समाजवादी विचारधाराएँ नारीवाद पर इसलिए केन्द्रित होती हैं क्योंकि यह पूँजीवादी व्यवस्था के विरोध में आयोजित सभी राजनीतिक कार्यक्रमों का हिस्सा है, बुर्जुआ नारीवाद पुरुष प्रभुत्व की विचारधाराओं और मध्यवर्ग की हर–एक महिला की विमुक्ति पर अधिक गहराई से कार्य करती है।

भारतीय परिदृश्य

भारत में नारीवादी आन्दोलन हालिया दिनों का नहीं है। इसने दिल्ली और मुम्बई की सड़कों पर भी आकार ग्रहण नहीं किया है। इसकी शुरुआत को हज़ारों जगहों पर और सैकड़ों रूपों में देखा जा सकता है। फिर, यह भी सच है कि एक संगठित नारीवादी आन्दोलन की जड़ों को या तो स्वतन्त्रता संग्राम के आन्दोलनों में खोजा जा सकता है या फिर इसकी तलाश उस वक़्त के दौर में की जा सकती है जब भारत आज़ाद हुआ था और राष्ट्रीय पुनर्निर्माण के कार्य में जी–जान से जुटा हुआ था।

विधवा पुनर्विवाह, सती और बाल–विवाह पर प्रतिबन्ध तथा महिला शिक्षा को बढ़ावा देने के लिए 19वीं शताब्दी के सामाजिक सुधार आन्दोलनों को नारीवादी आन्दोलन की पहली लहर के रूप में रेखांकित किया जा सकता है। स्वतन्त्रता आन्दोलन में महिलाओं की सक्रिय भागीदारी और अखिल भारतीय महिला सम्मेलन, भारतीय महिला राष्ट्रीय संघ और महिला भारत संघ जैसे कई राष्ट्रीय स्तर के महिला संगठनों के उदय को नारीवादी आन्दोलन की अगली लहर के रूप में देखा जा सकता है। उन्होंने महिलाओं की शिक्षा, मताधिकार के अधिकार, पर्दा और व्यक्तिगत अधिकारों के मुद्दों को उठाया। आन्दोलन की तीसरी लहर 1947 के बाद शुरू हुई। जैसा कि डी.पी. मेहरोत्रा ठीक ही बताते हैं, वर्ष 1947 से लेकर 1970 के बीच के दरमियान नारीवादी आन्दोलन पहले और बाद की अवधि के दौरान की अपेक्षा शिथिल था। शायद अधिकांश महिला कार्यकर्ताओं ने यह सोचा कि भारत को आज़ादी मिलने से उनकी समस्याओं का समाधान हो जायेगा। अखिल भारतीय महिला सम्मेलन जैसे संगठनों ने सोचा कि उनका राजनीतिक मुद्दों से कोई लेना–देना नहीं है।

इसलिए, उन्होंने अपना ध्यान सामाजिक–कल्याण की ओर लगाया। सम्भवतः यही कारण है कि इस काल में अधिकांश महिला संगठनों ने समाज–सेवा और कल्याण के क्षेत्र में कार्य किया।

आज़ादी के तुरन्त बाद की अवधि में दो वामपन्थी आन्दोलन देखे गये– बंगाल में तेइभागा आन्दोलन और आन्ध्र प्रदेश में तेलंगाना आन्दोलन। कम्युनिस्ट पार्टी के नेतृत्व में ग़रीब किसानों ने ज़मींदारों और पूँजीवादी ताक़तों के ख़िलाफ़ लड़ाई लड़ी। इस आन्दोलन में पुरुषों के साथ महिलाओं ने भी सक्रिय भाग लिया। तेलंगाना आन्दोलन ने पहली बार उग्रवादी और चरमपन्थी महिला नेतृत्व को उभारा। उन्होंने आन्ध्र महिला सभा, आन्ध्र युवा मण्डल और महिला संगम का भी आयोजन किया। उन्होंने न केवल सैन्य शक्ति के ख़िलाफ़ बल्कि लैंगिक असमानता, घरेलू हिंसा, बाल विवाह, बहु–विवाह और घर की चारदीवारों के बाहर निकालने पर उनके प्रतिबन्ध के ख़िलाफ़ भी लड़ाई लड़ी।

भारतीय संविधान की घोषणा और महिलाओं के लिए विभिन्न क़ानूनों के अधिनियमन के तदुपरान्त नारीवादी आन्दोलन सशक्त से सशक्ततर होता गया। *हिन्दू विवाह अधिनियम, हिन्दू उत्तराधिकार अधिनियम* और अन्य वैधानिक उपायों ने आगे संघर्ष के लिए ज़मीन तैयार की। महिलाओं के लिए कई योजनाएँ और कार्यक्रम तैयार किये गये। 1960 का दशक कई आर्थिक और राजनीतिक संकटों का गवाह रहा। नक्सली आन्दोलन विशेष रूप से बिहार और बंगाल में पूरी ताक़त के साथ उभरा, हालाँकि मार्क्सवादियों और लेनिनवादियों के नेतृत्व में नक्सली आन्दोलन मुख्य रूप से एक किसान आन्दोलन था और इसका नेतृत्व कभी भी महिलाओं ने नहीं किया था, लेकिन आन्दोलन में महिलाओं की भागीदारी का स्तर काफ़ी ऊँचा और व्यापक था। कई महिलाओं ने नक्सली क्रान्तिकारियों को रणनीतिक सहायता प्रदान की। इस आन्दोलन में महिलाओं की भागीदारी ने उन्हें देश में राजनीतिक–प्रक्रिया, लैंगिक–असमानता और महिलाओं के अधिकारों के दमन की राजनीति को समझने का अवसर प्रदान किया।

वर्ष 1970 के बाद महिला आन्दोलन ने नया आकार लिया। इस समय तक महिला जन आन्दोलनों ने महसूस किया था कि महिलाओं के मुद्दों और समस्याओं को 'पैबन्द को दुरुस्त करने' जैसे सामाजिक सुधारों और सामाजिक कल्याण के कार्यों के माध्यम से हल नहीं किया जा सकता है। उन्हें इसके लिए बुनियादी और अति–आवश्यक प्रासंगिक मुद्दों का

डटकर सामना करना ही होगा। इस अहसास–बोध ने उन्हें सभी प्रमुख सामाजिक–आर्थिक, राजनीतिक और पर्यावरणीय मुद्दों में नेतृत्व करने की सम्भावनाओं को आकार ही नहीं दिया बल्कि उसे सशक्त भी किया। वनों के संरक्षण और सम्बन्धित पर्यावरणीय मुद्दों पर केन्द्रित 'चिपको आन्दोलन' में महिलाओं की भागीदारी, मुख्य मुद्दों की उनकी बढ़ती समझ को दर्शाती है। इसके बाद कर्नाटक और अन्य जगहों पर इसी तरह के आन्दोलन हुए। 1970–90 के बीच महिलाओं ने कुमाऊँ और गढ़वाल (अब उत्तराखण्ड में), हरियाणा, आन्ध्र प्रदेश, तमिलनाडु, मध्य प्रदेश, महाराष्ट्र और अन्य जगहों पर शराब और इससे सम्बन्धित वर्चस्वशाली समूहों के ख़िलाफ़ लड़ाई लड़ी। उन्होंने महसूस किया था कि शराब का अत्यधिक सेवन, विशेष रूप से ग़रीबों में, न केवल आर्थिक कठिनाई लाता है बल्कि घरेलू हिंसा को भी बढ़ावा देता है।

गेल ओमवेट (1993) ने समकालीन महिला आन्दोलन की उत्पत्ति को 1970 के दशक की शुरुआत में रेखांकित किया है। उन्होंने ग्रामीण और काम काजी महिलाओं को पहली बार नेताओं के रूप में प्रशिक्षण को नारीवादी आन्दोलन का बीज माना है। "उस समय शहरी, बौद्धिक महिलाओं के साथ कुछ सम्बन्ध निर्धारित थे जो नारीवादी शब्दों में ग्रामीण और काम काजी महिलाओं के उत्पीड़न को स्पष्ट कर सकते थे।" (गेराल्डिन फोर्ब्स, 1998)। दरअसल, संयुक्त राष्ट्र की घोषणा, *अन्तरराष्ट्रीय महिला वर्ष* और *अन्तरराष्ट्रीय महिला दशक* (1975–85) ने गुहा समिति की नियुक्ति की अनिवार्यता पर बल दिया और भारत में महिलाओं की वस्तुस्थिति के सन्दर्भ में यह रिपोर्ट मील का पत्थर साबित हुई।

वर्ष 1975 में देश में 'आपातकाल' लगाया गया था। फलतः कई नागरिक उदारवादियों और लोकतान्त्रिक अधिकारों से सम्बन्धित समूह गठित किये गये। इन जन आन्दोलनों में महिलाओं ने भी अहम भूमिका निभायी। इसी अवधि के आस–पास हैदराबाद में कुछ वामपन्थी महिलाओं द्वारा प्रगतिशील महिला संगठन की स्थापना की गयी। कथित आन्दोलन में काम करने के वर्षों की अवधि में वे भेदभाव और शोषण के ख़िलाफ़ लड़ने के लिए एक निश्चित विचारधारा से प्रेरित हुए। कुल मिलाकर यह कहा जा सकता है कि वर्ष 1970 से लेकर वर्ष 2000 के बीच की अवधि के दरमियान कई स्वायत्त महिला संगठनों का उदय हुआ। हालाँकि वे विभिन्न वैचारिक पृष्ठभूमि से आते थे, किन्तु वे इस विचार में एकमत थे

कि ऐसे संगठन की सदस्यता केवल महिलाओं तक ही सीमित होनी चाहिए और उन्हें इन मुद्दों में पुरुषों के संरक्षण और हस्तक्षेप की आवश्यकता नहीं थी। कुछ ऐसे ही संगठनों का नामोल्लेख करना युक्तिसंगत और समीचीन होगा जैसे कि– मुम्बई में *महिलाओं के उत्पीड़न के ख़िलाफ़ मंच,* दिल्ली में *सहेली,* हैदराबाद में *अस्मिता,* बैंगलोर में *विमोचना,* चेन्नई में *पेनुरम्मा इयक्कम* और कई अन्य। ये नाम एक नये पाये गये आत्मविश्वास और चेतना की ओर इशारा करते हैं। मज़बूत सम्पर्कों और संगठनात्मक क्षमताओं वाले कुछ अन्य महिला संगठन राजनीतिक दलों विशेषकर काँग्रेस पार्टी और कम्युनिस्ट पार्टियों से सम्बन्धित हैं। वे विशेषकर इनमें सबसे सशक्त संगठन राजनीतिक दलों की महिला प्रकोष्ठ के रूप में कार्य करती या कर सकती हैं जैसे कि अखिल भारतीय लोकतान्त्रिक महिला संगठन माकपा (मा.) से सम्बन्धित है। महिला काँग्रेस, काँग्रेस पार्टी की सहयोगी है और दुर्गावाहिनी भाजपा से सम्बद्ध है। दुर्भाग्य से दक्षिणपन्थी राजनीतिक दलों जैसे कि भाजपा से जुड़े महिला संगठन केवल जाति और साम्प्रदायिक मुद्दों को उठाते हैं, महिला शक्ति को विभाजित करते हैं और अपने मूल संगठनों की नीतियों और कार्यों को 'वैधता' देने के संगठन के रूप में काम करते हैं। इस सन्दर्भ में, अयोध्या आन्दोलन में दुर्गावाहिनी की भूमिका का उदाहरण लिया जा सकता है। "मुसलमानों और ईसाइयों के ख़िलाफ़ अपने प्रदर्शनों में महिलाओं की व्यापक उपस्थिति निश्चित रूप से परेशान करने वाली है क्योंकि यह समकालीन महिला आन्दोलन और उससे जुड़े समसामयिक ज्वलन्त मुद्दों को हड़प रही है अर्थात उसे अपने राजनीतिक दलों की नीतियों के अनुसार अनुकूलित कर रही है जो कि निश्चित रूप से चिन्तनीय है। इसने उस महिला आन्दोलन को निश्चित रूप से कमज़ोर किया है जो कि 1980 के दशक के दौरान इतना उत्साही और आशावादी हुआ करता था। इससे इस सिद्धान्त को बल मिलता है और यह वस्तुतः इस निष्कर्ष की स्थापना है कि विभिन्न कारणों से महिलाओं की जो वर्तमान उपलब्धता है, वह दरअसल ऐतिहासिक विरासत का ही एक हिस्सा और उपलब्धि है। बहरहाल, अब सार्वजनिक भूमिका निभाने वाली महिलाओं का एक जटिल मिश्रण है, जैसे कि, वामपन्थी महिलाएँ, नरमपन्थी, रूढ़िवादी दक्षिणपन्थी महिलाएँ, लेकिन इन सभी में एक चीज़ साझा है कि ये सभी नारीवादी आन्दोलन के विभिन्न नियामक हैं (फोर्ब्स, पूर्वोक्त)।

1980 के दशक के दरमियान पूरे देश में दहेज विरोधी आन्दोलन का काफ़ी दबदबा था। अभिप्राय यह कि इस अवधि में यह आन्दोलन अपने शबाब पर था। इसमें दहेज से सम्बन्धित अत्याचार, घरेलू हिंसा, महिलाओं का वस्तुकरण एवं व्यवसायीकरण और सम्पत्ति के अधिकारों की अनुपलब्धता जैसे मुद्दे भी शामिल थे। लेखन, नुक्कड़ नाटक, रैलियों और संगोष्ठियों के माध्यम से लाखों महिलाओं को सक्रिय और लामबन्द किया गया। यौन उत्पीड़न और बलात्कार पर सार्वजनिक बहस भी दहेज के ख़िलाफ़ इस आन्दोलन का परिणाम थी। वर्ष 1980 से पहले इस प्रकार के उत्पीड़न और हिंसा पर लड़कियाँ बहुत अनिच्छुक और शायद ही मुखर थीं लेकिन अब ऐसे मुद्दों पर बिना किसी हिचकिचाहट के चर्चा की जा सकती है। वामपन्थी महिला संगठनों का एक महत्त्वपूर्ण योगदान महिलाओं के अधिकारों की लड़ाई में साम्प्रदायिकता के ख़तरों को उजागर करना था। दरअसल, धर्म के आधार पर समाज का विभाजन और ध्रुवीकरण होने से महिला आन्दोलन कमज़ोर हो जाता है। गुजरात 2002 में नरसंहार और देश के अन्य हिस्सों में साम्प्रदायिक हिंसा इसके पर्याप्त और ठोस सबूत हैं। 1990 का दशक मुस्लिम महिलाओं और उनकी समस्याओं के साथ–साथ कन्या–भ्रूण हत्या और शिशु–हत्या के ख़िलाफ़ आन्दोलन के लिए गहरी चिन्ता का विषय रहा है। भारत में महिला आन्दोलन अब न्याय, समानता और सशक्तीकरण के लिए महिलाओं के विश्वव्यापी आन्दोलन का एक महत्त्वपूर्ण हिस्सा है।

यद्यपि नारीवादी महिलाओं के अधिकारों की ही पैरोकार रही हैं, कुछ नारीवादी पुरुषों की मुक्ति को भी अपने उद्देश्य में सम्मिलित करने के लिए तर्क देती हैं, क्योंकि उनका मानना है कि परम्परागत लैंगिक अवधारणाओं और भूमिकाओं से पुरुषों को भी नुक़सान होता है।

महिला अध्ययन

'महिला अध्ययन' के विषय ने अभी तक भारतीय शिक्षा जगत में अपनी जड़ें मज़बूत नहीं की हैं। फिर भी, इसने पिछले दो दशकों में महत्त्वपूर्ण प्रगति की है और कई विश्वविद्यालयों और अनुसन्धान संगठनों ने इसे मुख्य रूप से स्नातकोत्तर स्तर पर एक विषय के रूप में प्रस्तुत और सम्मिलित किया है। यह विषय अपनी प्रकृति में मौखिक और दृश्य मीडिया के साथ

समाजशास्त्र, नृ–विज्ञान, इतिहास, राजनीति विज्ञान, मनोविज्ञान, सामाजिक भूगोल आदि विषयों के साथ अन्तर–अनुशासनात्मक है।

महिला आन्दोलन और उसके मुद्दों के प्रति जन जागरूकता की चिन्ता हमेशा से आन्दोलन का हिस्सा रही हैं। 1970, 80 और 90 के दशकों में अनेक पत्रिकाएँ, सूचना विवरणिका, शिक्षण और अनुसन्धान केन्द्र उभरे। इस प्रकार 'महिला अध्ययन' पहले एक विषय या शिक्षा–शाखा के रूप में अस्तित्व में आया और फिर विभिन्न अन्य विषयों जैसे इतिहास, राजनीति विज्ञान, समाजशास्त्र, साहित्य और दर्शन ने इसे अलग–अलग स्तर से और भिन्न–भिन्न सीमाओं तक शामिल किया। 'भारतीय महिला अध्ययन संघ' की भी स्थापना की गयी जो समय–समय पर गोष्ठियों का आयोजन करता है। जैसा कि मालाश्री लाल और सुकृता पॉल कुमार ने ठीक ही कहा है, "विश्वविद्यालयों के अन्दर और बाहर महिला–अध्येता, अपनी अकादमिक पहचान के बारे में चिन्तित हो रही हैं और इसमें निरन्तर इज़ाफ़ा ही हो रहा है। वे अपने लिए एक निश्चित पहचान का निर्धारण और उससे जुड़े अवसंरचना–निर्माण पर बल दे रहे हैं। ऐसा न करने पर, एक तरफ़ तो महिला अध्ययन एक विषय के रूप में मुख्य विषयों के वर्ग द्वारा बहिष्कृत हो सकता है और दूसरी तरफ़ नयी आर्थिक नीति और उसकी बढ़ती उन्मुखता एवं विविधता के द्वारा भी।" वस्तुतः महिला अध्ययन को ना तो 'यह' बनने की आवश्यकता है और न ही 'वह' बनने की ज़रूरत क्योंकि उसे अपने उद्देश्यों एवं सामाजिक उत्तरदायित्व के कारण यह सुविधा और विशेषाधिकार प्राप्त नहीं है, किन्तु भारत में महिला आन्दोलन की अकादमिक शाखा के रूप में अपनी वस्तुस्थिति के कारण अत्यन्त लाभप्रद स्थिति विशेष रूप से उनमें से सबसे मज़बूत है।

4

विवाह, तलाक़ और 'लिव-इन-रिलेशनशिप'
Marriage, Divorce and 'Live in Relationship'

धर्म और जाति व्यवस्था के अतिरिक्त कुटुम्ब–परिवार एवं विवाह भारतीय समाज की सबसे महत्त्वपूर्ण सामाजिक संस्थाएँ हैं। किसी भी अन्य समाज की तरह भारतीय समाज भी बदल रहा है। औद्योगीकरण, शहरीकरण, नयी तकनीक, परिवहन और संचार के नये साधन, पश्चिमी विचारों और मूल्यों के प्रति हमारे ऊपर प्रभाव के फलस्वरूप भारतीय समाज पहले से कहीं अधिक तेज़ी से बदल रहा है। हमारे संविधान और राज्य की भूमिका ने भी कई तरह से परिवर्तन को सुगम, सरल और सम्भव बनाया है। इसके अतिरिक्त नयी आर्थिक नीति और वैश्वीकरण को अपनाने के बाद सामाजिक परिवर्तन की गति में और वृद्धि हुई है।

विवाह की संस्था और विचार सभी मानव समाजों में किसी–न–किसी रूप में सार्वभौमिक रूप से मौजूद है। सुस्पष्ट और व्यापक शब्दों में विवाह को पुरुष/पुरुष और महिला/महिला के बीच सामाजिक रूप से स्वीकृति मिलने के रूप में वर्णित किया जा सकता है। भारतीय समाज में विवाह के स्वरूप में व्यापक स्तर पर विविधता के दर्शन होते हैं। यहाँ विवाह के अनेक प्रकार मौजूद और मौजूं हैं। वस्तुतः शादी की परम्पराएँ धर्म, क्षेत्र, जाति, जातीयता आदि में भिन्न होती हैं।

यद्यपि एक पुरुष और एक महिला के बीच विवाह ही सामान्यतः बहुप्रचलित है तथापि विवाह के अन्य प्रकार भी अस्तित्व में हैं, भले ही वे कम हों, जैसे, बहु–विवाह (एक पति और दो या अधिक पत्नियाँ), बहु–पतित्व (एक पत्नी और दो या अधिक पति), द्विविवाह (एक पति और दो पत्नियाँ), आदि। इसके अलावा, कई आदिवासी समुदायों में भी विवाह के बहुविध

रूप प्रचलित हैं, जैसे, परिवीक्षा द्वारा विवाह, औपचारिक क़ब्ज़ा द्वारा विवाह, पलायन द्वारा विवाह इत्यादि। इसके अलावा, पूर्व–वैवाहिक और विवाहेतर यौन–सम्बन्धों की स्थिति भी समूह–समूह के अनुसार भिन्न–भिन्न होती है, इसमें सार्वभौमिकता नहीं है बल्कि यह समूह की प्रथाओं, परम्पराओं और रीति–रिवाज़ों के अनुसार निर्धारित होती है। इसी तरह विवाह के विच्छेदन के भी तरीक़े होते हैं। सजातीय विवाह (एक ही जाति समूह के भीतर विवाह) अभी भी हिन्दुओं, मुसलमानों और सिखों के बीच एक मज़बूत और तथाकथित अनुकरणीय मानदण्ड है, लेकिन ज़्यादातर मामलों में ऐसे विवाहों में शादी करने वाले युगल की सहमति की आवश्यकता नहीं समझी जाती और इसमें उनके माता–पिता ही निर्णायक होते हैं। यद्यपि बाल–विवाह अभी भी होते हैं लेकिन इनकी संख्या बहुत कम हो गयी है। हालाँकि शहरों में अन्तर–जातीय विवाह शुरू हो गये हैं।

भारतीय समाज में कुटुम्ब आधारित समूह एक सशक्त सामाजिक प्रतिबद्धता की माँग करते हैं और इसलिए विवाह व्यापक स्तर पर लोगों के लिए परिवार और रिश्तेदारों को गहराई से प्रभावित करने वाला संवेदनशील विषय है। इस प्रकार, परम्परागत रूप से, विवाह केवल दो व्यक्तियों के बीच नहीं बल्कि दो परिवारों के बीच का गठबन्धन है। तथाकथित ब्राह्म–विवाह (अरेंज मैरिज) में जाति, कुण्डली–मिलान, पारिवारिक–पृष्ठभूमि, शारीरिक–सौन्दर्य बहुत महत्त्वपूर्ण होते हैं। किन्तु दहेज़ भी उतना ही महत्त्वपूर्ण है जितनी अन्य चीजें, यहाँ तक कि कुछ लोगों के लिए तो यह सबसे महत्त्वपूर्ण और केन्द्रीय वस्तु है। बढ़ते भौतिकवाद, उपभोक्तावाद और उपभोक्ता संस्कृति के उदय के साथ दहेज़ की लालसा और मात्रा में अभूतपूर्व वृद्धि हुई है। वर्तमान में ब्राह्म–विवाह कुण्डली–मिलान, पण्डित, मौलवी, परिवार से जुड़े नाई या अन्य मध्यस्थों के द्वारा तय किये जा रहे हैं। इसमें आत्मवृत (बायोडाटा) और तस्वीरों का आदान–प्रदान किया जाता है और अन्य पहलुओं पर विचार–विमर्श के तदुपरान्त दहेज को लेकर मोल–भाव किया जाता है। दरअसल, दहेज माँगने पर क़ानूनी प्रतिबन्ध के बावजूद यह बदस्तूर बनी हुई है और ऐसे बहुत कम लोग हैं जो किसी भी दहेज को नक़द या वस्तु के रूप में स्वीकार करने से इनकार करते हैं। मुसलमानों में दहेज की बुराई पहले केवल निचली जातियों/वर्गों तक ही सीमित थी, लेकिन अब इसने लगभग पूरी आबादी को अपनी चपेट में ले लिया है। शिक्षित वर्गों में पहले भी कुछ विशेष जाति–वर्गों

द्वारा समाचार–पत्रों और पत्रिकाओं में वैवाहिक विज्ञापन देने की प्रथा थी, लेकिन पिछले दो दशकों के दौरान इंटरनेट के आगमन के साथ कई वैवाहिक वेबसाइटें अस्तित्व में आयी हैं और इसके माध्यम से लाखों विवाह तय किये जा रहे हैं। वास्तव में यह सभी जातियों और समुदायों में समान रूप से लोकप्रिय है।

बढ़ती शिक्षा, सामाजिक गत्यात्मकता और स्वतन्त्रता तथा इसके प्रभावस्वरूप महिलाओं के सशक्तीकरण के कारण अन्तरजातीय विवाहों की संख्या में कई गुना वृद्धि हुई है, लेकिन ये स्व–व्यवस्थित हैं, जिन्हें सामान्यतः 'प्रेम विवाह या गन्धर्व विवाह' के रूप में सम्बोधित किया जाता रहा है, लेकिन ऐसे विवाह अधिकतर शहरों और नगरों में ही सीमित हैं। कई दृष्टान्तों में और अनेक अवसरों पर ऐसा देखा गया है कि यह एक आर्यसमाज मन्दिर में एक साधारण और आडम्बरहीन समारोह में सम्पन्न होता है। बहरहाल, अन्तर–धार्मिक विवाहों के समुचित और अवरोधविहीन कार्यान्वयन के लिए विशेष विवाह अधिनियम, 1955 की घोषणा के बावजूद, बड़े पैमाने पर समाज अभी भी इस तरह के गठबन्धन के प्रति शत्रुतापूर्ण और पूर्वाग्रही हैं। गाँवों और क़स्बों में अधिकांशतः यह क़ानून और व्यवस्था की समस्या भी पैदा करता है या कर सकता है, लेकिन शहरों में, विशेष रूप से महानगरों में यह ज़्यादा ध्यान आकर्षित नहीं करता है। इस अधिनियम के प्रावधानानुसार वैवाहिक गठबन्धन में बँधने वाले अनेक लोग यह कहते हुए दृष्टिगत होते रहे हैं कि यद्यपि राज्य पन्थनिरपेक्ष हैं तथापि सम्बन्धित उत्तरदायी प्राधिकार ही हमारे विवाह में अनावश्यक रोड़े अटकाता है, अवरोध पैदा करता है। विवाह के निरीक्षण और पंजीकरण के लिए प्रत्येक ज़िले में विशेष विवाह अधिकारी होता है जो नामित होता है और जो आमतौर पर एक मजिस्ट्रेट होता है। विशेष परिस्थितियों में उन्हें अपने कार्यालय परिसर के बाहर भी औपचारिकताएँ पूरी करने के लिए अधिकृत किया जाता है।

लिव इन रिलेशनशिप

विवाह की पारम्परिक प्रणाली को पहले अन्तरजातीय और अन्तर–धार्मिक विवाह से बड़ी चुनौती मिली, लेकिन अब इसने 'लिव–इन–रिलेशनशिप' के साथ भी सामंजस्य स्थापित कर लिया है जो सम्भवतः औपचारिक और वैधानिक विवाह में रूपान्तरित हो सकता है और शायद नहीं भी हो सकता है।

सामान्य और व्यापक शब्दों में, 'लिव–इन–रिलेशनशिप' को अधिवास करने की व्यवस्था के रूप में वर्णित और विश्लेषित किया जा सकता है जिसमें अविवाहित युगल एक साथ लम्बे समय तक चलने वाले रिश्ते को बनाने और बनाये रखने के लिए उसी तरह से रहते हैं जैसे शादी में; ऐसे जोड़े कई कारणों से शादी करने के बजाय एक साथ रहना पसन्द करते हैं। अनेक मामलों में यह सिर्फ़ वित्तीय कारणों और पारस्परिक सहजता अथवा फिर ऐसे ही अन्य कारणों के परिणामस्वरूप अस्तित्व में आता है। उनमें से कुछ का दावा है कि वैदिक काल में भी इस तरह के दाम्पत्य समान अधिवास (लिव–इन–रिलेशन) की अनुमति थी। इस सन्दर्भ में हमारे कई आदिवासी समुदाय पर्याप्त उदार रहे हैं। उन्होंने अपनी संस्कृति में परिवीक्षा द्वारा विवाह जैसी प्रथा को स्वीकृति दी है जो निश्चित रूप से उनके इतर समाजों की तुलना में प्रगतिशील है, हालाँकि भारतीय समाज भी कुछ मायनों में सकारात्मक और उदारमन हो रहा है लेकिन यह अभी भी व्यापक स्तर पर बहुसंख्यकों के लिए सामाजिक रूप से अस्वीकार्य है, यहाँ तक कि महानगरों में भी इसे लोग 'सहन' तो कर रहे हैं लेकिन सामाजिक रूप से इसे मान्यता देने को तनिक भी इच्छुक नहीं हैं।

बड़े शहरों में 'आर्थिक–विस्फोट' और उसके कारण आयी समृद्धि के प्रभावस्वरूप मज़बूत हो रहे महिला सशक्तीकरण ने कुछ प्रथाओं को स्वीकार करने की अनिवार्यता और उसकी प्रासंगिकता पर बल ही नहीं दिया, बल्कि उसे आत्मसात करने के लिए सकारात्मक रूप से प्रेरित किया। महानगरों में लोग प्रायः और सामान्यतः गुमनामी का जीवन जीते हैं और यही वह प्राथमिक और महत्त्वपूर्ण कारण है जिसके फलस्वरूप इच्छुक युगल लिव–इन–रिलेशनशिप को बनाने और बनाये रखने का साहस कर पाते हैं अन्यथा छोटे शहरों में तो, विशेष रूप से क़स्बों और गाँवों में, कोई गुमनामी में नहीं रह सकता है और ऐसे सम्बन्धों के कारण दण्डित या सामाजिक रूप से बहिष्कृत हो सकता है। दिल्ली जैसे महानगरों और इसके पड़ोसी उपनगरों जैसे नोएडा, ग़ाज़ियाबाद, गुरुग्राम, बैंगलुरु, और मुम्बई में लोगों को उस प्रकार की प्रथाओं और व्यवहारों के उपभोग में अधिक स्वतन्त्रता एवं सुख की प्राप्ति होती है जिन्हें परम्परागत समाज पथभ्रष्ट्र और भ्रष्ट कहता है। बड़े शहरों में बेहतर जीवन स्तर की सम्भावनाओं और अवसरों ने पूरे भारत के युवा पुरुषों और महिलाओं को उन कथित क्षेत्रों में रहने के लिए

आकर्षित किया है, जिनकी आबादी में पर्याप्त और काफ़ी 'प्रवासी' सम्मिलित हैं जो दूसरों के मामलों में ना ही चिन्तित होते हैं और न ही रुचि रखते हैं।

मई, 2013 में, उच्चतम न्यायालय ने एक ऐतिहासिक फ़ैसला देते हुए कहा कि अगर एक पुरुष और एक महिला एक युगल के रूप में रहने का निर्णय करते हैं, तो यह उनके 'जीवन के अधिकार' के अन्तर्गत होगा और किसी भी तरह से इसे दण्डनीय अपराध नहीं माना जायेगा। इसने निश्चित रूप से ऐसे युगलों को आवश्यक क़ानूनी सुरक्षा प्रदान की। ज़ाहिर है कि यह कथित निर्णय पारम्परिक और रूढ़िवादी लोगों के लिए अनुकूल और अच्छा नहीं था। पीठ ने टिप्पणी की कि जिस व्यक्ति से आप प्यार करते हैं, उसके साथ रहना जीवन के अधिकार का हिस्सा है।

हालाँकि उच्चतम न्यायालय के फ़ैसले के आलोक में यह कहा जा सकता है कि सरकार स्वेच्छा से या अनिच्छा से, विगत कुछ वर्षों से लिव इन में रहने वालों के हितों की रक्षा के लिए विभिन्न उपाय कर रही है। ऐसी ही एक पहल में, सरकार ने घरेलू हिंसा से महिलाओं का संरक्षण अधिनियम, 2005 के तहत 'लिव–इन–रिलेशन' में रहने वाली सभी महिलाओं के लिए आर्थिक अधिकारों को विस्तारित किया। इसी तरह, महाराष्ट्र राज्य सरकार ने वर्ष 2008 में एक प्रस्ताव दिया था कि 'निश्चित अवधि' के लिए अधिवासी सम्बन्ध में शामिल महिला को पत्नी का दर्जा दिया जाना चाहिए।

उसी वर्ष, राष्ट्रीय महिला आयोग द्वारा महिला एवं बाल विकास मन्त्रालय से दण्ड प्रक्रिया संहिता (सी.आर.पी.सी.) की धारा 125 में वर्णित पत्नी की परिभाषा में 'लिव इन' में रहने वाली महिला को सम्मिलित करने का आग्रह किया गया था। इन सिफ़ारिशों का उद्देश्य घरेलू हिंसा से जुड़े क़ानून के अन्य विभिन्न प्रावधान या इसके समूह का महिलाओं की सुरक्षा अधिनियम, 2005 का सामंजस्य स्थापित करना था। सर्वोच्च न्यायालय की न्यायमूर्ति मलीमठ समिति ने सिफ़ारिश की कि इसे सभी राज्यों द्वारा एक विधि में बदल दिया जाये। समिति ने कहा था कि "यदि पुरुष और महिला एक निश्चित और लम्बी अवधि के लिए पति और पत्नी के रूप में एक साथ रह रहे हैं, तो यह माना जायेगा कि पुरुष ने महिला से शादी की है।" मलीमठ समिति ने यह भी सिफ़ारिश की कि दण्ड प्रक्रिया संहिता (सी.आर.पी.सी.) के अन्तर्गत 'पत्नी' शब्द में संशोधन किया जाये ताकि किसी भी 'पुरुष के साथ पत्नी जैसे रहने वाली महिला' को इसमें शामिल किया जा सके। सभी न्यायिक फ़ैसलों के बावजूद तथ्य यह है कि समाज का एक बड़ा हिस्सा अभी भी इसे स्वीकार करने के लिए तैयार नहीं है,

लेकिन भविष्य में इसे एक व्यक्ति के अधिकार के हिस्से के रूप में स्वीकार करना ही होगा जिसका सम्मान किया जाना चाहिए।

भारतीय दण्ड संहिता की धारा 377 का अपराधीकरण

'लिव–इन–रिलेशनशिप' का दूसरा रूप एक ही लिंग के दो व्यक्तियों के बीच का सम्बन्ध है। यद्यपि महिलाओं (लेस्बियन) और पुरुषों (गे) के समलैंगिक सम्बन्ध भारत सहित सभी मानव समाजों का हिस्सा रहे हैं, लेकिन इसे 'नैतिकता' और धर्म के आधार पर पश्चिमी समाजों सहित समाज द्वारा कभी स्वीकार तो नहीं ही किया गया बल्कि इसे ख़ारिज करने की सीमा तक नज़रअन्दाज़ किया गया। इस कथित रिश्ते की सबसे कड़ी सज़ा मुस्लिम देशों में देखी जा सकती है। बहरहाल, पश्चिम ने इसे 'जीवन के अधिकार' और 'आनन्दवाद' के रूप में समाहित कर लिया। 6 सितम्बर, 2018 को, उच्चतम न्यायलय ने नवतेज सिंह जौहर बनाम भारत संघ के मामले में सर्वसम्मति से फ़ैसला सुनाया कि धारा 377 उस सीमा तक असंवैधानिक थी 'जहाँ तक यह समान लिंग के वयस्कों के बीच सहमति से यौन आचरण को एक अपराध बनाता है'। इसका सम्पूर्ण एल.जी.बी.टी.क्यू. लोगों और भारतीय समाज के उदार वर्ग ने स्वागत किया। अब एक ही लिंग के दो व्यक्ति क़ानूनी अपराध के अहसास–बोध के बिना ख़ुशी से रह सकते हैं, लेकिन 'लिव–इन–रिलेशनशिप' के इस रूप की उन अधिकांश लोगों द्वारा अत्यधिक घृणा और निन्दा की जाती है जो यह समझने में विफल रहते हैं कि भिन्न प्रकार से जन्म लेने वालों को भी ख़ुशी का अधिकार है। भारतीय समाज को इस वास्तविकता को समन्वित और स्वीकार करने में समय लगेगा।

विवाह-विच्छेद/तलाक़

भारतीय समाज के उन्तर्गत विवाह में बहुत अधिक धार्मिक–सामाजिक पवित्रता होती है और इसलिए तलाक़/विवाह–विच्छेद की प्रथा पर हमेशा धर्म और संस्कृति का एक बड़ा प्रभाव और पहरा रहा है। विवाह हिन्दुओं के बीच एक धार्मिक संस्कार और मुसलमानों के बीच एक नागरिक अनुबन्ध है। चूँकि विवाह हिन्दुओं के बीच धार्मिक पवित्रता रखता है, इसके लिए अग्नि के साक्षी और देवी–देवताओं के आशीर्वाद के साथ 'अनुष्ठान' किया जाता है, इसलिए, इसका 'विच्छेद' कभी भी वांछनीय नहीं माना जाता था

और इस प्रकार की प्रवृत्ति सदियों से इसी तरह जारी रही है। धार्मिक शक्तियाँ दाम्पत्य जीवन पर अनिवार्य रूप से बल डालती हैं, चाहे आप कार्यरत हों या ना हों, लेकिन आप विवाह के बन्धन में ज़रूर ही बँधे होने चाहिए। विवाह–विच्छेद या तलाक़ भी किसी के लिए गहरा और कभी न छूटने वाले कलंक के रूप में जीवनपर्यन्त बदस्तूर बना रहता है। इसका परिणाम यह होता है कि लोगों को अपने कलहपूर्ण वैवाहिक जीवन का बोझ ढोने को इसलिए अभिशप्त होना पड़ता है ताकि उनकी आदर्श भारतीय परिवार की छवि सुरक्षित रह सके। यह केवल *हिन्दू विवाह अधिनियम, 1955* की घोषणा के पश्चात ही सम्भव हो पाया कि विवाह–विच्छेद या तलाक़ को क़ानूनी मान्यता दी गयी, किन्तु इसे अभी भी सामाजिक रूप से अवांछनीय और अस्वीकृत माना जाता है। हालाँकि, समाज में तलाक़शुदा महिलाओं को पुरुषों की तुलना में अधिक हेय और तिरस्कृत दृष्टि से देखा जाता है। इसलिए ऐसे पुरुषों के लिए पुनर्विवाह महिलाओं की तुलना में बहुत आसान होता है। हालाँकि यह उन दलित (हिन्दू और मुस्लिम दोनों) और आदिवासी समुदायों के साथ ऐसा नहीं है, जो तलाक़ को सामान्य तौर पर लेते हैं क्योंकि समाज के इन वर्गों की महिलाओं को अधिक सांस्कृतिक स्वायत्तता प्राप्त है। इनके समाज में उच्च जातियों की महिलाओं की पितृसत्तात्मक मूल्यों जैसे कि पतिपरमेश्वर की अवधारणा में अनिवार्य रूप से श्रद्धावान होने की विवशता और लैंगिक विभेदीकरण उतनी सशक्त नहीं है तथा उन्हें उच्च जातियों की महिलाओं को जिस तरह से यौन उत्पीड़न और चरित्र हनन का सामना करना पड़ता है, उसका सामना नहीं करना पड़ता है।

भारत के सभी प्रमुख धार्मिक समुदायों में तलाक़ को नियन्त्रित करने वाले अपने क़ानून हैं जैसे कि हिन्दुओं, सिखों, जैनों और बौद्धों के लिए *हिन्दू विवाह अधिनियम, 1955* को प्रभावी बनाया गया है, तो ईसाइयों के लिए *भारतीय तलाक़ अधिनियम, 1869,* तो पारसियों और मुस्लिमों के लिए क्रमशः *पारसी विवाह और तलाक़ अधिनियम, 1936* और मुस्लिम *विवाह–विच्छेद अधिनियम, 1939* को व्यवहार में लाया जाता है। भारत में पश्चिमी समाजों के उलट तलाक़ लेने के लिए केवल कुछ आधार हैं जिनमें से सबसे महत्त्वपूर्ण हैं व्यभिचार, परित्याग, क्रूरता, नपुंसकता, मानसिक विक्षोभ, दूसरे धर्म में परिवर्तन और दीर्घकालीन बीमारियाँ। इसके अतिरिक्त हिन्दू विवाह अधिनियम में एक संशोधन के माध्यम से हाल के दिनों में दाम्पत्य जीवन के बेमेल होने को भी तलाक़ के लिए एक वैध आधार के रूप में सम्मिलित किया गया।

हिन्दुओं में तलाक़ एक कठिन प्रक्रिया है जबकि मुसलमानों के एक बड़े वर्ग के बीच यह अपेक्षाकृत अधिक आसान है। हालाँकि, शिया मुसलमानों में तत्काल *तीन तलाक़* (पति द्वारा एक बार में तीन बार तलाक़ का उच्चारण) की अनुमति नहीं है। यह तीन बैठकों में पर्याप्त समय अन्तराल के साथ, गवाहों की उपस्थिति में सुनाया जाता है, ताकि युगल को मन्थन एवं आत्मनिरीक्षण करने और सम्भावित सुलह करने के लिए पर्याप्त समय दिया जा सके। लेकिन सभी मुसलमानों में एक महिला के लिए तलाक़ लेना कहीं अधिक कठिन है, हालाँकि इसकी अनुमति है। तीन तलाक़ की घृणित प्रथा ने पहले ही लाखों मुस्लिम महिलाओं के जीवन को बर्बाद कर दिया है और मुसलमानों के प्रगतिशील वर्ग इस प्रथा पर पूर्ण प्रतिबन्ध लगाने की माँग कर रहे हैं जैसे कि कुछ मुस्लिम देश यह पहले ही कर चुके हैं। मुस्लिम महिला (विवाह में अधिकारों का संरक्षण) अधिनियम, 2019 की घोषणा के तदुपरान्त तीन तलाक़ क़ानून के अन्तर्गत दण्डनीय बन गया है। फिर भी कई विशेषज्ञों के अनुसार, यह समाधान समस्या से अधिक नुक़सानदायक है। क्या कोई पति तीन साल की क़ैद के बाद पत्नी को, जो उसकी जेल की सज़ा के लिए ज़िम्मेदार है, स्वीकार करेगा और पति की अनुपस्थिति में पत्नी और बच्चों की देखभाल कौन करेगा? इसके अलावा, जब इस तरह का तलाक़ उच्चतम न्यायालय के फ़ैसले और उसके पूर्व निर्णयों के अनुसार अमान्य है, तो वास्तव में विधिसम्मत रूप से तलाक़ हुआ ही नहीं है, हालाँकि, इसका एक और पहलू है। मुसलमानों में दुल्हन को जलाने/हत्या और दहेज से सम्बन्धित अत्याचारों के मामले बहुत कम हैं क्योंकि वे अपनी पत्नी को अधिक आसानी से तलाक़ दे सकते हैं और दूसरी शादी के लिए जा सकते हैं, लेकिन इसके विपरीत हिन्दुओं में तलाक़ लेना आसान नहीं है। इसलिए, एक पीड़ित और लालची पति को सबसे अच्छा विकल्प यह लगता है कि वह पत्नी की हत्या कर दे और फिर, दूसरी शादी कर ले। समाज ऐसे पतियों को बहिष्कृत करने के स्थान पर दूसरी तरफ़ देखना पसन्द करते हैं और इस प्रकार, इन दोषियों को दूसरी पत्नी मिल जाती है। इस प्रकार, यह स्पष्ट ही देखा जा सकता है कि पूरे भारतीय समाज में महिलाओं की दुर्दशा और नारकीयता लगभग समान है। वास्तव में, यह कहना ही अधिक समीचीन और प्रासंगिक होगा कि महिलाओं के अधिक–से–अधिक सशक्त होने से वे अपने वैवाहिक जीवन और भविष्य के बारे में निर्णय लेने की बेहतर स्थिति में होंगी।

5

भारत में महिलाओं की बदलती स्थिति : सशक्तीकरण और अशक्तीकरण

Changing Status of Women in India: Empowerment and Disempowerment

स्वतन्त्रता के बाद की अवधि के दौरान समानता और लैंगिक न्याय के लिए ज़बरदस्त उत्साह देखा गया है। शहरी महिलाएँ अपने अधिकारों के लिए जन जागरण दिखा रही हैं। वस्तुतः उन्हें राज्य की भेदभावपूर्ण प्रथाओं के ख़िलाफ़ बाहर आने के लिए विवश किया गया है। महिला साक्षरता में उल्लेखनीय वृद्धि हुई है। महिलाओं को सभी व्यवसायों में प्रवेश करने की अनुमति दी गयी है। लैंगिक मुद्दे ज़ोर–शोर से उभर रहे हैं। समकालीन भारत की महिलाओं को घर, कार्यालय, कारख़ाने, विधायिका और यहाँ तक कि रक्षा बलों में कई भूमिकाएँ निभानी होती हैं। वे पुनः संघर्षरत हो रही हैं। उन्हें धीरे–धीरे राजनीतिक प्रक्रिया में प्रतिनिधित्व मिल रहा है। 72वाँ और 73वाँ संशोधन महिलाओं के अधिकारों के लिए चल रहे संघर्ष का नतीजा रहा है। वे परिवार और बड़े समाज में अपनी भूमिका को फिर से परिभाषित कर रही हैं। वे धीरे–धीरे लैंगिक भेदभाव का समर्थन करने वाले सभी रीति–रिवाज़ों और परम्पराओं को ख़ारिज कर रही हैं। पुरुष प्रधान समाज ने धर्म और ईश्वर का अपना आख़िरी दाँव खेलने का फ़ैसला किया है। अगर वे उनकी मुक्ति में बाधा डालते हैं, तो उन्हें धर्म और ईश्वर के ख़िलाफ़ भी साहसपूर्वक उठ खड़ा होना होगा।

मुख्य समस्याएँ

हालाँकि कुछ प्रगति हुई है, लेकिन महिलाओं के प्रति भारतीय समाज का पूर्वाग्रही और परम्परागत बुनियादी रवैया परिवर्तित नहीं हुआ है।

यह कथित दृष्टिकोण उन समस्याओं में प्रतिबिम्बित होता है जिनका वे आज भी सामना कर रही हैं। कहीं–कहीं तो समस्याओं की गहनता और सघनता भी बढ़ गयी है। आशय यह कि कथित समस्याओं का रंग और गहराया है। उनकी प्रमुख समस्याओं को मोटे तौर पर दहेज, अत्याचार और भेद–भाव की श्रेणियों में वर्गीकृत किया जा सकता है :

दहेज : वर्तमान समय में प्रचलित दहेज ने एक सामाजिक जोख़िम का रूप ले लिया है, महिला और उसकी गरिमा के ख़िलाफ़ एक बर्बर प्रथा और एक लड़की के माता–पिता के दायित्व के रूप में यह कारण कन्या–भ्रूण हत्या और शिशु–हत्या जैसे परिणामों के लिए अग्रणी है। व्यवहारगत और सामान्य शब्दों में, यह धन, उपहार, सामान या सम्पत्ति के रूप में व्याख्यायित होता है जो पत्नी अपने शादी में लाती है। इसे माता–पिता या महिला के रिश्तेदारों द्वारा सम्भावित शादी करने वाले युगल को वैवाहिक–भुगतान के रूप में किया जाता है। महिला विवाह पर अपने माता–पिता की सम्पत्ति या सम्पत्ति का वह हिस्सा प्राप्त करती है जो अपेक्षित रूप से उसे विरासत में मिलता है, हालाँकि, दहेज को कन्यादान और स्त्री–धन की अवधारणाओं के साथ भ्रमित नहीं किया जाना चाहिए। कन्या–दान में दूल्हे को दुल्हन एक उपहार के रूप में दीया जाती है। स्त्री–धन का तात्पर्य किसी महिला को उसके जन्म के समय या उसके पति द्वारा शादी के समय या उसके बाद दिये गये उपहारों से है और वह धन जो उसे अपने माता–पिता से विरासत में मिला है या अपने व्यक्तिगत प्रयासों से अर्जित किया है। स्त्री स्त्री–धन की पूर्ण स्वामिनी होती है और उसका पति उस पर दावा नहीं कर सकता। यह उसकी बेटियों को विरासत में मिल सकता है जब तक कि वह अन्यथा न चाहे।

बहरहाल, उपर्युक्त अवधारणाओं के जो भी निहितार्थ हों, समाज में परिवर्तन के साथ यह और अधिक से अधिक भौतिकवादी होता जा रहा है, यह धन प्राप्त करने और इस तरह किसी की सामाजिक–आर्थिक स्थिति को ऊपर उठाने के सबसे आसान तरीक़ों में से एक बन गया है। इस प्रकार, यह सीधे तौर पर समाज में सामान्य भ्रष्टाचार और सामाजिक मूल्यों के क्षरण और तदुपरान्त उसके विकृतिकरण से भी सम्बन्धित है। दुर्भाग्य से, दहेज जो कभी स्वेच्छा से प्रेम के प्रतीक के रूप में दिया जाता था, अब विशेष रूप से मध्यवर्ग के बीच विवाह के लिए आर्थिक बाधा बन गया है। दहेज को अब हक़ के तौर पर माँगा जा रहा है।

शादी के उत्सव और उत्साह से दहेज की समस्या ख़त्म नहीं होती है। यह विवाह के वर्षों बाद भी एक चिरस्थायी समस्या के रूप में बदस्तूर बनी रहती है। दूल्हा और उसका परिवार हर सम्भव अवसर जैसे मेलों और त्योहारों पर पैसे की उगाही के लिए तत्पर रहता है। दूल्हे का पक्ष व्यापार को बढ़ाने या अपनी बहनों के दहेज के लिए पैसे की माँग करना जारी रखता है।

शादी से पहले और बाद में दहेज की माँग पूरी न करने के कई परिणाम हो सकते हैं। विवाह के समय और उसके पश्चात, महिलाओं को शारीरिक और मानसिक दोनों प्रकार की घोर प्रतारणा से लेकर घरेलू हिंसा तक की समस्या से जूझना पड़ सकता है। इसके परिणामस्वरूप दुल्हन को जलाने और अन्य अत्याचार भी हो सकते हैं। वैश्वीकरण और बाज़ारवादी अर्थव्यवस्था के बढ़ते प्रभाव ने दहेज जैसी नापाक प्रथा में और योगदान दिया है। बढ़ता उपभोक्तावाद और उपभोक्ता संस्कृति हमारी मूल्य प्रणाली को अश्लील और विकृत बना रही है।

मुसलमान और ईसाई जो हाल के दिनों तक इस कथित सामाजिक 'बीमारी' से ग्रसित नहीं थे, वे भी इससे पीड़ित हो रहे हैं। लेकिन महत्त्वपूर्ण रूप से दहेज से सम्बन्धित अत्याचार और हिंसा अभी भी इन समुदायों के एक छोटे–से हिस्से तक ही सीमित हैं। मुसलमानों के सन्दर्भ में शायद ही कोई दुल्हन को जलाने के मामले में मुख्य रूप से यह कारण ज़िम्मेदार हो कि उनमें तलाक़ हिन्दुओं की तुलना में बहुत आसान हो सकता है। इसके अलावा, ऐसे लालची व्यक्ति दूसरी शादी के लिए भी जा सकते हैं, कम–से–कम सैद्धान्तिक रूप से। ऐसे में वे पत्नी की हत्या का सहारा क्यों लें? यह स्पष्ट रूप से दर्शाता है कि सभी समुदायों में महिलाओं की स्थिति निम्नतर है, हालाँकि सभी समुदायों में यह अलग–अलग स्तर और तीव्रता के साथ व्याप्त है।

महिला समूहों और ग़ैर–सरकारी संगठनों के निरन्तर दबाव के फलस्वरूप सरकार ने दहेज निषेध अधिनियम, 1961 को अधिनियमित किया, जिसे वर्ष 1984 के दहेज निषेध (संशोधन) अधिनियम के रूप में संशोधित किया गया और फिर, जिसे वर्ष 1986 में इसे और अधिक सशक्त बनाने के लिए संशोधित किया गया। लेकिन ज़ाहिर है कि इस समस्या को केवल क़ानून की सहायता से नहीं लड़ा जा सकता। इस तरह की प्रथाओं के ख़िलाफ़ एक मजबूत सामाजिक आन्दोलन की आवश्यकता है।

समस्या के लिए काफ़ी हद तक प्रचलित पितृसत्तात्मक मूल्यों के सघनीकरन को ज़िम्मेदार ठहराया जा सकता है जो महिलाओं को पूर्वाग्रही होकर निम्नतर और कमतर आँकते हैं। परम्परा का बोझ, पुरुष–श्रेष्ठता की एक प्रचलित विचारधारा, एक असंवेदनशील और कभी–कभी क़ानून लागू करने वाला ढाँचा, एक पुरातन न्यायिक प्रणाली और हिंसा को माफ़ करने के लिए तत्पर रहने वाला समाज, सभी इस स्थिति के लिए उत्तरदायी हैं अन्यथा, दहेज के लिए अपनी पत्नी की हत्या के लिए ज़िम्मेदार पुरुष के पुनर्विवाह या दूसरी शादी को कोई कैसे समझा सकता है, उसे स्वीकृत, अभिप्रमाणित या जस्टिफाय कर सकता है?

अत्याचार/ज़ुल्म और भेदभाव

लैंगिक भेदभाव और महिलाओं के ख़िलाफ़ अत्याचार भारतीय समाज का एक बदसूरत और विकृत चेहरा रहा है। यदि हम समस्या को देखें, तो हम पाते हैं कि भेद भाव का वातावरण ही उसके ख़िलाफ़ विभिन्न प्रकार के अत्याचारों के लिए काफ़ी हद तक उत्तरदायी है। पितृसत्तात्मक समाज के प्रमुख नियामक पितृसत्ता और इससे अभिप्रेरित सामाजिक परिवेश ने पुरुषों और महिलाओं के बीच एक असमान और असन्तुलित शक्ति सम्बन्ध स्थापित किया है। पितृसत्ता अपने साथ कई मामलों में महिलाओं के लिए असमानता, भेदभाव और अभाव लेकर आयी है, हालाँकि एक तरह से यह परिवार के सभी सदस्यों के लिए सुरक्षा भी सुनिश्चित करती थी जिसमें महिलाएँ भी सम्मिलित थीं। महिलाओं ने भी सामाजिक लोकाचार के हिस्से के रूप में अधीनता को स्वीकार किया है, किन्तु अब पुरुष और महिलाएँ, दोनों, तेज़ी से जागरूक हो रहे हैं। अब महिलाओं में इसका अहसास–बोध है कि भेदभाव, असमानता और अभाव की प्रक्रिया में उनके कई बुनियादी अधिकारों का उल्लंघन हुआ है और उन्हें अपने अधिकारों को आत्मसमर्पण करने के लिए विवश और अभिशप्त होना पड़ा है (सरला गोपालन और मीरा शिवा, 2000)। महिलाओं के विरुद्ध भेदभाव 'पालने से क़ब्र' तक बना रहता है, जैसे कि, शिक्षा के अधिकार की अवहेलना, पौष्टिक–आहार से समझौता, स्वास्थ्य और चिकित्सा सम्बन्धी पूर्वाग्रह, दहेज और यौन उत्पीड़न। जीवन के प्रत्येक पड़ाव पर उन्हें पूर्वाग्रह और भेदभावपूर्ण व्यवहारों से संघर्ष करना पड़ता है।

महिलाओं के जीवन–चक्र में भेदभाव और अत्याचार।

भ्रूण

लिंग–चयन

कन्या–भ्रूण हत्या

शिशु

शिशु–हत्या

कुपोषण

प्रारम्भिक अवस्था

चिकित्सा और शिक्षा की उपेक्षा

यौन–शोषण

शारीरिक हिंसा

किशोरावस्था और वयस्क महिलाएँ

अनपेक्षित और शीघ्र शादी

प्रारम्भिक गर्भावस्था

यौन हिंसा

घरेलू हिंसा

दहेज उत्पीड़न, बाँझपन/पुत्र–प्राप्ति में विफलता

परित्याग

महिला–उत्पीड़न

उच्च मातृ मृत्यु–दर

वृद्ध महिलाएँ और विधवाएँ

परित्याग

उपेक्षा-भावनात्मक, सामाजिक और वित्तीय

पारम्परिक मूल्यों का क्षरण, समाज में बढ़ती आपराधिक प्रवृत्ति, क़ानूनी प्रावधानों का बदतर क्रियान्वयन, मीडिया विशेषकर सिनेमा में हिंसा के अत्यधिक चित्रण ने समाज में अधिक से अधिक अत्याचारों की वृद्धि में योगदान दिया है। इसमें महिलाओं को बड़ा हिस्सा मिला है।

इस प्रकार की कुप्रवृत्तियों और विकृतियों की शिकार महिलाएँ अधिक हुई हैं। महिलाओं के ख़िलाफ़ होने वाले अत्याचारों और हिंसा के विविध रूप हैं जिन्हें निम्नलिखित बिन्दुओं के माध्यम से प्रकाश में लाने का प्रयास किया गया है :

- घरेलू हिंसा
- दहेज उत्पीड़न
- निर्ममतापूर्वक पीटना जिससे चोट यहाँ तक कि मृत्यु भी हो सकती है
- बलात्कार
- घर, सार्वजनिक स्थानों और कार्य–स्थल पर यौन उत्पीड़न
- छेड़खानी
- अपहरण
- वेश्यावृत्ति
- चिकित्सकीय हिंसा

वास्तव में देखा जाये तो, हिंसा के इन सभी रूपों में चिकित्सकीय हिंसा अप्रत्यक्ष या छिपी रहती है। इसमें अनावश्यक भगच्छेदन (एपिसिओटॉमी), शल्य–चिकित्सा प्रसव, असुरक्षित गर्भपात, ख़तरनाक दवाएँ, गर्भ–निरोधक, झूठी चिकित्सा–क़ानूनी रिपोर्ट, चिकित्सा स्वास्थ्य अधिनियम का दुरुपयोग आदि शामिल हो सकते हैं। जब हम हिंसा के विभिन्न रूपों का विश्लेषण करते हैं, तो हम देखते हैं कि अधिकांश हिंसा में जोख़िम अथवा ख़तरा उन पुरुषों से है जिन्हें वे जानते हैं। सभी प्रासंगिक रिपोर्टों से पता चलता है कि युवा लड़कियों का क़रीबी पुरुष रिश्तेदारों द्वारा यौन शोषण किया जाता है। यह जानना महत्त्वपूर्ण है कि लैंगिक हिंसा सभी सामाजिक समूहों में व्याप्त है। दरअसल, अधिकांश हिंसक पुरुष मानसिक रूप से बीमार नहीं होते हैं, बल्कि वे इसे हावी होने के अधिकार के दावे के रूप में देखते हैं।

महिलाओं के ख़िलाफ़ हिंसा के लिए जाति व्यवस्था भी ज़िम्मेदार है, विशेषकर दलित महिलाओं के ख़िलाफ़। सदियों पुरानी शोषक जाति व्यवस्था से उत्पन्न सामाजिक 'संस्कार' या कुप्रवृत्ति के कारण, दलित महिलाओं को उच्च जाति के पुरुषों के साथ–साथ अपनी ही जातियों से सामूहिक शारीरिक शोषण के ख़तरे का सामना करना पड़ता है, इस प्रकार, उन्हें लिंग और जाति की दोहरी समस्या से जूझना पड़ता है। इन पहलुओं के अलावा महिलाएँ विशेष परिस्थितियों का भी शिकार हो जाती हैं।

जेल या हिरासत में महिलाओं की देख–भाल, विधवाओं, एकल महिलाओं, मानसिक अस्पतालों में महिलाओं, शारीरिक रूप से विकलांग और विस्थापित और शरणार्थी महिलाएँ, महिलाओं के ख़िलाफ़ अत्याचार के अन्य कम दिखाई देने वाले पहलू हैं। इस प्रकार, महिलाओं के ख़िलाफ़ अपराध भारत के भीतर सबसे अधिक विचारोत्तेजक, दर्दनाक और राजनीतिक चर्चा का विषय है। यद्यपि यह विकास का प्रत्यक्ष मुद्दा नहीं है फिर भी यह महिलाओं के विकास को प्रभावित करता है।

संवैधानिक प्रावधान, विशेष क़ानून और महिला अधिकारिता

भारतीय संविधान में लैंगिक समानता और विभेदीकरण के उन्मूलन को सुरक्षित एवं संरक्षित करने के लिए कई अनुच्छेदों को उपबन्धित किया गया है। उपयुक्त और विशिष्ट शब्दों में कहें, तो वे इसके माध्यम से प्रदान करते हैं :

- विधियों के समक्ष समानता और विधियों के समान संरक्षण (अनुच्छेद– 14)।
- अन्य बातों के अलावा लिंग के आधार पर भेदभाव की रोक–थाम और विभेदीकरण के उन्मूलन की प्रवृत्ति को प्रोत्साहन देना। राज्य या सरकार को इस बात की अनुमति होगी कि वह महिलाओं के लिए विशेष व्यवस्था करें। जैसे सार्वजनिक रेस्तराँ या अवकाशकालीन आवास में महिलाओं के प्रवेश के लिए अपवादस्वरूप व्यवस्था के निर्देश देना। (अनुच्छेद–15)।
- सार्वजनिक रोज़गार में अवसर की समानता (अनुच्छेद–16)।
- आजीविका के साधन के लिए पुरुषों और महिलाओं के लिए पर्याप्त समान अधिकार (अनुच्छेद–39 ए)।
- राज्य को श्रमिकों, पुरुषों और महिलाओं के स्वास्थ्य और शक्ति को सुरक्षित करने की दिशा में अपनी सार्वजनिक नीति को निर्देशित करने का अधिकार होगा (अनुच्छेद–39 ई और एफ)।
- महिलाओं के लिए काम करने की मानवीय स्थिति और मातृत्व राहत (अनुच्छेद–42)।
- राज्य एक समान नागरिक संहिता (अनुच्छेद–44) स्थापित करने का प्रयास कर रहा है।

- महिलाओं की गरिमा के लिए अपमानजनक प्रथाओं का त्याग करना प्रत्येक नागरिक का मौलिक कर्तव्य (अनुच्छेद–51 ए और (ई))।

संवैधानिक प्रावधानों को व्यवहार में लाने के क्रम में, सरकार ने महिलाओं की सुरक्षा और उनकी स्थिति के उन्नयन के लिए विशिष्ट क़ानून बनाये हैं।

- **विशेष विवाह अधिनियम, 1954:** 18 वर्ष की आयु की कोई भी लड़की या 21 वर्ष का लड़का इस क़ानून का सहारा ले सकता है, चाहे जाति या धार्मिक विचार कुछ भी हों।
- **हिन्दू विवाह अधिनियम, 1955** : विवाह को कुछ निश्चित संस्कारों, विशेष रूप से सप्तपदी के प्रदर्शन पर अनुष्ठापित माना जाता है, अगर पहली शादी अस्तित्व में है, तो दूसरी शादी को प्रतिबन्धित किया गया है, न्यायिक अलगाव और विवाह–विच्छेद/तलाक़ का अधिकार कुछ निश्चित आधारों पर उपलब्ध कार्यान्वित होता है, जैसे कि मस्तिष्क का सुचारु और समुचित रूप से कार्य नहीं करना, पृथक् धर्म में धर्मान्तरण, लाइलाज या संचारी रोग आदि।
- **दहेज निषेध अधिनियम, 1961 (1986 में संशोधित)** : दहेज के लिए उकसाना, देना या लेना राज्य के ख़िलाफ़ एक संज्ञेय, ग़ैर–जमानती अपराध है और कम–से–कम पाँच साल की क़ैद और 15000 या दहेज के मूल्य की राशि के जुर्माने के साथ दण्डनीय है।
- **बाल विवाह निरोध (संशोधन) अधिनियम, 1976** : विवाह की आयु लड़कियों की सुगमता के लिए 15 वर्ष से बढ़ाकर 18 वर्ष और लड़कों के मामले में 21 वर्ष कर दी गयी।
- **हिन्दू दत्तक और भरण–पोषण अधिनियम, 1955** : अविवाहित महिला, विधवा या स्वस्थ दिमाग़ का तलाक़शुदा भी बच्चे को गोद ले सकता है।
- **हिन्दू उत्तराधिकार अधिनियम, 1956** : इसने विरासती मामले में महिलाओं को पुरुषों के बराबर सम्पत्ति का हस्तान्तरण करने के प्रावधान पर विधिक मुहर लगायी।

- **अनैतिक व्यापार (रोकथाम) अधिनियम, 1956**
- **महिलाओं का अश्लील प्रतिनिधित्व (निषेध) अधिनियम, 1986**
- **सती आयोग (रोकथाम) अधिनियम, 1987 (1988 का 3)**
- **घरेलू हिंसा से महिलाओं का संरक्षण अधिनियम, 2005**
- **कार्यस्थल पर महिलाओं का यौन उत्पीड़न (रोकथाम, निषेध और निवारण) अधिनियम, 2013**
- **आपराधिक क़ानून (संशोधन) अधिनियम, 2013**

इनके अलावा, महिला श्रमिकों को श्रम–सुरक्षा प्रदान करने के लिए कई अधिनियम अधिनियमित किये गये हैं। इस सन्दर्भ में *मातृत्व लाभ अधिनियम* 1961 और *समान पारिश्रमिक अधिनियम,* 1976, दो ऐसे विशेष, ठोस और उल्लेखनीय अधिनियम हैं जो क्रमशः यह सुनिश्चित करते हैं कि (i) गर्भधारण और प्रसव की अवधि के दौरान सवैतनिक अवकाश की अवधि 12 सप्ताह से बढ़ाकर 26 सप्ताह तक की जाये और यह प्रसव से ठीक छह सप्ताह पहले से लेकर एक महीने तक की अवधि के दौरान कठिन प्रकृति और जोखिम भरे कार्य को प्रतिबन्धित करता है और (ii) 'समान काम के लिए समान वेतन' का भुगतान। इसके अतिरिक्त अन्य विधियों के अन्तर्गत आने वाले सुरक्षात्मक प्रावधान भी हैं जो शिशुगृह (क्रेच), बच्चों के आहार के लिए समयान्तराल, अलग शौचालय आदि जैसी सुविधाओं की उपलब्धता सुनिश्चित करते हैं। *द मेडिकल टर्मिनेशन ऑफ़ प्रेगनेंसी विधेयक*, 1971 गर्भपात की अनुमति देता है, अगर इसे चिकित्सकीय दृष्टिकोण से उचित पाया जाता है। *प्रसव पूर्व निदान तकनीक* (विनियमन और दुरुपयोग की रोकथाम) *अधिनियम,* 1994 भ्रूण के लिंग निर्धारण सम्बन्धी जाँच को नियन्त्रित करता है। महिला भ्रूण की पहचान करने और उसे अवैध रूप से गर्भपात कराने के लिए अक्सर लिंग–निर्धारण परीक्षण किये जाते हैं। दरअसल, इस सन्दर्भ में यह ध्यातव्य और विचार–योग्य है कि "मानव शरीर के साथ हिंसा आमतौर पर एक दण्डनीय अपराध है, चाहे वह पुरुष हो या महिला, जो भी प्रभावित हो। इस सन्दर्भ में, महिलाओं को प्रभावित करने वाले क़ानूनों के प्रावधानों की समय–समय पर समीक्षा की गयी है और तदुपरान्त संशोधन भी किये गये हैं, विशेष रूप से प्रासंगिक दण्ड प्रावधानों को और अधिक निवारक एवं प्रभावी बनाने के लिए ऐसा किया गया।

दरअसल, बलात्कार, अपहरण, दहेज के लिए हत्या, यातना, छेड़–छाड़, कार्य–स्थल पर यौन उत्पीड़न, सभी महिला सम्बन्धित अपराध हैं जो अक्सर सार्वजनिक बहस–मुसाहिबे और जाँच के केन्द्रीय विषय बनते हैं" (सरला गोपालन, 2000)।

इस विश्लेषण से पता चलता है कि सशक्तीकरण और अशक्तीकरण की प्रक्रिया एक साथ चलती है। पितृसत्तात्मक भारतीय समाज दृढ़तापूर्वक महिलाओं को इतनी आसानी से जगह नहीं दे रहा है और जब भी यह कथित समाज यह देखता है कि महिलाओं के बदलाव की बयार में जो तेज़ी आयी है और उसके कारण उपलब्धियाँ उनके पैरों को चूम रही हैं, तो यह धार्मिक–आदेश–फ़तवे का सहारा लेता है। यह हमें प्रसिद्ध नारीवादी केट मिलेट के बार–बार उस उद्धृत बयान की याद दिलाता है जब वह अपनी प्रसिद्ध पुस्तक 'द सेक्सुअल पॉलिटिक्स' में लिखती हैं कि महिलाएँ संगठित धर्मों को धता बताये और ध्वस्त किये बिना मुक्ति नहीं पा सकती हैं।

6

भारत में लिंग, पितृसत्ता और 'ऑनर किलिंग'
Gender, Patriarchy and 'Honour Killing' in India

'मानव' होने के नाते महिलाओं को भी स्वतन्त्रता से सम्बन्धित कुछ मौलिक और बुनियादी अधिकार प्राप्त हैं : अपने शरीर पर अधिकार, दृश्यता का अधिकार, आवागमन का अधिकार, जीवनसाथी चुनने का अधिकार या जिसके साथ भी वह जीने और अपना जीवन व्यतीत करने का विकल्प चुनती हैं। ये 'मौलिक स्वतन्त्रता' के हिस्से हैं और इसकी उपस्थिति उनकी सांस्कृतिक स्वायत्तता में अनिवार्य एवं अपरिहार्य है। इस प्रकार, किसी भी प्रकार की सज़ा और उसकी हत्या मानव अधिकारों का घोर उल्लंघन है। भारत में 'ऑनर किलिंग' काफ़ी हद तक 'जातिवादी पितृसत्ता' का हिस्सा है। ह्यूमन राइट्स वॉच ने ऑनर किलिंग को "आमतौर पर परिवार के पुरुष सदस्यों द्वारा उन महिला सदस्यों के ख़िलाफ़ प्रतिशोध की कार्रवाई के रूप में परिभाषित किया है, जिन्हें परिवार को कलंकित करने के लिए उत्तरदायी माना जाता है।'' 'ऑनर किलिंग' शब्द उन संस्कृतियों में पुरुषों और महिलाओं, दोनों की हत्या पर लागू होता है जिसमें इस प्रकार के कुकृत्यों को अंजाम देने की प्रवृत्ति व्याप्त रहती है।

परिवार, जाति या समुदाय के सम्मान को बचाने या बनाने के नाम पर युवा लड़कियों और महिलाओं की हत्या ने लोकतान्त्रिक भारत में गम्भीर आयाम ग्रहण कर लिया है। हालाँकि इस तरह की हत्याएँ भारत तक ही सीमित नहीं हैं और दक्षिण एशिया (पाकिस्तान, बांग्लादेश, नेपाल और श्रीलंका), मध्य पूर्व, दक्षिण अमेरिका और अफ्रीका के अन्य हिस्सों में भी मानवाधिकारों के घोर उल्लंघन के रूप में देखी जा सकती हैं। अमेरिका और यूरोप में यह काफ़ी हद तक आप्रवासी समुदायों तक ही सीमित है,

जिनमें से कई पारिवारिक सम्मान की अपनी पारम्परिक धारणाओं को बनाये रखने के लिए किसी भी सीमा तक जाने के लिए सर्वदा ही तत्पर रहते हैं। पारिवारिक सम्मान की अवधारणा दुनिया के कई समुदायों में अत्यन्त महत्त्वपूर्ण है।

तथाकथित 'ऑनर किलिंग' या 'क्राइम्स ऑफ़ ऑनर' को महिलाओं के ख़िलाफ़ व्यापक हिंसा के एक हिस्से के रूप में देखा जा सकता है जो किसी विशेष जाति, संस्कृति या धर्म तक ही सीमित नहीं है। यह भी ग्रामीण क्षेत्रों या अशिक्षित, अनपढ़ व्यक्तियों तक ही सीमित नहीं है। हालाँकि इस तरह की हिंसा से सम्बन्धित सूचनाएँ, जो हत्याओं तक फैली हुई हैं, शायद आदिवासी क्षेत्रों को छोड़कर पूरे भारत से आती हैं, और इसमें भी सबसे अधिक ख़बरें पंजाब, हरियाणा, राजस्थान और पश्चिमी उत्तर प्रदेश से आती हैं। इस तरह की कई हत्याओं को बड़े पैमाने पर पूरे ग्राम समुदाय की सहमति के कारण रिपोर्ट नहीं किया जाता है।

हम में से बहुत से लोग इसे बात से सहमत हैं कि किसी राज्य की नैतिक और राजनीतिक वस्तुस्थिति महिलाओं और अल्पसंख्यक समूहों के आधार पर निर्धारित की जानी चाहिए। पितृसत्ता भारतीय समाज में गहराई तक धँसी हुई है और महिलाओं के ख़िलाफ़ सभी प्रकार की हिंसा में प्रकट होती है– कन्या–भ्रूण हत्या और शिशु–हत्या, भेद–भाव, घरेलू हिंसा और हत्याएँ। महिलाओं के प्रति भेदभाव और सभी प्रकार की हिंसा के पीछे की मानसिकता को हमारे सामाजिक ढाँचे में 'ऑनर किलिंग' की स्थिति को समझने के लिए समझा जाना चाहिए। यह मानसिकता उन स्थानीय संस्कृति में निहित है जिसमें महिलाओं को अधिकारों और सांस्कृतिक स्वायत्तता की हक़दार मानव के रूप में नहीं बल्कि उनके परिवार के पुरुष सदस्यों के सम्मान का प्रतिनिधित्व करने वाली सम्पत्ति के रूप में माना जाता है। उनका शरीर परिवार के सम्मान का प्रतीक है, इसलिए लिंग और प्रतिष्ठा 'ऑनर किलिंग' की प्राथमिक वजह बन जाते हैं। शायद इसलिए सजायाफ़्ता हत्यारों में अक्सर अपने कुकर्मों को लेकर एक प्रकार के गर्व का भाव बना रहता है और इसका अहसास–बोध इतना सघन होता है कि उनमें किसी प्रकार का पछत्तावा या पश्चाताप का लेश मात्र भी नहीं होता।

दरअसल, शर्म, अपमान और चेहरे को नुक़सान उस स्थिति में साथ होता है जिसमें बेटी 'आदर्श' आदेश का उल्लंघन करती है। ऐसी स्थिति के निहितार्थ अस्थायी नहीं होते हैं क्योंकि इसे स्थानीय समाज कभी नहीं भूल पाता।

जैसा कि पी.एस. जज (2012) बताते हैं, ''मानक अपेक्षाओं के अनुरूप न होना और ऐसे विकल्पों का प्रयोग करना जो समुदाय के माता–पिता और पुरुष सदस्यों के अनन्य विशेषाधिकार हैं, मौजूदा मानक सामाजिक व्यवस्था के लिए एक गम्भीर ख़तरा है। वाकई शर्म किसी परिवार के गले में चक्की का पत्थर बन सकती है। यहाँ तक कि पीढ़ियों बाद भी, जब भी इस घटना का स्मरण के रूप में उल्लेख किया जाता है, तो यह घटना एक परिवार को शर्मसार करती है। इसमें शामिल अधिकांश परिवारों के लिए, अपने सम्मान की रक्षा करने का एकमात्र तरीक़ा 'शर्म के स्रोत' को ख़त्म करना है।''

यदि हम 'ऑनर किलिंग' की प्रचलित प्रवृत्तियों का विश्लेषण करते हैं, तो हम पाते हैं कि कथित अपमान आमतौर पर निम्नलिखित व्यवहारों में से एक या अधिक या यहाँ तक कि इस तरह के व्यवहार में सन्देह या शक़ के भी परिणाम होते हैं :

- महिलाओं के लिए पारम्परिक वेश–भूषा के ख़िलाफ़ जाने वाले कपड़े। प्रायः यह परिवार या समुदाय के लिए अस्वीकार्य होते हैं।
- परिवार द्वारा तय किये गये विवाह को अस्वीकार करना और समाप्त करना और अपनी पसन्द को प्राथमिकता देना या तलाक़ जैसे विकल्प को व्यवहार में लाना।
- अन्तरजातीय विवाह या गाँव या गोत्र में विवाह।
- विवाह–पूर्व या विवाहेतर अन्तर्गत या यौन–सम्बन्ध।
- समलैंगिक सम्बन्ध।
- माता–पिता या भाइयों की इच्छा के विरुद्ध किसी पेशे या व्यवसाय का चयन करना।

ऐसी हत्याओं की नारीवादी व्याख्या 'सम्मान' को शक्ति के रूप में देखती है। हमें यह समझने में मदद करता है कि पितृसत्ता महिलाओं पर पुरुषों के अधिकार और प्रभुत्व को कैसे क़ायम रखती है और यह विशेष रूप से महिलाओं के व्यवहार के सन्दर्भ में पुरुषों की परिभाषाओं और अपेक्षाओं को कैसे सही ठहराती है। इस 'सम्मान प्रणाली' को तीन व्यापक क्षेत्रों में विभाजित किया जा सकता है :

(क) महिलाओं के व्यवहार पर नियन्त्रण

(ख) कथित नियन्त्रण का शिथिल या समाप्त होते जाने के कारण लज्जा की भावना

(ग) सामुदायिक सहभागिता द्वारा लज्जा की इस भावना को विनियमित कर और बढ़ाना।

पितृसत्ता और इससे सम्बद्ध विविध पहलुओं के अनुशीलन और विश्लेषण करने से हमें असमान लिंग सम्बन्धों के सांस्कृतिक परिवेश में विभिन्न प्रकार के भेदभाव और हिंसा को समझने में मदद मिलती है। सामाजिक स्थिति या सम्मान और प्रतिष्ठा समूह की पहचान को बनाये रखने में मदद कर सकती है। यह उन सामाजिक सीमाओं को परिभाषित करने में भी मदद कर सकता है जिन्हें अन्य प्रतिस्पर्धी समूहों द्वारा ख़तरा है। पितृसत्ता का मानना है कि पुरुषों के बीज की शुद्धता और निरन्तरता बनाये रखने के लिए महिलाओं की कामुकता पर नियन्त्रण आवश्यक है। इस तरह की हत्याओं की बढ़ती संख्या आधुनिक क़ानूनों को स्वीकार करने में कठोर पारम्परिक सामाजिक संरचनाओं की द्वन्द्वात्मकता से उत्पन्न तनाव को भी दर्शाती है। पितृसत्ता और जाति के अधिकार महिलाओं के अधिकारों के लिए संघर्ष को एक चुनौती और उसके आधिपत्य के लिए ख़तरे के रूप में देखते हैं।

पितृसत्ता, जाति और पुरुषत्व का संगम है और सभी दक्षिण एशियाई समाजों में विशेष रूप से भारतीय उपमहाद्वीप में एक प्रमुख मिश्रण है। जैसा कि गिल्बर्ट सेबेस्टियन (2013) रेखांकित करते हुए कहते हैं, ''भारत में जहाँ पूर्वप्रचलित अर्द्ध–सामन्ती और जातिगत व्यवस्था ने यह सुनिश्चित किया कि तथाकथित उच्च और विशेषाधिकार प्राप्त समुदाय की महिलाएँ घरों और रसोईघरों तक ही सीमित रहें या यूँ कहें कि क़ैद रहें, वहीं पूँजीवादी प्रेरित पितृसत्तात्मक समाज ने महिलाओं को 'सामाजिक उत्पादन' में संवृद्धि करने के लिए घर की चारदीवारियों से बाहर जाकर कार्य करने के लिए प्रोत्साहित और प्रेरित किया।'' अर्द्ध–सामन्ती आधारित पितृसत्ता ने विशेषाधिकार प्राप्त जातियों के सम्मान और प्रतिष्ठा की न केवल रक्षा की वरन इसे अपने परिवार और जाति के ग़ौरव एवं मान–मर्यादा से भी जोड़ा, साथ ही साथ इस कथित सुरक्षात्मक और संरक्षणवादी उपायों' को समुचित रूप से सुनिश्चित करने के लिए उन उच्च जातियों की महिलाओं के प्रति अपराधों के लिए भी कठोर एवं निर्मम सज़ाओं की परिकल्पना ही नहीं की गयी बल्कि इसे तदनुरूप व्यवहार में भी लाया गया जो कथित निम्न जातियों से ताल्लुक़ रखते थे या सम्बद्ध हो गये थे (पूर्वोक्त)। सम्भवतः यही कारण है कि हरियाणा, पंजाब, राजस्थान और उत्तर प्रदेश में दलित जाति के पुरुष के साथ वैवाहिक सम्बन्ध की सम्भावनाओं को

ही पूर्णरूपेण ख़ारिज तो कर ही दिया जाता है साथ ही साथ ऐसा करने वाले लड़के एवं लड़कियों, दोनों के लिए बर्बर सज़ा मुक़र्रर की जाती है।

यहाँ यह ध्यान रखना महत्त्वपूर्ण है कि भारतीय समाज में दलित जातियों की महिलाओं को हिन्दू, मुस्लिम, सिख और उच्च जातियों की महिलाओं की तुलना में अधिक सांस्कृतिक स्वायत्तता और अधिकार प्राप्त थे। उन्होंने हमेशा खुले में रहने की आज़ादी यानि दृश्यता के अधिकार का आनन्द लिया (उच्च जातियों की महिलाओं में पर्दा, या घूँघट करना अनिवार्य रहा है), आवागमन का अधिकार (वे खेतों में कार्य करती रही हैं और घर की चारदीवारी के बाहर विचरण करने के लिए स्वतन्त्र थीं), जीवन–साथी के चयन का अधिकार और अगर विवाह उनके अनुरूप नहीं हो, तो उसके विच्छेद का अधिकार इत्यादि का उपभोग इन कथित दलित महिलाओं ने स्वच्छन्दतापूर्वक किया। पति–परमेश्वर की अवधारणा और किसी भी प्रकार से प्रश्न न करते हुए पति को पूजते रहने की संस्कृति कभी भी दलितों के बीच इस तरह नहीं पनप सकी कि वे नैतिकता और लोकाचार का आयाम ग्रहण कर लें। इसके बनिस्बत वस्तुतः यह ब्राह्मणवादी पितृसत्ता और मूल्य प्रणाली के अभिन्न अंग रहे हैं। संस्कृतिकरण की प्रक्रिया में (सामाजिक स्थिति और प्रतिष्ठा बढ़ाने के लिए उच्च जातियों की जीवन–शैली और मूल्य प्रणाली का अनुकरण), अधिकांश क्षेत्रों में, उच्च जातियों का अनुकरण करने वाले दलित अपने कई पारम्परिक मूल्यों को त्याग रहे हैं और उनके (उच्च जातियों) पारम्परिक मूल्यों को अपना रहे हैं। इस प्रक्रिया में, उच्च जातियाँ, गाँवों में, उनसे भी अपेक्षा करती हैं कि वे उनके मूल्यों के अनुरूप हों, विशेष रूप से महिलाओं के सन्दर्भ में। शायद इसलिए दलित जातियों की महिला सम्बन्धी उदारता में कुछ हद तक उनका रवैया भी बदल रहा है और वे भी उच्च जातियों की तर्ज़ पर सम्मान और 'लज्जा' की अवधारणा को तेज़ी से पोषित कर रहे हैं। "इस प्रकार, महिलाओं की अधीनता का जातिगत व्यवस्था और सोपान से प्रत्यक्ष समानुपातिक सम्बन्ध है। उस पर जितने अधिक प्रतिबन्ध होंगे, जाति पदानुक्रम में उतना ही अधिक उच्च होगा।" वास्तव में, विवाह, बाल–विवाह, सती–प्रथा, विधवा पुनर्विवाह और उसके कठोर एकान्तवास पर प्रतिबन्ध, विवाह–विच्छेद/तलाक़ पर निषेधाज्ञा इत्यादि के माध्यम से उसकी कामुकता और यौन–सम्बन्धी विकल्पों की सम्भावनाओं को 'मर्यादित' किया जाता है और इसके लिए यथासम्भव कठोर अंकुश

को व्यवहार में लाने के लिए असभ्य और अमानवीय तरीक़ों एवं तर्कों को अपनाने से गुरेज़ नहीं किया जाता है।

कठोर पितृसत्तात्मक समाज महिलाओं के लिए सामाजिक–सांस्कृतिक स्वायत्तता और स्वच्छन्दता के लिए शायद ही कोई स्थान देता है। हाल के दशकों में शिक्षा और आर्थिक स्वतन्त्रता ने महिलाओं के एक बड़े वर्ग को सशक्त बनाया है। वे निर्णय लेने की प्रक्रिया में एक बड़ी भूमिका का आनन्द ले रही हैं और वे घर से बाहर अधिक ज़िम्मेदारियाँ उठा रहीं हैं। इन सभी परिवर्तनों ने महिलाओं पर पितृसत्ता की पकड़ शिथिल कर दी है। दरअसल, धर्म और जाति इन परिवर्तनों को स्वीकार करने को तैयार नहीं हैं। ग्रामीण समाजों के विपरीत, शहरी समाजों को महिलाओं की अधिक स्वतन्त्रता और स्वायत्तता को प्रतिबन्धित करना अधिक कठिन लगता है। गाँवों में महिलाओं पर पुरुषों के नियन्त्रण का दायरा बहुत व्यापक है और महिलाओं के अधिकारों के ख़िलाफ़ समर्थन प्रणाली हमेशा कठोर पितृसत्ता की मदद करने के लिए तैयार रहती है। देखा जाता है कि शहर जितना बड़ा होता है महिलाओं की स्वायत्तता की उड़ान उतनी ही ऊँची होती है। यहाँ महिलाओं को समर्थन देने के लिए नागरिक समाज संगठन भी हैं।

पारम्परिक पंचायतों की भूमिका

कई अध्ययनों से पता चला है कि पंचायत राज के तहत वैधानिक पंचायतों की स्थापना के बावजूद पारम्परिक पंचायतें अभी भी ग्रामीण समाजों में सामाजिक नियन्त्रण के लिए एक महत्त्वपूर्ण और मज़बूत उपकरण की भूमिका निभा रही हैं। ऐसी सभी पारम्परिक पंचायतों में से, हरियाणा की खाप पंचायतों ने अपनी अत्यधिक सन्दिग्ध भूमिका के कारण सबसे अधिक ध्यान खींचा है। कई सदियों से खाप और महाखाप पंचायतों को 'सामाजिक प्रशासन' में उनकी भूमिका के लिए जाना जाता है। खाप शब्द को भौगोलिक सन्दर्भ में सामाजिक–राजनीतिक पहलू को दर्शाने के रूप में जाना जाता है। प्राचीन काल से ग्रामीण भारत के सामाजिक ताने–बाने को ग्राम इकाइयों के माध्यम से जाना जाता रहा है। ग्राम पंचायत अपनी 'सामाजिक–राजनीतिक व्यवस्था' का प्रतिनिधित्व करती रही है। खाप पंचायत को आज भी तहसील और ज़िले के बराबर माना जाता है। कई खाप मिलकर सर्वखाप का निर्माण करती हैं। इस पूरे क्षेत्र में जाटों और गुर्जरों का वर्चस्व रहा है। विधिक और संवैधानिक पंचायतों के उदय के बाद भी सामाजिक नियन्त्रण की दृष्टि से खाप की

भूमिका प्रभावी रही है। दरअसल, इस विषय में, कथित प्रदेश के पूरे क्षेत्र में अथवा ग्रामीण भारत के विभिन्न क्षेत्रों में ग्राम्य–जीवन की आधारशिला काफ़ी हद तक चार बिन्दुओं पर आधारित है– एकता (एकता या एकजुटता), इज़्ज़त (सम्मान), बिरादरी (बड़ा परिजन समूह) और भाईचारा (बन्धुत्व)। खापों ने अपनी शक्ति के दोहन और इसको व्यवहार में लाने में अप्रत्याशित सफलता पायी क्योंकि यह विशुद्ध रूप से सामाजिक मुद्दों पर आधारित है जो कि ग्रामीण भारत के लिए अत्यन्त महत्त्वपूर्ण है, इसने उस पर ज़ोर दिया। खाप और इस तरह की अन्य पारम्परिक पंचायतों का मुख्य कार्य शान्ति बनाये रखना, विवादों का निपटारा करना, विशेष रूप से सम्पत्ति, और विरासत, यौन या वैवाहिक 'कदाचार' और कई अन्य विवादों के निवारण करने के एक सामाजिक–क्षेत्रीय परम्परागत सशक्त संस्थान और प्रतिष्ठान के रूप में किया गया है। ग़ौरतलब है कि ऐसी पंचायतें पूरी तरह से पुरुषवादी संस्था रही हैं जहाँ निर्णय लेने की प्रक्रिया में महिलाओं को हमेशा हाशिये पर रखा जाता था। उनकी ताक़त का मुख्य स्रोत स्थानीय प्रभुत्वशाली जातियाँ रही हैं और उनके द्वारा लिए गये निर्णयों को लागू करने में महत्त्वपूर्ण भूमिका निभायी है। इस व्यवस्था में महिलाओं की तरह दलित भी हाशिये पर हैं। चुनावी प्रक्रिया में, पंचायतों से लेकर संसद तक, उनका प्रभाव सभी के सामने है। शायद यही वजह है कि वामपन्थी दलों को छोड़कर मुख्यधारा के सभी राजनीतिक दल इसके अधिकार को खुलकर चुनौती नहीं देते। कुछ राजनीतिक दलों ने खाप पंचायतों के अवैध और असंवैधानिक फ़ैसलों का बेशर्मी से समर्थन किया है।

हाल के वर्षों में सैकड़ों महिलाओं की हत्या के पीछे खाप पंचायतों के छिपे हुए हाथ देखे जा सकते हैं, हालाँकि इसके नेताओं ने हमेशा इससे इनकार किया है। नागरिकों के संवैधानिक अधिकारों को नकारते हुए, खाप पंचायतों ने ख़ुद को स्थानीय संस्कृति के रक्षक और संरक्षक के रूप में पेश किया है और उन पर अपनी नैतिक संहिता थोप रहे हैं। बिहार, झारखण्ड, उड़ीसा, पश्चिम बंगाल और छत्तीसगढ़ के सबसे ग़रीब क्षेत्रों से ख़रीदी गयी हज़ारों 'दुल्हनें' विकृत लिंगानुपात के परिणामस्वरूप इस क्षेत्र में घरेलू और सेक्स गुलामों के रूप में सेवा कर रही हैं। ऐसे मामलों में 'नैतिकता' कहाँ जाती है?

'ऑनर किलिंग' की बढ़ती संख्या के मद्देनज़र उच्चतम न्यायालय ने वर्ष 2010 में केन्द्र सरकार, हरियाणा, पंजाब और राजस्थान सहित छह राज्य

सरकारों को तलबी–पत्र जारी किया और उन्हें इस तरह के अत्याचारों और हत्याओं को समाप्त करने के लिए प्रभावी उपाय करने के निर्देश दिये।

विधायी उपाय

महिलाओं के अपमान और हत्याओं को स्थानीय समुदाय की मौन स्वीकृति के कारण तेज़ी से उग्र सांस्कृतिक खाप पंचायतें अपराधों से बरी हो जाती हैं। 'दोषी' जोड़ों की सार्वजनिक रूप से पीट–पीट कर हत्या करना, सार्वजनिक रूप से पीटना और अपमानित करना, चेहरों को काला करना और आत्महत्या के रूप में होने वाली हत्या, इन समाजों की नियमित विशेषताएँ हैं और इनमें से अधिकांश घटनाएँ रिपोर्ट नहीं की जाती हैं। यहाँ तक कि उन मामलों में भी जो अदालतों तक पहुँचने में सक्षम हैं, दोषसिद्धि की दर बहुत कम है क्योंकि निचले स्तर पर क़ानून लागू करने वाले कर्मचारी एक ही सामाजिक परिवेश से सम्बन्धित हैं।

नागरिक समाज समूहों के तीव्र दबाव में सरकार कुछ उपयुक्त क़ानून बनाने पर विचार कर रही है। 'ऑनर किलिंग' के अपराध से निपटने के लिए कोई विशिष्ट आपराधिक क़ानून नहीं है। भारतीय दण्ड संहिता में कुछ विशिष्ट प्रावधानों के साथ एक विशेष क़ानून की आवश्यकता है। भारत के संविधान में पर्याप्त प्रावधान हैं जो किसी व्यक्ति को जाति, धर्म या लिंग से स्वतन्त्र अपनी पसन्द के विकल्पों के प्रयोग करने की अनुमति देते हैं और इसलिए, यह एक नया विधायी उपाय है। महिलाओं पर नियन्त्रण कड़ा करने के लिए कुछ राज्य सरकारों ने भी तथाकथित 'लव जिहाद' के नाम पर अन्तर्धार्मिक विवाह पर अंकुश लगाने के लिए क़ानून लागू किये हैं। तालिबान शैली के रूप में एक नये और अतिरिक्त न्यायिक दण्ड की सम्भावना का भारत या किसी सभ्य समाज में कोई स्थान नहीं है।

कहने की ज़रूरत नहीं है कि मज़बूत राजनीतिक इच्छाशक्ति के बिना न तो महिलाओं के अपमान को रोका जा सकता है और न ही अवैध और असंवैधानिक पंचायतों की भूमिका को। हमें यह भी तय करना है कि हम एक खुले, उदार, लोकतान्त्रिक समाज के रूप में रहना चाहते हैं या अतीत की अँधेरी और धुँधली गुफाओं में रहना चाहते हैं। एक मज़बूत सामाजिक आन्दोलन के अभाव में यह सामाजिक समस्या लाखों लोगों के जीवन पर कहर बरपाती रहेगी।

7

सम्मति की आयु : यौन निर्णयों में चयन का अधिकार
Age of Consent and right to Choice in Sexual Decisions

सम्पूर्ण विश्व जगत में महिलाएँ जिन यौन–व्यवहारों अथवा आचार–विचार के लिए लोक–निन्दित होती हैं, पुरुषों को उसी समान सन्दर्भ में ऐसी किसी आलोचना का सामना नहीं करना पड़ता बल्कि वे कथित यौन–विचार उनके लिए सामान्य, सकारात्मक और स्वाभाविक समझे जाते हैं। वस्तुतः सहमति की आयु से आशय उस उम्र से है जिसमें वे यौन–क्रियाओं के लिए सहमति देने में विधिसम्मत सक्षम और अधिकृत माने जाते हैं। फलतः इससे यह निष्कर्ष स्थापित होता है कि कम उम्र (जो विधि के द्वारा स्थापित है) व्यक्ति के साथ यौन–सम्बन्ध बनाना एक आपराधिक दोष है। बहरहाल, सहमति की आयु अपने सभी व्यावहारिक उद्देश्यों और सामान्य शब्दों में कहें तो, लड़कियों के सन्दर्भ में ही प्रासंगिक हैं और जितने भी वाद–प्रतिवाद हैं, वे प्रायः लड़कियों से ही सम्बन्धित समझे जाते हैं।

पारम्परिक समाजों में किसी भी प्रकार की यौन गतिविधि के लिए सहमति की उम्र परिवार और समुदाय द्वारा सामाजिक मानदण्डों के अनुसार तय की जाती है। ज़्यादातर मामलों में यह यौवन के साथ मेल खाता है, मुख्य रूप से मासिक धर्म की शुरुआत के साथ। यौनता मानव जाति का एक हिस्सा है और यौन अधिकार मुख्य रूप से यौन सुख और भावनात्मक सन्तुष्टि पर केन्द्रित होते हैं।

समकालीन आधुनिक समाजों में सहमति क़ानूनों की उम्र व्यापक रूप से भिन्न होती है। कई समाजों में यह 14 से 18 वर्ष के बीच होती है। इन क़ानूनों के उल्लंघन के लिए सज़ा भी सम्बन्धित क़ानूनी विधियों के अनुसार एक समाज से दूसरे समाज में भिन्न होती है।

इस सन्दर्भ में कभी–कभी ऐसे अपरिभाषित और अविभाजित मुद्दे होते हैं जिन पर बहस और विवाद होते हैं और जिनमें संशोधन और पुनर्व्याख्या की आवश्यकता होती है।

भारत में शादी की उम्र 140 से अधिक वर्षों से बहस का विषय रही है। अभिजीत दास (2020) वर्ष 1884 में मुम्बई में प्रसिद्ध रुखमाबाई के मामले को याद करते हुए कहते हैं कि लड़की ने वर्ष 1876 में 11 वर्ष की उम्र में शादी की, किन्तु अपने पति के साथ रहने और जाने से इनकार कर दिया। यह प्रकारान्तर से कई ऐसे अपरिभाषित विषयों की ओर इंगित करता है और विचार–विमर्श एवं वाद–विवाद की सम्भावनाओं की अपेक्षा करता है। वह लिखते हैं कि वर्ष 1891 में सम्मति की आयु अधिनियम पारित होने के बाद से 'विवाह की आयु' भारत में कई क़ानूनी विवादों का विषय रही है। ''इस क़ानून ने सेक्स (यौनता) में सम्मति की पूर्वनिर्धारित 10 वर्ष की आयु को 12 वर्ष के रूप में तब्दील कर दिया; जबकि विवाह की आयु को न तो निर्धारित किया गया और ना ही इसे सम्बोधित किया गया। दरअसल, इसे 1929 के बाल विवाह निरोधक अधिनियम के माध्यम से सम्बोधित किया गया था, जिसे शारदा अधिनियम के रूप में भी जाना जाता है, और जिसने लड़कियों के लिए विवाह की न्यूनतम आयु 14 वर्ष और लड़कों की 18 वर्ष निर्धारित की थी।'' कालान्तर में आयु सीमा को क्रमशः 18 वर्ष और 21 वर्ष के रूप में संशोधित किया गया और इस क़ानून को वर्ष 2006 में बाल विवाह निषेध अधिनियम में बदल दिया गया। यह उल्लेख करना महत्त्वपूर्ण है कि भारतीय समाज में शादी के बाद सेक्स की शुरुआत वांछनीय है। यह अपेक्षा या अलिखित सामाजिक मानदण्ड विशेष रूप से लड़कियों के लिए एक मज़बूत और सशक्त सामाजिक स्वीकृति प्रदान करता है। यही कारण है कि अधिकांश महिलाओं को शादी के बाद ही सेक्स का पहला अनुभव होता है। इसके विपरीत, लड़कों की पथभ्रष्टता को सुविधानुसार और आराम से नज़रअन्दाज़ कर दिया जाता है। यौन अपराधों से बच्चों के संरक्षण अधिनियम, 2017 के संशोधन के अनुसार, नाबालिग पत्नी या 18 वर्ष से कम उम्र की महिलाओं के साथ यौन सम्बन्ध एक दण्डनीय अपराध है। यह देखते हुए कि शादी की उम्र 21 साल कर दी गयी है, क्या इसका मतलब यह होगा कि 21 साल से कम उम्र की लड़की यौन सक्रिय नहीं हो सकती है? यदि महिलाओं की वैवाहिक आयु में वृद्धि होती है, तो विसम्मति की आयु भी बढ़ जायेगी।

यौन सम्बन्धों में पसन्द और निर्णय लेने के लिए सहमति की उम्र काफ़ी समस्याग्रस्त है। जैसा कि गीता रामशेषन ने 'एसोसिएशन फॉर एडवोकेसी एंड लीगल इनिशिएटिव' (ए.ए.एल.आई.) द्वारा प्रकाशित अपने पेपर "कंट्रोल एंड फ्रीडम : वीमेन एंड द एज ऑफ़ सेक्सुअल डिसीजन" में एक गहन विश्लेषण में लिखा है कि पारिवारिक और आपराधिक विधि के बीच पारस्परिक प्रभावान्विति है अर्थात् ये दोनों प्रकार की विधियाँ एक–दूसरे को प्रभावित करती हैं। वास्तविक और व्यावहारिक वस्तुस्थिति यह है कि क़ानून व्यापक रूप से उन संस्थागत विवाहों के पक्ष में झुका है जो परिवारों की सहमति से सम्पन्न कराये जाते हैं, वहाँ अक्सर क़ानून को तोड़ा–मरोड़ा जाता है जहाँ महिलाएँ अपनी यौन–स्वच्छन्दता को लेकर मुखर एवं प्रखर होना चाहती हैं और अपने इस अधिकार का स्वतन्त्रतापूर्वक उपयोग एवं उपभोग करना चाहती है। दरअसल, उनके इस कथित अधिकार पर अंकुश लगाने और इसे व्यवहार में लाने से रोकने के लिए क़ानून को किसी विशेष पक्ष के प्रति पूर्वाग्रही बनाने के लिए तमाम उपलब्ध हथकण्डे अपनाये जाते हैं। यह याद रखना महत्त्वपूर्ण है कि आपराधिक क़ानून जटिल सामाजिक सम्बन्धों को पूरी तरह से सम्बोधित अथवा संसाधित नहीं कर सकता है। अगर 18 साल की महिलाएँ मतदान करने के लिए पर्याप्त परिपक्व हैं, तो उन्हें यह तय करने में भी सक्षम होना चाहिए कि वे कब और किससे शादी करना चाहती हैं या किसके साथ यौन अन्तरंगता रखना चाहती हैं। समाजशास्त्रीय दृष्टि से, क़ानून और समाज के बीच सम्बन्धों के कई पहलू हो सकते हैं :

- ज़रूरी नहीं कि क़ानून सभी सामाजिक समस्याओं का समाधान हो।
- केवल क़ानून की घोषणा जो सामाजिक आन्दोलन द्वारा समर्थित नहीं है, लोगों को अपनी सोच और दृष्टिकोण बदलने के लिए मजबूर नहीं कर सकती है। इस सन्दर्भ में दहेज़ विरोधी क़ानून, घरेलू हिंसा की रोकथाम क़ानून, अस्पृश्यता उन्मूलन क़ानून आदि को उदाहरण के रूप में रेखांकित किया जा सकता है।
- क़ानून बनाने और लागू करने वाले प्राधिकार और प्रतिष्ठान हमेशा समय के साथ कदमताल नहीं करतो कभी समय से आगे होते हैं तो कभी पीछे।
- प्रौद्योगिकी सामाजिक/सांस्कृतिक परिवर्तन की तुलना में तेज़ी से आगे बढ़ती है।

- समाज को भी महिलाओं को व्यक्तियों के रूप में स्वीकार करना होता है, न कि केवल परिवार, जाति या समुदाय के सदस्य के रूप में। उसकी शारीरिक और यौन स्वायत्तता और स्वच्छन्दता का सम्मान किया जाना चाहिए।

एक स्पष्ट और ईमानदार नारीवादी आदिशी गुप्ता (2016) अपनी पक्षधरता को बेबाकी से बयां करती हुई कहती हैं कि "एक ऐसे देश में जहाँ यौन सहमति के बारे में 'विचार–विमर्श' (यदि उन्हें ऐसा कहा जा सकता है), चाहे वह 16 वर्ष या 18 वर्ष हो, तक सीमित है और जहाँ विवाह को अभी भी ज़बरन शारीरिक सम्पर्क के लिए प्रमाण–पत्र माना जाता है, लोगों से वास्तव में 'सम्मति' के बारे में जानने की उम्मीद करना व्यर्थ होगा। शुरुआत में, हमें, एक समाज के रूप में, इस तथ्य को स्वीकार करने की आवश्यकता है कि शादी से पहले युवा वयस्कों में सेक्स उतना ही है जितना हमारे लिए एक वास्तविकता, जैसा कि किसी और के लिए है (यूरेका यदि आपने अपना अधिकांश जीवन यह सोचकर बिताया है कि यह एक 'पश्चिमी प्रभाव' है)।" वह आगे कहती हैं कि पितृसत्तात्मक समाज में सामाजिक सहमति और यौन सहमति के बीच समानता को देखना महत्त्वपूर्ण है। सम्मति की अवधारणा दृढ़ता से इस बात पर निर्भर करती है कि किसी व्यक्ति की समाज में वस्तुस्थिति क्या है, उसकी अभिव्यक्ति की स्वतन्त्रता कितनी मुखर है? सम्मति की सभी विकृत धारणाओं के कारण जो हमारी 'लोकप्रिय संस्कृति' हमें सिखाती है, कोई आश्चर्य नहीं कि अब हम यह नहीं समझ पाते हैं कि उत्पीड़न क्या है और कौन–सी चीज़ें उत्पीड़न के अन्तर्गत समाहित हैं और कौन सी नहीं। यह समझने की ज़रूरत है कि :

- किसी भी प्रकार के कपड़े कभी भी किसी भी यौन गतिविधि के लिए निमन्त्रण नहीं होते हैं, जब तक कि ऐसा न कहा गया हो।
- 'आमन्त्रित रूप/हावभाव' सम्मति नहीं हैं।
- किसी एक विशेष गतिविधि के लिए दी गयी सम्मति किसी चीज़ और हर चीज़ के लिए दी गयी सहमति नहीं है, जैसे कि चुम्बन की सम्मति इससे आगे किसी भी चीज़ के लिए सहमति नहीं है।
- अतीत में किसी समय दी गयी सम्मति हमेशा के लिए सम्मति नहीं होती है। किसी भी प्रकार के शारीरिक सम्पर्क की शुरुआत होने पर इसे हर बार माँगा जाना चाहिए, ख़ासकर जब दूसरा

व्यक्ति तुरन्त प्रतिक्रिया नहीं दे रहा हो। साथ ही, एक बार दी गयी सहमति को अधिनियम के दौरान भी कभी भी रद्द किया जा सकता है और यह दूसरे व्यक्ति की ज़िम्मेदारी है कि वह तत्काल वहीं रुक जाये।

- बेहोश, नशे में या नशे में धुत व्यक्ति सक्रिय सहमति नहीं दे सकता।
- लगातार किसी से पूछना उस पर दबाव बनाना है, यह सम्मति के आस–पास भी नहीं है।

भारतीय समाज में सेक्स हमेशा एक वर्जित शब्द रहा है और भारत में अतीतजीवी भारतीयों की बड़ी आबादी है जो यह मानते हैं कि सेक्स केवल प्रजनन के लिए है, मनोरंजन के लिए नहीं। यह सभी मनुष्यों की तीन बुनियादी ज़रूरतों–भोजन, आश्रय और सेक्स में सेक्स के स्थान को नकार रहा है। शिक्षा के विस्तार के साथ, विशेष रूप से महिला शिक्षा, कैरियर उन्मुख महिलाओं की संख्या में अभूतपूर्व वृद्धि हुई है। लड़कियों की शादी की औसत उम्र, ख़ासकर भारत के बड़े शहरों में 30 साल तक हो गयी है। पुरुषों के लिए यह थोड़ा अधिक हो सकता है। ऐसे कई पुरुष और महिलाएँ कभी–कभार या 'लिव इन पार्टनर' के रूप में सेक्स का आनन्द लेने के लिए जाते हैं। समाज ऐसे युवक–युवतियों से कैसे उम्मीद कर सकता है कि वे अपनी यौन इच्छाओं को दबा दें और शादी की प्रतीक्षा करें?

महिलाओं की यौन स्वायत्तता को स्वीकार करते हुए युवा पीढ़ी की आवाज़ का प्रतिनिधित्व करने वाली सुमनरिधि पठानिया पूछती हैं कि तथाकथित 'भव्य योजना' में महिलाओं की यौन स्वायत्तता की अनदेखी क्यों की जा रही है? आगे कड़ा प्रहार करते हुए वह कहती हैं कि हमारी संस्कृति हमेशा से पुरुष केन्द्रित रही है, पूरे इतिहास में महिलाओं और लड़कियों को यौन सुख की वस्तु के रूप में माना गया है, न कि ऐसे व्यक्तियों के रूप में जिनकी अपनी यौन इच्छाएँ और कल्पनाएँ हो सकती हैं। जब सम्मति का विषय आता है, तो हम सामान्य कहावत 'नो मीन्स नो' का उपयोग करके इसके बारे में जागरूकता फैलाते हैं। लेकिन क्या होता है जब एक महिला हाँ कहती है? विषमलैंगिक (Heterosexual) या समलैंगिक (Homosexual) रुझानों वाली महिलाओं को भेदभाव और अपमानजनक तरीक़े से रहने के लिए क्यों अभिशप्त और विवश किया जाता है?

किसी भी क़ानून को बनाने और लागू करने से पहले समाज को किशोरों की कामुकता को स्वीकार करने की ज़रूरत है। कामुकता को ख़ारिज करने के शुद्धतावादी और पितृसत्तात्मक रवैये ने पहले ही समाज को बहुत नुक़सान पहुँचाया है। क़ानूनी ढाँचे को युवा पीढ़ी को उनकी कामुकता के साथ एक पारदर्शी और ज़िम्मेदार तरीक़े से मदद करनी चाहिए। दरअसल क़ानूनी ढाँचे को भी किशोरों और उनकी कामुकता को अलग–अलग करके नहीं देखना चाहिए बल्कि उसे उसके यौनता के साथ न केवल स्वीकार करना चाहिए वरन् उसकी सहायता भी करनी चाहिए।

8

भारतीय समाज में वैवाहिक बलात्कार, पितृसत्ता और यौन स्वायत्तता का अधिकार

Marital Rape, Patriarchy and Right of Sexual Autonomy in India Society

भारतीय समाज में बहुसंख्यकों के लिए 'वैवाहिक बलात्कार' शब्द का उल्लेख ही चौंकाने वाला है। एक पति अपनी पत्नी का बलात्कार कैसे कर सकता है? आइए, पहले बलात्कार की परिभाषा देखें, बहुप्रचलित और सामान्य अर्थ में बलात्कार को ग़ैर–क़ानूनी यौन गतिविधि के रूप में समझा जाता है, सर्वाधिक अवसरों पर प्रायः इसे किसी की असहमति और इच्छा के विरुद्ध या नाबालिग, मानसिक रोगी और विकलांग जो सहमति देने के लिए अधिकृत नहीं है अथवा किसी व्यक्ति के साथ नशे या धोखे से सम्भोग करने को ही बलात्कार के रूप में रेखांकित किया गया है। लेकिन 20वीं सदी के उत्तरार्ध से बलात्कार की क़ानूनी परिभाषा में काफ़ी बदलाव आया है। भारतीय दण्ड संहिता की धारा 375 में समेकित बलात्कार की परिभाषा में एक महिला के साथ ग़ैर–सहमति वाले सम्भोग से जुड़े सभी प्रकार के यौन/व्यवहार शामिल हैं।

सामान्य परिस्थितियों में बलात्कार या यौन उत्पीड़न को जघन्य माना जायेगा। हालाँकि, भारतीय समाज में एक तरह का बलात्कार होता है जिसे अवैध या जघन्य नहीं माना जाता है और अभियुक्त क़ानून या समाज की नज़र में अपराधी नहीं होता है, यह 'वैवाहिक बलात्कार' या पत्नी का बलात्कार है। इस मामले में महिला की सहमति की आवश्यकता नहीं है क्योंकि यह माना जाता है कि उसने पुरुष के साथ वैवाहिक सम्बन्ध में प्रवेश करने के आधार पर अपने पति को आने वाले समय के लिए अपनी सहमति दे दी है। यह निहित सहमति है और पति को अपनी पत्नी से

जब भी वह चाहे सेक्स/सम्भोग करने का पूरा अधिकार है। पत्नी के नाबालिग होने पर ही यह अवैध होता है। यह ध्यान दिया जाना चाहिए कि भारत अब केवल छत्तीस देशों में से एक है जिसने अभी भी वैवाहिक बलात्कार को अपराध नहीं बनाया है।

भारतीय समाज में एक अनिच्छुक पत्नी के साथ यौन सम्बन्ध स्थापित करना एक अत्यधिक सघन और केन्द्रीकृत पितृसत्तात्मक समाज की मूल्य प्रणाली में बुरी बात कभी नहीं माना गया है। इसके अलावा, अगर हम भारतीय दण्ड संहिता की धारा 375 पर एक नज़र डालें, तो हमें यह नहीं भूलना चाहिए कि भारतीय दण्ड संहिता का मसौदा 1860 के दशक में तैयार किया गया था जब पत्नी को अपने पति की निजी या चल सम्पत्ति के रूप में माना जाता था। उसे एक स्वतन्त्र क़ानूनी इकाई नहीं माना जाता था।

'मनु स्मृति' का कहना है कि 'महिलाएँ स्वतन्त्रता के लायक नहीं हैं'। अन्य धर्म भी पत्नी को अधीनस्थ मानते हुए कहते हैं धार्मिक और सांस्कृतिक अपेक्षाओं के अनुरूप पति की इच्छा का पालन करना पत्नी का कर्तव्य मानते हैं। 1960 के दशक में पश्चिमी समाजों में ऐसे मूल्यों और विचारों को चुनौती दी गयी और यह चेतना दुनिया के सभी हिस्सों में फैलने लगी। 1960 के दशक के बाद, महिलाओं के लिए आत्मनिर्णय के लिए आन्दोलन तेज़ हो गया और उनके शरीर और कामुकता पर उनके अधिकार बहस–मुबाहिसे का विषय बनने लगे।

वैवाहिक बलात्कार के अपराधीकरण का विरोध

वैवाहिक बलात्कार को एक आपराधिक प्रकृति का अभियोग बनाने को लेकर भारतीय समाज और न्यायपालिका में जो हिचकिचाहट, अनिच्छा और उदासीनता है, वह वस्तुतः विवाह सम्बन्धी परम्परागत पूर्वाग्रहों और पति की वस्तुस्थिति के महिमामण्डन से उपजी हुई है। पारम्परिक हिन्दू मूल्य प्रणाली में पति को पति परमेश्वर (सर्वोच्च देवता) के रूप में वर्णित किया गया है, जबकि पति की इच्छाओं और अधिकार के समक्ष आत्मसमर्पण करना लोकप्रिय इस्लामी मूल्यों में पत्नी की कामना माना जाता है। भारतीय समाज में इस वैचारिकी और मानसिकता की जड़ें गहरी धँसी हुई हैं कि यौन स्वायत्तता और शरीर पर अधिकार की अनुमति देना पारिवारिक और वैवाहिक संस्था की बुनियाद के लिए ख़तरा होगा। समाज में बहुप्रचलित विचार यह है कि महिलाओं की अवज्ञा और उनके अधिकारों के लिए दावा समाज को भ्रष्ट कर

देगा। ऐसा कहे बिना यह मान लिया जाता है कि एक महिला के विवाह के बाद, उसका शरीर उसके पति की सम्पत्ति बन जाता है और उसकी अपने शरीर पर कोई स्वायत्तता नहीं रहती है। दरअसल, पितृसत्ता यह अपेक्षा करती है कि पत्नी अपनी भूमिका को 'स्वाभाविक' रूप से और विनम्रतापूर्वक यह सुनिश्चित कर ले कि उसे अपनी प्रजनन–क्षमता के उपयोग से वंश–वृद्धि एवं कुल को गौरवान्वित करना है और पति को यौनीय दृष्टिकोण से इस कदर सन्तुष्ट करना है कि वह किसी अन्य महिला की तलाश न करे या उसके पास न जाये। वैवाहिक बलात्कार को आपराधिक अपराध नहीं बनाना महिलाओं के लिए एक स्पष्ट और वस्तुतः सुस्पष्ट सन्देश है कि किसी भी यौन गतिविधि के लिए उनकी सहमति का कोई महत्त्व नहीं रह जाता है। एक प्रासंगिक प्रश्न जो पूछा जा सकता है, वह यह है कि समाज एक अविवाहित महिला के शरीर पर अधिकार को स्वीकार करता है और इसका उल्लंघन सज़ा को मुक़र्रर करता है (यदि सहमति नहीं है) लेकिन वही महिला अपनी शादी के बाद अपने शरीर पर अपना सारा अधिकार खो देती है। इसके अलावा, यह न केवल एक विवाहित महिला और एक अविवाहित के बीच भेद–भाव करता है बल्कि यह भी तय करता है कि 15 वर्ष से कम उम्र की विवाहित महिला की सहमति, इस उम्र से ऊपर की महिला की सहमति से अधिक मूल्यवान है। बलात्कार को बलात्कार के रूप में स्वीकार किया जाना चाहिए और पीड़ित की उम्र, लिंग और वैवाहिक स्थिति कोई मायने नहीं रखती। यह स्वीकार किया जाना चाहिए कि 'न' का मतलब 'न' होता है, चाहे उसे पत्नी प्रेमिका या यौन कर्मियों द्वारा ही क्यों नहीं व्यक्त गया हो।

वैवाहिक बलात्कार को एक आपराधिक कृत्य बनाने के ख़िलाफ़ प्रचलित विचार

न केवल भारतीय समाज के रूढ़िवादी वर्ग बल्कि न्यायपालिका के बड़े वर्ग भी प्रत्यक्ष या अप्रत्यक्ष रूप से वैवाहिक बलात्कार को आपराधिक अपराध बनाने की माँग के ख़िलाफ़ अपनी नापसन्दगी और असहमति दिखा रहे हैं। वैवाहिक बलात्कार के मुद्दे से सम्बन्धित चर्चा के कुछ महत्त्वपूर्ण बिन्दु निम्नलिखित हैं :

- वैवाहिक संस्था के भीतर बलात्कार को स्थान देना भारत की संस्कृति के अनुरूप या अनुकूल नहीं है। इस दृष्टिकोण को मानने वाले यह भी दावा करते हैं कि यह परिवारों और बड़े समाज में

पूर्ण अराजकता पैदा करेगा। वे यह भी कहते हैं कि एक पति कभी भी अपनी पत्नी का बलात्कार नहीं कर सकता क्योंकि एक अच्छी, आज्ञाकारी और कर्तव्यपरायण पत्नी अपने पति के अधीन होगी।

- हर दिन सहमति नहीं माँगी जाती है। यह निहित है कि विवाह के समय पत्नी स्थायी और अपेक्षित सहमति देती है। अपने पति के सामने महिला के आत्मसमर्पण की कामना पितृसत्तात्मक भारतीय समाज में इतनी गहरी है कि इससे इतर किसी भी व्यवहार को विचलित और असामाजिक व्यवहार करार दिया जाता है और इसकी कड़ी निन्दा की जाती है।
- समाज के विभिन्न वर्गों में इस बात की प्रबल आशंका है कि वैवाहिक बलात्कार के ख़िलाफ़ किसी भी क़ानून का महिलाओं द्वारा दुरुपयोग किया जायेगा और यह पुरुषों के उत्पीड़न का एक सतत स्रोत होगा और उनकी छवि ख़राब करेगा। इसके अलावा, यह परिवार की संस्थाओं में 'विकृतियों' को जन्म देगा। वस्तुतः भारतीय समाज में विवाह को इतना पवित्र माना जायेगा। घरेलू हिंसा से महिलाओं की सुरक्षा अधिनियम जैसे विधायी उपायों को पारित किये जाने पर भी यही तर्क दिये गये थे। कुछ लोग यह मानते हैं कि घरेलू हिंसा से सम्बन्धित मौजूदा अधिनियम के तहत महिलाओं के लिए उपाय पहले से ही उपलब्ध हैं।

वैवाहिक बलात्कार के ख़िलाफ़ एक और तर्क यह है कि उपचार धारा 498ए के माध्यम से भी उपलब्ध है, जो मूलतः यह कहती है कि "एक महिला के पति या पति के नातेदार उसके साथ क्रूरता करता है—जो भी पति हो, पति का रिश्तेदार हो, ऐसी महिलाओं के साथ क्रूरता करने वालों को कारावास की सज़ा दी जायेगी।" इस धारा के उद्देश्य के लिए 'क्रूरता' को इस तरह से वर्णित किया गया है कि तैनाहिक बलात्कार को शायद ही इसके पूर्वावलोकन के तहत शामिल किया जा सके।

वैवाहिक अधिकारों की प्रत्यास्थापना और महिलाओं की यौन स्वायत्तता

यह हिन्दू विवाह अधिनियम, 1955 की धारा 9 से सम्बन्धित है और ऐसा माना जाता है कि यह पुरुषों (पतियों) को एक शक्तिशाली उपकरण या यों कहें एक हथियार से सुसज्जित करता है। भारतीय समाज के उदारवादी तत्त्व इसे 'पुरातनपन्थी उपाय' के रूप में वर्णित करते हैं। यह कहता है :

"जब कि पति या पत्नी ने अपने को दूसरे के साहचर्य से किसी युक्तिकरण प्रतिहेतु के बिना प्रत्याहत कर लिया हो तब व्यथित पक्षकार दाम्पत्य अधिकारों के प्रत्यास्थापन के लिए ज़िला न्यायालय में अर्ज़ी द्वारा आवेदन कर सकेगा और न्यायालय ऐसी अर्ज़ी में किये गये कथनों के सत्य के बारे में तथा इस बात के बारे में कि इसके लिए कोई वैध आधार नहीं है कि आवेदन मंजूर क्यों न कर लिया जाये, अपना समाधान हो जाने पर दाम्पत्य अधिकारों का प्रत्यास्थापन भी कर सकेगा।"

इसी तरह का उपाय विशेष विवाह अधिनियम और मुस्लिम, पारसी और ईसाई व्यक्तिगत क़ानूनों के प्रावधानों के तहत भी उपलब्ध है। एक वकील और महिला मानवाधिकार कार्यकर्ता, दिव्या श्रीनिवासन (2018) ने बारीकी से देखा कि वैवाहिक अधिकारों की बहाली की अवधारणा ब्रिटिश राज द्वारा भारत में लायी गयी थी, जिसे ब्रिटिश चर्च क़ानून से उस समय आयात किया गया था जब पत्नी को उसकी चल सम्पत्ति या सम्पत्ति माना जाता था। यह वैवाहिक उपाय लम्बे समय से 'यूनाइटेड किंगडम' और कई अन्य देशों में समाप्त कर दिया गया है–लेकिन, भारतीय अदालतों द्वारा बेवजह इसे लागू और कार्यान्वित किया जा रहा है। इसके बरअक्स, यह विचार कि एक अदालत क़ानूनी तौर पर एक अनिच्छुक पति या पत्नी को उसी घर में रहने को आवश्यक और अनिवार्य कर सकती है क्योंकि उसका जीवनसाथी उसे बेतुका लगता है, कहने की आवश्यकता नहीं है कि निजता, आन्दोलन की स्वतन्त्रता, गरिमा और समानता के मौलिक अधिकारों का उल्लंघन है। हालाँकि, सरोज रानी बनाम सुदर्शन कुमार चड्ढा (1984) में सर्वोच्च न्यायालय द्वारा इस प्रावधान को संवैधानिक रूप से वैध माना गया है कि यह वैवाहिक संस्था को सुरक्षित एवं संरक्षित करने का एक महत्त्वपूर्ण सामाजिक उद्देश्य सुनिश्चित करता है। यह पुरानी धारणा, जो व्यक्तिगत अधिकारों और स्वतन्त्रता पर विवाह की तथाकथित पवित्रता को प्राथमिकता देती है, विशेष रूप से पत्नी की, भारतीय सामाजिक और न्यायशास्त्रीय परम्परा के अनुरूप है, जो लम्बे समय से यह मानने से कतराती रही है कि मौलिक अधिकार घर के भीतर भी लागू होते हैं।" क्या शादी में संवैधानिक अधिकार लागू नहीं होता?

मौजूदा सामाजिक संरचनाएँ एक महिला की स्थिति को विवाह में एक असमान भागीदार के रूप में निर्धारित करती हैं। तीन तलाक़ और

सबरीमाला मामले में भेदभावपूर्ण धार्मिक प्रथाओं को समाप्त करने की न्यायालय की हाल की इच्छा और सक्रिय सक्रियता इस उम्मीद को जगाती है कि भारतीय संवैधानिक शासन अब संवैधानिक विधि के प्रारम्भ और व्यवहार के प्रति तनिक भी लापरवाही नहीं बरतना चाहता बल्कि उसके प्रति सतर्क और सजग बने रहने पर बल देना चाहता है। घर और परिवार के भीतर पितृसत्तात्मक ढाँचे को निष्प्रभावी और अवैध बनाने के लिए उच्चतम न्यायलय के प्रभावी हस्तक्षेप का अब वक़्त आ गया है।

9

'मी टू' आन्दोलन : पितृसत्तात्मक व्यवस्था पर एक कुठाराघात

'Me Too Movement' : A Blow to Patriarchy

विश्वव्यापी 'मी टू' आन्दोलन यौन शोषण के ख़िलाफ़ पहला जन आन्दोलन है। इस शब्द का सर्वप्रथम प्रयोग वर्ष 2008 में न्यूयॉर्क के यौन शोषण पीड़िता और कार्यकर्ता तराना बुर्के द्वारा 'माय स्पेस' पर किया गया था। यह दुनिया के विभिन्न हिस्सों में जंगल की आग की तरह फैल गया। लाखों लोगों ने अंग्रेज़ी और दुनिया की विभिन्न भाषाओं में इस मुहावरे का उपयोग करना शुरू कर दिया। हाल ही में, बर्क़े ने ख़ुद इसे सीमान्त लोगों के लिए विशेष रूप से हाशिये पर के समुदायों के न्याय के लिए एक अन्तरराष्ट्रीय आन्दोलन के रूप में वर्णित किया।

'मी टू' आन्दोलन सहमति की अवधारणा से सम्बन्धित है। अपने बेबाक और ईमानदार विश्लेषण में एक वकील और मानवाधिकार कार्यकर्ता शालू निगम (2018) का कहना है कि 'यौन उत्पीड़न या बलात्कार का इस्तेमाल सदियों से महिलाओं को नियन्त्रित करने, जीतने और आतंकित करने के लिए एक हथियार के रूप में किया जाता रहा है।' सुसान ब्राउनमिलर ने अपनी प्रसिद्ध कृति 'अगेंस्ट अवर विल : मेन, वीमेन एंड रेप' (1975) में तर्क दिया है कि बलात्कार "डराने की सचेत प्रक्रिया से अधिक या कम कुछ नहीं है जिसके द्वारा सभी पुरुष सभी महिलाओं को भय की स्थिति में रखते हैं।" वह आगे कहती हैं कि बलात्कार प्राथमिक रूप से अन्तोगत्वा अधीनता का ही कार्य है जहाँ बलात्कारी हावी होने की इच्छा के साथ अपनी शक्ति का दावा करता है। इस प्रकार, "यौन हमला बल का एक हथियार है और प्रभुत्व स्थापित करने का कार्य है,

पुरुष की इच्छा और महिलाओं के भय का एक प्रमुख कारक है, मर्दानगी की जीत है और उस स्थिति में टिप्पणी करना आसान है जहाँ हमलावर के पास एक फ़ायदा है जो संरचनात्मक वर्चस्व के कारण बना रहता है जैसे कि सामन्तवाद, गुलामी, कार्य, युद्ध या हिरासत की स्थितियों में जहाँ पीड़ित शायद ही विरोध कर सके और हमलावर की शक्ति और अधिकार से भयभीत हो।" वस्तुतः कमज़ोर और संवेदनशील महिलाओं को अपमानित करने के लिए विषाक्त मर्दानगी को हथियार के रूप में इस्तेमाल किया जाता है।

कोई भी सामान्यीकरण ख़तरनाक है। 'मी टू' आन्दोलन से हमें अतिभावुकता का शिकार होकर बहकना नहीं चाहिए और सभी पुरुषों को सन्देह की नज़र से नहीं देखना चाहिए। पितृसत्तात्मक व्यवस्था में सभी सेक्स बलात्कार या यौन हमला नहीं है। इसलिए, सभी पुरुष बलात्कारी नहीं होते हैं और सभी सेक्स बलात्कार नहीं होते हैं। अधिकांश पुरुष बलात्कार नहीं करते हैं। इसे ध्यान में रखते हुए रॉबर्ट जेन्सेन (2017) का कहना है कि हमें इन अन्य श्रेणियों पर विचार करना चाहिए :

- जो पुरुष बलात्कार नहीं करते हैं, लेकिन बलात्कार के लिए तैयार होंगे यदि उन्हें यक़ीन है कि उन्हें दण्डित नहीं किया जायेगा।
- पुरुष जो बलात्कार नहीं करते हैं लेकिन जब कोई दूसरा व्यक्ति बलात्कार करता है, तो हस्तक्षेप नहीं करते।
- जो पुरुष बलात्कार तो नहीं करते लेकिन पैसे के बल पर महिलाओं के साथ सेक्स करते हैं और वे इस विश्वास के साथ करते हैं कि पैसे का भुगतान उन्हें यह अधिकार देता है कि वे प्रत्येक उस कार्य को करने के अधिकारी हैं जिनके लिए वे भुगतान करते हैं और जिससे उन्हें आनन्द मिलता है।
- वे पुरुष जो बलात्कार नहीं करते हैं, लेकिन महिलाओं को अश्लील फ़िल्मों में ऐसी स्थितियों में देखकर यौन रूप से उत्तेजित होते हैं जो बलात्कार जैसे कृत्यों को दर्शाती और प्रदर्शित करती हैं।
- वे पुरुष जो बलात्कार नहीं करते हैं लेकिन बलात्कार के विचार से उत्तेजित होते हैं।
- वे पुरुष जो बलात्कार नहीं करते हैं, लेकिन जिनकी यौन उत्तेजना महिलाओं पर हावी होने और उन्हें अपने क़ब्ज़े में लेने पर निर्भर करती है।

"ये पुरुष बलात्कारी नहीं हैं। लेकिन क्या हमें इस तथ्य पर ध्यान देना चाहिए कि इन श्रेणियों के पुरुष, क़ानूनी दृष्टि से, बलात्कार के दोषी नहीं हैं? क्या हम केवल बलात्कार के रूप में पारिभाषित क़ानूनी कृत्यों पर ध्यान केन्द्रित करके महिलाओं के ख़िलाफ़ पुरुषों की हिंसा को समाप्त करने के उद्देश्य को आगे बढ़ा रहे हैं, अगर हम पितृसत्ता के बारे में बात नहीं कर सकते हैं– अगर हम समाजीकरण के उन अनेक–अनेक तरीक़ों के बारे में बात नहीं कर सकते जिससे ऐसा प्रतीत होता है कि हम पुरुष अपने रोज़मर्रा की ज़िन्दगी में यौन–वर्चस्व की सम्भावना को तलाशने के लिए बनाये गये हैं–तो आइये स्वीकार करते हैं कि हम बलात्कार और उत्पीड़न से मुक्त दुनिया के लक्ष्य को प्राप्त करने का उद्देश्य छोड़ रहे हैं।" अपने परिवारों, साथियों के समूहों और समुदायों के भीतर पुरुषों का समाजीकरण काफ़ी हद तक यौन उत्पीड़न और हमले के लिए ज़िम्मेदार है। हमें यह भी स्वीकार करना चाहिए कि 'मी टू' एक पुरुष बनाम महिला मुद्दा नहीं है। यह महिला बनाम पितृसत्ता है। धर्म की भी पितृसत्ता के सशक्तीकरण में महत्त्वपूर्ण भूमिका है साथ ही साथ यह महिलाओं के प्रति पुरातनपन्थी व्यवहारों को भी प्रोत्साहन देता है।

'मी टू' और भारतीय समाज

भारत जैसे अत्यधिक सघन पितृसत्तात्मक और पारम्परिक समाज में जहाँ महिलाओं को अपने जीवन के हिस्से के रूप में भेदभाव और उत्पीड़न को स्वीकार करने की पूर्वशर्त है, वहाँ 'मी टू' आन्दोलन का उभार अनायास आक्रोश का प्रतिफल नहीं था। यह उत्पीड़न और दुर्व्यवहार के दरमियान संचित हुए थे। अन्ततः यह प्रस्फुटित हो पड़ा। अन्तरराष्ट्रीय 'मी टू' आन्दोलन ने निश्चित रूप से भारत में महिलाओं के एक वर्ग को सदियों पुरानी 'चुप्पी की संस्कृति' को तोड़ने के लिए प्रेरित और प्रोत्साहित किया। वर्ष 2018 के दौरान बॉलीवुड में इसने गति पकड़ी जब कुछ महिला अभिनेत्रियों ने सार्वजनिक रूप से कुछ पुरुष अभिनेताओं और निर्देशकों पर यौन उत्पीड़न और हमले का आरोप लगाया। इसके कारण मीडिया और कई अन्य क्षेत्रों से जुड़ी महिलाएँ यौन उत्पीड़न के अपराधियों के ख़िलाफ़ खुलकर सामने आयीं। इस आन्दोलन को तब और बल मिला जब एक महिला पत्रकार ने एक सम्पादक से राजनेता बने एक चर्चित व्यक्ति के ख़िलाफ़ आपराधिक मानहानि का मुक़दमा जीत लिया।

सदियों से भारतीय समाज में महिलाओं को चुप रहने और पीड़ा को सहन करने के लिए सामाजिक रूप से अनुकूलित किया गया है। बड़ी संख्या में महिलाएँ लगभग हर दिन हर तरह के उत्पीड़न का शिकार होती हैं–पीछा करना, छेड़छाड़, बलात्कार और मौखिक दुर्व्यवहार। कुछ ऐसे चुनिन्दा बलात्कार के मामलों में जनाक्रोश देखा गया है जहाँ क्रूरता की सारी सीमाएँ लाँघ दी गयी थीं और जिसकी बड़े पैमाने पर मीडिया में चर्चा की गयी हो। ऐसे मामलों में शहरों और क़स्बों में बड़ी संख्या में महिलाएँ और न्याय–प्रिय पुरुष सड़कों पर उतर आते हैं। हालाँकि वर्ष 2018 में पूरे सोशल मीडिया (सामाजिक जाल) पर तूफ़ान आ गया और 'मी टू' एक चर्चित शब्द बन गया। यह पितृसत्तात्मक सत्ता संरचना की गहरी जड़ों को ख़ारिज करने जैसा था और उसके ख़िलाफ़ अवज्ञापूर्ण कार्य था। आन्दोलन ने उन अपराधियों और सम्भावित अपराधियों को एक कड़ा सन्देश भेजा, जो 'सहमति' के अर्थ को नहीं समझते थे या इसे समझने के प्रति उदासीन थे। इसके अलावा, 'मी टू' आन्दोलन निश्चित रूप से कई पुरुषों को महिलाओं का कुछ सम्मान करने के लिए मजबूर करेगा और महिलाओं को यौन उत्पीड़न के बरअक्स 'शर्म' या लज्जा की अवधारणा को छोड़ने के लिए और अधिक साहसी बनायेगा।

हालाँकि, साथ ही, हमारा पितृसत्तात्मक समाज पीड़ितों को दोष देने का हर सम्भव प्रयास करता है, इस तथ्य के बावजूद कि कई मामलों में अपराधियों के आस–पास के लोग अपराधी के चरित्र और यौन सम्बन्धों में उनके पूर्ववर्ती कुकृतियों (ट्रैक रिकॉर्ड) से अच्छी तरह वाक़िफ़ हैं। कभी–कभी, यौन उत्पीड़न के अपने अनुभव को सार्वजनिक करने वाली महिलाओं पर दोषियों के समर्थकों द्वारा निहित स्वार्थों के लिए ऐसा करने या सिर्फ़ ध्यान आकर्षित करने का आरोप लगाया जाता है। कभी–कभी पीड़ितों के परिवार के सदस्य या दोस्त भी उन्हें 'भूलने' के लिए कहते हैं क्योंकि पूरी कानूनी प्रक्रिया बहुत बोझिल, और लम्बी और महँगी होती है।

अज्ञानता, अशिक्षा और इंटरनेट तक पहुँच की कमी के कारण बड़ी संख्या में लोग भारत के गाँवों और छोटे शहरों में आन्दोलन से अवगत नहीं हैं। यहाँ तक कि अगर यह कुछ गाँवों तक पहुँच भी जाता है, तो यह महिलाओं, विशेष रूप से दलित महिलाओं को उत्साहित करने में विफल रहता है, जो पुलिस या क़ानूनी अदालत में जाने का जोखिम नहीं उठा सकती हैं। आमतौर पर पुलिस का चरित्र, विशेष रूप से निचले स्तरों पर,

इतना अधिक पितृसत्तात्मक और स्त्री द्वेषी है कि वे ऐसी घटनाओं को सामान्यतः सही ठहरा सकते हैं या यूँ कहें कि सही ठहराते हैं और इस प्रकार, पीड़ित को डरा सकते हैं। यह केवल उन गाँवों या क़स्बों में कुछ ताक़त और आवाज़ हासिल करता है जहाँ कुछ अच्छे और प्रतिबद्ध ग़ैर–सरकारी संगठन (एनजीओ) काम कर रहे हैं। शहरों में भी, उच्चतम न्यायालय के 'विशाखा' दिशानिर्देशों के प्रति वर्षों की उदासीनता एक सुरक्षित और महिला–अनुकूल वातावरण प्रदान करने में विफल रही।

क्या किया जाना है?

यौन उत्पीड़न और शोषण हमेशा आदर्श और मानक रहा है। जिन महिलाओं ने वापस लड़ने की कोशिश की है, उन्होंने हमेशा इसे व्यक्तिगत स्तर पर किया है जिससे उन्हें ख़ारिज करना या ख़ुद को 'पैसे पकड़ने वाले' या ध्यान खींचने वालों के रूप में लक्षित करना बहुत आसान हो गया है। सत्तारूढ़ और शक्तिशाली पुरुषों द्वारा यौन उत्पीड़न और दुर्व्यवहार तब तक नहीं रुकेगा जब तक कि अदालतों और सामाजिक मुख्यधारा और सोशल मीडिया (सामाजिक मीडिया) में इससे लड़ने के लिए एक संगठन का गठन नहीं किया जाता है। कैलिफोर्निया में एक अकादमिक और करियर परामर्शदाता बारबरा मैकलीन ने निम्नलिखित रणनीति और समर्थन का सुझाव दिया जिसे भारत में भी लागू किया जा सकता है :

- व्यक्तियों और समूहों को दुर्व्यवहार के ख़िलाफ़ उनके दावों में क़ानूनी सहायता प्रदान करें।
- महिलाओं को उनके क़ानूनी अधिकारों और कार्यस्थल पर दुर्व्यवहार का सामना करने के सर्वोत्तम तरीक़ों के बारे में शिक्षित करना।
- महिलाओं के समूह उन कार्यस्थलों पर विरोध प्रदर्शन कर सकते हैं जिन पर दुर्व्यवहार का आरोप लगाया गया है।
- उन महिलाओं के लिए भावनात्मक सहायता समूह बनायें जो दुर्व्यवहार से पीड़ित हैं।
- बॉम्बार्ड सोशल मीडिया शिकायत मिलने पर उन कम्पनियों और संगठनों के बारे में जाँच करता है जो उत्पीड़क या यौन शोषण करने वाले को शरण देते हैं।

- बॉम्बार्ड मानव संसाधन विभाग उत्पीड़न या दुर्व्यवहार के दावों के सन्दर्भ में सम्बन्धित कार्रवाई की माँग करता है, वह भी सिर्फ़ एक फ़ोन कॉल पर।
- कार्यस्थल पर यौन शिकारियों का बचाव करने और उनके ख़िलाफ़ कार्रवाई करने के लिए निजी ऑनलाइन समूहों के माध्यम से एक दूसरे के साथ विचार साझा करें।

कुछ महिला संगठन जैसे अखिल भारतीय लोकतान्त्रिक महिला संघ (ए.आई.डी.डब्ल्य.ए.) माकपा (मा.) से सम्बद्ध है और कुछ ग़ैर–सरकारी संगठन पीड़ितों के लिए न्याय सुनिश्चित करने हेतु प्रचलित या कुछ अन्य नवीन तरीक़ों का उपयोग कर रहे हैं।

दुर्भाग्य से (एल.जी.बी.टी.क्यू.आई.ए) को यौन हमले, शोषण और उत्पीड़न पर क़ानून के दायरे से बाहर रखा गया है। वे दुर्व्यवहार और अपमान के मूक पीड़ित हैं और समाज के अधिकांश सदस्य उनके प्रति कोई सहानुभूति नहीं दिखाते हैं या उनके साथ खड़े नहीं होते हैं।

बहरहाल, प्रगतिशील महिला आन्दोलन के बहुत दबाव और निरन्तर अभियान के बाद महिलाओं का कार्यस्थल पर लैंगिक उत्पीड़न (निवारण, प्रतिषेध, प्रतितोष) अधिनियम, 2013 पारित किया गया था। फिर भी, न तो क़ानून बनाने वालों और न ही ऐसे क़ानूनों को लागू करने वालों द्वारा यौन उत्पीड़न और हिंसा के कृत्यों को गम्भीरता से लिया जा रहा है।

महिलाओं और सहायक पुरुषों को महिलाओं के यौन उत्पीड़न के ख़िलाफ़ जागरूकता बढ़ाने, पुरज़ोर वक़ालत करने और पीड़ितों की रक्षा करने हेतु एक शक्तिशाली संगठनात्मक जाल (नेटवर्क) बनाने के लिए एकजुट होना होगा। कहने की ज़रूरत नहीं है कि भारत जैसे मज़बूत पितृसत्तात्मक और परम्परा से बँधे समाज में यह एक लम्बी यात्रा होगी लेकिन ऐसी लड़ाई दृढ़ संकल्प के साथ ही लड़ी जाती है।

10

तीन तलाक़ विरोधी क़ानून और इसके सामाजिक-क़ानूनी प्रभाव

Anti-Triple Talaaq Law and its Socio-legal Implications

विवाह एक सार्वभौमिक सामाजिक संस्था है और इसी तरह विवाह का विघटन या समाप्ति भी है। शायद, हिन्दू विवाहों को छोड़कर सभी विवाह तलाक़ के प्रावधान के साथ एक सामाजिक अनुबन्ध है। व्यभिचार, बाँझपन और स्वभाव की असंगति तलाक़ लेने के कुछ सामान्य आधार हैं। वस्तुतः तलाक़ हमेशा एक सार्वजनिक मामला है।

'तीन तलाक़' (एक बार में तीन बार तलाक़ का उच्चारण) का मुद्दा भारतीय समाज में हमेशा से एक बहस का मुद्दा रहा है। कई ग़ैर–सरकारी संगठन और महिला अधिकार समूह तलाक़ की इस प्रक्रिया पर पूर्ण प्रतिबन्ध लगाने की माँग कर रहे हैं क्योंकि कई मुस्लिम महिलाओं का जीवन बर्बाद हो गया है। आगे बढ़ने से पहले हमें यह जान लेना चाहिए कि :

- तत्काल तीन तलाक़ के प्रावधान का सभी मुसलमानों द्वारा पालन नहीं किया जाता है।
- इस्लाम में तलाक़ को प्रभावित करने के कई तरीक़े हैं।
- कई मुस्लिम बहुल देशों ने पहले ही तीन तलाक़ को अवैध और अमान्य घोषित कर दिया है।

इस्लामिक न्यायशास्त्र के हनफ़ी शाखा के सुन्नी मुसलमानों द्वारा तीन तलाक़ का पालन किया जाता है। यह भारत में दृष्टिगत होता है क्योंकि बड़ी संख्या में भारतीय मुसलमान न्यायशास्त्र की इस शाखा या श्रेणी का पालन करते हैं। अपनी प्रचारित–प्रसारित और प्रकाशित होने की

संवेदनशीलता के कारण तीन तलाक़ जनता और मीडिया का बहुत ध्यान खींचता है, जबकि मुस्लिम पुरुषों और महिलाओं, दोनों के लिए उपलब्ध तलाक़ के अन्य रूपों के बारे में शायद ही बात की जाती है और चर्चा की जाती है। इसके अलावा, हनफ़ी स्कूल से सम्बन्धित हर सुन्नी मुसलमान अपनी शादी को भंग करने के लिए तीन तलाक़ का उपयोग नहीं करता है। उनमें से बहुत कम लोग ही इसका चयन करते हैं लेकिन अन्ततः इसे भी उचित नहीं ठहराया जा सकता है।

तीन तलाक़ की शिकार एक तलाक़शुदा मुस्लिम महिला द्वारा दायर याचिका पर सुनवाई करते हुए उच्चतम न्यायलय की एक संविधान पीठ ने घोषणा की कि तात्कालिक तीन तलाक़ की प्रथा 3:2 बहुमत से असंवैधानिक है। इस फ़ैसले के बाद *मुस्लिम महिला (विवाह अधिकार संरक्षण) अधिनियम, 2019,* 26 जुलाई, 2019 को पारित किया गया।

बहरहाल, इस अधिनियम की प्रमुख विशेषताएँ हैं :

- किसी मुस्लिम पति द्वारा उसकी पत्नी के लिए शब्दों द्वारा चाहे वे बोले गये हों या लिखित हों या इलेक्ट्रॉनिक रूप में हों या सन्देश द्वारा प्रेषित हों या किसी अन्य रीति से हों, चाहे कोई भी हों, तलाक़ की उद्घोषणा शून्य या अवैध होगी।
- कोई मुस्लिम पति, जो अपनी पत्नी को धारा 3 में निर्दिष्ट रीति से तलाक़ की उद्घोषणा करता है, ऐसी अवधि के कारावास से, जो तीन वर्ष की हो सकेगी, दण्डित किया जायेगा और जुर्माने का भी दायी होगा।
- तत्समय प्रवृत्त किसी अन्य विधि में अन्तर्विष्ट किसी बात के होते हुए भी, कोई ऐसी विवाहित मुस्लिम महिला, जिसके लिए तलाक़ की उद्घोषणा की गयी है, अपने पति से स्वयं के लिए और आश्रित सन्तानों के लिए ऐसी रकम का निर्वाह भत्ता प्राप्त करने के लिए हक़दार होगी, जो गजिस्ट्रेट द्वारा अवधारित किया जाये।
- तलाक़शुदा मुस्लिम महिला अपने नाबालिग बच्चे की अभिरक्षा के लिए हक़दार है।

वास्तव में सैद्धान्तिक और लैंगिक न्याय की दृष्टि से यह अधिनियम प्रासंगिक और यथोचित प्रतीत होते हैं लेकिन इसके प्रभावस्वरूप कुछ ऐसे प्रश्न उभरे हैं जो तत्काल समाधान और सम्बोधन की माँग कर रहे हैं :

- यदि दोषी पति को जेल भेज दिया जाता है, तो क्या पति के माता–पिता और परिवार के अन्य सदस्य (यदि युगल संयुक्त परिवार में रहते हैं) पत्नी और बच्चों (यदि कोई हो) को घर में रहने की अनुमति देंगे?
- पत्नी और बच्चों का पालन–पोषण कौन करेगा?
- कारावास की अवधि पूरी होने के बाद जब पति वापस आयेगा, तो क्या वह फिर से उसी पत्नी के साथ रहेगा जिसकी शिकायत पर उसे जेल भेजा गया था?
- इसके अलावा, अगर तलाक़ अवैध और ग़ैर–क़ानूनी होने के कारण नहीं हुआ है, शादी बदस्तूर बनी हुई है, तो इतना उपद्रव क्यों?

इस्लाम में तलाक़ की अवधारणा : तीन तलाक़ की स्थिति के बारे में इस्लामी न्यायशास्त्र और इस्लामी विद्वानों के विभिन्न वैचारिक धड़ों के बीच कोई एकमत नहीं है। यद्यपि प्रमुख न्यायिक दृष्टिकोण ने एक व्यवस्था में तीन तलाक़ को वैध माना, इस्लाम के प्रत्येक धड़ों में पर्याप्त असहमतिपूर्ण आवाज़ें थीं, जो एक ही बार में तीन घोषणाओं को सिर्फ़ एक प्रतिसंहरणीय अथवा खण्डित करने योग्य घोषणा के रूप में मानते थे। दरअसल, तीन तलाक़ की घटनाएँ काफ़ी कम रही हैं। जो लोग तीन तलाक़ पर इस क़ानूनी प्रतिबन्ध से सहमत नहीं हैं, उन्हें यह स्पष्ट कर दिया जाना चाहिए कि तलाक़ 'दो मिनट के नूडल्स' या 'इंस्टेंट कॉफ़ी' की तरह नहीं है। वस्तुतः यह पितृसत्तात्मक मानसिकता के अनुकूल है जो वैवाहिक गठबन्धन में पत्नी को 'समान साथी' के रूप में नहीं देखता है। इस्लामी न्यायशास्त्र के जाने–माने विशेषज्ञ ताहिर महमूद का कहना है कि तीन तलाक़ की परम्परा की पृष्ठभूमि को स्पष्ट किया जाना चाहिए। इतिहास में जाते हुए वे कहते हैं कि पूर्व–इस्लामी अरब में प्रचलित महिला–विरोधी तलाक़ के रीति–रिवाज़ों को पैग़म्बर मुहम्मद की शिक्षाओं द्वारा एक कठोर कुठाराघात लगा था, जो वास्तव में एक महान समाज सुधारक थे। 'पुरानी आदतें मुश्किल से मरती हैं' कहावत को चरितार्थ करते हुए, बेईमान पुरुषों ने समय के साथ, भविष्यवक्ताओं की शिक्षाओं को दरकिनार करने के तरीक़ों और साधनों का आविष्कार किया। इनमें से एक तीन तलाक़ की प्रथा थी– तीन बार तलाक़ शब्द को दोहराना, जिसके बारे में माना जाता था कि यह विवाह के तत्काल विघटन/विच्छेद को सुनिश्चित करता है और किसी भी पुनर्विचार या सुलह के लिए कोई जगह नहीं छोड़ता है।

उस घिनौने नवाचार को जड़ से उखाड़ फेंकने के बजाय, उस समय के क़ानून के लोगों ने इसे 'तलाक़–उल–बिद्दत' कहा और इसे 'पापपूर्ण' लेकिन प्रभावी घोषित किया। यह आत्म–विरोधाभासी अवधारणा दुनिया भर के मुस्लिम समाजों में सदियों तक प्रचलित रही। एशिया और अफ्रीका के देशों के बाद हर देश ने तीन तलाक़ की 'घृणित' प्रथा को क़ानून द्वारा समाप्त कर दिया।

शिया मुसलमानों का मानना है कि इस तरह के तलाक़ की घोषणा अन्यायपूर्ण है और यह शिया न्यायशास्त्र (फ़िक्ह जाफ़री स्कूल ऑफ़ जस्टिस) के तहत मान्य नहीं है। तदनुसार, एक महीने या एक मासिक धर्म चक्र में इसका केवल एक ही अवसर पर उच्चारण किया जा सकता है। तीन अलग–अलग महीनों में लगातार तीन घोषणाएँ अन्तिम तलाक़ की ओर ले जाती हैं। पूरी प्रक्रिया दो गवाहों की मौजूदगी में की जानी है। इस प्रकार, इस तरह की प्रक्रिया, जिसे कई सुन्नी मुसलमानों द्वारा भी साझा किया जाता है, दोनों पक्षों को पूरे मुद्दे पर सोचने और विचार करने के लिए पर्याप्त समय देती है। यह सुलह के लिए पर्याप्त समय प्रदान करता है। यह ध्यान दिया जाना चाहिए कि पूरी प्रक्रिया के दौरान पति–पत्नी के बीच कोई शारीरिक सम्बन्ध नहीं होना चाहिए और यदि सम्भव हो तो अलग–अलग रहना चाहिए, जिससे उन्हें अलगाव में एक–दूसरे की सम्भावित अनुपस्थिति को महसूस करने का समय मिल सके।

ज़िया उल सलाम (2018) ने अपनी लोकप्रिय पुस्तक 'टिल तलाक़ डू अस पार्ट' में प्रासंगिक तथ्यों को सामान्य पाठकों के लिए एक सरल बल्कि आम आदमी की भाषा में समझाया है। एक मुस्लिम महिला के विवाह को भंग करने का अधिकार *'मुस्लिम पर्सनल लॉ' (शरीयत) आवेदन अधिनियम, 1937* और *मुस्लिम विवाह विच्छेद अधिनियम, 1938* द्वारा अच्छी तरह से संरक्षित है। 'इसके अलावा, उनके लिए असंगत, शातिर या निन्दा करने वाले पतियों से छुटकारा पाने के कम–से–कम पाँच अन्य तरीक़ों के विकल्पों की सुविधा उपलब्ध है। इसके लिए शर्तकर्ता की माँग से लेकर पत्नी के चरित्र पर आक्षेप लगाने, या वैवाहिक दायित्वों को पूरा करने में असमर्थता तक सब कुछ शामिल है। इस्लाम में तलाक़ के विभिन्न अनुमेय तरीक़े, व्यावहारिक रूप से सभी मुसलमानों के लिए सामान्य हैं :

- **खुला** : 'खुल', एक अरबी शब्द है जिसे 'खुला' के रूप में भी सम्बोधित किया जाता है। 'खुला' एक प्रक्रिया है जिसके माध्यम

से एक औरत 'दहेज' (मेहर) या कुछ और जिसे उसने पति से प्राप्त किया है, वापस लौटा कर अपने पति को तलाक़ दे सकती है वह तलाक़ बिना कुछ वापस किये भी दे सकती है बशर्ते उसका शौहर इससे सहमत हो।

- **तलाक़-ए तफ़वीज़** : यह तलाक़ का एक तरीक़ा है जिसके तहत पति अपनी पत्नी को तलाक़ देने का अधिकार देता है। यह शर्त आदर्श रूप से शादी के समय निकाहनामा (निकाह दस्तावेज़) में लिखी जानी चाहिए। पत्नी इस दस्तावेज़ में कई शर्तें अन्तर्भूत कर सकती है जिसमें पति द्वारा अपने जीवनकाल में दूसरी पत्नी न रखने की शर्त भी सम्मिलित है।
- **मुबारत** : यह आपसी सहमति से अदालत से बाहर तलाक़ है। इस प्रावधान का उल्लेख *मुस्लिम पर्सनलला़ॅ (शरीयत) आवेदन अधिनियम, 1937* में मिलता है। यह लगभग वैसा ही है जैसा आधुनिक समय की अदालतें अक्सर झगड़ा करने वाले जोड़ों को सलाह देती हैं।

इसके अलावा, यदि कोई पति अपनी पत्नी पर व्यभिचार का आरोप लगाता है, और सबूत के साथ इसे साबित करने में सक्षम नहीं है, तो वह तलाक़ प्राप्त करने की हक़दार है, जिसे शरीयत अधिनियम, 1937 द्वारा भी मान्यता प्राप्त है।

सामाजिक-क़ानूनी निहितार्थ

सबसे पहले, आइए हम न्यायाधीशों के बहुमत और अल्पमत द्वारा दिये गये निर्णय के प्रमुख बिन्दुओं को देखें। दो न्यायाधीश इस निष्कर्ष पर पहुँचे कि तीन तलाक़ अब वैधानिक क़ानून का हिस्सा है और इसलिए यह मौलिक अधिकारों के अनुशासन के अधीन है। यह धर्म की स्वतन्त्रता के अधिकार द्वारा संरक्षित नहीं है। एक प्रख्यात क़ानूनी विशेषज्ञ इन्दिरा जयसिंह का कहना है कि यह निर्णय में की गयी सबसे महत्त्वपूर्ण प्रगति है। पहली बार पारिवारिक मामलों को नियन्त्रित करने वाले क़ानून को संविधान के अनुशासन के अधीन किया गया है।

जबकि अन्य दो न्यायाधीशों ने विपरीत निष्कर्षों की स्थापना की है। उनका मत है कि :

"हम इस निष्कर्ष पर पहुँचे हैं कि तलाक़–ए–बिद्दत हनफ़ी वैचारिक शाखा से सम्बन्धित है और सुन्नी मुसलमानों के लिए 'व्यक्तिगत क़ानून' ('पर्सनल लॉ') का विषय है। यह उनकी आस्था का मामला है। वे कम–से–कम 1400 वर्षों से इसे व्यवहार में लाते रहे हैं। हमने जाँच की है कि क्या यह प्रथा संविधान के अनुच्छेद 25 प्रदत्त प्रतिबन्धों के अनुकूल और अनुरूप है? और हम इस निष्कर्ष पर पहुँचे हैं कि यह उनमें से किसी का भी उल्लंघन नहीं करता है। हम इस निष्कर्ष पर भी पहुँचे हैं कि व्यक्तिगत क़ानून का एक घटक होने के नाते इस प्रथा को संविधान के अनुच्छेद 25 द्वारा संरक्षित किया गया है।

इन दो न्यायाधीशों में से एक, मुख्य न्यायाधीश, आगे कहते हैं कि "धर्म आस्था का विषय है, तर्क का नहीं। यह अदालत का विषय नहीं है कि वह एक ऐसी प्रथा पर एक समतावादी दृष्टिकोण को स्वीकार करे जो धर्म का एक अभिन्न अंग है।'' पाँचवें न्यायाधीश, न्यायमूर्ति जोसेफ कुरियन, जिनका मत तत्काल तीन तलाक़ को अलग करने में निर्णायक साबित हुआ, अपने अविस्मरणीय वक्तव्य में कहते हैं :

"जिसे पवित्र कुरान में बुरा माना जाता है, वह शरीयत में अच्छा नहीं हो सकता है और उस अर्थ में, जो धर्मशास्त्र में बुरा है, वह क़ानून में भी बुरा है... केवल इसलिए कि यह दीर्घावधि से व्यवहार में आता रहा है, इसे वैध नहीं बना सकते जबकि स्पष्ट रूप से इसे निषेधित किया गया है।"

इन्दिरा जयसिंह ने उच्चतम न्यायालय के फ़ैसले पर एक प्रासंगिक पक्ष लेते हुए टिप्पणी की कि "बड़ा सवाल यह है कि अदालत ने एक बार फिर इस सवाल को क्यों टाल दिया कि क्या यह क़ानून महिलाओं के अधिकारों का उल्लंघन करता है क्योंकि यह महिलाओं के साथ लिंग के आधार पर भेदभाव करता है? फ़ैसले में महिलाओं के लिए लैंगिक न्याय के क्या मायने हैं, इस पर कोई चर्चा नहीं हुई है। जस्टिस रोहिंगटन ने अनुच्छेद 15 के उल्लंघन के लिए क़ानून को ख़त्म करने के बजाय, जो कि सेक्स/लिंग पर आधारित ग़ैर–भेदभावपूर्ण है, उन्होंने इसे स्पष्ट तौर पर अवैध और मनमाने अनुच्छेद के रूप में रेखांकित किया और इसलिए इसे नज़रअन्दाज़ करने की वकालत की।" वह आगे कहती हैं कि यह क़ानून निरंकुश और मनमाना है, लेकिन यह स्पष्ट रूप से लिंग के आधार पर भेदभावपूर्ण भी है और इसलिए कोई कारण नहीं है कि इसे इस आधार पर समाप्त नहीं किया जाना चाहिए था, जो संविधान की 'लैंगिक वैचारिकी'

की बुनियाद रखता है। 1950 के दशक से ही भारत के सर्वोच्च न्यायालय ने इस सवाल को टाला और इससे कन्नी काटी कि क्या पारिवारिक विधि संविधान के दायरे से बाहर है–इसका निर्णय वस्तुतः एक उपलब्धि ही कही जायेगी। इस तरह के फ़ैसले से सिर्फ़ मुस्लिम महिलाओं को ही नहीं बल्कि सभी महिलाओं को फ़ायदा होगा। न्यायमूर्ति रोहिंगटन नरीमन का यह फ़ैसला कि तीन तलाक़ संविधान के अनुच्छेद 14 के तहत समानता के अधिकार का उल्लंघन करता है, अत्यन्त महत्त्वपूर्ण है। इसका मतलब है कि अब हम मौलिक अधिकारों के ख़िलाफ़ अन्य धार्मिक समुदायों विशेषकर हिन्दुओं के भेदभावपूर्ण व्यक्तिगत क़ानूनों का परीक्षण कर सकते हैं और उसे चुनौती भी दे सकते हैं।

यह ध्यान दिया जाना चाहिए कि हालाँकि मुस्लिम महिलाओं को भी अपने पति से तलाक़ लेने का अधिकार है, उन्हें अदालत में जाना पड़ता है, लेकिन अगर कोई मुस्लिम पुरुष तलाक़ चाहता है, तो वह तलाक़ के अन्य दो रूपों में से किसी एक का उच्चारण कर सकता है, जिन्हें असंवैधानिक घोषित नहीं किया गया है। यह निश्चित रूप से भेदभावपूर्ण है। इसके अलावा, ऐसे पुरुषों की भी एक बड़ी संख्या है जो अपनी पत्नियों को त्याग देते हैं और ग़रीब पत्नियों को उनके खुद के भरोसे छोड़ कर चले जाते हैं, लेकिन पत्नियाँ तब भी विवाहित महिलाओं की स्थिति को बरकरार रखती हैं और इसलिए, वे अधिक आसानी से भरण–पोषण का दावा कर सकती हैं।

यह कहना निश्चित रूप से युक्तिसंगत और यथोचित होगा कि इस क़ानून से लैस होकर सभी धार्मिक समुदायों से सम्बन्धित महिलाएँ भारतीय समाज में भेदभावपूर्ण प्रथाओं के ख़िलाफ़ लड़ने के लिए एकजुट और समवेत हो सकती हैं।

11

श्रमबल में महिलाएँ : सामाजिक-आर्थिक कारक
Women in the Workforce and Socio-economic Implications

प्रागैतिहासिक काल से भोजन एकत्र करने की शिकार अर्थव्यवस्था से लेकर औद्योगिक युग तक महिलाएँ मानव समाज को बनाये रखने में महत्त्वपूर्ण भूमिका निभाती रही हैं। कृषि के आगमन से पहले श्रम विभाजन ऐसा था कि पुरुष शिकार और मछली पकड़ने में लगे हुए थे, जबकि महिलाएँ भोजन की आपूर्ति के माध्यम से खाद्य जड़ों और फलों, शहद आदि को इकट्ठा करके और साथ ही बच्चों की देखभाल और पालन–पोषण करती थीं– उन कठोर और दुष्कर परिस्थितियों में सक्षम उत्तरजीवी के रूप में। कृषि के माध्यम से खाद्य उत्पादन की शुरुआत के साथ उनकी भागीदारी भी कम महत्त्वपूर्ण नहीं थी। औद्योगिक क्रान्ति के आने के साथ ही घर के बाहर उनकी भागीदारी विशेष रूप से 20वीं शताब्दी के बाद से बढ़ी है। औद्योगिक देशों में कार्यबल में महिलाओं की हिस्सेदारी तेज़ी से बढ़ी और इसने निश्चित रूप से उच्च आर्थिक उत्पादन में योगदान दिया।

यह निःसन्दिग्ध और सिद्ध है कि महिलाओं के आर्थिक सशक्तीकरण से उनकी सामाजिक वस्तुस्थिति और लैंगिक न्याय को बृहद् स्तर पर प्रोत्साहन मिलता है। किसी भी देश की महिला श्रम–शक्ति भागीदारी दर (एफ.एल.एफ.पी.आर) को अर्थव्यवस्था में महिलाओं के योगदान का सही संकेतक माना जाता है। उच्च शिक्षा तक पहुँच की कमी महिलाओं को बेहतर वेतन और उच्च स्थिति वाले व्यवसायों से बाहर करने के पीछे मुख्य कारक रही है। यहाँ तक कि यूरोप में भी लगभग 1940 के दशक तक महिलाओं का प्रवेश विशेष क्षेत्रों जैसे चिकित्सा, इंजीनियरिंग, क़ानून आदि में प्रतिबन्धित था। उन्हें केवल कम वेतन वाली नौकरियों की अनुमति थी और यहाँ तक कि उन नौकरियों में भी उन्हें समान काम करने के लिए

पुरुषों की तुलना में कम वेतन मिलता था। शनैः–शनैः महिलाओं के लिए अवसरों का विस्तार हुआ और उन्हें उच्च वेतन और उच्च स्थिति वाली नौकरियों के लिए आवश्यक योग्यता प्राप्त करने की अनुमति दी गयी।

भारतीय समाज के श्रमबल में महिला भागीदारी

कई अध्ययनों के आधार पर यह कहा जा सकता है कि भारत के कार्यबल में लैंगिक असमानता की हमेशा से ही एक प्रमुख और विचारणीय विशेषता रही है। नवीनतम राष्ट्रीय नमूना सर्वेक्षण संगठन और आवधिक श्रम बल सर्वेक्षण (एन.एस.एस.ओ.–पी.एल.एफ.एस. सर्वेक्षण) से पता चलता है कि महिला भागीदारी में तेज़ी से कमी आयी है। राज्य की नीति ने 1990 के दशक से शैक्षणिक छात्रवृत्ति, शैक्षणिक संस्थानों और रोज़गार में आरक्षण तथा कौशल विकास और स्वयं सहायता समूहों (एस.एच.जी) के माध्यम से स्वरोज़गार को बढ़ावा देने के प्रावधान इसने निश्चित रूप से महिलाओं की मदद करने की कोशिश की और महिला भागीदारी में वृद्धि हुई। इस समय, व्यापक रूप से प्रचलित धारणा का उल्लेख करना महत्त्वपूर्ण प्रतीत होता है कि नौकरी की कमी की स्थिति में, पुरुषों को महिलाओं की तुलना में अपेक्षाकृत अधिक वरीयता दी जाती है।

ध्यान देने योग्य एक और महत्त्वपूर्ण बात यह है कि महिलाओं के अधिकांश कामों को कार्य के रूप में नहीं गिना जाता है। दीपा सिन्हा ने अपने उपयुक्त शीर्षक लेख 'द मिसिंग वूमेन इन इंडियाज वर्कफोर्स' (2021) में अखिल भारतीय समय उपयोग सर्वेक्षण (2019) प्रस्तुत किया है, जो महिलाओं द्वारा अवैतनिक गतिविधियों पर ख़र्च किये जाने वाले अनुपातहीन समय को दर्शाता है, जिसमें से अधिकांश का आर्थिक गतिविधि के रूप में हिसाब नहीं है। उदाहरण के लिए, 80 फ़ीसदी से अधिक महिलाओं ने 'घर के सदस्यों के लिए अवैतनिक घरेलू सेवाओं' में भाग लिया, जो औसतन 299 मिनट प्रतिदिन ख़र्च करती हैं, जबकि 26 फ़ीसदी पुरुष प्रतिदिन औसतन 97 मिनट ख़र्च करते हैं। कार्यबल में सहभागी महिलाओं के रोज़गार की प्रकृति ऐसी है कि उनमें से अधिकांश हाल ही में पारित सामाजिक सुरक्षा संहिता सहित श्रम क़ानूनों के दायरे से बाहर हैं। अधिकांश महिलाएँ ग्रामीण क्षेत्रों में कृषि में हैं और शेष शहरों में अनौपचारिक क्षेत्र जैसे घरेलू मदद आदि में हैं। यहाँ तक कि जिस गाँव में वे काम करती हैं, वहाँ भी, ज़्यादातर मामलों में, काग़ज़ पर ज़मीन के मालिक पुरुष होते हैं

और परिणामस्वरूप उन्हें किसान के रूप में भी मान्यता नहीं दी जाती है। यह महिलाओं को ऋण जैसी विभिन्न सरकारी योजनाओं तक पहुँच से वंचित करता है जैसे कि कृषकों को प्रत्यक्ष नक़द हस्तान्तरण।

बढ़ती अर्थव्यवस्था और महिलाओं का अभाव

हमारा हमेशा से मानना रहा है कि बढ़ती अर्थव्यवस्था में नौकरी के अवसर एवं शैक्षिक स्तर बढ़ते हैं और इस प्रकार अधिक महिलाएँ वैतनिक कार्यबल में प्रवेश करती हैं। दीपा कृष्णन (2020) ने अपने अध्ययन के आधार पर कहा कि "भारतीय अनुभव, हालाँकि, बिल्कुल विपरीत रहा है। अर्थव्यवस्था के उदारीकरण के बाद से, जो 1991 में शुरू हुआ, भारतीय सकल घरेलू उत्पाद (जीडीपी) प्रति वर्ष लगभग 6 या 7 प्रतिशत की दर से बढ़ी है। भारतीय महिलाओं की शिक्षा में वृद्धि हुई है, प्रजनन दर में गिरावट आयी है और बिजली, रसोई गैस और पानी तक पहुँच में सुधार हुआ है। हालाँकि, महिलाओं की श्रम शक्ति भागीदारी दर (एल.एफ.पी.आर.) 2004–5 में 42.7 प्रतिशत से गिरकर वर्ष 2017–18 में 23.3 प्रतिशत हो गयी है– (2020 तक इसमें और गिरावट आयी। निम्न श्रम शक्ति भागीदारी दर (एल.एफ.पी.आर.) तब और भी हैरान करने वाला है जब कोई यह मानता है कि पड़ोसी बांग्लादेश में 1991 और 2017 के बीच देश का सकल घरेलू उत्पाद (जी.डी.पी.) औसतन 5.6 प्रतिशत की दर से बढ़ी और श्रम–शक्ति में महिलाओं की भागीदारी 24 से 36 फीसदी तक बढ़ी। सम्भवतः यह 'रोज़गारविहीन विकास' के कारण हो जैसा कि कुछ अर्थशास्त्री बताते हैं।

श्रमबल में महिलाओं की सहभागिता से सम्बद्ध विभिन्न सामाजिक-सांस्कृतिक मुद्दे

जब हम भारत में महिलाओं की भागीदारी में शामिल मुद्दों पर एक समग्र दृष्टिकोण रखते हैं तो निम्नलिखित बिन्दु तुरन्त ही ध्यान में आते हैं :

- उत्तर–सामन्ती भारतीय समाज में महिलाओं की आय उत्पन्न करने की क्षमता और पारिवारिक अर्थव्यवस्था में योगदान परिवार में उसकी वस्तुस्थिति के सशक्तीकरण और संवर्द्धध का निमित्त रहा है। यह परिवार के अन्दर उसकी विनिमय शक्ति को बढ़ाने में भी मदद करता है।

- वहीं, पारम्परिक समाज सोचता है कि महिलाओं का उचित और 'सम्मानजनक' स्थान घर और रसोई तक ही सीमित है।
- पारम्परिक भारतीय समाज अन्तर्विरोधों से भरा है। भारतीय समाज भले ही सामन्ती युग से बाहर आ गया हो, लेकिन मानसिकता सामन्ती बनी हुई है। उच्च जातियों में मज़दूरी के लिए काम करने वाली महिलाओं को निम्न पारिवारिक स्थिति के संकेतक के रूप में लिया जाता है, जबकि इससे गृहिणी महिलाएँ उनकी उच्च स्थिति को इंगित करती हैं। यह ग्रामीण भारत और शहरी भारत दोनों के लिए सही नहीं है। यह उच्च जातियों के लिए महिलाओं को सशक्तीकरण के रास्ते से वंचित करने और उन्हें पितृसत्ता पर निर्भर रखने की एक चाल भी हो सकती है। यह एक सामन्ती मूल्य है जो पूँजीवाद/पूँजीवादी उन्मुख समाज के अनुरूप नहीं है। इस तरह के सुस्पष्ट अन्तर्विरोध हमें यह निष्कर्ष निकालने पर मजबूर करते हैं कि वर्तमान भारतीय समाज के साथ त्रासदी यह है कि यह अब सामन्ती समाज नहीं है और पूँजीवादी समाज भी नहीं बन पाया है और इस तरह पौराणिक ऋषि त्रिशंकु की तरह हवा में तैरता और निलम्बित है। तमाम बुराइयों के बावजूद पूँजीवादी समाज ने महिलाओं को घर के बन्धनों से आज़ाद कराया है।
- कम उम्र में शादी, विशेष रूप से भारत के ग्रामीण इलाक़ों में, और धार्मिक रूढ़िवाद भी वैतनिक कार्य और मज़दूरी कमाने वाले उद्यमों में महिलाओं की भागीदारी को प्रभावित करते हैं। कुछ अप्रचलित सामाजिक मूल्यों के छलावे में, कम उम्र में विवाह न केवल उसकी कामुकता को नियन्त्रित करने के लिए निर्देशित किया जाता है, बल्कि उसे अपने सशक्तीकरण की क़ीमत पर बच्चों के प्रति ज़िम्मेदारियों से भी बाँधे रखता है।
- महिला सशक्तीकरण की एक विडम्बना यह है कि समृद्ध और सम्पन्न परिवारों में विवाहित महिलाओं के सम्बन्ध में जहाँ उन्हें इस बहाने नौकरी करने से हतोत्साहित किया जाता है कि पारिवारिक अर्थव्यवस्था के लिए उनके योगदान की आवश्यकता नहीं है। "जब आपके पास घर पर सभी सुख–सुविधाएँ और संसाधन हैं तो आप काम क्यों करना चाहते हैं?" पति/ससुराल पक्ष द्वारा दिया जाने वाला सामान्य उपदेश है।

- श्रमबल में महिलाओं की भागीदारी की कमी के पीछे एक अन्य कारक, विशेष रूप से मध्यवर्ग के लिए, उनके द्वारा प्राप्त शिक्षा की प्रकृति है। कई मामलों में, वित्तीय बाधाओं के कारण, लड़कियाँ अत्यधिक विशिष्ट शिक्षा– चिकित्सा, इंजीनियरिंग, प्रबन्धन, क़ानूनी शिक्षा आदि के लिए नहीं जा पाती हैं और परिस्थितियों से मजबूर होकर 'सामान्यवादी' प्रकार की शिक्षा और शैक्षणिक डिग्री के लिए जाने के लिए विवश होती हैं जैसे कि बीए.बी.कॉम. या सुनिश्चित नौकरियों और अच्छे वेतन प्राप्त करने की दिशा में उनकी गतिशीलता को प्रतिबन्धित करता है।
- भारतीय समाज के बदसूरत और विकृत चेहरों में से एक है विद्यालयों, महाविद्यालयों के साथ–साथ कार्य–स्थलों पर लड़कियों और महिलाओं का यौन उत्पीड़न। कई अलग–अलग क्षेत्रों में कार्यस्थल महिलाओं के अनुकूल नहीं है। कामकाजी लड़कियों और महिलाओं को अनेक बाधाओं से जूझते हुए कार्य करना पड़ता है। कई कार्य–स्थलों पर महिलाओं के लिए विशेष रूप से बने शौचालय जैसी सामान्य सुविधाएँ महिला आयोगों के अनेक निर्देशों और वार्तालापों के बावजूद सुनिश्चित नहीं की जाती हैं। यही हाल लोक परिवहन का है। मुम्बई की तरह बसों और लोकल ट्रेनों में महिलाओं को यौन उत्पीड़न के ख़िलाफ़ हर रोज़ जंग लड़नी पड़ती है। ऐसी स्थितियाँ बहुत–सी लड़कियों और महिलाओं को दूर के स्थान पर नौकरी करने के लिए हतोत्साहित करती हैं।
- काम के घण्टे/कार्यावधि एक और कारक है जिसके कारण कई महिलाएँ या तो नौकरी नहीं करती हैं या इसे बन्द कर देती हैं। अधिकांश शहरों में देर शाम या देर रात के समय महिलाओं के लिए विशेष रूप से युवतियों के लिए प्रतिकूल परिस्थितियाँ होती हैं। इस प्रकार, कई मामलों में, ऐसी नौकरियाँ तभी की जाती हैं जब नियोक्ता द्वारा आने–जाने की सुविधा (पिक एंड ड्रॉप) की जाती है। इसके अलावा, अत्यधिक रूढ़िवादी मूल्यों के पड़ोसी भी कामकाजी महिलाओं के देर शाम/रात में आने या जाने के ख़िलाफ़ अफ़वाह और सन्देह फैला सकते हैं। ऐसे में कामकाजी महिलाओं को दोहरे संकट का सामना करना पड़ता है। यह श्रमबल में उसकी भागीदारी को भी प्रभावित करता है।

- कार्यबल में अधिकांश महिलाएँ कृषि क्षेत्र में काम कर रही हैं। वास्तव में उनका श्रम भारत की कृषि में एक महत्त्वपूर्ण कारक रहा है। यन्त्रीकृत कृषि के आगमन और भारी मशीनों जैसे ट्रैक्टर, थ्रेशर, हार्वेस्टर आदि की शुरुआत के साथ, जहाँ भी मशीनों का व्यापक उपयोग अपनाया गया था, उन्हें कृषि–कार्य से बेदखल कर दिया गया। इस प्रकार, कृषि क्षेत्र में भी पुरुष श्रमबल में महिलाओं को विस्थापित कर रहे हैं।
- पश्चिमी समाजों के विपरीत भारतीय अर्थव्यवस्था में महिलाओं के योगदान की एक महत्त्वपूर्ण विशेषता यह है, कि जब अर्थव्यवस्था बढ़ती है और घरेलू आय बढ़ती है तो महिलाओं को कम वेतन वाले काम या निम्न लाभ के लिए काम करने की आवश्यकता नहीं होती है। वे कार्यबल से हट जाती हैं।
- शहरी क्षेत्र के श्रमबल में महिलाओं की वस्तुस्थिति वस्तुतः दुर्भाग्यपूर्ण और अवसादित है। ज़्यादातर मामलों में महिलाओं को अनौपचारिक क्षेत्र में काम करना पड़ता है, जिसमें नौकरी की सुरक्षा नहीं होती है, और सामाजिक लाभ जैसे पेंशन, भविष्य निधि, मातृत्व अवकाश, बच्चों के लिए शिशु–गृह (क्रेच) और बहुत महत्त्वपूर्ण व्यापारी संघों की सुरक्षा के बिना काम करना पड़ता है। इन परिस्थितियों में वे हर तरह के उत्पीड़न और शोषण की शिकार होती हैं।

कोरोना महामारी और उसके परिणामस्वरूप हुए पूर्ण तालाबन्दी (लॉकडाउन) के कारण लाखों लोगों की नौकरी चली गयी। श्रमबल में महिलाएँ अधिक असुरक्षित थीं और इस तरह उनकी भी नौकरी चली गयी। इससे उन पर दोहरा संकट आ गया। एक तरफ़ उनकी नौकरी चली गयी और परिवार की अर्थव्यवस्था में उनका योगदान रुक गया, दूसरी तरफ़ उन्हें पतियों के वांछित समर्थन के बिना सभी घरेलू ज़िम्मेदारियाँ–खाना बनाना, सफ़ाई करना, बच्चों की शिक्षा में मदद करना–सभी को निभाना पड़ा। भारतीय श्रम बाज़ार में हमेशा से बहिष्करण और भेदभावपूर्ण प्रवृत्तियों की विशेषता रही है। पुरुष और महिला श्रमिकों के बीच वेतन और काम करने की स्थिति में काफ़ी अन्तर है। वास्तव में यह आवश्यक और अनिवार्य है कि श्रमबल में महिलाओं की भागीदारी राष्ट्र निर्माण की प्रक्रिया में अधिक न्यायसंगत और समान होनी चाहिए।

12

वैज्ञानिकता, तर्कवाद और भारतीय समाज
Scientific Temper, Rationalism, and Indian Society

वर्तमान देश और समाज आधुनिकता की विशेषताओं से ओत प्रोत है। इसलिए, सभी प्रकार के समाज की मुख्य जनाकांक्षा आधुनिकीकरण है। सामान्य और सरल शब्दों में कहें, तो आधुनिकीकरण की प्रक्रिया दो स्तरों पर क्रियान्वित होती है–तकनीकी आधुनिकीकरण और सांस्कृतिक/सामाजिक आधुनिकीकरण। कुछ पहलू में मतभिन्नता हो सकती है लेकिन इस सन्दर्भ में पूर्णरूपेण मतैक्य है कि आधुनिकता विज्ञान से अभिन्न है।

मीरा नन्दा, विज्ञान के डच इतिहासकार फ्लोरिस कोहेन के महत्त्वपूर्ण कार्यों के आधार पर अपना तर्क देते हुए कहती हैं कि विज्ञान के अधिकांश इतिहासकार निम्नलिखित रूपान्तरणों से सहमत हैं जो आधुनिक विज्ञान के जनक के रूप में रेखांकित हैं :

- प्रकृति का गणितीकरण, यानी प्राकृतिक विषयों और घटनाओं का गणितीय शब्दों में वर्णन करने का बढ़ता हुआ प्रयास, जिसे माप के उपयुक्त और तत्काल उपकरणों (घड़ियों, कम्पास, थर्मामीटर, बैरोमीटर, और ऐसे अन्य उपकरणों) का उपयोग करके परिमाणित और आकलित किया जाता है।
- प्रत्यक्ष अवलोकन के अतिरिक्त तथ्यात्मक अन्वेषण प्रयोग। प्रारम्भिक आधुनिक वैज्ञानिकों ने प्रकृति का गणितीकरण (गैलीलियो के प्रतिमान चित्र द्वारा प्रतिनिधित्व) को सीमित अनुप्रयोगों के साथ शुरू किया था।
- एक यन्त्रवत वैश्विक परिदृश्य–चित्र का विकास जिसने प्राकृतिक विश्व को विश्लेषित करने की प्रक्रिया में सिर्फ़ पदार्थीय करण की गति को समझने का प्रयास किया।

- शारीरिक कार्य की लोक प्रशंसा और प्रोत्साहन जिसके कारण विश्वविद्यालय प्रशिक्षित प्राकृतिक दार्शनिकों, कारीगरों और शिल्पकारों के बीच बाधाएँ कम हुईं।

निःसन्देह, यह क्रान्ति अनेक सभ्यताओं–प्राचीन ग्रीक, ईसाई, इस्लाम, भारत और चीन की पहले की अनेक उपलब्धियों के समेकन से ही सम्भव हो पायी। इसके अतिरिक्त, हमें इस तथ्य से भी अवगत होना चाहिए और यह निश्चित तौर पर उपादेय है कि ज्ञान के सिद्धान्त तर्कवाद, अनुभववाद, संशयवाद, पारलौकिक आदर्शवाद और विज्ञान पर आधारित हैं।

तर्कवाद कारण को ज्ञान का मुख्य स्रोत और परीक्षण मानता है। इसे एक पद्धति या सिद्धान्त के रूप में परिभाषित किया जा सकता है जिससे कि सत्य की कसौटी संवेदी नहीं बल्कि बौद्धिक और निगमनात्मक हो। इस सन्दर्भ में मीरा नन्दा ने ठीक ही टिप्पणी की है, "कभी–कभी यह तर्क दिया जाता है कि तकनीकी और आर्थिक आधुनिकीकरण के प्रमाद स्वरूप विश्व के बाज़ारों का युक्तिकरण और धर्मनिरपेक्षीकरण अपने आप में ही होगा और इसलिए लोगों के विश्वासों के साथ किसी विशेष जुड़ाव की आवश्यकता नहीं है।" जब सामाजिक सन्दर्भ परिवर्तित होता है, तो भी आस्था बनी रहना चाहती है और स्वयं को परिवर्तित नहीं करना चाहती। सम्भवतः इसलिए, वह बदलते सामाजिक परिवेश के समक्ष अपना दम नहीं तोड़ देती, बल्कि इसके बजाय वह परिवर्तित नये सामाजिक सन्दर्भों को अपने अनुकल करती है। इस प्रकार, अविवेकी आस्था और अन्धविश्वास बदस्तूर बने रहते हैं।

वैज्ञानिकता और सामाजिक परिवर्तन

विज्ञान अपनी वैचारिकी और प्रकार्य से अनेक नयी सत्यताओं और यथार्थ का रहस्योद्‌घाटन करता है। विज्ञान अनिवार्य रूप से मानवीय जिज्ञासा और दुनिया को समझने की इच्छा का अन्तिम उत्पाद है। व्हाइट हेड (1997) लिखते हैं कि विज्ञान पाँच स्वयंसिद्ध मान्यताओं पर अवलम्बित है :

- तर्कसंगत पर्यवेक्षकों द्वारा साझा किये गये वस्तुनिष्ठ निष्कर्ष/तथ्य/वास्तविकता या सत्य,
- वस्तुनिष्ठ यथार्थ/निष्कर्ष/तथ्य/वास्तविकता या सत्य प्राकृतिक विधियों से अभिप्रमाणित होते हैं,
- इन नियमों को व्यवस्थित अवलोकन और प्रयोग के माध्यम से पहचाना जा सकता है।

- भौतिक संसार व्यवस्थित और बोधगम्य है।
- हम अतीत के अर्थपूर्ण अध्ययन के लिए क़ानूनों की निरन्तरता की परिकल्पना करते हैं।

यदि कोई विज्ञान की वस्तुनिष्ठता को आत्मसात कर लेता है, तो उसकी विश्वदृष्टि बदल जाती है। इस प्रकार, व्यक्ति अपने जीवन में वैज्ञानिकता को प्राप्त करता है। इसे जीवन के एक तरीक़े के रूप में वर्णित किया जा सकता है जो वैज्ञानिक पद्धति का उपयोग करता है। इसमें पूछताछ करना, अवलोकन करना, परीक्षण करना, विश्लेषण करना और संचार करना शामिल है। इसे तर्क के अनुप्रयोग को प्रेरित करने वाली मनोवृत्ति के रूप में भी समझा जा सकता है। यदि आप इसकी आस्था पर आधारित दृष्टिकोण के साथ तुलना करते हैं, तो कोई यह देख सकता है कि यह केवल आस्था या विश्वास ही है जो परीक्षण या पूछताछ द्वारा अन्वेषण या जाँच नहीं कराना चाहता है। इसलिए 'पारम्परिक समाजों' को आस्था आधारित समाजों के रूप में वर्णित किया गया है। भारतीय सन्दर्भ में, स्वतन्त्र भारत के पहले प्रधानमन्त्री जवाहरलाल नेहरू ने वर्ष 1946 में पहली बार 'वैज्ञानिक मनोवृत्ति' वाक्यांश का इस्तेमाल किया। अपनी महान रचना 'डिस्कवरी ऑफ़ इंडिया' (1946) में उन्होंने लिखा :

"(क्या आवश्यक है) वैज्ञानिक दृष्टिकोण है : विज्ञान का साहसिक और फिर भी आलोचनात्मक स्वभाव, सत्य और नये ज्ञान की खोज़, निरीक्षण और परीक्षण के बिना कुछ भी स्वीकार करने से इनकार करना, नवीन साक्ष्यों के सामने पिछले निष्कर्षों को बदलने की क्षमता, पर्यवेक्षित तथ्य पर निर्भरता न कि पूर्व–कल्पित सिद्धान्त पर, मन का कठोर अनुशासन– यह सब न केवल विज्ञान के अनुप्रयोग के लिए बल्कि स्वयं जीवन के लिए और इसकी कई समस्याओं के समाधान के लिए आवश्यक है।"

यह जानना महत्त्वपूर्ण है कि विज्ञान और वैज्ञानिक मनोवृत्ति जरूरी नहीं कि एक ही चीज़ हो। जैसा कि ऊपर उल्लेख किया गया है, वैज्ञानिक स्वभाव गम्भीर और तर्कसंगत रूप से सोचने का एक तरीक़ा है। यह प्रश्न करने की क्षमता और योग्यता को प्रोत्साहित करने वाला है और किसी उत्तर से केवल इसलिए सन्तुष्ट नहीं होता है क्योंकि यह किसी प्राधिकारी अथवा प्राधिकार द्वारा दिया गया है बल्कि यह आगे क्या प्रस्तुत किया जा रहा है, इसकी जाँच पर ज़ोर देता है। ऐसा कहा जाता है कि हम सभी में वैज्ञानिक मनोवृत्ति होती है, लेकिन परिवार या साथियों के समूह में

समाजीकरण, सामाजिक और बौद्धिक वातावरण के आधार पर इसे तेज़ या कुन्द कर सकता है। हालाँकि, 'अनलर्निंग' (अनधिगम) की प्रक्रिया के माध्यम से मानसिकता को बदला जा सकता है। नेहरू उचित रूप से इसे 'स्वतन्त्र व्यक्ति की भावना' के रूप में वर्णित करते हैं। वैज्ञानिक सोच वाला समाज हमेशा विकास के पथ पर अग्रसर होता है।

भारतीय संविधान का यह अभीष्ट है। भारत का संविधान चाहता है कि भारतीय नागरिक वैज्ञानिक दृष्टिकोण अपनाएँ और इसे प्रोत्साहित करने के लिए अनुच्छेद 51ए (एच) के तहत मौलिक कर्तव्यों के तहत शामिल किया गया है जो प्रत्येक भारतीय नागरिक को *वैज्ञानिक मनोवृत्ति, मानवतावाद और अन्वेषण और सुधार की भावना* विकसित करने के लिए प्रोत्साहित करता है। यह सच है कि संविधान के भाग III के तहत मौलिक अधिकारों के विपरीत, मौलिक कर्तव्यों को रिट के माध्यम से लागू नहीं किया जा सकता है। ये एक आधुनिक राष्ट्र–राज्य के रूप में भारत के विकास के लिए एक मार्गदर्शक प्रकाश–स्तम्भ की तरह हैं। भारत जैसे अत्यधिक पारम्परिक, आस्था आधारित समाज के लिए जीवन में वैज्ञानिक दृष्टिकोण रामबाण होना चाहिए। यह निश्चित रूप से एक स्वस्थ आधुनिक समाज की ओर ले जायेगा जहाँ अन्धविश्वास और तर्कहीनता का पश्चिम में कई समाजों की तरह कोई स्थान नहीं हो सकता है। इस प्रकार, यह एक तरह से, लम्बे समय में, भारतीय समाज के मूल्यों और सामाजिक संस्थानों में परिवर्तन, के लिए 'व्यंजना' को प्रेरित कर सकता है। विज्ञान और वैज्ञानिक प्रवृत्ति में रुचि को बढ़ावा देने के लिए भारत में विज्ञान, वैज्ञानिक और वैज्ञानिकता को प्रोत्साहित करने के लिए अनेक प्रकार की गतिविधियाँ शुरू की गयी हैं। जन ज्ञान विज्ञान समिति (विज्ञान और ज्ञान के लिए जन मंच) के नेटवर्क को 1980 के दशक से भारत सरकार द्वारा संरक्षण और वित्त पोषित किया गया था। गाँवों और क़स्बों में शिक्षकों के समूह घूम रहे थे जो तथाकथित 'देवताओं' के 'चमत्कार' के कार्यों का पर्दाफ़ाश कर रहे थे। दुर्भाग्य से, यह अब सरकार की प्राथमिकता नहीं है। धार्मिक आस्था और विज्ञान को मिलाने की बात तो दूर, हमें वैज्ञानिकों को आधुनिक समय के सन्तों और गुरुओं के रूप में स्वीकार करना चाहिए। वर्ष 1958 में संसद द्वारा पारित विज्ञान नीति प्रस्ताव ने इन भावनाओं को प्रतिबिम्बित किया। वर्ष 1976 में संविधान संशोधन (अनुच्छेद 51ए) के बाद सरकार ने राष्ट्रीय विज्ञान और प्रौद्योगिकी संचार परिषद् (एन.सी.एस.टी.सी.)

नामक एक नोडल एजेंसी की स्थापना की। फिर भी वैज्ञानिक मनोवृत्ति और वैचारिकी का प्रचार–प्रसार अभी तक जन आन्दोलन नहीं बन सका है।

वैज्ञानिकता के लिए सिकुड़ता स्थान

किसी भी राष्ट्र के लिए अपने अतीत पर गर्व करना बुरा नहीं है लेकिन अतीत को वर्तमान पर हावी होने और शासन करने की अनुमति नहीं दी जानी चाहिए। अतीत के केवल उन्हीं पहलुओं का अनुकरण किया जाना चाहिए जो आधुनिक वर्तमान के अनुरूप हों। इस सन्दर्भ में एक महान पुरातत्वविद् मोर्टिमर व्हीलर का प्रसिद्ध उदाहरण का स्मरण हो आता है, वे कहते हैं, "वहाँ हमेशा समाज में कुछ लोग हैं, जो उपस्थित तो इस काल में हैं लेकिन हैं वे अतीतजीवी।" ऐसे तत्त्व हमेशा हाशिये पर थे लेकिन अब अपनी केन्द्रीय भूमिका को सुनिश्चित करने का प्रयास कर रहे हैं, उस पर क़ब्ज़ा कर रहे हैं। इस सन्दर्भ में यह कहना निश्चित रूप से अतिशयोक्ति नहीं बल्कि प्रासंगिक होगा कि अतीत की अत्यधिक प्रभावी और सकेन्द्रित होती भूमिका को कम करना होगा, उसे समाप्त करना होगा, लेकिन निश्चित रूप से यह एक दुष्कर कार्य है। इसका सबसे बड़ा प्रमाण यह है कि अब, सत्ता के शीर्ष पर क़ाबिज़ व्यक्ति अब विज्ञान की प्रासंगिकता पर सवाल उठा रहे हैं। ये प्रतिगामी ताक़तें भारत को मध्य युग में वापस ले जाने की कोशिश कर रही हैं और वर्षों के संघर्ष और बलिदान के बाद भारत जो हासिल करने में सक्षम है, उसे पूर्ववत करने की कोशिश कर रहा है। आज वैज्ञानिक सोच के लिए संकुचित होता स्थान चिन्ताजनक है और भारत के आधुनिक और जीवन्त समाज के रूप में विकसित होने के उद्देश्य के लिए अच्छा शगुन और संकेत नहीं है। कहने की आवश्यकता नहीं है कि वैज्ञानिक वैचारिकी के साथ–साथ मस्तिष्क का प्रयोग ही वर्तमान और भविष्य की चुनौतियों का समाधान प्रस्तुत करेगा। मैत्रेय कृष्णराज ने ठीक ही टिप्पणी की है कि "राष्ट्रवादी दावे के नाम पर छद्म विज्ञान को हमारे शैक्षणिक संस्थानों में बुनियादी विज्ञान की बेहतर शिक्षा से विफल किया जा सकता है।" कई विकसित देशों के विपरीत, भारत अपने सकल घरेलू उत्पाद का केवल 0.9 फ़ीसदी विज्ञान पर व्यय करता है। आधुनिक समाज बनने के लिए हमें बुरी तरह

से और तत्काल एक मज़बूत जन विज्ञान आन्दोलन की आवश्यकता है। इसके अलावा, जैसा कि कृष्ण कुमार लिखते हैं, विज्ञान के अर्थपूर्ण होने के लिए, एक तर्कसंगत सामाजिक वातावरण की आवश्यकता है। इसके अलावा, विद्यालयीय जीवन के दौरान विज्ञान को अर्थपूर्ण बनाने के लिए यह महत्त्वपूर्ण है कि बच्चे एक ऐसे लोकाचार में बड़े हों जहाँ असहमति और बहस–मुबाहिसे को प्रोत्साहित किया जाता है।

13

असहमति, लोकतन्त्र और विरोध
Dissent, Democracy and Protest

लोकतन्त्र उन महत्त्वपूर्ण और बहुमूल्य उपहारों में से एक है जिसे सभ्यता ने मानव जाति को दिया है और जिसका सम्मान पूरी दुनिया की बहुसंख्यक आबादी करती है बावजूद इसके कि कुछ निश्चित देश और समाज में लोकतन्त्र को अनुचित एवं आपत्तिजनक तरीक़े से व्यवहार में लाया जा रहा है। स्वीडिश के राजनेता ओलाफ पाल्मे का कहना है कि "हमारे लिए लोकतन्त्र मानवीय गरिमा का सवाल है और मानवीय गरिमा राजनीतिक स्वतन्त्रता है। इस प्रकार, स्वतन्त्रता और लोकतन्त्र सपने हैं जिन्हें कभी नहीं छोड़ना चाहिए। इसके अलावा, मनुष्य निर्मित सरकार का सबसे सम्मानजनक रूप होने के नाते, लोकतन्त्र वह चीज़ है जिसके लिए मरा जा सकता है।"

अभिव्यक्ति की स्वतन्त्रता बुनियादी मानवाधिकारों में से एक है और यह उस नींव का निर्माण करती है जिस पर लोकतन्त्र का निर्माण होता है। इस प्रकार, अभिव्यक्ति की स्वतन्त्रता पर अंकुश लगाने हेतु किसी भी प्रतिबन्ध या ज़बरदस्ती को लोकतन्त्र पर हमले के रूप में लिया जाता है। कम जानकारी वाले लोगों की धारणा के विपरीत, लोकतन्त्र चुनाव कराने तक सीमित नहीं है, चाहे वे (चुनाव) कितना भी स्वतन्त्र और निष्पक्ष क्यों न हो। हमारे पास हालिया इतिहास के उदाहरण हैं, जैसे 1940 के दशक के दौरान लोकतन्त्र की आड़ में नाज़ीवादियों और फ़ासीवादियों ने जर्मनी, इटली और पूर्वी यूरोप के लोगों के जीवन के साथ खिलवाड़ किया था और अभूतपूर्व विनाश किया था जिसमें लाखों लोग हताहत हुए थे। यह सब लोकतन्त्र के बिना किया जा रहा था जो कि बहुत ही दुर्भाग्यपूर्ण था। एडॉल्फ हिटलर जैसे नाज़ीवादी नेताओं ने लोकप्रिय चुनावों के माध्यम से सत्ता पर क़ब्ज़ा कर लिया था और फिर इसने लोकतन्त्र और इससे जुड़े मूल्यों को नष्ट कर, ध्वस्त कर दिया।

बहरहाल, लोकतन्त्र का सार और भावना इस पर आधारित है :

- निष्पक्ष और स्वतन्त्र चुनाव कराना।
- समाज के सभी वर्गों का प्रतिनिधित्व सुनिश्चित करना।
- राष्ट्र के धन और संसाधनों के समान वितरण के लिए प्रयास करें।
- सभी की धार्मिक स्वतन्त्रता के लिए सहिष्णुता।
- अवसर की समानता।
- अल्पसंख्यको के विचारों का सम्मान करो : इसका अर्थ है उन लोगों के विचारों के प्रति सहिष्णु होना और आदर देना जिनकी संख्या कम हो सकती है।
- असहमति और मतभेद का सम्मान।
- समाज के विभिन्न वर्गों के जीवन को प्रभावित करने वाले महत्त्वपूर्ण मामलों पर आम सहमति बनाने का प्रयास।

विद्वानों का मत है कि मानव की प्रगति का इतिहास 'सूचित विसम्मति' का इतिहास है। आज दुनिया के लोग लोकतन्त्र को शासन के सबसे स्वीकार्य रूप में पसन्द करते हैं और लोकतान्त्रिक व्यवस्था में रहना चाहते हैं क्योंकि शासन की इस प्रणाली में नागरिकों को बिना किसी उत्पीड़न के डर के असहमति और विसम्मति का अधिकार है।

आम पाठकों के लिए और जो भारत में असन्तोष एवं आक्रोश की परम्परा को समझना चाहते हैं और शासक वर्ग द्वारा भारत में असन्तोष को दबाने के प्रयासों का खण्डन करना चाहते हैं, उनके लिए ये दो कृतियाँ अत्यन्त ही उपयोगी और प्रासंगिक हैं : अमर्त्य सेन का 'द आर्गुमेंटेटिव इंडियन' और अशोक वाजपेयी का एक सम्पादित ग्रन्थ 'इंडिया डिसेंट्स : 3000 ईयर्स ऑफ़ डिफरेंस, डाउट एंड आर्गुमेंट' उन लोगों के लिए मूल्यवान और समृद्ध स्रोत प्रदान करता है जो भारतीय सभ्यता में असन्तोष और आक्रोश की उपस्थिति और व्याप्ति से अवगत नहीं हैं। यह सच है कि विसम्मति अपनी प्रकृति में विशेष रूप से भारतीय नहीं है, लेकिन यहाँ हमारा विषय विसम्मति को भारतीय सन्दर्भ में विश्लेषित करना और समझना है। दरअसल, व्यापक रूप से भिन्न रीति–रिवाज़ों और उसके भिन्न–भिन्न रूपों में व्यवहृत होने को विषय बनाने और फलतः एक बेहद विविध देश के रूप में भारत पर ध्यान केन्द्रित करना मुख्य रूप से तीन अलग–अलग कारणों से है :

- भारत में तर्कवादी परम्परा का लम्बा इतिहास
- इसकी समकालीन प्रासंगिकता और
- चल रही सांस्कृतिक चर्चाओं में इसकी सापेक्ष उपेक्षा।

अशोक वाजपेयी कृत उपर्युक्त वर्णित ग्रन्थ के परिचय में निम्नलिखित उदाहरण से शुरू होते हैं :

नमन है उसको जो शब्द है
मनोगत और प्रकट दोनों,
उसकी महिमा का होता है बखान
स्वतन्त्र मस्तिष्क द्वारा

—सुभाषितावली से, पन्द्रहवीं शताब्दी में वल्लभदेव द्वारा संकलित संस्कृत कविता का एक संकलन (हक्सर द्वारा अनुवादित)

आइए हम अपना ध्यान स्वतन्त्र मस्तिष्क के उल्लेख की ओर आकर्षित करें जो आलोचनात्मक चिन्तन–प्रक्रिया को समृद्ध करता है। तर्क को आगे बढ़ाते हुए वे लिखते हैं, "अनेकता से एकता की परम्परा या संवेदनशीलता के केन्द्र में यह धारणा है कि दुनिया को देखने और जीने के कई तरीक़े हैं।" बहुलता अन्तर को समायोजित करती है; और बदले में, असन्तोष को मूर्त रूप देती है और उसे अपने स्वरूप में ढालती है। जब वैदिक द्रष्टा *आनो भद्राः क्रत्वो यंतु विश्वतः* (सभी दिशाओं से महान विचार हमारे पास आते हैं) का उच्चारण करते हैं, तो इससे इस विचार की पवित्रता प्रतिबिम्बित होती है कि दुनिया भर में कई अलग–अलग विचार और सत्य फैले हुए हैं और उन सभी का स्वागत किया जाना चाहिए। एक और वैदिक उक्ति *वसुधैव कुटुम्बकम* (विश्व एक परिवार है) में सभी प्रकार की मानवीयता और संवेदना को समाहित किया गया है। इसलिए, यह जीवन में विद्यमान सभी विचारों और भावनाओं को गले लगाती है। इस दृष्टि में 'अन्यता', और घृणा कहाँ दिखाई देती है?

'भारतीय परम्परा' के बारे में बात करना असम्भव है। कई परम्पराएँ हैं, सभी प्रामाणिक रूप से भारतीय हैं। हिन्दू धर्म के भीतर भी चार वेद, अठारह उपनिषद्, दर्शन की छह शाखाएँ, दो महाकाव्य–रामायण और महाभारत और दोनों के कई संस्करण हैं। ग़ौरतलब है कि भारतीय परम्पराएँ जाँच, सन्देह, बहस–मुबाहिसे और चुनौती जैसी प्रवृत्तियों के साथ अस्तित्वमान हैं। इस प्रकार, भारत में बौद्ध, जैन, और बाद में सिख की उत्पत्ति और विकास हुआ। इन सभी ने विरोध किया और रूढ़िवादी हिन्दू धर्म की

कर्मकाण्ड और जातिगत कठोरता के ख़िलाफ़ लड़ाई लड़ी। प्रश्नोत्तर काल से आने वाली भारतीय परम्पराओं के कुछ सर्वाधिक प्रकाशमान पहलुओं को कौन नकार सकता है। उदाहरण के लिए, उपनिषद् सवाल पूछने की रचनात्मकता का एक शानदार उदाहरण है। बाद में, भक्ति और सूफ़ी आन्दोलनों ने स्वतन्त्रता, प्रेम और विभिन्न दृष्टिकोणों के समायोजन की भावना का आह्वान किया।

इस प्रकार, यह पूरी तरह से स्पष्ट होना चाहिए कि भारतीय सभ्यता में सन्देह की भावना, जाँच की भावना और आलोचनात्मक सोच हमेशा से रही है। निश्चित रूप से उन ताक़तों पर ज़ोर दिया जाना चाहिए जो सवाल करना और विचार एवं अभिव्यक्ति की स्वतन्त्रता को नापसन्द करते हैं। कहने की ज़रूरत नहीं है कि आलोचनात्मक चिन्तन–प्रक्रिया के माध्यम से नये विचारों का जन्म होता है जिससे सामाजिक परिवर्तन होता है। रूढ़िवादी आलोचनात्मक सोच वाले व्यक्तियों को अपने विरोधियों के पायदान में सबसे ऊपर रखते हैं।

वर्तमान भारतीय परिदृश्य

हमारे संविधान के संस्थापक स्वतन्त्रता आन्दोलन के आदर्श और चारित्रिक एवं नैतिक मूल्यों से उपजे थे और दूरदर्शी थे। उनमें से अधिकांश ने समानता और स्वतन्त्रता के राष्ट्र पर आधारित पश्चिमी उदारवाद को आत्मसात कर लिया था। भारत के संविधान की प्रस्तावना विचार, अभिव्यक्ति, विश्वास, आस्था और पूजा की स्वतन्त्रता की बात करती है। अनुच्छेद 19(1) के खण्ड (ए) से (सी) सुनिश्चित करती है :

- भाषण और अभिव्यक्ति की स्वतन्त्रता
- शान्तिपूर्ण और बिना हथियारों के इकट्ठा होने की आज़ादी
- संगठन या संघ बनाने की स्वतन्त्रता

जैसा कि उच्चतम न्यायालय के न्यायमूर्ति (सेवानिवृत्त) दीपक गुप्ता ने ठीक ही कहा है कि ये तीन स्वतन्त्रताएँ साधन हैं जिनके माध्यम से असन्तोष/आक्रोश व्यक्त किया जा सकता है। विचार प्रस्तुत करने की स्वतन्त्रता और अन्तःकरण की स्वतन्त्रता के अधिकार में असहमत होने का अत्यन्त महत्त्वपूर्ण अधिकार शामिल है। असहमत होने का अधिकार एवं एक और दृष्टिकोण रखने का अधिकार देश के प्रत्येक नागरिक में निहित है।

वह आगे कहते हैं कि "जब हम इन सभी को एक साथ देखते हैं, तो यह स्पष्ट हो जाता है कि असहमति का अधिकार सबसे बड़ा अधिकार है और मेरी राय में, संविधान द्वारा दिया गया सबसे महत्त्वपूर्ण अधिकार है।"

हालाँकि प्रत्येक समाज स्वयं ही अपने नियम और मानदण्ड बनाता है और उसका स्वरूप निर्धारित करता है लेकिन समय व्यतीत होने के साथ–साथ इसमें संशोधन एवं परिवर्तन की अनिवार्यता की प्रासंगिकता मुखर हो उठती है। सामाजिक पहलू और उससे सम्बन्धित गति–विज्ञान प्रभावी हो उठते हैं। अस्पृश्यता, सती–प्रथा, बाल–विवाह, विधवा पुनर्विवाह पर प्रतिबन्ध कभी भारतीय समाज की मूल्य–प्रणाली का हिस्सा थे। क्या आज इन्हें उचित ठहराया जा सकता है? विचारक और सुधारक पैदा होते हैं जो समाज के स्थापित मानदण्डों से असहमत होते हैं। कहने की ज़रूरत नहीं है कि अगर हर पीढ़ी पिछली पीढ़ी का अनुकरण करना जारी रखे, तो कोई बदलाव नहीं होगा।

नये विचारक और सुधारकर्ता समाज को सन्देह पैदा करने और पतनशील रीति–रिवाज़ों और परम्पराओं पर सवाल उठाने के लिए प्रोत्साहित करते हैं, लोकतन्त्र के लिए असहमति आवश्यक है। चर्चा, असहमति और संवाद हमें समाज और देश को चलाने के बेहतर तरीक़ों को ईज़ाद करने में सहायता करते हैं। असहमति और आलोचना के बिना लोकतन्त्र हो सकता है लेकिन वह अर्थपूर्ण और प्रासंगिक नहीं ही होगा। राजनीतिक शासकों को उनको महत्त्व देना चाहिए जो उनके आलोचक हैं या फिर जो उनसे इतर विचार रखते हैं। आलोचक और असन्तुष्ट भी राष्ट्र से प्यार करते हैं और राष्ट्र निर्माण में योगदान देना चाहते हैं। 'रामचरितमानस' से उद्धृत पंक्ति का उल्लेख करना अनुचित नहीं होगा जब तुलसीदास कहते हैं, 'निन्दक नियारे राखिये' (एक आलोचक को अपने पास और अपने पास रखें), तो यह वास्तविक अर्थों में लोकतन्त्र के बुनियादी मूल्यों की उपादेयता की ही ओर संकेत करती है। हाल ही में, उच्चतम न्यायालय के एक अन्य न्यायाधीश ने टिप्पणी की, "कम्बल। असहमति को राष्ट्र–विरोधी या लोकतन्त्र–विरोधी के रूप में एक निश्चित साँचे में ढालना और फिर उस पर अपने पूर्वाग्रहों और दुराग्रहों को चस्पाँ करना संवैधानिक मूल्यों की रक्षा और विचार–विमर्श वाले लोकतन्त्र को बढ़ावा देने की हमारी प्रतिबद्धता पर कुठाराघात करता है।"

बहुमत का शासन लोकतन्त्र का अभिन्न अंग है लेकिन 'बहुसंख्यकवाद' लोकतन्त्र का विरोधी है। इसका तात्पर्य यह है कि जब एक पार्टी को 50 फ़ीसदी से अधिक वोट मिलते हैं, तब भी अल्पसंख्यकों के विचारों पर भी विचार किया जाना चाहिए और उनका सम्मान किया जाना चाहिए और इन पर बहुसंख्यकता के बल और भय को नहीं थोपा जाना चाहिए।

बहरहाल, लोकतन्त्र हर नागरिक को देता है अधिकार

- सवाल करने के लिए
- चुनौती देने के लिए
- सत्यापित करने के लिए
- सरकार से जवाबदेही माँगने के लिए

ये नागरिकों के संवैधानिक अधिकार हैं और लोकतान्त्रिक व्यवस्था के अन्तर्गत रहने वाले समाज के स्वस्थ विकास को सुनिश्चित करते हैं। सत्ताधारी प्रतिष्ठान को अपनी बात को स्वघोषित धार्मिकता के साथ नहीं मानना चाहिए। इसके अलावा, यह असहमति और विचार–विमर्श में तर्कहीनता को कम करने का प्रयास करती है।

असहमति के एक रूप के रूप में विरोध

जैसा कि पहले उल्लेख किया गया है कि बिना हथियारों के शान्तिपूर्वक इकट्ठा होना हमारे संविधान द्वारा नागरिकों को दिया गया अधिकार है। विरोध अपनी असहमति व्यक्त करने और दूसरे वैकल्पिक दृष्टिकोण पर विचार करने के लिए सरकार पर दबाव डालने का एक महत्त्वपूर्ण तरीक़ा रहा है। यह अपने अधिकारों के लिए बहस करने का एक और तरीक़ा है। इसे प्रदर्शन भी कहा जाता है, यह सत्तारूढ़ प्रतिष्ठान द्वारा किसी विचार या कार्रवाई के प्रति असहमति, आपत्ति या अस्वीकृति की सार्वजनिक अभिव्यक्ति है। यह विभिन्न रूपों में हो सकता है, मोमबत्ती की रोशनी में जन–जागरण, सोद्देश्य और सामूहिक रूप से पैदल चलना, उपवास करना आदि। आज विरोध के इन सभी रूपों को वास्तविक अधिकार के रूप में स्वीकार किया जाता है। महात्मा गाँधी ने उपवास के साथ अहिंसक तरीक़े से विरोध करने का तरीक़ा पेश किया। वर्तमान परिस्थितियों में, कभी–कभी एक विरोध का सामना शासक वर्ग द्वारा उकसाये गये और समर्थित प्रति विरोध से हो सकता है। यह देखा जाता है कि कभी–कभी, इसका परिणाम

हिंसा में होता है और सरकार को शान्तिपूर्ण विरोध को कुचलने का बहाना मिल जाता है।

प्रदर्शनकारी, आमतौर पर, सरकार और मीडिया का ध्यान आकर्षित करने के लिए राज्य विधानसभा या पक्षकारों के सामने या आसपास प्रदर्शन करते हैं। सरकारें, आमतौर पर इन कथित स्थानों को विरोध–प्रदर्शन स्थल के रूप में आवंटित करने के स्थान पर सार्वजनिक सुरक्षा का बहाना बनाती हैं और शहर के अलग–थलग क्षेत्रों में विरोध–प्रदर्शन के आयोजन की अनुमति देती हैं। बदले में, नागरिक समाज चाहता है कि सरकार एक ऐसी जगह आवंटित करे जहाँ विरोध जनता के लिए प्रत्यक्षतः हो और जो भी इसमें शामिल होना चाहता है, उसके लिए सुविधाजनक हो।

असहमति के विचार रखने वालों को दण्डित नहीं किया जाना चाहिए क्योंकि वे सत्ता–समाज को आईना दिखाते हैं। यदि कोई लोकतन्त्र मज़बूत और जीवन्त होना चाहता है, तो राज्य में असहमति को सहन करने का साहस होना चाहिए और असहमति रखने वालों को भी अपने विचार व्यक्त करने के दौरान स्वतन्त्रता और आत्मविश्वास का अनुभव होना चाहिए। लेखकों को यह नहीं सोचना चाहिए कि वे उस शक्ति को ठेस पहुँचाने का जोख़िम उठा रहे हैं जो हो सकता है कि उसे रौंद दे। किसी भी लोकतान्त्रिक रूप से चुनी गयी सरकार को इस वैचारिकी के साथ आश्वस्त नहीं होना चाहिए कि उसके पास सभी असन्तोष, असहमति, विरोध और स्वतन्त्र विचारों को कुचलने का लोकतान्त्रिक अधिकार है। असहिष्णुता भी लोकतन्त्र के लिए नुक़सानदायक होती है। जैसा कि प्रसिद्ध पुस्तक 'ए पीपल्स हिस्ट्री ऑफ़ अमेरिका' के लेखक हॉवर्ड ज़िन ने ठीक ही कहा है, ''असहमती देशभक्ति का सर्वोच्च रूप है।''

14

बहुसंख्यकवाद और लोकतन्त्र
Majoritarianism and Democracy

यह देखा गया है कि बहुत से शिक्षित व्यक्ति भी 'बहुसंख्यक शासन', 'बहुसंख्यक लोकतन्त्र', 'बहुसंख्यकवाद' या यहाँ तक कि 'लोकतन्त्र' शब्द का परस्पर प्रयोग करते हैं। यह ध्यान दिया जाना चाहिए कि लोकतन्त्र और बहुसंख्यकवाद के बीच एक सूक्ष्म अन्तर है। यद्यपि लोकतन्त्र के साथ बहुसंख्यक शासन या बहुसंख्यकवाद की तुलना करना शायद अति सरलीकरण होगा। हालाँकि अपने सामान्य रूप और तर्क के अनुसार देखा जाये, तो लोकतन्त्र की अवधारणा और विचार बहुमत की इच्छा या शासन पर आधारित है, लेकिन यह ''आँख से आँख मिलने'' से कहीं ज़्यादा है। लोकतन्त्र की तुलना 'बहुसंख्यकवाद' से करने में ख़तरा है। जैसा कि एक प्रख्यात विद्वान पार्थ चटर्जी कहते हैं, "जब बहुसंख्यक समाज के बाकी हिस्सों पर अपनी इच्छा थोपने के लिए सम्प्रभु अधिकार का दावा करता है, तो लोकतन्त्र को ख़तरा पैदा होता है।" इस प्रकार, एक लोकतन्त्र से अभिप्राय केवल उन लोगों की इच्छा नहीं है जो चुनाव में अधिक मत प्राप्त करते हैं, चाहे वह कितना भी स्वतन्त्र और निष्पक्ष हों, हालाँकि बहुसंख्यकवाद इस विश्वास पर आधारित है कि बहुसंख्यक समुदाय को किसी भी तरह से देश पर शासन करना चाहिए अथवा उसमें सक्षम होना चाहिए।

आधुनिक दुनिया में अधिकांश देश लोकतान्त्रिक होने का दावा करते हैं। केवल 5–6 देशों जैसे सऊदी अरब, संयुक्त अरब अमीरात, क़तर, ब्रुनेई और कुछ अन्य ने कभी भी लोकतान्त्रिक होने का दावा नहीं किया। भारत के सर्वोच्च न्यायालय के सेवानिवृत्त न्यायाधीश और लोकतन्त्र में नागरिकों के अधिकारों के मुखर और प्रखर स्वर न्यायमूर्ति दीपक गुप्ता का इस सन्दर्भ में कहना है कि :

"बहुमत का शासन लोकतन्त्र का एक अभिन्न अंग है लेकिन बहुसंख्यकवाद लोकतन्त्र का विरोधी है। हमारे जैसे लोकतन्त्र में जहाँ हमारे पास सरल बहुमत प्रणाली के आधार पर चुनाव होते हैं, ज़्यादातर मामलों में सरकार जनसंख्या के बहुमत का प्रतिनिधित्व नहीं करती है, और अक्सर मतदान करने वाले मतदाताओं का भी नहीं। इसलिए, जब सत्ता में बैठे लोग दावा करते हैं कि वे सभी लोगों की इच्छा का प्रतिनिधित्व करते हैं, तो यह पूरी तरह से निराधार दावा नहीं है। वे बड़ी संख्या में मतदाताओं द्वारा सरल बहुमत प्रणाली के आधार पर निर्वाचित सरकार हो सकती हैं, लेकिन यह नहीं कहा जा सकता है कि वे लोगों की सम्पूर्ण इच्छा का प्रतिनिधित्व करते हैं। यह मानकर भी कि वे 50 फ़ीसदी से अधिक मतदाताओं का प्रतिनिधित्व करते हैं, क्या यह कहा जा सकता है कि शेष 49 फ़ीसदी आबादी के देश में कोई प्रतिनिधित्व नहीं है? क्या यह आग्रह किया जा सकता है कि शेष 49 फ़ीसदी अगले चुनाव होने तक, अगले 5 वर्षों तक नहीं बोल सकते हैं? क्या इन 49 फ़ीसदी को पूरी तरह से नज़रअन्दाज़ कर दिया जाना चाहिए, यदि वे सरकार का विरोध करें? मेरे विचार में, निश्चित रूप से उत्तर बहुत बड़ा 'नहीं' होना चाहिए।

बहरहाल, संविधान के अन्तर्गत हर नागरिक के अधिकार हैं कि वह सरकार से प्रश्न करें, उसे चुनौती दें, उसके व्यक्तव्यों का सत्यापन करें और उसका उत्तरदायित्व सुनिश्चित करें। इन अधिकारों को कभी नहीं छीनना चाहिए अन्यथा हम एक निर्विवाद मरणासन्न समाज बन जायेंगे, जिसका आगे विकास नहीं हो पायेगा। एक स्वतन्त्र देश वह है जहाँ विधि का शासन और अभिव्यक्ति की स्वतन्त्रता है।"

इसलिए, बहुसंख्यकवाद को एक बहुसंख्यक चुनावी प्रणाली की अवधारणा के साथ भ्रमित नहीं होना चाहिए, जो एक साधारण चुनावी प्रणाली है, जो आमतौर पर पार्टी को मतों के आधार पर बहुमत देती है। इस प्रकार, भारत को एक उदार लोकतान्त्रिक राष्ट्र के रूप में पुनर्स्थापित करने के लिए इसे केवल नियमित, कथित रूप से स्वतन्त्र और निष्पक्ष चुनावों के संचालन से अधिक की आवश्यकता होगी। एक उदार लोकतन्त्र निम्नलिखित नियामकों पर आधारित होना चाहिए :

- उदार दृष्टिकोण
- समावेश
- संवेदात्मक

- समान अधिकार
- सार्वजनिक वस्तुओं का समान वितरण / उपलब्धता
- विधि का शासन
- असहमति के प्रति सहिष्णुता
- मीडिया
- स्वतन्त्र न्यायपालिका

वस्तुतः अधिकांश विद्वानों का इस सन्दर्भ में मतैक्य है कि उदार लोकतन्त्र को धर्मनिरपेक्ष होना चाहिए, समाज के वंचित और शोषित वर्गों के सशक्तीकरण के लिए प्रतिबद्ध होना चाहिए और महिलाओं और सभी प्रकार के अल्पसंख्यकों–धार्मिक, भाषायी, जातीय और यौन अल्पसंख्यकों (एलजीबीटीक्यूआई) के साथ उचित व्यवहार करना चाहिए। कई विद्वानों का यह भी मानना है कि अगर लोकतन्त्र का 'लिटमस टेस्ट' करना हो, तो यह देखना चाहिए कि उसमें अपनी महिलाओं और अल्पसंख्यकों के साथ कैसा व्यवहार होता है? इस प्रकार, लोकतन्त्र विशेष रूप से समाज के कमज़ोर, अल्पसंख्यक, वंचित और शोषित वर्गों के लिए एक हथियार है।

इसके विपरीत बहुसंख्यकवाद का आधार वास्तव में बहुमत (समुदाय) की सर्वोच्चता है, हालाँकि इस प्रकार की संकल्पनात्मक वैचारिकी सर्वदा ही संवैधानिक सम्बद्धता पर बल देती है और उसके प्रति सम्मानजनक अभिव्यक्तियाँ देती है। जॉर्ज ऑरवेल की अपनी कृति 'एनिमल फार्म' के शब्दों में कहें तो यह ऐसा ही है जैसे कि 'सभी पुरुष समान हैं लेकिन कुछ दूसरों की तुलना में अधिक समान हैं।' जब बहुसंख्यकवाद धार्मिक पहचान पर आधारित होता है (जैसा कि वर्तमान भारत में है), इसकी कार्यप्रणाली और रणनीति पूरे विश्व में समान रहती है। बहुसंख्यकवाद को प्रोत्साहित करने के लिए और उसकी स्थापना या प्रत्यास्थापना के लिए कुछ रणनीतियाँ अपनायी जाती रही हैं जिन्हें निम्नलिखित बिन्दुओं के माध्यम से प्रदर्शित और स्पष्ट किया गया है :

- उग्र (धार्मिक) राष्ट्रवाद को प्रोत्साहित करना।
- 'सहचर पूँजीवाद (क्रोनी कैपिटलिज्म) और गोदी मीडिया के माध्यम से 'अल्पसंख्यक तुष्टिकरण' का निरन्तर और व्यापक दुष्प्रचार।
- देश की विभिन्न या सभी समस्याओं के लिए अल्पसंख्यकों को दोष देना।
- अल्पसंख्यकों के ख़िलाफ़ घृणा–अभियान।

- अल्पसंख्यकों का भय और बहुसंख्यकों को असुरक्षित महसूस कराना।
- अल्पसंख्यकों को राष्ट्र–विरोधी और इस प्रकार राष्ट्रीय सुरक्षा के लिए ख़तरा बताते हुए कुल मिलाकर अल्पसंख्यकों को बोझ या अनुत्पादक घोषित करना।

बहुसंख्यकवाद बहुसंख्यक समुदाय को यह समझाने की कोशिश करता है कि अल्पसंख्यक पर अपनी इच्छा थोपने के लिए उनके पास 'सम्प्रभु अधिकार' होना चाहिए। इसमें अपने धार्मिक विश्वास, रीति–रिवाज़ों और परम्पराओं को लागू करना भी शामिल है। जब बहुसंख्यकवाद राजनीतिक शक्ति प्राप्त कर लेता है, तो उसका तिरस्कार और घृणा अल्पसंख्यकों तक ही सीमित हो जाता है। वस्तुतः बहुसंख्यकवाद ऐसे लोगों को पसन्द नहीं करता जो अपने उदारवादी विचारों और धर्मनिरपेक्षता के मूल्यों को पोषित और प्रोत्साहित करते हैं। बहुसंख्यक समुदाय के लाखों लोग हो सकते हैं जो ग़ैर–धार्मिक, ग़ैर–कर्मकाण्डी, अज्ञेयवादी या नास्तिक भी हो सकते हैं। ऐसे व्यक्तियों के साथ अवमानना का व्यवहार किया जाता है क्योंकि वे एक पक्ष लेते हैं और उनके सामने झुकने से इनकार करते हैं।

बहुसंख्यकवाद विविधता को नकारता है और इसके ख़िलाफ़ असहिष्णु रुख़ अपनाता है। यह धर्म, रीति–रिवाज़ों, परम्पराओं और भोजन की आदतों के क्षेत्र में एकरूपता पसन्द करता है। भारत के मामले में यदि कोई दल या सत्ताधारी व्यक्ति बार–बार एक राष्ट्र, एक संस्कृति की घोषणा करता है, तो क्या वह उस 'भारत के विचार' को नकार नहीं देता, जिसकी आत्मा में विविधता की स्वीकृति और उसका उत्सव है? भारतीय समाज का मूल सिद्धान्त है "लाखों फूल खिलने दो।" विविधता का विचार बहुसंख्यकवाद के लिए अभिशाप है। इस प्रकार, यह कहा जाना चाहिए कि जिन्हें विविधता पसन्द नहीं है, उन्होंने 'भारत के विचार' को दिल से स्वीकार नहीं किया है। इस सन्दर्भ में पार्थ चटर्जी ठीक ही कहते हैं कि, "चार 'वाद'–लोकलुभावनवाद, राष्ट्रवाद, अधिनायकवाद और बहुसंख्यकवाद 'सुल्तानवाद' की धारणा के साथ प्रतिध्वनित होते हैं," यह दर्शाता है कि बहुसंख्यकवाद एक ऐसे करिश्माई नेता के बिना पर पुष्पित एवं पल्लवित होता है जो लोकलुभावनवाद और एक उग्र एवं विभाजनकारी राष्ट्रवाद का उपयोग कर अधिनायकवाद को प्रोत्साहित करता है। इस स्थिति में शक्ति 'प्राथमिक' रूप से विवेक के आधार पर कार्य करती है।

उदार लोकतन्त्र बहुसंख्यकवाद के सह–उत्पादों में से एक है। वर्ष 2017 के 'प्यू रिपोर्ट' से पता चला है कि साक्षात्कार में शामिल 55 फ़ीसदी भारतीय उत्तरदाताओं ने एक ऐसी सरकारी प्रणाली का समर्थन किया जिसमें एक मज़बूत नेता संसद या अदालतों के हस्तक्षेप के बिना निर्णय ले सकता है। इससे पता चलता है कि लोगों को कैसे यक़ीन हो गया है कि एक उदार लोकतन्त्र अब किसी काम का नहीं है। यह आगे सत्ताधारी दल को क़ानून और प्रशासनिक आदेशों के मौजूदा प्रावधानों का उपयोग करने के लिए और अधिक निषेधात्मक रूप में लागू करने के लिए प्रोत्साहित करता है, हालाँकि वह पूरी तरह से अधिनायकवादी शासन नहीं हैं।

अधिनायकवादी–बहुसंख्यकवादी प्रवृत्तियों के साथ लोकतन्त्र की वस्तुस्थिति पर बहुत ही उचित और प्रासंगिक टिप्पणी करते हुए स्टैनफोर्ड विश्वविद्यालय के एक प्रसिद्ध नृविज्ञानी और भारतीय विषयों के विशेषज्ञ थॉमस ब्लोम हेंसन ने अपने महत्त्वपूर्ण कार्य 'द लॉ ऑफ़ फोर्स : द वायलेंट हार्ट ऑफ़ इंडियन पॉलिटिक्स' में कहा है कि "भारत में गहराते लोकतन्त्र ने बहुसंख्यकों की लोक सम्प्रभुता और शक्ति को वैध करने की प्रवृत्ति को और अधिक सघन एवं सशक्त किया है, लेकिन यह निश्चित रूप से विडम्बनापूर्ण है कि ऐसा उदार–लोकतान्त्रिक मूल्यों के सह–अस्तित्व और विधि के शासन में और स्वयं विधि की मूल्यपरकता को हाशिये पर ढ़केलने के साथ–साथ सम्भव हो रहा है।" क्या भारत की लोकतान्त्रिक 'क्रान्ति' लोकतन्त्र को खा रही है? वास्तव में देखा जाये, तो बहुसंख्यकवाद वैचारिक और व्यवहार, दोनों के स्तर पर लोकतन्त्र को पीछे छोड़ती नज़र आ रही है। लोकतन्त्र का बहुसंख्यकवाद में बदलना निश्चित रूप से ख़तरनाक है और भारत के लोगों के सामने वास्तविक चुनौती यह है कि लोकतन्त्र और बहुसंख्यकवाद को कैसे अलग किया जाये और इसके विभेद को सुस्पष्ट करती लकीर कैसे खींची जाये?

15

न्यायिक सक्रियता, नागरिक अधिकार और समाज
Judicial Activism, Citizen's Rights, and Society

किसी भी लोकतान्त्रिक देश में न्यायपालिका को नागरिकों के अधिकारों की रक्षा करने की स्वतन्त्रता प्राप्त है। भारतीय संविधान के तहत न्याय, स्वतन्त्रता, समानता और बन्धुत्व सुनिश्चित करना राज्य की प्रमुख ज़िम्मेदारी है। इसके अलावा, राज्य नागरिकों के मौलिक अधिकारों की रक्षा करने के लिए बाध्य है। लोकतन्त्र नागरिकों को अपने प्रतिनिधि चुनने का अधिकार देता है और चुनाव की लोकतान्त्रिक प्रक्रिया के माध्यम से उन्हें बेदख़ल भी करता है। फिर भी, जैसा कि भारत के वर्तमान मुख्य न्यायाधीश, न्यायमूर्ति रमन्ना बताते हैं, "चुनावों के माध्यम से लोगों का जनप्रतिनिधियों को बदलने का अधिकार निर्वाचितों के अत्याचार के ख़िलाफ़ कोई आश्वासन नहीं था। यह विचार कि लोग परम सम्प्रभु हैं, मानवीय गरिमा और स्वायत्तता की धारणाओं में भी पाये जाते हैं। हम लोकतन्त्र में रहते हैं। लोकतन्त्र का सार यह है कि उसके नागरिकों को प्रत्यक्ष या अप्रत्यक्ष रूप से उन क़ानूनों में भूमिका निभानी होती है जो उन्हें नियन्त्रित करते हैं।"

भारत में अधिकांश लोगों के लिए 'न्यायिक सक्रियता' 1980 में शुरू हुई जब भारत के सर्वोच्च न्यायालय के न्यायमूर्ति भगवती ने जनहित याचिका की अनुमति दी। कई क़ानूनी दिग्गज सोचते हैं कि न्यायिक सक्रियता एक विरोधाभास है क्योंकि न्यायपालिका को निष्क्रिय नहीं माना जाता रहा है और इसे संविधान में निहित नागरिकों के अधिकारों की रक्षा में हमेशा सक्रिय रहना चाहिए। उनमें से कुछ तो इस हद तक चले जाते हैं कि एक न्यायाधीश से क़ानून के शासन को बनाये रखने के लिए एक कार्यकर्ता की भूमिका निभाने की अपेक्षा की जाती है।

इस सम्बन्ध में रूढ़िवादी राय का कहना है कि न्यायपालिका को अपने क्षेत्राधिकार का अतिक्रमण नहीं करना चाहिए और विधायिका और कार्यपालिका के क्षेत्राधिकार में हस्तक्षेप नहीं करना चाहिए। एक प्रख्यात क़ानूनी विशेषज्ञ प्रो. केर्मिट रूजवेल्ट कहते हैं कि "न्यायिक सक्रियता न्यायिक समीक्षा, या किसी विशेष न्यायिक निर्णय के विवरण के लिए एक दृष्टिकोण है, जिसमें एक न्यायाधीश आमतौर पर संवैधानिक मुद्दों को तय करने और विधायी या कार्यकारी कार्यों को अमान्य करने के लिए अधिक इच्छुक होता है।"

भारतीय संविधान और इसकी व्याख्या के बारे में बात करते हुए क़ानून के एक प्रख्यात प्रोफ़ेसर उपेन्द्र बख्शी ने भारतीय संविधान के विश्व ऐतिहासिक महत्त्व की प्रशंसा करते हुए कहा, "आधुनिक दुनिया का पहला उत्तर औपनिवेशिक संविधान जिसने बाद में उभरे कई अन्य रूपों पर प्रभाव डाला।" वर्षों से, भारतीय न्यायपालिका ने 'अस्पृश्यता' के आधार पर ग़ैर–भेदभाव की व्याख्या गर्भगृह तक पहुँच के साथ–साथ हिन्दू मन्दिरों में प्रधान पुजारी के रूप में दलित नियुक्ति के दावों को बनाये रखने के लिए समावेशी अधिकार के रूप में की है। "दरअसल, मासिक धर्म वाली महिलाओं को कुछ हिन्दू धार्मिक मन्दिरों (जैसे सबरीमाला मन्दिर) में प्रवेश करने से रोकना न्यायिक रूप से लिंग और अस्पृश्यता के आधार पर भेदभाव से प्रतिरक्षा के निषेध का उल्लंघन करने के लिए है।"

बहरहाल, यह ध्यान दिया जाना चाहिए कि संविधान के तहत न्यायिक समीक्षा का दायरा परिसीमित है जिसे निम्नलिखित बिन्दुओं के माध्यम से स्पष्ट किया गया है :

- विधायी या कार्यकारी निरंकुशता के ख़िलाफ़ सुरक्षा के रूप में कार्य करने के लिए
- नागरिकों के मौलिक अधिकारों की रक्षा के लिए
- संघवाद से सम्बन्धित मुद्दों के सन्दर्भ में

दरअसल, कभी–कभी, सरकार एक सत्तावादी अधिनायकवाद का प्रदर्शन कर सकती है और असन्तोष के प्रति भी असहिष्णु हो सकती है। यह विरोध करने और अपनी असहमति दिखाने के नागरिक के अधिकार पर अंकुश लगाने की कोशिश कर सकता है। ऐसी परिस्थितियों में एक उदार और संवेदनशील न्यायाधीश असहाय नागरिकों के लिए एकमात्र आशा बन जाता है। 72 वर्ष पहले संविधान बनाया गया था। समय के साथ दुनिया काफ़ी बदल गयी है और अब निश्चित रूप से एक नये दृष्टिकोण की आवश्यकता है।

भारतीय दण्ड संहिता की धारा 377 को ग़ैर–अपराध घोषित करना एक अच्छा उदाहरण हो सकता है। यह बिला शक है कि (एलजीबीटीक्यू) के अधिकारों की मान्यता न्यायिक सक्रियता के कारण ही सम्भव हो पायी है। कई बार उच्च न्यायालय या सर्वोच्च न्यायालय किसी घटना, या कार्य का स्वतः संज्ञान लेता है, जो न्यायिक सक्रियता का एक अच्छा उदाहरण हो सकता है। जब कई चूकों और आयोगों और नागरिकों के अधिकारों के उल्लंघन के कारण सरकार या राजनीतिक वर्ग में जनता का विश्वास कम हो जाता है, तो न्यायपालिका को आगे आने और नागरिकों के अधिकारों की रक्षा करने की आवश्यकता होती है। कुछ परिस्थितियों में न्यायपालिका को नागरिकों को सरकार के अत्याचार से बचाने के लिए सक्रिय भूमिका निभानी पड़ती है।

पीछे मुड़कर देखें, तो हम पाते हैं कि न्यायिक सक्रियता के सन्दर्भ में महत्त्वपूर्ण मोड़ तब आया जब 1979–80 की अवधि के दौरान सर्वोच्च न्यायालय के न्यायमूर्ति पी.एन. भगवती ने *'लोकस स्टैंडी'* से जनहित याचिका में बदलाव की अनुमति दी। यह जनहित याचिका की शुरुआत थी। यह जनहित को सुरक्षित करने के लिए किये गये अभियोगों को सन्दर्भित करता है। इससे पहले न्यायपालिका प्रतिवादी द्वारा प्रत्यक्ष या परोक्ष रूप से प्रभावित पक्षों से ही मुक़दमेबाज़ी पर विचार किया करती थी। इस प्रकार, जिनके पास अधिकारिता नहीं थी उन्हें हस्तक्षेप करने और उनकी बात सुनने की अनुमति नहीं थी। अब, जनहित याचिका के आगमन के साथ, यहाँ तक कि सीधे मामले में शामिल न होने वाले लोग भी जनहित के मामलों को अदालत में ला सकते हैं। हालाँकि, जनहित याचिका दायर करने वाले व्यक्ति को अदालत की सन्तुष्टि के लिए यह साबित करना होता है कि याचिका अपनी प्रकृति में जनहित से सम्बन्धित है न कि एक स्वयंपरक और व्यक्तिगत हितों का तुष्ट तुच्छ मुक़दमा है। जनहित याचिका के दुरुपयोग को रोकने के लिए जुर्माने का प्रावधान पेश किया गया था। एक जनहित याचिका केन्द्र सरकार, राज्य सरकार और एक स्थानीय निकाय जैसे नगरपालिका प्राधिकरण के ख़िलाफ़ दायर की जा सकती है लेकिन किसी निजी पक्ष के विरोध में नहीं। कोई भी नागरिक लोकहित याचिका (पी.आई.एल) दायर करके सार्वजनिक मामला दर्ज करा सकता है :

- सर्वोच्च न्यायालय में संविधान के अनुच्छेद 32 के तहत
- उच्च न्यायालय में संविधान के अनुच्छेद 226 के तहत
- दण्डाधिकारी (मजिस्ट्रेट) की अदालत में आपराधिक प्रक्रिया संहिता (सी.आर.पी.सी.) की धारा 133 के तहत

जनहित याचिका बहुत महत्त्वपूर्ण है और नागरिकों के अधिकारों को बनाने और लागू करने के लिए एक साधन और माध्यम के रूप में काम कर सकती है। यह लोकतन्त्र को बनाये रखने में भी मदद करती है। वास्तव में, उच्चतम न्यायालय ने जनहित याचिकाओं पर अपने फ़ैसलों के माध्यम से कई 'अद्वितीय न्यायशास्त्र' और न्यायिक उपचारों को गढ़ने में कामयाबी हासिल की है।

विशाखा दिशानिर्देश : न्यायिक सक्रियता की परम्परा में एक मील का पत्थर :

विशाखा बनाम राजस्थान राज्य के मामले में फ़ैसला सुनाते हुए सर्वोच्च न्यायालय ने कार्यस्थल पर महिलाओं की सुरक्षा के लिए एक अभूतपूर्व क़दम उठाया। अदालत ने माना कि :

"लिंग के बुनियादी मानव अधिकार के प्रभावी प्रवर्तन और यौन उत्पीड़न और दुर्व्यवहार के ख़िलाफ़ आश्वासन प्रदान करने के लिए अधिनियमित क़ानून के अभाव में, विशेष रूप से कार्यस्थलों पर यौन उत्पीड़न के ख़िलाफ़, हम सभी कार्यस्थलों या अन्य संस्थानों पर उचित पालन के लिए निर्दिष्ट दिशानिर्देश और मानदण्ड निर्धारित करते हैं जब तक कि इस उद्देश्य के लिए कोई क़ानून नहीं बनाया जाता है। यह मौलिक अधिकारों के प्रवर्तन के लिए संविधान के अनुच्छेद 32 में अन्तर्भूत प्रावधानों के अनुसार किया जाता है तथा इस बात पर और बल दिया जाता है कि इसे संविधान के अनुच्छेद 141 के तहत इस न्यायालय द्वारा क़ानून के रूप में माना जायेगा।"

दरअसल, रूढ़िवादी राय रखने वाले और सत्ता में बैठे लोगों को न्यायपालिका की सक्रिय भूमिका पसन्द नहीं है। उनका विचार है कि न्यायिक सक्रियता अगर न्यायिक प्रशासन के रूप में तब्दील होती है, तो इसके गम्भीर परिणाम होंगे, हालाँकि यह इसकी उदार व्याख्या ही है। वे आगे कहते हैं कि कार्यपालिका को समुचित और सन्तोषजनक कार्य करने के लिए निर्देशित करना एक बात है, यह कहना दूसरी बात है कि "यदि आप पालन नहीं करते हैं, तो हम इसे स्वयं करेंगे।" वे न्यायपालिका से लक्ष्मण रेखा को पार न करने की सलाहियत देते हैं। कई मौक़ों पर संसद में सरकार ने न्यायिक हस्तक्षेप को लेकर न्यायपालिका पर आरोप लगाया है। वस्तुतः इसने न्यायपालिका पर अपनी संवैधानिक शक्ति से आगे निकलने का आरोप लगाया। हालाँकि, न्यायपालिका के तथाकथित 'न्यायिक हस्तक्षेप', 'सक्रिय भूमिका' और 'अतिरेकता' के लिए इसका नागरिक बहुत सम्मान करते हैं।

16

भारतीय समाज में लोक बुद्धिजीवीयों की भूमिका
Role of 'Public Intellectuals' in Indian Society

ऐसी दुनिया में जहाँ कई लोकतान्त्रिक देश सवाल और असहमति के प्रति असहिष्णु हो रहे हैं, 'लोक बुद्धिजीवियों' की भूमिका बहुत महत्त्वपूर्ण हो जाती है। जबकि अधिकांश शिक्षाविद् और बुद्धिजीवी अपने स्वयं की विशेषज्ञता से जुड़े हुए चिन्तित रहते हैं और अपनी स्वयं की शैक्षणिक बिरादरी और सहकर्मी समूह के भीतर संवाद करते हैं, एक लोक और सार्वजनिक बौद्धिक एक अलग प्रकार का बौद्धिक होता है। लोक बुद्धिजीवियों की कुछ महत्त्वपूर्ण विशेषताएँ हैं :

- एक लोक बुद्धिजीवी अपने शैक्षणिक हितों और करियर के अलावा समाज के सार्वजनिक मामलों में भी भाग लेता है। यह सच है कि अधिकांश लोक बुद्धिजीवी मानविकी और सामाजिक विज्ञान से आते हैं, लेकिन हमारे पास ऐसे वैज्ञानिक, तकनीकी विशेषज्ञ और नौकरशाह हैं जो समाज में सार्वजनिक बुद्धिजीवियों की भूमिका निभाते हैं, जो अपनी पेशेगत व्यस्तता को समायोजित कर अपनी लोक–भूमिका को सुनिश्चित करते हैं।
- लोक बुद्धिजीवी, ज़्यादातर मामलों में, शिक्षित अभिजात वर्ग से आते हैं।
- लोक बुद्धिजीवी वे लोग होते हैं जो सार्वजनिक क्षेत्र में प्रभावी और प्रासंगिक रूप से सोचते और बोलते हैं। वे उस समाज से सम्बन्धित मुद्दों को उठाते हैं जिसमें वे रहते हैं। हालाँकि, उनमें से कई सार्वभौमिक चिन्ताएँ रखते हैं और दुनिया के किसी भी हिस्से में हो रहे अन्याय और अत्याचार के बारे में न केवल दृढ़ता से महसूस करते हैं बल्कि उसका विरोध भी करते हैं।

- लोक बुद्धिजीवियों को अपने अनुशासन या विद्वत्ता के शब्दजाल या उक्ति–वैचित्रय का उपयोग नहीं करना चाहिए। वे आम आदमी की भाषा में जनता के साथ संवाद करने की कोशिश करते हैं।

प्रसिद्ध इतिहासकार और लोक बुद्धिजीवी रोमिला था पर हाल ही में प्रकाशित अपनी पुस्तक 'द पब्लिक इंटेलेक्चुअल इन इंडिया' में कहती हैं "सार्वजनिक बुद्धिजीवी और सत्ता में रहने वालों से निरपेक्ष रहने की उम्मीद की जाती है, जिससे वह बहस–मुबाहिसे योग्य विचारों पर सवाल उठा सके, भले ही उनका प्रचार करने वाला कोई भी हो। तर्कसंगत आलोचना अक्सर आवश्यक प्रारम्भिक बिन्दु होता है।" उन्हें जितना सम्भव हो उतना स्वायत्त होना चाहिए और इससे भी अधिक, दूसरों द्वारा इस तरह देखा जाना चाहिए। जब सार्वजनिक बुद्धिजीवी स्वायत्तता और स्वच्छन्दता से कार्य करते हैं, तो सत्तावादी शासन इसे पसन्द नहीं करता है, लेकिन निश्चित रूप से लोकतान्त्रिक सरकारों को नागरिकों के असहमति के अधिकार का सम्मान करना चाहिए।

परिपक्व लोकतन्त्रों से अपेक्षाओं के बारे में बात करते हुए, एक प्रसिद्ध राजनीतिक वैज्ञानिक और सार्वजनिक बुद्धिजीवी नीरा चंडोक ने कहा है "जहाँ सत्तावादी समाज दरबारी इतिहासकार पैदा करते हैं, परिपक्व लोकतन्त्र महत्त्वपूर्ण आलोचनात्मक प्रवृत्ति और मेधा की सराहना करता है।" समकालीन भारतीय समाज के बारे में बात करते हुए वह कहती हैं कि आज बौद्धिकता को अभिजात्यता के रूप में तिरस्कारपूर्वक ख़ारिज कर दिया गया है। यह रवैया न केवल 'औसत दर्जे की संस्कृति' को बढ़ावा देता है, बल्कि राज्य को आईना दिखाने वाले बुद्धिजीवियों को गिरफ़्तार किया जा सकता है। "यह लोकतन्त्र पर एक कुठाराघात है, क्योंकि यह सत्ता के ढाँचे के साथ जुड़ाव को रोकता है। अपने सार्वजनिक बुद्धिजीवियों के बिना, लोकतन्त्र अधिनायकवाद में रूपान्तरित हो जाता है।" सियासत इतनी महत्त्वपूर्ण और प्रभावी है कि इसे केवल राजनेताओं के हवाले कर देना वस्तुतः अदूरदर्शिता और अपरिपक्वता का परिचय देना होगा। ऐसी स्थिति की सम्भावनाओं को नज़रअन्दाज़ करने के लिए युक्तिसंगत रूप से यथासम्भव प्रयास करना चाहिए बल्कि यह सभी का उत्तरदायित्व होना चाहिए।

लोक बुद्धिजीवी वास्तविक बौद्धिक योगदान देते हैं, कुछ मौलिक और महत्त्वपूर्ण जो वे कर रहे हैं इसके माध्यम से वे लोकप्रिय मंचों, समाचार–पत्रों, पत्रिकाओं और अब सोशल मीडिया में बोलकर बड़े दर्शकों

और पाठकों के साथ संवाद करते हैं। समाज में लोक बुद्धिजीवियों की अधिक दृश्यता होनी चाहिए। भारतीय सन्दर्भ में उन्हें अधिक–से–अधिक पाठकों तक पहुँचने के लिए क्षेत्रीय भाषाओं में भी लिखना चाहिए और जो अकादमिक रूप से जो क्षेत्रीय भाषा में लिखने के लिए प्रशिक्षित नहीं हैं और केवल अंग्रेज़ी भाषा के साथ सहज महसूस करते हैं, उनके लेखन के अनुवाद प्रकाशित किये जाने चाहिए।

लोक बुद्धिजीवियों की एक महत्त्वपूर्ण भूमिका यह है कि उन्हें मानवाधिकारों और समाज के कामकाज से सम्बन्धित मुद्दों से खुद को सम्बद्ध करना चाहिए। उद्देश्य हमेशा सामाजिक–न्याय की प्रधानता सुनिश्चित करना होना चाहिए। हर समाज में लोगों का एक वंचित वर्ग मिल सकता है, जिन्हें हाशिये पर धकेल दिया जाता है। लोगों के ऐसे वर्ग को आमतौर पर 'कमज़ोर वर्ग' या 'अल्पसुविधाभोगी' के रूप में वर्णित किया जाता है। जनता के बुद्धिजीवी ऐसे लोगों की हिमायत करते और बेज़ुबानों को आवाज़ देते नज़र आते हैं। भारतीय समाज में दलित, आदिवासी समुदाय और सभी प्रकार के अल्पसंख्यक– भाषायी, धार्मिक, जातीय, यौन, आदि भारतीय समाज की वंचित आबादी के मूल और बड़े हिस्से रहे हैं।

असहिष्णु 'चुनावी लोकतन्त्र' में, विवेकी और तर्कसंगत वैचारिकी की अवधारणा को आलोचना का सामना करना पड़ता है लेकिन हमें यह नहीं भूलना चाहिए कि भारत में तर्कपूर्ण परम्परा का एक लम्बा इतिहास रहा है। केवल एक 'स्वतन्त्र मस्तिष्क' ही आलोचनात्मक विचार के विकल्प की सुविधा प्रदान करता है। प्रसिद्ध पूर्व सिविल सेवक और कवि तथा जाने–माने लोक बुद्धिजीवी, अपनी प्रसिद्ध सम्पादित पुस्तक 'इंडिया डिसेंट्स : 3000 ईयर्स ऑफ़ डिफरेंस, डाउट एंड आर्गुमेंट' में लिखते हैं, वैदिक सन्तों को उद्धृत करते हुए, देखने और जीने के कई तरीक़े हैं इस दुनिया में। उपनिषदों के सवाल पूछने की रचनात्मकता का एक शानदार उदाहरण है। हमारे पास चार्वाक थे जिन्हें लोकायत भी कहा जाता था। वे अधिकांश दार्शनिक विचारधाराओं के विरोधी थे क्योंकि वे जीवन की भौतिकवादी व्याख्या का पालन करते थे। इसने भौतिकवाद से सम्बन्धित कुछ प्रासंगिक आधुनिक सिद्धान्तों की नींव रखी। बाद में, भक्ति और सूफ़ी आन्दोलन ने स्वतन्त्रता की भावना और विभिन्न दृष्टिकोणों के समायोजन का आह्वान किया। आधुनिक समय में ब्रह्म समाज और आर्य समाज के

सामाजिक सुधारों ने प्रचलित मान्यताओं पर सवाल उठाया और सीधे जनता से संवाद और आह्वान किया।

इस प्रकार, यह पूरी तरह से स्पष्ट होना चाहिए कि भारतीय सभ्यता में सन्देह एवं अनुशीलन की भावना और आलोचनात्मक सोच हमेशा से रही है, तब भी जब लोकतन्त्र की आधुनिक संस्था विकसित नहीं हुई थी। जब हम 'विचारों के इतिहास' को देखते हैं, तो हम पाते हैं कि आलोचनात्मक सोच के माध्यम से नये विचार अंकुरित होते हैं जो सामाजिक परिवर्तन की ओर ले जाते हैं। इस प्रकार, यह विश्वास के साथ कहा जा सकता है कि जो लोग सवाल करना और आलोचनात्मक सोच को नापसन्द करते हैं, वे निश्चित रूप से हृदय से लोकतान्त्रिक नहीं हैं।

यदि हम लोक बुद्धिजीवियों की 'वंशावली' का पता लगाते हैं, तो हम पाते हैं कि अधिकांश विद्वान सुकरात को पहले लोक बुद्धिजीवी मानते हैं। उनका मानना था कि दर्शन को समाज के बेहतर कल्याण के लिए व्यावहारिक परिणाम प्राप्त करने चाहिए। उन्होंने धार्मिक/धार्मिक सिद्धान्त के बजाय मानवीय तर्क के आधार पर एक नैतिक प्रणाली स्थापित करने का प्रयास किया। उनका यह भी मानना था कि मानव की पसन्द प्रसन्नता की इच्छा से प्रेरित होती है। उन्होंने स्थापित मान्यताओं पर सवाल उठाया और ख़ुशी–ख़ुशी इसकी क़ीमत अपने जीवन से चुकाई। उनके ख़िलाफ़ मुख्य आरोप यह था कि वह अपने समय के युवाओं को 'भ्रष्ट' कर रहे थे।

समाज के लिए लोक बुद्धिजीवियों के महत्त्व के बारे में बात करते हुए, नीरा चंडोक कहती हैं कि "वे समाज के नैतिक विवेक हैं, सिर्फ़ और केवल इसलिए कि वे सोचते, चिन्तन करते हैं, विचार करते हैं।" वस्तुतः विचार करना प्रश्न करना है, स्वतन्त्रता का आह्वान करना है। वह आगे कहती हैं कि हमारे बुद्धिजीवियों को इस अर्थ में चिन्तनशील, दार्शनिक होना चाहिए कि वे मुद्दों के बारे में सोचते हैं, समकालीन सामाजिक समस्याओं को सम्बोधित करते हैं और वे उन्हें सामाजिक अन्याय के पहले के अनसुलझे मुद्दों की विरासत के रूप में देखते हैं। इस प्रकार, लोक बुद्धिजीवियों की महत्ता और प्रासंगिकता सहज ही स्पष्ट हैं, वे मूल्यवान हैं क्योंकि वे विवादास्पद और संवेदनशील सार्वजनिक समस्याओं के उपयुक्त समाधान एवं निवारण के लिए विवेक तथा आवाज़ हैं।

भारत में लोक बुद्धिजीवियों को असन्तोष और असहमतियों के लिए निरन्तर कम होती जा रही सम्भावनाओं से पारम्परिक धारणाओं को चुनौती

देने की ज़रूरत है। सौभाग्य से अमर्त्य सेन, रोमिला थापर, रामचन्द्र गुहा, अरुंधति रॉय, प्रताप भानु मेहता, दीपांकर गुप्ता, सुभाष गाटाडे, अपूर्वानन्द जैसे कई जाने–माने लोक बुद्धिजीवी हैं, जो लगातार युवा पीढ़ी को प्रेरित करते रहते हैं और जनता के साथ लोकतान्त्रिक आक्रोश और असहमतियों एवं नागरिकों के सवाल पूछने के अधिकार को सशक्त बना रहे हैं। अमेरिका में रहने वाले नोआम चॉम्स्की शायद दुनिया के सबसे प्रसिद्ध और जीवित लोक बुद्धिजीवी हैं, जो भारत समेत कहीं भी अन्याय के मुद्दों को उठाते रहे हैं। कहने की ज़रूरत नहीं है कि सत्ता के लिए असुविधाजनक होने पर भी उनके विचारों का सम्मान किया जाना चाहिए। वहीं कई तथाकथित बुद्धिजीवी अभी भी नौकरियों में हैं जिन्हें अपने वेतन, रोज़गार और सेवानिवृत्ति के बाद के लाभों की रक्षा करनी है। ऐसे बुद्धिजीवियों को दण्डित होने या अत्यन्त गम्भीर असुविधा में फँसने का भय रहता है, इसलिए उन्हें स्वयं को सार्वजनिक मुद्दों को लेकर स्पष्टवादी होने में ज़ंजीर से जकड़े जाने जैसी विवशता का बोध होता है।

प्रत्येक समाज को अपनी वैचारिकी और जनमत को आकार देने के लिए लोक बुद्धिजीवियों की आवश्यकता होती है क्योंकि इस प्रकार का कौशल और बुद्धिमत्ता सामान्य नहीं बल्कि असाधारण और दुर्लभ होते हैं। इस सन्दर्भ में जर्मन मूल के अमेरिकी समाजशास्त्री हर्बर्ट गन्स को उद्धृत करना समीचीन और अर्थपूर्ण होगा... "लोक बुद्धिजीवी वास्तव में पण्डित हैं। दरअसल, वे शिक्षित वर्गों के पण्डित हैं।"

17

आधुनिकता और भारतीय समाज में अन्तर्विरोध
Modernity and Contradiction in Indian Society

द्वितीय विश्व युद्ध (विशेषकर 1950 और 60 के दशक में) के बाद आधुनिकीकरण एक प्रमुख विषय रहा है। आधुनिकीकरण अध्ययन आमतौर पर 'पारम्परिक' सामाजिक संरचनाओं और मूल्यों पर आर्थिक विकास के प्रभावों से निपटते हैं। आधुनिकीकरण की प्रक्रिया औद्योगीकरण, शहरीकरण, उच्च जीवन स्तर, सभ्यता के विकास और दृष्टिकोण की व्यापकता से सम्बन्धित है। आधुनिकीकरण को परिभाषित करते हुए ईसेनस्टेड (1966) का कहना है, "ऐतिहासिक दृष्टिकोण से आधुनिकीकरण उन प्रकार की सामाजिक, आर्थिक और राजनीतिक प्रणालियों के प्रति परिवर्तन की प्रक्रिया है जो 17वीं से 19वीं शताब्दी तक पश्चिमी यूरोप और उत्तरी अमेरिका में विकसित हुई और उसके पश्चात् 19वीं और 20वीं सदी के दौरान दक्षिण अमेरिका, एशिया और अफ्रीका में फैल गयी।" इसलिए कुछ विद्वान आधुनिकीकरण को पश्चिमीकरण की सन्तान या उपज मानते थे। आधुनिकीकरण के नैतिक पहलू के एक शानदार विश्लेषण में, एस.सी. दुबे (1988) कहते हैं, "इस अवधारणा की एक आकर्षक विशेषता यह थी कि यह तीसरी दुनिया के अभिजात वर्ग और जनता दोनों की सांस्कृतिक संवेदनशीलता के लिए एक स्पष्ट चिन्ता दिखाती थी।" आधुनिकीकरण शब्द अपने पूर्ववर्ती–पश्चिमीकरण की तुलना में बहुत कम प्रभावान्विति मूल्य का था। तीसरी दुनिया के अधिकांश देश अपनी सांस्कृतिक विरासत पर गर्व करते थे और इससे गहराई से जुड़े थे। पश्चिमी मानकों की उत्कट लालसा लिए हुए भी उन्हें अपनी जीवन–शैली और मूल्यों को छोड़ने की कोई इच्छा नहीं थी। आधुनिकीकरण की अवधारणा ने अपनी जड़ों से

जुड़े रहने की ताक़त को मान्यता दी; इसने तेज़ी से बदलाव के इच्छुक लोगों की सांस्कृतिक पहचान के लिए कोई ख़तरा पैदा नहीं किया। तीसरी दुनिया के अभिजात वर्ग के लिए पश्चिमीकरण के आदर्श को हजम करना मुश्किल था; उन्होंने आधुनिकीकरण को आसानी से स्वीकार कर लिया क्योंकि इससे उनकी 'सांस्कृतिक अस्मिता और गरिमा' को ठेस नहीं पहुँची। बहरहाल, लर्नर (1958) के अनुसार मोटे तौर पर आधुनिक व्यक्तित्व के मूल में तीन विशेषताएँ निहित होती हैं :

- संवेदना,
- गतिशीलता/आवागमन
- उच्च सहभागिता

संवेदना चीज़ों को देखने की क्षमता है जैसा कि दूसरे उन्हें देखते हैं। सभी समाजों में किसी–न–किसी मात्रा में यह क्षमता होती है, लेकिन यह मानवीय अन्तःक्रिया में गुणात्मक परिवर्तन ला सकता है। आधुनिक समाजों में ऐसा परिवर्तन वांछनीय है। दूसरी विशेषता, गतिशीलता केवल भौगोलिक गतिशीलता को सन्दर्भित नहीं करती है– इसका उपयोग अधिक व्यापक अर्थों में किया जाता है। परिवर्तन की अनिवार्यता अवधारणा बनाने की क्षमता की माँग करती है, क्योंकि अवसर नयी स्थितियों और उससे सम्बन्धित नयी भूमिकाएँ निभाने की माँग करते हैं। परम्परागत समाज के विपरीत, जिसने प्रतिष्ठा और भूमिकाएँ निर्धारित की थीं, आधुनिक समाज में स्थिति की प्रणाली वर्जनाओं और पूर्ववर्ती मानकों और मूल्यों से रहित है। तीसरी विशेषता–उच्च भागीदारी–सामाजिक लक्ष्यों और उद्देश्यों को अधिक सक्रिय तरीक़ों से साकार करने में व्यक्तियों की बढ़ी हुई भूमिका को रेखांकित करती है, उच्च भागीदारी के लिए व्यक्तियों में नये लक्ष्यों या परिवर्तित उद्देश्यों की कल्पना करने और तदनुसार अपनी भूमिकाओं को संशोधित करने की क्षमता की आवश्यकता होती है। पारम्परिक समाजों में सामाजिक उद्देश्य सवालों के घेरे में नहीं होते हैं। आधुनिकीकरण का मूल, निश्चित रूप से, तर्कसंगतता है। भारत, सामाजिक परिवर्तन के एक महत्त्वपूर्ण चरण से गुज़र रहा है, हालाँकि यह इन सभी विशेषताओं को बहुत धीमी गति से अपना रहा है।

एक आधुनिक समाज एक तर्कसंगत और वैज्ञानिक समाज है। पड़ोसी देशों में कट्टरवाद की ताक़तों से घिरे हुए, हमने हाल के दिनों में इन दबावों के आगे झुकने के संकेत दिये हैं। धार्मिक पुनरुत्थानवाद, रूढ़िवादिता,

साम्प्रदायिकता और कट्टरवाद का बढ़ता ज्वार ख़तरनाक है। अयोध्या विवाद के दौरान बुद्धिवाद और वैज्ञानिक सोच की प्रासंगिकता को जिस प्रकार हाशिये पर धकेलने की कोशिश की गयी, उससे काफ़ी नुक़सान हुआ। हमारे पास सभी उपलब्ध संस्थागत संसाधनों के माध्यम से तर्कवाद और वैज्ञानिक प्रवृत्ति को मज़बूत करने में योगदान देने के अलावा कोई अन्य विकल्प नहीं बचा है। इस उद्देश्य को प्राप्त करने में हमारी विफलता आधुनिकीकरण के लिए घातक होगी।

इस सन्दर्भ में यह तथ्य ध्यातव्य और विचारणीय है कि विज्ञान को एक विषय के रूप में जानना और वैज्ञानिक प्रवृत्ति अथवा दृष्टिकोण अनिवार्य रूप से एक हो, ऐसा कतई नहीं है। जैसा कि ऊपर उल्लेख किया गया है, वैज्ञानिक प्रवृत्ति गम्भीर और तर्कसंगत रूप से सोचने का एक तरीक़ा है। यह प्रश्न करने की क्षमता और योग्यता है और किसी उत्तर से केवल इसलिए सन्तुष्ट नहीं होता है क्योंकि यह किसी प्राधिकारी द्वारा दिया गया है। यह 'आगे क्या रखा जा रहा है' के अन्वेषण पर बल देता है। ऐसा कहा जाता है कि हम सभी में वैज्ञानिक प्रवृत्ति होती है, लेकिन परिवार या साथियों के समूह में समाजीकरण, सामाजिक और बौद्धिक वातावरण के आधार पर यह तेज़ या कुन्द हो सकता है। हालाँकि, 'अनधिगम' की प्रक्रिया के माध्यम से मानसिकता को बदला जा सकता है। नेहरू उचित रूप से इसे 'स्वतन्त्र व्यक्ति की भावना' के रूप में वर्णित करते हैं। वैज्ञानिक सोच वाला समाज हमेशा विकास के पथ पर अग्रसर होता है।

भारत का संविधान चाहता है कि भारतीय नागरिक वैज्ञानिक दृष्टिकोण अपनाएँ और इसको प्रोत्साहित करने के लिए इसे अनुच्छेद 51ए (एच) के अन्तर्गत मौलिक कर्तव्यों के रूप में शामिल किया गया है जो प्रत्येक भारतीय नागरिक को *वैज्ञानिक स्वभाव, मानवतावाद और अन्वेषन एवं सुधार की भावना विकसित करने के लिए* प्रोत्साहित करता है।

भारतीय समाज में विरोधाभास

ऐसा लगता है कि भारतीय समाज आज एक ही समय में कई युगों में जी रहा है। एक बड़ा वर्ग अभी भी 19वीं सदी में रहता है जबकि एक वर्ग 20वीं सदी में और सबसे छोटा वर्ग 21वीं सदी में आधुनिकता को आत्मसात करता है। यह हमें प्रसिद्ध ब्रिटिश पुरातत्वविद् और सिन्धु घाटी सभ्यता

के स्थलों के निरीक्षक सर मोर्टिमर व्हीलर के उस उदाहरण का स्मरण कराती है जब उन्होंने यह कहा कि, "वहाँ (भारत) हमेशा कुछ लोग होते हैं जो दिखते तो वर्तमान में हैं लेकिन जीते अतीत में हैं।"

आधुनिकता के विद्वानों का कहना है कि आधुनिकता वैज्ञानिक विवेक और तकनीकी विकास का उत्सव है। यह विज्ञान से अविभाज्य और अभिन्न है क्योंकि विज्ञान स्वाभाविक रूप से उन्मुक्त और स्वच्छन्द है। लोग धर्म/आस्था से धर्मनिरपेक्षता की ओर बढ़ते हैं और धार्मिक अन्धविश्वास को तार्किकता से मिटाते हैं।

देखिए, 21वीं सदी के भारत में क्या हो रहा है? आस्था, अक्सर अन्धी होती है, तर्कवाद और वैज्ञानिकता को बाहर ढ़केलने की कोशिश कर रही होती है। भगवा पहने भगवानों को अपार लोकप्रियता प्राप्त है और यहाँ तक कि वे तथाकथित भगवान भी जो अपने अनैतिक व्यवहार के कारण जेलों में बन्द हैं, लाखों लोगों के अनुयायी हैं। लोगों की एक बड़ी संख्या मिथकों और पौराणिक कथाओं में तर्कसंगतता और वैज्ञानिक विचारों की अपेक्षा अधिक आनन्द लेते हैं, उन्हें अधिक विश्वसनीय मानते हैं। वैज्ञानिक दृष्टिकोण को बढ़ावा देना हमारे संविधान में राज्य के नीति निर्देशक सिद्धान्तों में से एक है, लेकिन बड़ी संख्या में लोग अवैज्ञानिक और तर्कहीन विचारों और प्रथाओं को फैला रहे हैं।

बहुसंख्यक लोग अभी भी सजातीय विवाह के आदर्श का पालन करते हैं– अपनी ही जाति के अन्दर विवाह करना। इतना ही नहीं, कई राज्यों में, अपने धार्मिक समुदायों के अन्दर अन्तरजातीय विवाह करने वाले जोड़ों को कड़ी सज़ा दी जाती है, सामाजिक बहिष्कार का सामना करना पड़ता है और यहाँ तक कि उनकी हत्या भी कर दी जाती है। इसे 'ऑनर किलिंग' के नाम से जाना जाता है।

पूर्व विदेश सचिव श्याम सरन ने हाल ही में प्रकाशित एक लेख में लिखा है कि महिलाओं का सशक्तीकरण और लैंगिक समानता आधुनिक समाज का एक अभिन्न अंग है और भारत इस सम्बन्ध में प्रगति कर रहा है, भले ही बहुत कुछ किया जाना शेष है। लेकिन अब तक हासिल की गयी मामूली प्रगति को भी खोने का ख़तरा मँडरा रहा है। अपनी पसन्द के जीवनसाथी (जो उनका मौलिक अधिकार है) चुनने वाली महिलाओं के ख़िलाफ़ हिंसा का उदाहरण देते हुए, वह कुछ राज्यों द्वारा क़ानूनों के पारित होने की ओर इशारा करते हैं जो देश के वयस्क नागरिकों के बीच

अन्तर–धार्मिक विवाहों की जाँच और प्रमाणन की आवश्यकता को अनिवार्य बनाने पर बल देता है। यह सरकार द्वारा संविधान प्रदत्त व्यक्तियों के मौलिक अधिकारों को धीरे–धीरे सीमित और संकुचित करने का एक और उदाहरण है। *एक नागरिक के अधिकार को छीनना और उसे समुदाय को देना न केवल संवैधानिक अधिकारों का उल्लंघन है, बल्कि सामाजिक रूप से अत्यन्त प्रतिगामी भी है।*

वे उत्तर प्रदेश सरकार की ओर से गृह सचिव द्वारा उच्च न्यायालय में जमा किये गये हलफ़नामे के मामले का हवाला देते हुए और उसे उद्धृत करते हुए कहते हैं :

विवाह में प्रवेश करने वाले दो व्यक्तियों के समझौते की तुलना में सामुदायिक हित बहुत अधिक व्यापक और विराट है। हलफ़नामे में दावा किया गया है कि सामुदायिक हितों को हमेशा व्यक्तिगत हितों पर वरीयता दी जायेगी।

"जैसा कि कई टिप्पणीकारों ने बताया है, यह हमें उन सामन्ती युग में वापस ले जा रहा है, जब महिलाओं को सम्पत्ति के रूप में माना जाता था और वे पितृसत्तात्मक अधिकार के अधीन थीं। हमारे पास स्व–घोषित सामाजिक ठेकेदार लोग सड़कों पर घूम रहे हैं, जो अपने सबसे घृणास्पद पूर्वाग्रहों और साम्प्रदायिक विद्वेष को प्रदर्शित कर रहे हैं, युवाओं और उनके परिवारों के बीच भय और चिन्ता फैला रहे हैं, क़ानून और व्यवस्था तन्त्र उन्हें रोकने के बजाय प्रोत्साहित कर रहा है।"

भारतीय समाज के नाजुक ताने–बाने को और नुक़सान पहुँचाने से पहले न्यायपालिका द्वारा संविधान के इस खुलेआम उल्लंघन का स्वतः संज्ञान लेते हुए इस सन्दर्भ में कुछ ठोस और प्रगतिशील किये जाने की उम्मीद बनी हुई है। "भारत के संविधान ने अपने लोगों को देश की समृद्ध आध्यात्मिक और सांस्कृतिक विरासत से प्रभावित आधुनिकता की ओर बढ़ने की परिकल्पना की, लेकिन विज्ञान और तर्कसंगत सोच के समकालीन युग के मूल्यों को भी अपनाया। दोनों पारस्परिक विरोधाभासी नहीं थे क्योंकि इसकी सबसे उन्नत और परिष्कृत अभिव्यक्ति में; भारतीय दार्शनिक विचार ने तर्क को अत्यधिक प्राथमिकता दी और प्रस्ताव और प्रति–प्रस्ताव की द्वन्द्वात्मकता से सत्य की तलाश की। व्यक्तिगत अधिकारों पर ज़ोर भारतीय दार्शनिक परम्परा को ध्यान में रखते हुए भी था जिसने आध्यात्मिक और बौद्धिक उन्नति को एक गहन व्यक्तिगत अन्वेषण के रूप में मान्यता दी।

कोई भी समुदाय या सामाजिक समूह धार्मिक या सामुदायिक संवेदनशीलता का हवाला देकर किसी व्यक्ति के मौलिक अधिकारों के प्रयोग पर निषेधाधिकार का प्रयोग नहीं कर सकता है। यदि इसकी अनुमति दी गयी होती, तो भारतं असंख्य हक़दार और दबाव उपयुक्त विशेषण के आधार पर यह निश्चित रूप से कहा जा सकता है कि अन्तत्वोगत्वा समुदायों का समूह बन जाता, जिनमें से प्रत्येक की कल्पना होती और सभी अपने स्वयं की दुनिया में चार चाँद लगा रहे होते।''

यह हमें आधुनिकीकरण के दो आयामों पर ले जाता है :

- तकनीकी आधुनिकीकरण
- सामाजिक / सांस्कृतिक आधुनिकीकरण

भारतीय समाज तकनीकी आधुनिकीकरण के उच्च स्तर को प्राप्त करने में सक्षम रहा है। प्रौद्योगिकी के क्षेत्र में शानदार उपलब्धियाँ सभी भारतीयों के लिए गर्व की बात होनी चाहिए। फिर भी, सामाजिक / सांस्कृतिक मोर्चे पर हम अभी भी एक आधुनिक समाज नहीं बन पाये हैं। इसका सबसे प्रासंगिक, माकूल और अत्यन्त विस्मयकारी दृष्टान्त यह है कि भारत में अनेकों वैज्ञानिकों के सामाजिक जीवन एवं दृष्टिकोण में वैज्ञानिकता या तर्कसंगतता का नितान्त अभाव है।

जैसा कि एक प्रख्यात समाजशास्त्री एस.सी. दुबे ने ठीक ही कहा है, "आधुनिकीकरण का कोई मानक प्रारूप नहीं है और इसकी प्राप्ति के लिए कोई निश्चित मार्ग नहीं है। विकासशील समाज अपनी पसन्द का एक प्रारूप अपना सकते हैं और इसे साकार करने के लिए अपना रास्ता ख़ुद बना सकते हैं।" आधुनिक भारतीय समाज को हमने लोकतन्त्र और धर्मनिरपेक्षता के आधार पर परिकल्पित किया है। आइए, हम आशा करें कि एक उपयुक्त शैक्षणिक और सांस्कृतिक नीति को अपनाने और इसके ईमानदारी से कार्यान्वयन से परम्परागत भारतीय समाज एक आधुनिक समाज में तब्दील हो जायेगा।

18

नागरिकता संशोधन अधिनियम विरोधी आन्दोलन और इसके निहितार्थ

Anti-CAA Movement and its Implications

दिसम्बर, 2019 में संसद द्वारा पारित नागरिकता संशोधन अधिनियम सी.ए.ए. के पारित होने से हाल के दिनों में सबसे तीव्र और सबसे लम्बा जन आन्दोलन शुरू हुआ। इसे देश भर में लाखों लोगों की भागीदारी करने वाले सबसे लोकप्रिय आन्दोलनों में से एक कहा जा सकता है और इसकी केवल वर्ष 1974 के नव–निर्माण आन्दोलन (जे.पी. आन्दोलन), वर्ष 1990 में मण्डल आन्दोलन और वर्ष 2012–14 के भ्रष्टाचार विरोधी आन्दोलन के साथ समानताये हो सकती हैं। इस आन्दोलन के विरोध की सहजता और राजनीतिक रूप से स्वतन्त्र प्रकृति ने कई लोगों को चौंका दिया। यह बदस्तूर बना रहता अगर कोरोना महामारी पूरे देश में नहीं आती।

बहरहाल, आइये हम इस विरोध–प्रदर्शन और आन्दोलन के मूल और मर्म का अनुशीलन–विश्लेषण करें। दरअसल, नागरिकता अधिनियम, 1955 ने भारतीय नागरिकता प्राप्त करने के लिए छह अलग–अलग तरीक़े प्रदान किये जिसे निम्नलिखित बिन्दुओं के माध्यम से प्रदर्शित किया गया है :

जन्म से (धारा 3)
वंश द्वारा (धारा 4)
पंजीकरण द्वारा (धारा 5)
प्राकृतिककरण द्वारा (धारा 6)
असम समझौते के दायरे में आने वाले व्यक्ति (धारा 6ए)
क्षेत्र को शामिल करके (धारा 7)

नागरिकता संशोधन अधिनियम, 2019 ने खण्ड (बी) के बाद धारा 2, उप–धारा (1) में निम्नलिखित प्रावधानों को सम्मिलित करके नागरिकता अधिनियम, 1955 में संशोधन किया :

- परन्तु अफ़गानिस्तान, बांग्लादेश या पाकिस्तान से हिन्दू, सिख, बौद्ध, जैन, पारसी या ईसाई समुदाय से सम्बन्धित कोई भी व्यक्ति, जिसने 31 दिसम्बर, 2014 को या उससे पहले भारत में प्रवेश किया हो और जिसे केन्द्र सरकार द्वारा छूट दी गयी हो या पासपोर्ट (भारत में प्रवेश) अधिनियम, 1920 की धारा 3 की उप–धारा (2) के खण्ड (सी) के तहत या विदेशियों विषयक अधिनियम, 1946 के प्रावधानों या उसके अन्तर्गत बनाये गये किसी भी नियम या आदेश के लागू होने से छूट प्रदान की गयी है। इस अधिनियम के प्रयोजनों के लिए अवैध प्रवासी के रूप में माना जायेगा।

बहरहाल, इसमें एक नया खण्ड 6 (बी) भी जोड़ा गया था (प्राकृतिककरण से सम्बन्धित अनुभाग में), चार खण्डों के साथ, जिनमें से पहला कहा गया था :

1. केन्द्र सरकार या उसके द्वारा विनिर्दिष्ट कोई प्राधिकारी, ऐसी शर्तों, निबन्धनों और रीति के अधीन रहते हुए, जो विहित की जाये, इस निमित्त किये गये आवेदन पर, धारा 2 की उपधारा (1) के खण्ड (बी) के परन्तुक में निर्दिष्ट व्यक्ति को पंजीकरण या देशीयकरण प्रमाण–पत्र अनुदत्त कर सकेगी।

व्यक्तियों के 'छूट' वर्गों को पहले विदेशियों विषयक (संशोधन) आदेश, 2015 (विदेशियों विषयक अधिनियम, 1946 के अन्तर्गत जारी) में परिभाषित किया गया था।

3 (ए) विदेशियों के कुछ वर्ग की छूट–(1) बांग्लादेश और पाकिस्तान में अल्पसंख्यक समुदायों से सम्बन्धित व्यक्ति, अर्थात् हिन्दू, सिख, बौद्ध, जैन, पारसी और ईसाई, जिन्हें धार्मिक उत्पीड़न या भय के कारण 31 दिसम्बर 2014 को या उससे पहले भारत में आश्रय लेने के लिए मजबूर/विवश किया गया था।

(ए) पासपोर्ट या अन्य यात्रा दस्तावेज़ों सहित वैध दस्तावेज़ों के बिना और जिन्हें पासपोर्ट (भारत में प्रवेश) नियमावली, 1950 के नियम 4 के अन्तर्गत प्रावधान 3 के तहत छूट दी गयी है; या

(बी) पासपोर्ट या अन्य यात्रा काग़ज़ातों सहित वैध दस्तावेज़ों के साथ और ऐसे किसी भी दस्तावेज़ की वैधता समाप्त हो गयी है,

एतत्द्वारा विदेशी अधिनियम, 1946 के प्रावधानों से छूट प्रदान की जाती है, और इसके तहत उनके प्रवास के सम्बन्ध में किये गये आदेश भारत ऐसे दस्तावेज़ों के बिना या उन दस्तावेज़ों की समाप्ति के बाद, जैसा भी मामला हो। कालान्तर में वर्ष 2016 में नियमों में संशोधन किया गया और देशों की सूची में अफ़ग़ानिस्तान सम्मिलित किया गया।

धारा 6 (बी) के अनुलग्नक (4) में भारत के उत्तर–पूर्वी क्षेत्रों को छूट प्रदान करने की स्वीकृति प्रदान की गयी है।

(4) इस धारा की कोई बात संविधान की छठी अनुसूची में यथा सम्मिलित असम, मेघालय, मिज़ोरम या त्रिपुरा के जनजाति क्षेत्र और बंगाल पूर्वी सीमान्त विनिमय, 1973 के अधीन अधिसूचित 'आन्तरिक रेखा' के अन्तर्गत आने वाले क्षेत्र में लागू नहीं होगी।

इसके अलावा, धारा 5 (1) (सी) के तहत, भारत के नागरिक से विवाहित और कम–से–कम सात साल से भारत में रहने वाले व्यक्ति के पास भारतीय नागरिक के रूप में पंजीकरण के लिए आवेदन करने का विकल्प है। नागरिकता (संशोधन) अधिनियम, 2019 (सी.ए.ए.) विशिष्ट अल्पसंख्यकों–पाकिस्तान, बांग्लादेश और अफ़ग़ानिस्तान के उन हिन्दू, सिख, बौद्ध, जैन, पारसी और ईसाई से सम्बन्धित किसी भी व्यक्ति को धार्मिक उत्पीड़न की अवधारणा के अन्तर्गत भारतीय नागरिकता के लिए तेज़ शीघ्र और सुगम मार्ग प्रदान करने के लिए 1955 के नागरिकता अधिनियम में संशोधन करता है जिन्होंने 31 दिसम्बर, 2014 को या उससे पहले भारत में प्रवेश किया था। अधिनियम में प्रकृति प्रदत्त नागरिकता के लिए भारत में अधिवास करने की अनिवार्यता को 11 वर्ष से घटाकर 5 वर्ष तक कर दिया गया जो अवैध प्रवासियों को इस अधिनियम में समाहित करने के उद्देश्य से किया गया था।

दरअसल, प्रथम दृष्ट्या तो यह ठीक लगता है और भारत की सांस्कृति मनोवृत्ति के अनुरूप प्रतीत होता है।

हालाँकि, इस सन्दर्भ में एक वस्तुपरक विश्लेषण और समग्र दृष्टिकोण इससे व्युत्पन्न कई असहज वास्तविकताओं को उद्घाटित करेगी।

नागरिकता संशोधन अधिनियम में मुसलमानों को छोड़कर सभी धर्मों के अनुयायी शामिल हैं। हालाँकि, असम और उत्तर–पूर्व के अन्य राज्यों में विरोध शुरू हो गया। इन राज्यों में लोग नहीं चाहते थे कि

किसी भी शरणार्थी या आप्रवासी को उनके धर्म की परवाह किये बिना भारतीय नागरिकता दी जाये। उनके मामले में बांग्लादेश से बड़ी संख्या में बंगाली भाषी हिन्दू, मुस्लिम और बौद्ध देश के विभाजन के बाद से इन राज्यों में प्रवेश करते रहे हैं। उन्हें डर था कि बंगाली हिन्दुओं, मुसलमानों और बौद्धों की स्वीकृति से जनसांख्यिकीय सन्तुलन बदल जायेगा और उनके राजनीतिक और सांस्कृतिक अधिकारों का क्षरण होगा एवं वे असुरक्षित हो जायेंगे। उन्हें यह भी डर था कि कालान्तर में यह बांग्लादेश से प्रवास को प्रोत्साहित और प्रेरित करेगा जो असम समझौते का उल्लंघन कर सकता है।

नागरिकता संशोधन अधिनियम के ख़िलाफ़ आलोचना का सामान्य बिन्दु यह है कि यह प्रकृति में विभाजनकारी है और संविधान की भावना का उल्लंघन करता है क्योंकि संशोधन धर्म आधारित नागरिकता के विचार को बढ़ावा देता है। धार्मिक पहचान कभी भी नागरिकता देने का आधार नहीं रही है। न्यायमूर्ति ए.पी. शाह का कहना है कि "भारतीय नागरिकता देने के आधार के रूप में धार्मिक अल्पसंख्यकों के उत्पीड़न को अलग करने का कोई विधायी आधार नहीं है, जैसे कि केवल तीन देशों के व्यक्तियों के लिए 'फास्ट–ट्रैक' प्राकृतिककरण/प्रकृति प्रदत्त नागरिकता को सीमित करने का कोई तर्क नहीं है। निश्चित रूप से, आप्रवासियों को नागरिकता प्रदान करने के लिए किसी भी प्रकार का उत्पीड़न एकमात्र मानदण्ड होना चाहिए। इस तरह से उत्पीड़न की परिभाषा को परिसीमित करने से उस आधार का क्षरण होता है जिसके आधार पर भारत गणराज्य का निर्माण किया गया था, और स्वतन्त्रता संग्राम (समानता और विविधता के सिद्धान्तों पर आधारित) की उन ऐतिहासिक वास्तविकताओं और स्थापित मूल्यों की उपेक्षा करता है जिसने हमारे लिए स्वतन्त्रता सुनिश्चित की। नागरिकता संशोधन अधिनियम को केवल तीन पड़ोसी देशों– अफ़ग़ानिस्तान, बांग्लादेश और पाकिस्तान से 'उत्पीड़ित अल्पसंख्यकों' (हिन्दू, सिख, बौद्ध, जैन, पारसी और ईसाई) प्राकृतिककरण द्वारा नागरिकता प्रदान करने के एक 'फास्ट–ट्रैक' साधन के रूप में पेश किया गया है। इसके अनुसार, इन देशों के उपर्युक्त नामोल्लिखित समुदायों से सम्बन्धित लोगों को क़ानून के अनुसार 'अवैध आप्रवासी' नहीं माना जायेगा।

बहरहाल, नागरिक संशोधन अधिनियम कुछ असहज और प्रासंगिक सवालों को जन्म देता है जिनका जवाब देने की ज़रूरत है :

- (उत्पीड़ित) अल्पसंख्यकों की सूची में केवल पाकिस्तान, बांग्लादेश और अफ़ग़ानिस्तान ही क्यों शामिल हैं?
- श्रीलंका, चीन और म्याँमार जैसे अन्य पड़ोसी देशों से क्यों नहीं, इस तथ्य के बावजूद कि श्रीलंका के हिन्दू, तमिल और तिब्बती बौद्ध भी उत्पीड़ित अल्पसंख्यक हैं, चीन और म्याँमार के उत्पीड़ित मुस्लिम अल्पसंख्यकों को छोड़ दिया गया?

जैसा कि एक प्रख्यात विद्वान प्रो. ममदानी ने इंगित किया है, चाहे वह इरादा हो या नहीं, यह नागरिक संशोधन अधिनियम को उसके सौम्य स्वभाव के पर्दे के पीछे सन्दिग्ध बनाता है। उनका कहना है कि सबसे स्पष्ट कारण यह हो सकता है कि श्रीलंका, चीन और म्याँमार में सत्तारूढ़ शक्तियाँ आधिकारिक तौर पर मुस्लिम नहीं हैं और यह क़ानून केवल मुसलमानों को ही उत्पीड़क के रूप में पेश है। उस मामले में पाकिस्तान के उत्पीड़ित मुस्लिम अल्पसंख्यकों अहमदिया और शिया को भी शामिल किया जाना चाहिए था। म्याँमार के उत्पीड़ित रोहिंग्या मुसलमान और चीन के उइगर मुसलमान और तिब्बत के बौद्ध भी हमारी सहानुभूति के पात्र हैं।

नागरिकता संशोधन अधिनियम और राष्ट्रीय नागरिक रजिस्टर (एनआरसी) के साथ इसका सम्बन्ध

प्रधानमन्त्री और गृहमन्त्री ने बार–बार ज़ोर देकर कहा कि नागरिकता संशोधन का उद्देश्य "किसी भी भारतीय नागरिक की नागरिकता छीनना नहीं था, बल्कि कथित तीन देशों से आने वालों को नागरिकता देना था" किन्तु यह वक्तव्य हाशिये पर के समुदाय को आश्वस्त नहीं करता और न ही उनके जख़्मों के लिए मरहम का कार्य करता है विशेष रूप से मुस्लिम समुदाय के लिए यह अपेक्षाकृत अधिक सन्दिग्ध जान पड़ता है; सम्भवतः इसलिए मुस्लिम राष्ट्रीय नागरिक रजिस्टर के उपयोग के बारे में बहुत आशंकित हैं। जब इसे असम राज्य में लागू किया गया था, तो वहाँ कई पीढ़ियों से रह रहे लाखों लोगों को इससे बाहर रखा गया था, उन्हें 'राज्यविहीन' घोषित किया गया था और हिरासत केन्द्रों में बन्द कर दिया गया था। वे बंगाली भाषी हिन्दू और मुसलमान थे। भारतीय जनता पार्टी ने अपने चुनावी घोषणा–पत्र में इसे पूरे देश में लागू करने का वादा

किया था और गृहमन्त्री इस बात पर ज़ोर देते रहे कि अवैध बसने वालों और घुसपैठियों की पहचान करने के लिए इसे पूरे देश में लागू किया जायेगा। असम राष्ट्रीय नागरिकता रजिस्टर (एन.आर.सी.) के अनुभव से पता चलता है कि कई लोगों को 'विदेशी' घोषित किया गया क्योंकि उनके दस्तावेज़ों को 'अपर्याप्त' माना गया था। इसमें कई मुस्लिम पूर्व सैनिक और शौर्यशाली रक्षाकर्मी शामिल थे जिन्होंने मातृभूमि की रक्षा में अपने पराक्रम और वीरता से नाम और यश कमाया था।

असम राष्ट्रीय जनसंख्या रजिस्टर (एन.आर.सी.) ने लोगों को विशेषकर मुसलमानों के मन में आशंकाओं को हवा दी कि उनका भी यही हश्र हो सकता है। इतनी दहशत थी कि उनमें से लाखों लोग अपने जन्म प्रमाण–पत्र और भू–राजस्व अभिलेख (यदि जिनके पास कुछ ज़मीन थी) की प्रतियाँ प्राप्त करने के लिए नगर निगम, अन्य स्थानीय निकायों और पंचायतों में जा पहुँचे। उन्हें यह आशंका थी कि उनमें से लाखों को 'राज्यविहीन' घोषित करने, मताधिकार और लोकतान्त्रिक अधिकारों से वंचित करने के लिए यह 'एक शानदार योजना' थी। यह एक खुला रहस्य है कि भारतीय मुसलमान हमेशा ही अल्पसंख्यकों के प्रति भाजपा के इरादों से आशंकित रहे हैं और वास्तव में भाजपा और मुसलमानों–ईसाइयों के बीच एक असहज सम्बन्ध रहा है।

यह सच है कि बड़ी संख्या में 'बांग्लादेशी' देश के विभिन्न हिस्सों में रह रहे हैं और अपनी आजीविका कूड़ा बीनने वाले, सफ़ाई कर्मचारी, निर्माण–श्रमिक और कई तरह के अजीबोग़रीब कामों में से कमा रहे हैं। इसमें पश्चिम बंगाल और असम के बंगाली भाषी मुसलमान भी शामिल हैं। बांग्लादेश के लोगों की पहचान करना और उन्हें निर्वासित करना एक आसान काम होना चाहिए। बांग्लादेश के कुछ लाख अवैध आप्रवासियों के कारण पूरी भारतीय आबादी को क्यों निशाना बनाया और परेशान किया जाना चाहिए? यह क़ानून अपने आप में समस्याग्रस्त है और राष्ट्रीय नागरिक पंजीकरण के साथ जुड़ाव से यह और जटिल हो गया है।

बड़े पैमाने पर और व्यापक विरोध

उपर्युक्त कारण देश के लगभग सभी हिस्सों में व्यापक जन विरोध–प्रदर्शनों के लिए काफ़ी हद तक ज़िम्मेदार थे। कुछ मुस्लिम संगठनों के अलावा, कई ग़ैर–सरकारी संगठनों, मानवाधिकार कार्यकर्ताओं और विभिन्न

विश्वविद्यालयों के छात्रों ने इस आन्दोलन में भाग लिया। यह एक स्वतः–स्फूर्त, ग़ैर–राजनीतिक तथा अहिंसक आन्दोलन था। इस आन्दोलन में सक्रिय भाग लेने वालों ने यह सुनिश्चित किया कि राजनीतिक दलों को जगह हथियाने और अपने राजनीतिक हितों को आगे बढ़ाने के लिए इस जन आन्दोलन का लाभ उठाने की अनुमति नहीं देंगे, हालाँकि लगभग सभी ग़ैर–भाजपा राजनीतिक दलों ने इसे बाहर से समर्थन दिया। आन्दोलन की सबसे प्रमुख विशेषता महिलाओं की व्यापक लामबन्दी और भागीदारी भी। स्वतन्त्रता के बाद के भारत में शायद यह पहली बार था कि आन्दोलन का चेहरा महिलाएँ थीं और महिलाओं ने इतनी बड़ी संख्या में आन्दोलन में भाग लिया। "हम भारत के लोग..." प्रतिभागियों के बीच एक स्पष्ट आह्वान बन गया, ख़ासकर छात्र प्रदर्शनकारियों के बीच। संविधान की प्रस्तावना को बार–बार सार्वजनिक रूप से पढ़ने और महात्मा गाँधी, नेहरू, पटेल, आज़ाद और अम्बेडकर के चित्रों के प्रदर्शन ने यह सुनिश्चित कर दिया कि आन्दोलन एक साम्प्रदायिक रूप में नहीं बदलेगा। दिल्ली का एक इलाक़ा शाहीन बाग, जिसमें निम्न मध्यवर्ग के मुसलमान रहते थे, भारत का विचार बन गया, भारत के वास्तविक स्वरूप का प्रतीक बन गया।

19

विश्वविद्यालयों और उच्च शिक्षा केन्द्रों में अकादमिक स्वतन्त्रता

Academic Freedom in Universities and Centers of Higher Education

एक हज़ार साल पहले जब दुनिया में प्रथम विश्वविद्यालय की स्थापना हुई थी, तब से निष्पक्ष और मुक्त वातावरण में ज्ञान की खोज विश्वविद्यालयों की पहचान रही है। जब ज्ञान का सृजन और उसका प्रसार मुक्त वातावरण में होता है, तो ज्ञान निश्चित तौर पर पुष्पित भी होता है और पल्लवित भी। आधुनिक समय में जहाँ भी लोकतन्त्र पनपता है, वहाँ अकादमिक स्वतन्त्रता भी पनपती है। वस्तुतः विश्वविद्यालय ऐतिहासिक रूप से ऐसे संस्थान रहे हैं जहाँ ज्ञान सृजित भी होता है और उसका प्रसार भी होता है। आइए, पहले 'अकादमिक स्वतन्त्रता' की विशेषताओं को देखें।

एनसाइक्लोपीडिया ब्रिटानिका के अनुसार अकादमिक स्वतन्त्रता से आशय शिक्षकों और विद्यार्थियों के अध्ययन, अध्यापन और ज्ञानार्जन करने की स्वतन्त्रता है जो बिना किसी क़ानून, जन–दबाव और संस्थागत प्रतिबन्ध और अनुचित अहस्तक्षेप के हो। इसके मूल तत्त्वों में शिक्षकों की किसी भी विषय में पूछ ताछ करने की स्वतन्त्रता शामिल है जो उनकी बौद्धिकता को परिमार्जित और परिवर्धित करती है, जैसे कि, अपने छात्रों, सहकर्मियों और अन्य लोगों को अपने निष्कर्षों को प्रस्तुत करना, नियन्त्रण और काट–छाँट के बिना अपने आँकड़ों और निष्कर्षों को प्रकाशित करना और उस तरीक़े से अध्यापन के लिए जो वे पेशेवर रूप से उपयुक्त समझते हैं। छात्रों के लिए, अकादमिक स्वतन्त्रता के आधारभूत तत्त्वों में अपने विषयों का अध्ययन करके निष्कर्षों को स्थापित करना और अपने विचारों को व्यक्त करना शामिल है। इस प्रकार, अकादमिक स्वतन्त्रता

को शिक्षकों, शोधकर्ताओं और छात्रों के व्यक्तिगत अधिकार के रूप में समझा जा सकता है कि वे बिना किसी अनुचित प्रतिबन्ध के ज्ञान के सृजन, अर्जन और प्रसार में संलग्न हैं। कोई यह अनुमान लगा सकता है कि वह ज्ञान सर्वोत्तम रूप से उन्नत होता है जो पूछताछ के प्रतिबन्धों से मुक्त होता है। इसके अलावा, *यूनेस्को,* जो कि संयुक्त राष्ट्र की ही एक शाखा है और जिसके हस्ताक्षरकर्ता दुनिया के अधिकांश देश हैं, वह भी पुष्टि करता है कि "उच्च शिक्षा संस्थानों के लिए शिक्षा, शिक्षण और अनुसन्धान का अधिकार केवल अकादमिक स्वतन्त्रता और स्वायत्तता के माहौल में ही प्राप्त किया जा सकता है।"

वस्तुतः उच्च शिक्षा के क्षेत्र में अकादमिक स्वतन्त्रता सबसे महत्त्वपूर्ण है जिसकी सर्वाधिक विशेषताएँ निम्नलिखित हैं :

- नवीन ज्ञान का सृजन और उसके प्रयोग।
- बौद्धिक आविष्कार करने की स्वतन्त्रता।
- शिक्षण, अधिगम (सीखने) और अनुसन्धान में सम्मिलित व्यक्तियों के व्यावसायिक कर्तव्य। सम्भवतः इसलिए, यूरोप और उत्तरी अमेरिका के कई देशों में तीन प्रकार के विश्वविद्यालय हैं– शिक्षण विश्वविद्यालय, शिक्षण और अनुसन्धान विश्वविद्यालय और अनुसन्धान विश्वविद्यालय।
- विचार और आलोचनात्मक अन्वेषण की स्वतन्त्रता।
- यह जानना महत्त्वपूर्ण है कि अकादमिक स्वतन्त्रता का लाभ केवल शिक्षकों, शोधकर्ताओं, छात्रों और संस्थानों को ही नहीं बल्कि बड़े पैमाने पर समाज को भी मिलता है क्योंकि नये ज्ञान और नवाचार समाज और राष्ट्र को विकसित करने में सहायता करते हैं और इस प्रकार, यह लोक के लिए हितकारक होता है।
- वर्ष 1597 में आधुनिक युग की शुरुआत के दौरान प्रसिद्ध ब्रिटिश दार्शनिक और राजनेता फ्रांसिस बेकन ने कहा है कि 'ज्ञान' एक शक्ति है और ज्ञान के बिना कोई भी राष्ट्र अपने देश के लिए अनुकूल और प्रगतिशील माहौल सुनिश्चित नहीं कर सकता और न ही अपने सार्वजनिक संस्थानों और प्रतिष्ठानों को समुचित एवं सुचारु रूप से संचालित कर सकता है। यह वस्तुओं या सेवाओं का उत्पादन कर सकता है, स्वयं को समझ सकता है। इसके अतिरिक्त, इसके माध्यम से इतिहास या अपने नागरिकों को उन

परिस्थितियों को समझने की चेतना को विकसित किया जाता है जिनमें वे रहते हैं।

हालाँकि, संयुक्त राज्य अमेरिका 'ज्ञान केन्द्रित समाज' के रूप में उभरा है जो दुनिया पर हावी है और अधिक औद्योगिक या उपभोक्ता वस्तुओं का उत्पादन किये बिना लोकतन्त्र को बनाये रखता है।

अकादमिक स्वतन्त्रता को दो प्रकार से समझा जा सकता है :

1. राजनीति और समाज के मुद्दों के सन्दर्भ में सार्वजनिक क्षेत्र से सम्बद्धता।
2. विश्वविद्यालय के भीतर ऐसे कथित विषयों पर शोध करना।

ज़ाहिर है, ऐसे मुद्दे ज़्यादातर मानविकी और सामाजिक विज्ञान के दायरे में आते हैं। राजनीतिक शासन और प्रशासन अकादमिक स्वतन्त्रता के प्रति सहानुभूति नहीं रखते हैं और असन्तोष एवं आक्रोश पसन्द नहीं करते हैं, इन विषयों में रोज़गार के अवसर पैदा नहीं करते हैं और ऐसे विभागों और संस्थानों का वित्त पोषण कम करते हैं। स्वाभाविक है, अगर रोज़गार के पर्याप्त अवसर नहीं हैं, तो इन विषयों में कौन प्रवेश लेगा! हालाँकि, इससे बड़े पैमाने पर समाज और राष्ट्र को नुक़सान होगा। स्टैनफ़ोर्ड, हार्वर्ड, शिकागो, ऑक्सफ़ोर्ड, कैम्ब्रिज, इम्पीरियल कॉलेज और हमारे अपने जवाहरलाल नेहरू विश्वविद्यालय (जेएनयू), नयी दिल्ली के विश्वविद्यालयों द्वारा दिये गये सम्मान को देखें। असहमति पर आक्रमण, सार्वजनिक आलोचना और मानवाधिकारों की हिमायत न केवल किसी भी सरकार के लिए बदनामी लाती है बल्कि नये विचारों की सम्भावनाओं का भी दम घोंटती है।

विभिन्न वैचारिक झुकावों और प्रतिबद्धताओं से आने वाले राजनीतिक शासन जैसे कि वामपन्थी, दक्षिणपन्थी, मध्यमार्गी या उदारवादी आ सकते हैं और जा सकते हैं लेकिन अकादमिक स्वतन्त्रता को बनाये रखना होगा। शिक्षाविदों को सवाल करने, बहस करने और निरीक्षण करने की स्वतन्त्रता का आनन्द लेना जारी रखना चाहिए। अभिव्यक्ति की स्वतन्त्रता के सन्दर्भ में, विश्वविद्यालय परिसर के भीतर क्या कहा जा सकता है या क्या नहीं, इस पर निर्णय राज्य प्राधिकारों द्वारा नहीं किया जाना चाहिए क्योंकि वे इस तरह के निर्णय लेने के लिए योग्य नहीं हैं। अधिकांश अमेरिका और यूरोपीय विश्वविद्यालयों में और निश्चित रूप से कुछ भारतीय विश्वविद्यालयों

में भी संकाय सदस्यों को उन पाठ्यक्रमों को तैयार करने की स्वतन्त्रता का सुख मिलता है जिन्हें वे पढ़ाना चाहते हैं (सहकर्मी समूह द्वारा अनुमोदित), मसलन, कैसे पढ़ाना है और कौन–सी किताबें सुनिश्चित करनी हैं, कि उनका निर्धारण और सिफ़ारिश करना है?

हमारे सार्वजनिक विश्वविद्यालयों के सामने आने वाले ख़तरों में से एक निजीकरण का भूत है। भारत में शिक्षा बड़े पैमाने पर राज्य और राज्य द्वारा संचालित संस्थानों द्वारा वित्त पोषित है, विभिन्न क्षेत्रों के विद्वानों की सहायता से, सभी कुछ का पर्यवेक्षण हो रहा है लेकिन फिर भी बहुत सारी आन्तरिक स्वायत्तता थी। कुछ दशक पहले तक विश्वविद्यालय ऐसे स्थान हुआ करते थे जहाँ बुद्धिजीवी, शिक्षक और छात्र एक समुदाय के रूप में समाज की जटिलताओं को समझने के लिए ज्ञान की खोज करते थे। उनके सपने थे और ये कभी–कभी द्विस्वप्न भी होते थे किन्तु निश्चित तौर पर ये व्यापक और सामान्य हितों के लिए है। अब अधिकांश विश्वविद्यालय राज्य के दबाव में बाज़ार या डिग्री बेचने वाले 'सुपर मार्केट' की तरह व्यवहार कर रहे हैं। सरकार अब उच्च शिक्षा पर होने वाले ख़र्च को सरकारी ख़ज़ाने पर बोझ मान रही है। शैक्षणिक प्रमुख/कुलपति/निदेशक अपने व्यक्तिगत हितों या वैचारिक झुकाव के कारण सरकार के सियासी मंसूबों को तुष्ट कर रहे हैं। फलतः स्वतन्त्र अनुसन्धान, शिक्षण और सीखने का विचार तेज़ी से लुप्त हो रहा है।

ऐतिहासिक रूप से, अकादमिक स्वतन्त्रता की केन्द्रीयता ने भारतीय विश्वविद्यालय के विचार को परिभाषित किया और यही कारण है कि सार्वजनिक विश्वविद्यालयों की अकादमिक स्वतन्त्रता को सुनिश्चित करने और रचनात्मकता को प्रोत्साहित करने के लिए इसे संसद या राज्य विधायिका के एक अधिनियम द्वारा बनाया गया था।

दरअसल, अन्तरराष्ट्रीय संस्थानों की विभिन्न रिपोर्टों के अनुसार अकादमिक स्वतन्त्रता को लेकर भारत की जैसी प्रतिष्ठा पूरी दुनिया में थी, उसमें हालिया विगत वर्षों के दौरान काफ़ी कमी आयी है। इतिहास बताता है कि जब शिक्षाविदों और विश्वविद्यालयों का दम घुटता है और लोकतान्त्रिक काम काज और स्वायत्तता पर अंकुश लगाया जाता है, तो समाज का पतन हो जाता है।

20

'विश्वविद्यालय' का विचार और सार्वजनिक विश्वविद्यालयों के समक्ष चुनौतियाँ

Idea of 'University' and Challenges before the Public Universities

अच्छे और बुरे विश्वविद्यालय अब पूरी दुनिया में फैले हुए हैं और 'विश्वविद्यालय' का विचार 'उच्च शिक्षा' का पर्याय बन गया है। 'यूनिवर्सिटी' शब्द लैटिन 'यूनिवर्सिटस मैजिस्ट्रोरम एट स्कॉलरियम' से लिया गया है जिसका अर्थ है 'शिक्षकों और विद्वानों का समुदाय'। अगर हम पश्चिम में 'विश्वविद्यालय' के विकास को देखते हैं, हम पाते हैं कि यूरोप में सबसे पहले विश्वविद्यालय धार्मिक संस्थानों द्वारा बनाये गये थे, ठीक ईसाई भिक्षुओं द्वारा ऐसा माना जाता है कि उच्च उपाधि (डिग्री) प्रदान करने वाले संस्थान के मामले में पहला विश्वविद्यालय 1088 ईसा में स्थापित किया गया था। यह बोलोग्ना विश्वविद्यालय था। यूरोप में मध्ययुगीन विश्वविद्यालय इटली में पादरियों के कैथेड्रल स्कूलों से विकसित हुए।

यद्यपि यूरोप के मध्य काल तक पश्चिम में विश्वविद्यालय अस्तित्व में नहीं आये थे तथापि प्राचीन काल के दौरान ये विश्वविद्यालय एशिया और अफ्रीका के कुछ हिस्सों में विद्यमान थे। तक्षशिला, नालन्दा, विक्रमशिला और वल्लभी प्राचीन भारत के कुछ महत्त्वपूर्ण और प्रसिद्ध विश्वविद्यालय थे। भारत में पहला आधुनिक विश्वविद्यालय ब्रिटिश शासन के दौरान स्थापित किया गया था। ये विश्वविद्यालय वर्ष 1857 में कलकत्ता, बॉम्बे और मद्रास में बनाये गये थे और इसके 30 वर्षों के अन्तराल के बाद इलाहाबाद विश्वविद्यालय का गठन किया गया था। पुनः इसके तीन दशकों के बाद दो और विश्वविद्यालय बनाये गये– मैसूर विश्वविद्यालय और बनारस हिन्दू विश्वविद्यालय। भारत ने जब अपनी आँखें स्वतन्त्रता की अलसुबह में खोलीं, तो उस समय तक भारत

में केवल बीस विश्वविद्यालय थे जो इस बात की पुष्टि करते थे कि ब्रिटिश भारत में उच्च शिक्षा का विकास एक बहुत ही शिथिल प्रक्रिया के तहत हुआ भी। स्वतन्त्रता के बाद विश्वविद्यालयों का तेज़ी से प्रसार हुआ और अब हमारे देश भर में सैकड़ों विश्वविद्यालय फैले हुए हैं। उच्च शिक्षा प्रणाली अब विभिन्न संस्थानों के साथ जटिल हो गयी है– केन्द्रीय विश्वविद्यालय, राज्य विश्वविद्यालय, डीम्ड विश्वविद्यालय, एकात्मक और सम्बद्ध विश्वविद्यालय, राष्ट्रीय महत्त्व के संस्थान और अनुसन्धान केन्द्र, अन्तर–विश्वविद्यालय केन्द्र, स्नातक और स्नातकोत्तर महाविद्यालय, मुक्त विश्वविद्यालय और 'दूरस्थ शिक्षा' के अन्य केन्द्र। दरअसल, यह महसूस किया गया कि विश्वविद्यालयों को राष्ट्र निर्माण की प्रक्रिया और सामाजिक–सांस्कृतिक पुनर्निर्माण में महत्त्वपूर्ण भूमिका निभानी थी। यदि हम भारतीय विश्वविद्यालयों को विश्व के विश्वविद्यालयों की अग्रिम पंक्ति में स्थापित करना चाहते हैं, तो हमें विश्वविद्यालय के सामान्य और साझे आदर्शों के बारे में कुछ जानकारी होनी चाहिए।

दरअसल पूरी दुनिया में विश्वविद्यालय का विचार इस सम्भावना पर आधारित है कि विश्वविद्यालयों को :

- ज्ञानार्जन और उसके प्रसार में अग्रणी भूमिका सुनिश्चित करना चाहिए।
- ज्ञान की सीमाओं को परिवर्द्धित और संवर्धित करना चाहिए।
- ज्ञान के अन्वेषण पर बल दें।
- ज्ञान के प्रसार को प्रोत्साहित करें।
- पूर्वाग्रहों को चुनौती दें।

विश्वविद्यालय अनुसन्धान और शिक्षण में अग्रणी और अत्यन्त महत्त्वपूर्ण भूमिका निभाते हैं। यह व्यक्तित्व के विकास में भी महत्त्वपूर्ण योगदान देते हैं, विकास की राह में आने वाली चुनौतियों का सामना करने के लिए आवश्यक नया ज्ञान और कौशल प्रदान करते हैं, और अत्यधिक दक्ष मानव संसाधन और अनुसन्धान के सृजन और उसके युक्तिसंगत और प्रासंगिक प्रयोग को सुनिश्चित करते हैं। उन्हें नये सांस्कृतिक मूल्यों के विकास और समाज के परिवर्तन में भी महत्त्वपूर्ण भूमिका निभानी चाहिए। विश्वविद्यालयों को अनुसन्धान के माध्यम से ज्ञान के सृजन और शिक्षण और इसके प्रसार के दोहरे सिद्धान्तों पर स्थापित किया जाना चाहिए।

ब्रितानी हुकूमत के दौरान विश्वविद्यालयों की स्थापना इस उद्देश्य से की गयी थी कि वे औपनिवेशिक शासन–प्रणाली और इसके हितों को सुरक्षित एवं संरक्षित करने में बहुमूल्य योगदान दें। इस सीमित और संकीर्ण

उद्देश्य में भी विश्वविद्यालय शिक्षा काफ़ी हद तक समाज के विशेषाधिकार प्राप्त वर्गों तक ही सीमित थी। वर्तमान समय में हमारे पास दो प्रकार के विश्वविद्यालय हैं—सार्वजनिक विश्वविद्यालय और निजी विश्वविद्यालय। सार्वजनिक विश्वविद्यालयों को राज्य द्वारा वित्त पोषित किया जाता है जबकि निजी विश्वविद्यालयों की स्थापना और वित्त–पोषण ज़्यादातर कॉरपोरेट घरानों या उद्योगपतियों–पूँजीपतियों द्वारा किया जाता है। यदि भारत में उच्च शिक्षा समाज के कमज़ोर वर्गों के लिए भी सुलभ होने पायी, तो यह सिर्फ़ राज्य द्वारा वित्त पोषित सार्वजनिक संस्थानों के माध्यम से थी। इसने सस्ती और अच्छी गुणवत्ता वाली शिक्षा प्रदान की। नयी आर्थिक नीति और उदारीकरण के आगमन के साथ राज्य ने शिक्षा, विशेष रूप से उच्च शिक्षा और स्वास्थ्य क्षेत्रों से पीछे हटना शुरू कर दिया। निजीकरण चर्चा का विषय बन गया। उच्च शिक्षा के क्षेत्र में, यदि सार्वजनिक विश्वविद्यालय चरमरा जाते हैं, तो कई लोगों की, विशेष रूप से समाज के कमज़ोर और हाशिये पर रह रहे लोगों की आकांक्षाएँ, समानता और लोकतान्त्रिक मूल्यों के मूल रूप में बने रहने और उसकी प्रासंगिकता पर सवाल उठने शुरू हो जायेंगे जो कि लाज़िमी है।

भारत में सार्वजनिक विश्वविद्यालय की वैचारिकी के समक्ष अनेक विघटनकारी चुनौतियाँ उपस्थित हैं जिन्हें अविजित पाठक (2019) ने निम्नलिखित कारकों के माध्यम से सारगर्भित रूप में अभिव्यक्त किया है :

- राजनीतिक रूप से नियुक्त कुलपति
- दार्शनिक रूप से तात्कालिक तकनीकी प्रबन्धक
- निगरानी की नयी प्रौद्योगिकियाँ और
- अनुशासन और दण्ड की सैन्यवादी धारणा

वह आगे कहते हैं कि हम ऐसे समय में रह रहे हैं जहाँ बाज़ार आधारित सिद्धान्त प्रभावी हैं और इसके कारण जहाँ शिक्षा का व्यवसायीकरण तो हो ही रहा है साथ ही साथ उच्च शिक्षा में कटौती करते हुए तकनीकी शिक्षा को अधिक तरजीह दी जा रही है। जहाँ आधुनिक सुविधाओं से लैस और भौतिकवादी नज़रिये से आकर्षक निजी विश्वविद्यालय, प्रौद्योगिकी और प्रबन्धन के सभी प्रकार के संस्थान हैं, और जहाँ शिक्षकों को 'सेवा प्रदाता' के रूप में अधिक देखा जाता है तथा छात्रों को 'उपभोक्ता' के रूप में रेखांकित किया जाता है, वहाँ शिक्षा केवल उपयोगितावादी/कारगर लेन–देन बन जाती है/अन्तरण में तब्दील हो जाती है।

पिछले कुछ वर्षों के दौरान हम कुछ सार्वजनिक विश्वविद्यालयों पर संगठित हमले देख रहे हैं। भय और शंका का माहौल बना हुआ है। प्रख्यात समाजशास्त्री और बुद्धिजीवी सतीश देशपाण्डे ने सार्वजनिक विश्वविद्यालयों को बचाने का आह्वान करते हुए कहा कि सार्वजनिक विश्वविद्यालय भारत जैसे देश के लिए एक महत्त्वपूर्ण और अत्यन्त उपयोगी संस्थान हैं। हमारे यहाँ बहुत ग़रीबी और असमानता है। हम उच्च शिक्षा की उपलब्धता को सुनिश्चित करने के अलावा किसी अन्य संसाधन का पुनर्वितरण करने की स्थिति में नहीं हैं। हम ज़मीन और सम्पत्ति का बँटवारा नहीं कर सकते। इसलिए, वंचितों के लिए सामाजिक सोपान में प्रगति करने की आशा प्रदान करने वाला एकमात्र संसाधन उच्च शिक्षा तक पहुँचा है। यह सार्वजनिक विश्वविद्यालयों के सुरक्षित और संरक्षित करने का एक और महत्त्वपूर्ण कारण है। विश्वविद्यालयों, विशेष रूप से सार्वजनिक विश्वविद्यालयों की एक और महत्त्वपूर्ण भूमिका समाज की ओर से गम्भीर रूप से चिन्तन करने की है।

यह सच है कि विश्वविद्यालय स्वायत्त होने के साथ–साथ जवाबदेह भी होते हैं। यह जवाबदेही जनता के प्रति है और जनता को यह पूछने का पूरा अधिकार है कि जनता का पैसा कैसे ख़र्च किया गया। जनता को यह पूछने का पूरा अधिकार है कि जब बड़े सार्वजनिक हितों पर हमला किया जा रहा था, तो सारा अकादमिक जगत कहता रहा कि सभी शिक्षाविद चुप एवं डरे हुए क्यों हैं? यदि सार्वजनिक विश्वविद्यालयों में धन का अभाव है और इसमें नौकरशाही के अनुचित हस्तक्षेप पर कोई लगाम नहीं है, तो यह प्रवृत्ति सार्वजनिक विश्वविद्यालयों को पूरी तरह से नष्ट कर देगी। इसके अलावा, स्थायी रोज़गार की प्रणाली के स्थान पर संविदात्मक (कांट्रैक्ट) शिक्षण, नौकरियों को शुरू करने की बढ़ती प्रवृत्ति तेज मस्तिष्क को अध्यापन और अनुसन्धान को अपने करियर के रूप में चयनित करने को हतोत्साहित करेगी।

एक विश्वविद्यालय, विशेष रूप से सार्वजनिक विश्वविद्यालय, को एक लाभ केन्द्रित निगम नहीं माना जाता है। निगमों की स्थापना लाभप्रदता और निवेश पर प्रतिलाभ के सिद्धान्तों पर होती है। वास्तव में और यह स्वाभाविक भी है कि विश्वविद्यालयों से समाज को प्रगतिशील, सभ्य, सुसंस्कृत, बेहतर और बेहतरीन बनाते रहने की दृष्टि को प्रोत्साहित करने की अपेक्षा की जाती है।

21

नवीन कृषक आन्दोलन
New Farmer's Movement

हालिया कृषक विरोध को स्वतन्त्र भारत में किसानों की अब तक की सबसे बड़ी लामबन्दी कहा जा सकता है, जो भारत के कृषि जीवन में गहराते संकट का पर्दाफ़ाश करता है। सितम्बर, 2020 में संसद द्वारा पारित तीन अधिनियमों से किसान आन्दोलन शुरू हुआ, ये अधिनियम हैं :

1. कृषक उपज व्यापार और वाणिज्य (संवर्धन और सरलीकरण) विधेयक, 2020

- यह किसानों की उपज के व्यापार क्षेत्रों के दायरे को चुनिन्दा क्षेत्रों से 'उत्पादन, संग्रह और एकत्रीकरण के लिए किसी भी स्थान' तक विस्तारित करता है।
- किसान की उपज के इलेक्ट्रॉनिक व्यापार और ई–कॉमर्स की अनुमति देता है।
- राज्य सरकारों को 'बाहरी व्यापार क्षेत्र' में आयोजित किसानों के उत्पादों के व्यापार के लिए किसानों, व्यापारियों और इलेक्ट्रॉनिक व्यापार मंच (ट्रेडिंग प्लेटफॉर्म) पर कोई बाज़ार शुल्क, उपकर या लेवी लगाने से रोकता है।

2. किसान (सशक्तीकरण और संरक्षण) मूल्य आश्वासन और कृषि सेवा पर करार अधिनियम, 2020 का समझौता

- यह कृषकों को मूल्य निर्धारण के उल्लेख सहित ख़रीदारों के साथ पूर्व–व्यवस्थित अनुबन्ध करने के लिए एक क़ानूनी ढाँचा प्रदान करता है।
- विवाद निवारण तन्त्र को परिभाषित करता है।

3. आवश्यक वस्तु (संशोधन) अधिनियम, 2020

- यह अनाज, दाल, आलू, प्याज़, खाद्य तेल के बीज और तेल जैसे खाद्य पदार्थों को आवश्यक वस्तुओं की सूची से हटा देता है, बागवानी तकनीकों द्वारा उत्पादित कृषि वस्तुओं पर असाधारण परिस्थितियों को छोड़कर संग्रहीत करने (स्टॉक होल्डिंग) की सीमा को समाप्त कर देता है।
- अतएव, यह आवश्यक है कि कृषि उपज पर संग्रहित करने (स्टॉक) की कोई सीमा तभी लागू की जाये, जब क़ीमत में तेज़ वृद्धि या उछाल हो।

जब कृषि विधेयक पारित किये गये और अधिनियम बन गये, तो संयुक्त किसान मोर्चा और अखिल भारतीय किसान संघर्ष समन्वय समिति जैसे कई किसान संघों ने इन अधिनियमों का विरोध करने के लिए अखिल भारतीय आह्वान किया, जो उनके अनुसार, किसानों के हितों के ख़िलाफ़ थे। हालाँकि देश के कई हिस्सों में लामबन्दी और विरोध हुआ, लेकिन आन्दोलन का केन्द्र और तन्त्रिका केन्द्र दिल्ली, पंजाब, हरियाणा, पश्चिमी उत्तर प्रदेश और राजस्थान के सीमावर्ती इलाक़े थे। किसानों ने इन कृषि क़ानूनों को निरस्त करने पर ज़ोर दिया।

कई मायनों में यह एक अलग, एक नया किसान आन्दोलन है। शैल मायाराम ने ठीक ही कहा है कि तब और अब के वर्तमान आन्दोलनों में अभूतपूर्व और व्यापाक अन्तर दृष्टिगत होता है। औपनिवेशिक भारत में किसान आन्दोलन बड़े पैमाने पर ब्रिटिश साम्राज्य या रियासतों के ख़िलाफ़ थे, जिसमें अक्सर पहले की ही तरह "ज़मींदार, साहूकार, सरकार (ज़मींदार, सूदखोर और राज्य)" सम्मिलित होते थे। विरोध राजस्व दरों में वृद्धि और अभिजात वर्ग के अन्य प्रकार के दायित्वों के, मसलन, बेगार (नक़द या वस्तु में पारिश्रमिक के बिना ज़बरन श्रम), दमनकारी उपकर और उच्च ब्याज दरों के साथ ऋण का पुनर्भुगतान, ख़िलाफ़ हुआ करता था। औपनिवेशिक नौकरशाही मुख्य रूप से एक राजस्व नौकरशाही थी, जिसमें अपीलीय अधिकारिता और सक्षम प्राधिकार उस समाहर्ता (कलेक्टर) की थी जिसकी भूमिका अन्यान्य कार्यों के लिए सुनिश्चित की गयी थी। भारतीय रेल ने राज्य और बाज़ार के अधिकतम दोहन में सकारात्मक भूमिका निभायी,

कृषि उपज की निकासी और उसका दोहन एवं निर्यात वस्तुतः 'जंगल और ज़मीन' पर औपनिवेशिक नियन्त्रण का एक तरीक़ा बन गयी।

स्वतन्त्रता के बाद की अवधि में विभिन्न प्रकार के भूमि सुधार देखे गये जिनमें से सबसे प्रमुख था ज़मींदारी उन्मूलन जो कि किसानों के लिए एक बड़ी राहत थी। कृषि क्षेत्र में संस्थागत वित्त, हालाँकि पर्याप्त नहीं था, लेकिन इसने निश्चित तौर पर कई लोगों को साहूकारों के चंगुल से मुक्त कर दिया।

यदि हम स्वतन्त्रता के बाद के किसान आन्दोलनों को देखें, तो तब और अब के बीच पहला महत्त्वपूर्ण अन्तर यह है कि पहले का आन्दोलन मुख्य रूप से पश्चिमी उत्तर प्रदेश में ही केन्द्रित था क्योंकि वरिष्ठ टिकैत का प्रभाव काफ़ी हद तक इस क्षेत्र के कुछ ज़िलों में ही सीमित था। इसका नेतृत्व मुख्य रूप से गन्ना उगाने वाले जाट किसानों द्वारा किया गया था। उनकी मुख्य माँग थी–गन्ने के बेहतर मूल्य, बिजली–शुल्क में कटौती और गन्ने की फ़सल का शीघ्र भुगतान। वर्तमान आन्दोलन पूरे देश में फैल गया। एक और अन्तर यह था कि किसी भी लामबन्दी को रोकने के लिए राज्य द्वारा क्रूर एवं निर्मम बल–प्रयोग नहीं किया गया था, लेकिन सबसे महत्त्वपूर्ण और निर्णायक अन्तर बड़ी संख्या में महिलाओं की उपस्थिति है, हालाँकि कृषक आन्दोलन में महिलाओं की बढ़ती सहभागिता की प्रवृत्ति महाराष्ट्र में वर्ष 2019–20 के दरमियान हुए किसानों के लम्बे जुलूस में दिखाई देने लगी थी, जब वे कभी–कभी नंगे पैर, सैकड़ों किलोमीटर की दूरी तय करके सामूहिक और जत्थे के रूप में मुम्बई पहुँच रही थीं। वर्तमान आन्दोलन की एक और ख़ास बात यह थी कि इसका नेतृत्व कोई मसीहारूपी नेता नहीं कर रहा था। इसके बजाय, यह राजनीतिक दलों के नेताओं के बिना एक सामूहिक नेतृत्व है। यह किसानों के विभिन्न समूहों के बीच सशक्त सम्बद्धता को स्पष्ट और प्रदर्शित करता है।

कृषक और सरकार की मत भिन्नता

कृषकों की निम्नलिखित माँगें सरकार और कृषक नेतृत्व की मत भिन्नता (अधिनियमों और किसानों के साथ बातचीत के आधार पर) और उनके बीच के गहराते मतभेद को सुस्पष्ट और प्रदर्शित करती है।

- किसानों ने कृषि क़ानूनों को पूरी तरह से निरस्त करने के लिए संसद के विशेष सत्र का आह्वान किया।

- सरकार को न्यूनतम समर्थन मूल्य (एम.एस.पी.) और राज्यों की फ़सल–क्रय को 'क़ानूनी अधिकार' बनाना चाहिए।
- परम्परागत क्रय–प्रणाली जारी रहनी चाहिए।
- स्वामीनाथन समिति की रिपोर्ट का समुचित और व्यवस्थित क्रियान्वयन जिसने न्यूनतम समर्थन मूल्य (एम.एस.पी.) को उत्पादन लागत से कम–से–कम 50 फ़ीसदी अधिक निर्धारित करने की सिफ़ारिश की थी।
- डीजल की क़ीमतों में कटौती, वर्तमान मशीनीकृत कृषि में एक महत्त्वपूर्ण कारक– कृषि–कार्यों में व्यवहृत डीजल के मूल्य में कम–से–कम 50 फ़ीसदी की कटौती।
- केन्द्र को राज्य के विषयों में दख़ल नहीं देना चाहिए।

इसके अतिरिक्त कुछ अन्य माँगें पंजाब और हरियाणा में पराली जलाने और राष्ट्रीय राजधानी क्षेत्र (एन.सी.आर) में वायु गुणवत्ता प्रबन्धन के प्रावधानों को निरस्त करने, किसानों के ख़िलाफ़ पुलिस मामले वापस लेने आदि से सम्बन्धित हैं।

बहरहाल, कुछ लचीलापन दिखाते हुए सरकार ने संकेत दिया कि वह न्यूनतम समर्थन मूल्य (एम.एस.पी.) को क़ानूनों में समाविष्ट और सम्मिलित करने के लिए तैयार है, लेकिन जैसा कि श्रीधर (2020) ठीक ही बताते हैं, "यह स्पष्ट रूप से आन्दोलनकारी किसानों के लिए नहीं होगा। यह देखना मुश्किल नहीं है कि इस पक्ष के लोग सरकार के पेश किये गये मसौदे पर विचार क्यों नहीं कर रहे हैं? दरअसल, उस कृषि उपज बाज़ार समिति (ए.पी.एम.सी.) के बिना न्यूनतम समर्थन मूल्य (एम.एस.पी.) का वायदा,जहाँ किसान 'स्वाभाविक और अनुकूलित' परिस्थितियों में अपनी उपज बेच सकते हैं, पूरी तरह से व्यर्थ है। तथ्य यह है कि लेन–देन करने की लागत जानबूझकर कृषि उपज बाज़ार समिति (ए.पी.एम.सी.) के विरुद्ध रखी गयी है– क्योंकि वे निजी व्यापार केन्द्रों के विपरीत शुल्क और अन्य लेवी को आकर्षित करेंगे, न केवल उन्हें (निजी व्यापार केन्द्रों) अनाकर्षक बना देंगे बल्कि उनके अन्त की कहानी भी लिखेंगे।

आन्दोलनकारी किसानों के लिए 'अनुबन्ध कृषि' पर नया क़ानून बहुत ही समस्याग्रस्त है क्योंकि यह किसानों, विशेषकर छोटे किसानों को न तो सुरक्षा प्रदान करता है और न ही सहायता प्रदान करता है। कृषक (सशक्तीकरण व संरक्षण) क़ीमत आश्वासन और कृषि सेवा पर करार अधिनियम, 2020,

को आमतौर पर अनुबन्ध कृषि अधिनियम, 2020 के रूप में सम्बोधित किया जाता है और यह संसद द्वारा पारित प्रमुख क़ानूनों में से एक है। जैसा कि सुखपाल सिंह (2020) लिखते हैं, "नये अधिनियमों का घोषित उद्देश्य 'एक राष्ट्र–एक बाज़ार' बनाना है और किसानों को कृषि बाज़ारों में निजी निवेश को आकर्षित करने के अलावा बेहतर मूल्य 'अन्वेषण' द्वारा अपनी उपज बेचने का विकल्प प्रदान करना है।" अनुबन्ध कृषि अधिनियम, 2020 के अनुसार, "यह महसूस किया गया कि कृषि उपज के लिए समझौतों को बढ़ावा देने से मुद्रीकरण की प्रक्रिया मज़बूत हो सकती है ज़िसका प्राथमिक उद्देश्य विभिन्न चरणों में कृषि को जोखिम से मुक्त करना है, उत्पादन के लिए उद्योग द्वारा निवेश को बढ़ाने में सक्षम बनाना है और उच्च मूल्य वाले कृषि उत्पादों का प्रसंस्करण, निर्यात को बढ़ावा देना तथा किसानों के परिचालन दक्षता को अतिरिक्त रूप से संवर्धित करना है।'' सिंह कहते हैं कि इसमें कोई सन्देह नहीं है कि अनुबन्ध कृषि आमतौर पर उन किसानों की लाभान्वित करती है जो मौजूदा खुले बाज़ार (थोक) या वर्तमान खुली क्रय–प्रणालियों की तुलना में इस समझौते के माध्यम से कृषि गतिविधियों को शुरू कर सकते हैं, हालाँकि इसमें उत्पादन की उच्च लागत और आमतौर पर उच्च निवेश होता है। लेकिन, छोटे भूमिधारकों को इसमें समाहित न हो पाना एक प्रमुख चुनौती बनी हुई है क्योंकि कुछ क्षेत्रों और कुछ फ़सलों के लिए कुछ अपवादों को नज़रअन्दाज़ कर दें, तो अनुबन्ध करने वाले प्राधिकार बड़े किसानों को अपने लेन–देन की लागत को कम करने की प्रवृत्ति को पसन्द करती हैं।

कुछ शीर्ष विशेषज्ञों के विचार में, राज्य द्वारा कृषि बाज़ारों के काम काज में हस्तक्षेप नहीं करना और उसे बाज़ार के भरोसे ही छोड़ देना कृषक समर्थक नीति नहीं हो सकती है। इसको और स्पष्ट करते हुए जाने–माने 'जन अर्थशास्त्री' प्रभात पटनायक कहते हैं कि स्वतन्त्रता के बाद पहली बार ये कृषि क़ानून बेलगाम पूँजीवाद द्वारा कृषक ढाँचे में सेंध लगाने की आधिकारिक अनुमति देंगे, ज़िनमें से स्वाभाविक रूप से बड़े खिलाड़ी, यानी निगम (कॉरपोरेट) और बहुराष्ट्रीय कृषि व्यवसायी फर्म ही मुख्य लाभार्थी होंगे। वह आगे कहते हैं कि इससे कम–से–कम तीन मूलभूत परिवर्तन आयेंगे :

- यह देश के भूमि संसाधनों को वैश्विक बाज़ार के लिए खोल देगा, जिसका अर्थ है नवसाम्राज्यवाद की निरंकुशता, क्योंकि उन्नत देशों की श्रेष्ठ क्रय शक्ति तब भूमि उपयोग के तौर–तरीक़ों को निर्धारित करेगी।

- चूँकि वर्तमान सन्दर्भ में उन्नत देशों की माँग खाद्यान्नों के अलावा अन्य उष्णकटिबन्धीय फ़सलों के लिए भी है, पूर्ण जिंस उत्पादन का अर्थ होगा भूमि का खाद्य उत्पादन के लिए प्रयोग में नहीं आना, यानी अन्य फ़सलों और खाद्यान्नों के उत्पादन के लिए भूमि को व्यवहार में लाने के तौर–तरीक़ों में बदलाव और अन्य फ़सलों के विकल्प पर विचार, जिसका अर्थ होगा कि बढ़ते खाद्य सुरक्षा के कारण घरेलू माँग की पूर्ति के लिए भारत आयात पर निर्भर हो जायेगा।
- जैसा कि पहले ही उल्लेख किया गया है, इसका मतलब होगा कि किसानों को निगमों (कॉरपोरेट्स) की दया पर छोड़ देना, और किसानों की आर्थिक स्थिति को नुक़सान।

पटनायक आगे कहते हैं कि किसान विरोध में शामिल मुद्दे, इसलिए तीन अधिनियमों के एक या उस खण्ड से बहुत परे विषय हैं। वस्तुतः वे किसानों के अस्तित्व की चिन्ता करते हैं।

वस्तुतः इन कृषि क़ानूनों की बारीकियों में जाने पर, ग्रामीण अर्थव्यवस्था और समस्याओं के शीर्ष विशेषज्ञों में से एक, पी. साईनाथ ने इन कृषि क़ानूनों से कुछ चौंकाने वाले विवरण निकाले :

"कोई भी मुक़दमा, अभियोजन या अन्य क़ानूनी कार्रवाई केन्द्र सरकार या राज्य सरकार, या केन्द्र सरकार या राज्य सरकार के किसी भी अधिकारी या किसी अन्य व्यक्ति के ख़िलाफ़ इस अधिनियम के तहत बनाये गये किसी भी नियम या आदेश के अन्तर्गत उन किन्हीं भी कार्यों के सन्दर्भ में नहीं जायेगी जो सद्भावना के साथ की गयी हो या फिर ग़ैर–इरादतन की गयी हो।"

वास्तव में, किसान उपज व्यापार और वाणिज्य (संवर्धन और सुविधा) अधिनियम, 2020 की धारा 13 में आपका स्वागत है (जिसका उद्देश्य कृषि उपज बाज़ार विपणन समितियों, जिसे बेहतर रूप से ए.पी.एम.सी. के रूप में जाना जाता है), को नष्ट करना है।

और आपको लगा कि नये क़ानून सिर्फ़ किसानों के लिए हैं? निश्चित रूप से, ऐसे अन्य क़ानून हैं जो अपने क़ानूनी कर्तव्यों को पूरा करने के लिए सिविल सेवकों के अभियोजन को वर्जित करते हैं। लेकिन यह इससे भी इतर विषय है और बहुत ऊपर जाता है। 'कुछ भी', 'सद्भाव के साथ कार्य', 'ग़ैर–इरादतन जो कुछ भी वे करते हैं' के विरुद्ध प्रतिरक्षा व्यापक है और न

केवल उन्हें उस अपराध के लिए अदालतों में नहीं ले जाया जा सकता है जो उन्होंने 'सद्भावना में' किया हो– वे उन अपराधों के भी लिए क़ानूनी कार्रवाई से सुरक्षित हैं जिन्हें अभी किया जाना है (निश्चित रूप से 'सद्भावना में')।

बहरहाल, यदि आप इस बिन्दु से चूक गये हैं– कि आपके पास अदालतों में कोई क़ानूनी सहारा नहीं है– धारा 15 में इसे शामिल किया गया है :

"किसी भी व्यवहार न्यायालाय को किसी भी मामले के सम्बन्ध में किसी भी उस प्रकार के मुक़दमे या कार्रवाई पर विचार करने का अधिकार नहीं होगा, जिसका संज्ञान लिया जा सकता है और इसे अधिनियम या इसके तहत बनाये गये नियमों के तहत किसी भी अधिकृत प्राधिकारी द्वारा निपटाया जा सकता है।"

'कोई अन्य व्यक्ति' जो 'सद्भावना से' काम कर रहा है ऐसे कौन व्यक्ति हैं जिन्हें क़ानूनी रूप से चुनौती नहीं दी जा सकती है? संकेत : उन कॉरपोरेट दिग्गजों के नाम सुनने की कोशिश करें जिसका विरोध करने वाले किसान आजकल जाप कर रहे हैं। वस्तुतः यह व्यवसाय को सरल, सहज और निर्विरोध करने के बारे में है–बहुत, बहुत बड़े व्यवसाय का।

"कोई मुक़दमा, अभियोजन या अन्य क़ानूनी कार्यवाही झूठ नहीं होगी।" ये सिर्फ़ किसान नहीं हैं जो मुक़दमा नहीं कर सकते। वास्तव में कोई और भी नहीं कर सकता। यह जनहित याचिका पर भी लागू होता है। न ही ग़ैर–लाभकारी समूह, या कृषि संघ, या कोई नागरिक (अच्छे या बुरे विश्वास से प्रेरित) हस्तक्षेप कर सकता है।

ये निश्चित रूप से वर्ष 1975 से लेकर वर्ष 1977 के आपातकाल (जब हमने सभी मौलिक अधिकारों को निलम्बित कर दिया था) को छोड़कर किसी भी क़ानून में नागरिक अधिकारों के सबसे व्यापक निलम्बित प्रावधानों में से एक है।

बहरहाल, एक निरंकुश और मनमानी करने वाली कार्यपालिका द्वारा न्यायिक शक्ति को हड़पने के निश्चित रूप से गम्भीर परिणाम होंगे।

वस्तुपरक और वैज्ञानिक दृष्टिकोण से दृष्टिपात करें तो प्रत्येक भारतीय प्रभावित है। स्पष्ट शब्दों में कहें, तो इन क़ानूनों की क़ानूनी–शब्दावली भी निम्नस्तरीय कार्यपालिका को न्यायिक शक्तियों से युक्त करती है और इसे एक अलग ही न्यायपालिका में तब्दील करती हुई दिखती है, वास्तव में, न्यायाधीश, जूरी और जल्लाद के रूप में। यह किसानों और उन विशाल निगमों के बीच सत्ता के पहले से ही सबसे अन्यायपूर्ण असन्तुलन को भी प्रोत्साहित करते हैं जिनके साथ वे कार्य कर रहे हैं।

22

किसानों की आत्महत्या : कृषिगत ढाँचे का विकृत चेहरा

Farmers' Suicide: the Ugly Face of the Agrarian Transformation

कमोबेश विगत दो दशकों की अवधि के दौरान यह प्रत्यक्ष रूप से दृष्टिगत होता है कि भारत में अभूतपूर्व रूप से गहराते जा रहे संकट ने कृषकों को व्यापक स्तर पर प्रभावित किया है। ऐसा नहीं है कि इस मुद्दे से कोई अवगत नहीं है बल्कि यह गत कई वर्षों से सार्वजनिक मंच पर एक ऐसी चुनौती के रूप में उपस्थित रहा है जिसने निरन्तर नीति–निर्माताओं का ध्यानाकर्षण किया है और उचित एवं समुचित समाधान की माँग करता रहा है। इसके अतिरिक्त, मीडिया ने भी इसे प्रमुखता से दिखाया है। इसलिए, यह कहना तर्कसंगत और विवेकपूर्ण होगा कि नीति–नियामक भी इस संकट की जटिलताओं, गम्भीरता और सबसे महत्त्वपूर्ण इसके परिणाम से अवगत होंगे। किसान बड़ी संख्या में आत्महत्या कर रहे हैं और किसानों की आत्महत्या की घटनाओं में कमी नहीं आयी है। जबकि आत्महत्या कृषक समुदाय के बीच हताशा की सबसे नाटकीय और भयानक अभिव्यक्ति है लेकिन इससे हमें अपने उन लक्ष्यों और उनसे जुड़ी रणनीतियों को अमल में लाने की प्रतिबद्धता से विचलित नहीं होना चाहिए जिसकी अनुपस्थिति और अनुपलब्धता एक गहरा ग्रामीण अवसाद बन गया है। आत्महत्याओं का यह सिलसिला और इसका बेरोकटोक जारी रहना इस बात पर ज़ोर देता है कि पिछले दशकों के दरमियान अपनायी गयी नीतियों ने किसानों को बुनियादी सुरक्षा से वंचित कर दिया है और उन्हें अनुचित प्रतिस्पर्धा के साथ–साथ निजी कम्पनियों और व्यापारियों द्वारा विभिन्न तरीक़ों से शोषण करने और इस प्रवृत्ति का निरन्तर सघन होते जाने को उजागर किया है। हालाँकि यह संकट उन राज्यों में सबसे तीव्र रहा है जहाँ राज्य सरकारों

ने नव–उदारवादी आर्थिक 'घोषणा–पत्र' को सबसे अधिक सक्रिय रूप से अपनाया है, यह स्पष्ट है कि प्रचलित प्रक्रियाएँ और नीतियाँ किसी विशेष क्षेत्र के लिए नहीं होतीं बल्कि काफ़ी हद तक यह देश के सभी क्षेत्रों की विशिष्टताओं का अन्वेषण और परीक्षण कर इस प्रकार बनायी जाती हैं कि वह कमोबेश देश के लिए सार्वभौमिक हो, साझा हो। बहरहाल, कोई केवल यह आशा कर सकता है कि कृषि संकट को दूर करने के लिए अलग और प्रभावी नीतियाँ न केवल तैयार की जायेंगी बल्कि उन्हें युक्तिसंगत और प्रभावी रूप से लागू भी किया जायेगा।

मुजफ़्फ़र असदी ने देश में किसानों की आत्महत्या के सन्दर्भ में पाँच तर्कों का उल्लेख किया है जिन्हें निम्नलिखित बिन्दुओं द्वारा प्रदर्शित किया गया है :

- पहला तर्क कई संकटों के बनने और फिर बने रहने के फलस्वरूप हो रही आत्महत्याओं का पता लगाने की कोशिश करता है। दरअसल, पारिस्थितिकी का संकट आर्थिक और सामाजिक है और सभी एक–दूसरे से जुड़े हुए हैं। पारिस्थितिक संकट संकर बीजों, रासायनिक उर्वरकों और कीटनाशकों के गहन उपयोग का परिणाम है, जिससे मिट्टी की उर्वरता का क्षरण होता है तथा कीटों और बीमारियों के लिए फ़सल की संवेदनशीलता बढ़ जाती है। इसके अलावा, भारी क़र्ज़ ने आर्थिक संकट को जन्म दिया।
- दूसरा तर्क वन्दना शिवा द्वारा प्रतिपादित किया गया जिसे प्रभात पटनायक जैसे मार्क्सवादी अर्थशास्त्रियों का समर्थन प्राप्त था। वन्दना शिवा वैश्वीकरण से उत्पन्न उन बड़े सम्बन्धों को भी परिभाषित करती हैं जिसने कृषि के लिए संकट पैदा किया है और इसके प्रतिकूल, इसलिए नकारात्मक अर्थव्यवस्था के बनने और आगे बने रहने की सम्भावनाओं को बलवती किया है।
- तीसरा तर्क विश्व बैंक/कृषि के मैकिन्से मॉडल को अपनाने के कारण हुई या हो रही आत्महत्याओं के उन कारणों का पता लगाने का प्रयास करता है जिसने उद्योग केन्द्रित कृषि के लिए जगह बनायी और जो अन्ततः कृषि–व्यवसाय में तब्दील हो गयी।
- चौथा तर्क विशेष रूप से बढ़ते क़र्ज़ और इसके जाल में फँस कर आत्महत्या करने के कारणों का पता लगाने का प्रयास करता है।

इसको प्रतिपादित करने वालों का तर्क है कि आत्महत्याएँ पिछले दो दशकों के दौरान केन्द्र और राज्य सरकारों द्वारा अपनायी गयी ग़लत नीतियों का परिणाम हैं, जबकि कृषि में शायद ही कोई पर्याप्त और ठोस निवेश हुआ हो।

- पाँचवाँ तर्क राज्य द्वारा ही प्रस्तुत होता है। यह तर्क देता है कि आत्महत्याएँ कई मुद्दों के कारण हो रही हैं, जैसे लगातार बाढ़, व्यापारियों द्वारा क़ीमतों में हेर–फेर, नक़ली कीटनाशकों और बीजों की आपूर्ति, कृषि उपज की क़ीमतों में गिरावट, कृषि की लागत में वृद्धि, हालिया वर्षों में लगातार सूखा, और निश्चित रूप से पूर्ववर्ती सरकारों द्वारा किसानों की उपेक्षा।

पूर्वगामी कारणों के अलावा केन्द्र और राज्य सरकारों द्वारा अपनायी गयी समष्टिगत और व्यष्टिगत, दोनों नीतियों ने कृषि संकट पैदा किया है और उसे बदस्तूर बने रहने में सहायता दी है। संकट से निपटने में असमर्थ किसानों ने बड़ी संख्या में आत्महत्या की है। हालाँकि, सभी आत्महत्याओं के लिए अकेले समष्टिगत नीतियाँ ज़िम्मेदार नहीं हैं, निश्चित रूप से देश के विभिन्न भौगोलिक क्षेत्रों में उनकी संख्या और घटना नहीं है। अन्य कारणों की भी किसानों की आत्महत्या की घटनाओं और वृद्धि दर में महत्त्वपूर्ण भूमिका है। इनमें से निम्नलिखित महत्त्वपूर्ण हैं :

किसान से सम्बद्ध मनोगत-सामाजिक कारण

बहुसंख्यक भारतीय कृषक गहरे रूप से धार्मिक हैं। ये *पाप* और *पुण्य* के सिद्धान्तों का पालन करते हैं। सामान्य और सरल भाषा में कहें, तो वे भोले–भाले लोग हैं जिन्होंने समय के साथ बदलना नहीं सीखा है। उनमें से अधिकांश ने खेती के पारम्परिक तरीक़े को ज़ारी रखा है। उनमें से उनकी केवल एक छोटी–सी आबादी ने इस्तेमाल की जाने वाली कृषि तकनीक पर पुनर्विचार किया जो कि उनकी कुल जनसंख्या के दृष्टिकोण से नगण्य ही कही जा सकती थी। उन्होंने वास्तव में खुद से ये प्रासंगिक सवाल ही नहीं पूछा है, मसलन, क्या एक ही पुनर्निर्धारित पथ पर चलना ज़रूरी है? घोषित रूप से सूखा प्रभावित क्षेत्रों में कपास उगाने वालों ने जोख़िम कम करने वाली प्रणालियों का सहारा क्यों नहीं लिया? राजनेता उन्हें बहुत लम्बे समय से धोखा दे रहे हैं। उन्होंने सत्ताधारी कुलीनों द्वारा खेले जा रहे खेल को क्यों नहीं देखा? बहुसंख्यकों के पास बन्द दिमाग़ है,

उनकी कोई बाहरी समझ नहीं है। इसकी बानगी इस चीज़ में देखी जा सकती है कि वे अपने आस–पास के विकसित कृषि–क्षेत्र जैसे कि विदर्भ के किसानों के लिए पश्चिमी महाराष्ट्र, कपास उगाने वाले तेलंगाना किसान के लिए तटीय आन्ध्र क्षेत्र, में व्याप्त शोषण को समझने के लिए कम उत्साही और प्रयासरत रहे हैं। दरअसल, मनोवैज्ञानिक रूप से, वे अमीरों और धनवानों की तरह व्यवहार नहीं कर सकते हैं। एक तरफ़, वे स्थानीय साहूकारों की प्रणाली के आसान और परम्परागत शिकार हैं, और दूसरी तरफ़, शोषक की दूसरी नयी पाँत उनकी बाट जोहते हुए लार टपका रही है। गुजरात जैसे कथित रूप से तेज़तर्रार राज्य में भी बिचौलिये उनके खर्च पर समृद्ध होते रहे हैं और अभी भी निरन्तर हो रहे हैं। किसानों के बीच आत्महत्या की घटनाओं के प्रमुख सामाजिक कारणों में से प्रमुख हैं : (i) शराब पीने की आदत जो किसान की उत्पादकता को प्रभावित करती है, (ii) विवाहों पर अतिरिक्त व्यय, और (iii) बदतर स्वास्थ्य, बीमारी और स्वास्थ्य सेवाओं एवं दवाओं से सम्बन्धित आवश्यक व्यय की पूर्ति करने में असमर्थता।

प्राकृतिक आपदाएँ

कृषि एक बहुत ही अनिश्चित व्यवसाय है क्योंकि यह मौसम पर निर्भर करता है जो कि बहुत ही अप्रत्याशित है। यह स्पष्ट है कि सबसे अधिक संख्या में आत्महत्याएँ ऐसे भौगोलिक क्षेत्रों में हुई हैं जहाँ मौसम ने बार–बार खेल बिगाड़ा है, उड़ीसा, आन्ध्र प्रदेश और तमिलनाडु के तटीय क्षेत्रों में चक्रवात, बिजली और बाढ़ सामान्य है जो साल–दर–साल फसलों पर कहर बरपाते हैं। इसी तरह, कपास/मूँगफली उगाने वाले क्षेत्र नियमित रूप से सूखे का सामना करते हैं। वास्तव में, इस क्षेत्र में लगातार पाँच बार सूखा पड़ा, जिसके कारण किसानों की आत्महत्या की दर तेज़ हुई। फ़सल बीमा योजना ने वास्तव में मुख्यधारा के किसानों के लिए अच्छा काम नहीं किया है। इस प्रकार, जबकि बैंक और अन्य वित्तीय संस्थान कॉरपोरेट क्षेत्र को विदेशी मुद्रा–विनिमय के उतार–चढ़ाव से होने वाले जोख़िम से बचाव के लिए एक निश्चित मात्रा में 'हेजिंग' प्रदान करते हैं, वही नीति फ़सल बीमा क्षेत्र में अनुपस्थित और अनुपलब्ध है। वस्तुतः सबसे कमज़ोर लोगों को ही सभी जोख़िमों को सहने और विशाल आबादी को खाद्यान्न उपलब्ध कराने के लिए मजबूर किया जाता है।

1980 के दशक के आस पास सहकारी ऋण संस्थान ध्वस्त हो गये और सम्भवतः इसके प्रभावस्वरूप ही क्षेत्रीय ग्रामीण बैंक/कृषि एवं

राष्ट्रीय ग्रामीण बैंक (नाबार्ड) किसानों को उनकी आवश्यक और अनिवार्य आवश्यकताओं के लिए भी अपनी ऋण–क्षमता की सीमा को विस्तार देने में असमर्थ रहे हैं। इन संस्थानों के पुनर्वित्त और वितरण तन्त्र की उच्च लागत ने किसानों की ऋण की लागत को बढ़ा दिया है। काफ़ी विस्तृत प्रक्रियात्मक औपचारिकताओं ने भी सभी किसानों के लिए ऋण की उपलब्धता में अवरोध उत्पन्न किया है। इन औपचारिक स्रोतों से ऋण–सुविधा के अभाव की परिस्थिति में किसानों को ऋण के अनौपचारिक स्रोतों के विकल्प को चयनित करने के लिए विवश होना पड़ा, जो ब्याज की असामान्य रूप से उच्च दर वसूलते थे और मूलधन और ब्याज की वसूली के लिए कठोर तरीक़ों का इस्तेमाल करते थे।

1980 के दशक के बाद से कृषि विश्वविद्यालय/अनुसन्धान केन्द्र दालों, सब्ज़ियों, फलों की फ़सलों और शुष्क भूमि की कृषि को सफलता प्रदान करने में अक्षम रहे हैं। इसने देश में दूसरी हरित क्रान्ति को उभरने से रोका है।

उत्पादक सहकारी समितियों, जैसे कि, अमूल और उससे सम्बद्ध राष्ट्रीय दुग्ध विकास समिति ने ऑपरेशन फ्लड– 1, 2 और 3 के माध्यम से किसानों की सेवाओं से सम्बन्धित एक पूरी शृंखला को सुनिश्चित एवं निर्धारित किया। इसका परिणाम यह हुआ कि दुग्ध–उत्पादन में वृद्धि हुई। दुग्ध निर्मित उत्पादों के उत्पादन और खपत, दोनों में उछाल आकलित किया गया लेकिन उपर्युक्त कथित सहकारी समितियों से इतर अन्यों की विपणन प्रणाली और ढाँचा अधिकांश राज्यों के मध्यम, निम्न एवं छोटे शहरों में पर्याप्त रूप से प्रचारित–प्रसारित नहीं हुआ है।

ब्राजील में प्रसंस्करण की प्रक्रिया में 70 फ़ीसदी वैसे वस्तुओं का व्यवहार होता है जो प्रत्यक्ष रूप से कृषि–उत्पाद हैं। भारत में ऐसा नहीं है। वास्तव में, किसानों की आय में वृद्धि के लिए कृषि उत्पादों का प्रसंस्करण एक ऐसा क्षेत्र है जो वास्तव में अधिकांश राज्यों में विकसित नहीं हुआ है। जबकि बहुराष्ट्रीय निगम कोका कोला और पेप्सी जैसे बेहूदा उत्पादों के माध्यम से भारी मुनाफ़ा कमा रही हैं जिसमें उच्चस्तरीय विपणन की निर्णायक भूमिका है, जबकि अधिक उपयोगी फलों के रस के उपयोग को बढ़ावा नहीं दिया गया है। इसी तरह, मैकडॉनल्ड्स और केएफसी के व्यापार में तेज़ी से वृद्धि हो रही है, जबकि भारत के स्थानीय व्यंजनों,

जो निश्चित रूप से उनसे कहीं बेहतर हैं, को प्रोत्साहित नहीं किया जा रहा है। एक ब्रांड के रूप में विदेशी फलों जैसे अल्फांसो, और दशहरी आदि के अन्तरराष्ट्रीय विपणन को प्राथमिकता नहीं दी गयी है।

देश में परिवहन भण्डारण और प्रशीतन की आधारिक अवसंरचना और संस्थानों की संख्या का अभी भी भारत जैसे बृहद् भौगोलिक क्षेत्रफल और उसकी अपरिहार्य आवश्यकताओं से कोई तादात्म्य नहीं है, उसके अनुरूप नहीं है, साथ ही साथ भारत में अल्पावधि और दीर्घावधि में क्रमशः ख़राब और संरक्षित रहने वाले उत्पादित वस्तुओं की मात्रा इतनी अधिक होती है कि इस प्रकार की उपर्युक्त अवसंरचना निश्चित रूप से कही अधिक अपर्याप्त है। निजी कम्पनियाँ कृषि वस्तुओं को शीतगृह (कोल्ड स्टोरेज) में सुरक्षित करने के लिए बहुत अधिक दर तो वसूलती ही हैं और साथ ही साथ बहुत ही अक्षम सेवा भी प्रदान करती हैं। नतीजतन, देश को हर साल उत्पादित फलों और सब्ज़ियों के 40 फ़ीसदी के कुल उत्पादन का नुक़सान होता है। यहाँ तक कि मुख्य खाद्य पदार्थों की भण्डारण क्षमता भी केन्द्र/राज्य सरकार के माध्यम से ख़रीदे गये खाद्यान्न की मात्रा से काफ़ी कम है।

बहरहाल, यदि हम सरल शब्दों में किसानों की आत्महत्या के कारणों को संक्षेप में प्रस्तुत करना चाहते हैं, तो निम्नलिखित कारणों का हवाला दिया जा सकता है :

- कृषि–लागत में तेज़ी से वृद्धि जिसमें उपयोग किये गये रसायनों यानी कीटनाशकों आदि की लागत भी शामिल है।
- भाड़े के खेतिहर मज़दूरों की बढ़ती मज़दूरी।
- क़र्ज़ के बोझ से आर्थिक तंगी।
- बाज़ार के साथ प्रत्यक्ष एकीकरण का अभाव।
- पानी की उपलब्धता का संकट। कुछ क्षेत्रों में अन्तरराज्यीय जल विवाद भी इसमें भूमिका निभाते हैं।
- जलवायु परिवर्तन।
- आर्थिक नीतियाँ बड़े पैमाने पर शहरी उपभोक्ताओं की मनोवृत्ति के अनुरूप और अनुकूल हैं।
- पूरी व्यवस्था को पुनर्गठित करने के स्थान पर ऋण माफ़ी जैसे अल्पकालिक उपाय ज़्यादातर चुनाव से पहले घोषित किये जाते हैं और जो किसानों को केवल अल्पकालिक राहत देते हैं।

23

भारत के ग्रामीण क्षेत्रों पर बाज़ारवादी अर्थव्यवस्था और भूमण्डलीकरण का प्रभाव

Impact of Market Economy and Globalization on Village India

जब हम भारत के ग्रामीण क्षेत्रों पर दृष्टिपात करते हैं, तो यह दृष्टिगत होता है कि पारम्परिक रूप से भारतीय ग्रामीण अर्थव्यवस्था एक निर्वहनीय और उत्तरजीविता वाली अर्थव्यवस्था है जो सिर्फ़ स्थानीय आबादी की उपभोक्तावादी आवश्यकताओं की पूर्ति मात्र करती है। इस कथित अर्थव्यवस्था का मूलभूत आधार *जजमानी* प्रणाली था जिसमें पूर्व से चले आ रहे प्रचलित तौर–तरीक़ों के अनुसार विभिन्न जातियों से आने वाले लोग वस्तुओं और सेवाओं का विनिमय करते थे, लेकिन इस सन्दर्भ में यह भी सत्य और ग़ौर करने वाली बात है कि इस निर्वहनीय अर्थव्यवस्था में बाज़ार की भी भूमिका, कुछ सीमा तक ही सही, लेकिन सुनिश्चित थी। ये बाज़ार अपनी प्रकृति और बनावट में सामान्यतः स्थानीय और अनौपचारिक हुआ करते थे लेकिन समय–समय पर इनके स्वरूप और कलेवर में परिवर्तन दृष्टिगोचर होते रहते थे, किन्तु ये कथित बाज़ार औपचारिक अर्थव्यवस्था विनिमय की तुलना में सामाजिक–सांस्कृतिक गतिविधियों के केन्द्र अधिक थे। दरअसल वास्तविक अर्थों में देखा जाये, तो समय–समय पर लगने वाले ये बाज़ार ग्राम समूहों के अन्तःसम्बन्ध विकसित करने के स्थल थे। इस सन्दर्भ में यह तथ्य ध्यातव्य है कि इस प्रकार के बाज़ार में होने वाले अर्थ विनिमय मुख्य तौर पर या तो पुनर्वितरण या फिर पारस्परिक हुआ करते थे। इस प्रकार, हमें यह कहने में संकोच नहीं होना चाहिए कि कुछ और सीमित सीमा तक ही सही, लेकिन नक़द आधारित अर्थव्यवस्था और बाज़ार विनिमय का अस्तित्व मध्यकालीन भारत से ही पूर्व औद्योगिक शहरी केन्द्रों में मौजूद था।

ब्रितानी हुकूमत के आगमन और इसके फलस्वरूप आधुनिकीकरण की निरन्तर प्रक्रिया ने बदलाव की बयार में तेज़ी ला दी। वास्तव में औपनिवेशिक हितों के तुष्टिकरण करने की नीति ने ब्रितानी हुकूमत को कृषि क्षेत्र में नये प्रकार की पूँजीवादी अर्थव्यवस्था की सम्भावनाओं के विकास के लिए प्रेरित किया। फलतः भूमि अब एक वस्तु और सम्पत्ति के रूप में रूपान्तरित हो गयी। इसके अतिरिक्त नक़दीकरण को प्रचलन में लाने और इसे प्रोत्साहित करने के लिए नये प्रकार की भू–राजस्व प्रणाली की शुरुआत की गयी। इसके परिणामस्वरूप एक ही साथ कृषिकरण और ग़ैर–कृषिकरण की प्रक्रिया का सहअस्तित्व देखा गया। यह प्रवृत्ति जनजातीय समुदायों के बीच अपेक्षाकृत अधिक प्रबल और प्रखर थी। दरअसल ब्रिटिश राज द्वारा शुरू की गयी भू–राजस्व प्रणाली की व्यवस्था के अन्तर्गत राजस्व का भुगतान नक़दी में करने का प्रावधान उपबन्धित था। यह नीति नक़दी फ़सलों को प्रोत्साहित करने और अधिक–से–अधिक नक़दी जमा करने में काफ़ी उपयोगी साबित हुई। इसी क्रम में ग्रामीण अर्थव्यवस्था सर्वप्रथम शहरी और कालान्तर में राष्ट्रीय अर्थव्यवस्था से सम्बद्ध हो गयी। यह भारत के ग्रामीण अंचलों में बाज़ारवादी अर्थव्यवस्था का विस्तार और नक़दीकरण के पदार्पण का प्रस्थान बिन्दु था।

स्वतन्त्रता के बाद सरकार द्वारा परिवहन और संचार के आधुनिक साधनों को बड़े पैमाने पर आर्थिक विकास कार्यक्रमों के रूप में प्रस्तुत किया गया, जिसके परिणामस्वरूप बाज़ारवादी अर्थव्यवस्था का भारत के ग्रामीण क्षेत्रों तक पूर्ण विस्तार हुआ। इसका सबसे प्रामाणिक और प्रासंगिक प्रमाण यह है कि दैनिक जीवन के दौरान व्यवहार में लायी जाने वाली आवश्यक वस्तुओं जैसे कि साबुन, दन्त–मंजन, बुनकरी वाले पहनावे इत्यादि अब ग्रामों और क़स्बों के बाज़ारों में भी उपलब्ध हैं, जबकि पहले ये सिर्फ़ शहरी केन्द्रों में हीं उपलब्ध थीं। दूसरी तरफ़, उत्तर भारत के किसी गाँव के मुर्गी या ऐसे ही उत्पादों की पहुँच अब बहुत दूर के महानगरीय बाज़ारों में भी हो गयी है। कृषकों में अमीर वर्ग के उभार ने गाँवों में भी विलासिता से जुड़ी चीज़ों की माँग बढ़ा दी है। भारत के ग्रामीण क्षेत्रों में बदल रही प्रवृत्तियों को रेखांकित करते हुए ए.आर. देसाई ने इन्हें चार श्रेणियों में वर्गीकृत किया है :

(क) कृषक समाज का निर्वहनीय या अतिजीविता वाली अर्थव्यवस्था से बाज़ारवादी अर्थव्यवस्था में तीव्र रूपान्तरण।

(ख) आधुनिक तकनीक के प्रयोग और सहयोग के माध्यम से रूपान्तरण की प्रक्रिया में तीव्रता।

(ग) *बिस्वेदारों* और ज़मींदारों जैसे मध्यस्थों की समाप्ति।

(घ) शहरी और राष्ट्रीय संगठनों से सम्बद्ध संस्थानों और समूहों का उद्‌भव/उभार।

दरअसल *बाज़ारवादी अर्थव्यवस्था* के प्रचलन में आने से उत्पादन और उपभोग करने के पूर्वप्रचलित तौर–तरीक़ों में बदलाव आया। अब कृषि उत्पादन का मुख्य और प्राथमिक उद्देश्य बाज़ार के लिए अधिशेष पैदा करना था। इसका परिणाम और प्रभाव यह हुआ कि इस क्षेत्र में बाज़ारवादी शक्तियों के लिए अपार सम्भावनाएँ खुल गयीं। फलतः ग्रामीण अंचलों में उपभोक्तावादी जीवन–शैली को अपनाने को प्रोत्साहन मिला। इस प्रकार की कथित संस्कृति के प्रभावस्वरूप शहरी और मशीन निर्मित उत्पादों की माँग में तेज़ी से वृद्धि हुई। इन विलासी वस्तुओं की ख़रीदारी और उपयोग अब प्रतिष्ठा और शानो–शौक़त का विषय बनने लगे। इस प्रकार, ग्रामीण क्षेत्रों में बाज़ारवादी अर्थव्यवस्था के पदार्पण और तीव्र विस्तार के प्रभावस्वरूप जो तीव्र रूपान्तरण हुए, उसे संक्षेप में निम्नलिखित बिन्दुओं के माध्यम से प्रदर्शित और प्रकाशित किया जा सकता है :

(क) नवीन बाज़ारवादी अर्थव्यवस्था ने अमीर कृषकों, बड़े व्यापारियों, अत्यधिक स्व–केन्द्रित अधिकारियों, राजनीतिक कार्यकर्ताओं के एक नये वर्ग को जन्म दिया।

(ख) इसने व्यापक और बृहद् स्तर पर नयी सुविधाओं विशेषकर साख से सम्बन्धित, की उपलब्धता सुनिश्चित की। अब, यहाँ तक कि क्रेडिट–कार्ड भी प्रचलन में है।

(ग) इसने उन्नत तकनीकों के प्रयोग की सम्भावनाओं को आकार देने और व्यवहार में लाने को प्रेरित किया। मसलन, ट्रैक्टर, पानी के पम्प, थ्रेशर्स इत्यादि।

(घ) अमीर भू–स्वामियों और अत्यन्त ग़रीब भूमिहीन कृषकों का ध्रुवीकरण जिसने दोनों के बीच की खाई को और भी चौड़ा कर दिया।

(ड.) नक़दीकरण ने 'सामाजिक गतिशीलता' के पूर्वनिर्धारित स्थलों की संख्या में वृद्धि की। इससे सामाजिक संस्थाओं जैसे कि संयुक्त परिवार काफ़ी प्रभावित हुए। इसने संयुक्त परिवार के सदस्यों को अपनी क्षमतानुसार आय अर्जित करने की प्रवृत्ति की मनोवृत्ति को प्रोत्साहित किया। फलतः एकल परिवार के प्रचलन को अपनाने की प्राथमिकता मिलने लगी।

(च) इसने रोज़गार में गतिशीलता और वैविध्य की सम्भावनाओं का विकास किया।

(छ) एक पेशेगत जातिविहीन समाज को उभरने में सहायता मिली, जो पारम्परिक *जजमानी* प्रणाली पर एक बड़ा कुठाराघात था।

(ज) 'आर्थिक गतिशीलता' के प्रभावस्वरूप जाति की ज़ंजीरें टूट रही हैं। स्वास्थ्य सुरक्षा और शिक्षण से सम्बन्धित आधारिक अवसंरचना का विकास भारत के ग्रामीण क्षेत्रों में भी हो रहा है।

(झ) इसने महिला सशक्तीकरण को अप्रत्यक्ष रूप से समर्थन और प्रोत्साहित किया।

उपर्युक्त उल्लिखित विशेषताओं में सबसे आश्चर्यजनक और चौंकानेवाली घटना है विगत हालिया दिनों के दरमियान कृषक बन्दोबस्त और ढाँचे में उत्पन्न तनाव और उसके फलस्वरूप कृषकों की आत्महत्या। यहाँ तक कि और निश्चित रूप से विस्मय का विषय है कि इस प्रकार की आत्महत्या हरित क्रान्ति के क्षेत्रों जैसे कि पंजाब, हरियाणा, कर्नाटक, आन्ध्र प्रदेश इत्यादि में भी हुई हैं। इस सन्दर्भ में ए.के. वासवी (1999) कृषकों के बीच आत्महत्या की घटना से जुड़ी प्रवृत्तियों और कारणों को रेखांकित किया है। उन्होंने सही ही चिह्नित किया है कि संकर बीजों, रासायनिक उर्वरकों और कीटनाशकों पर आधारित वाणिज्यिक कृषि के मुख्य रूप से अर्ध शुष्क क्षेत्रों में प्रोत्साहन करने के अनेक कुपरिणाम हुए। कुल मिलाकर, यह कहा जा सकता है कि वाणिज्यिक कृषि व्यवहारों एवं नवाचारों को प्रयोग में लाने और पारिस्थितिकी अनुकूलता में सामंजस्य का अभाव है। दरअसल, जलवायु परिवर्तन विशेषकर वर्षा वितरण के पूर्व निर्धारित मानकों एवं प्रारूपों में बदलावों ने कृषि में अनिश्चितता और जोख़िम को बढ़ाया तथा कृषि को पारिस्थितिकी–जन्य समस्या के रूप में तब्दील कर दिया।

कालान्तर में—पारिस्थितिकी के संकट के साथ—साथ आर्थिक दुरवस्था ने स्थिति को और भी बदतर कर दिया। यद्यपि वाणिज्यिक कृषि को प्रोत्साहन बाह्य उत्पादों के उपभोग के आधार पर किया जाता है, किन्तु इन उत्पादों को क्रय करने की जो संस्थागत साख की सुविधा उपलब्ध है, वह केवल कुछ ही कृषकों (अधिकांशतः अमीर भू—स्वामी) के लिए ही सुनिश्चित हो पायी है। वाणिज्यिक कृषि करने के कारण अधिकतर कृषक क़र्ज़ के भारी बोझ के तले दब गये। मध्यम और हाशिये पर के कृषकों के लिए संस्थागत साख की सुविधा सरल रूप से सुलभ नहीं हैं। इसलिए आधुनिक विधि से कृषि करने के लिए वे ग़ैर—संस्थागत साख व्यवस्था से सहयोग लेने को विवश और बेबस हो जाते है, जिसकी ब्याज की दर तुलनात्मक रूप से अत्यधिक होती है। स्थानीय क़र्ज़दाता और साहूकार सबसे सरल और सुलभ साख प्रदाता हैं, लेकिन वे अत्यधिक ब्याजख़ोरी तो करते ही हैं साथ ही साथ उसमें हेरा—फेरी भी करते हैं। पारिस्थितिकी जन्य संकट जैसे कि महामारी और बीमारियों के विस्फोट के इस संकट काल में किसान और क़र्ज़ से दब कर कराह उठते हैं।

वाणिज्यिक कृषि को प्राथमिक तौर पर शुष्क कृषि क्षेत्रों में व्यवहार में लाने की नीति ने इसके सामाजिक ताने—बाने पर भी गहरा असर डाला। इस प्रकार की कृषि नीति ने स्थानीय, पूर्व प्रचलित सिद्धान्तों तथा जाति एवं वंशीय आधारित ज्ञान या आचार—विचारों को पूर्णतः ख़ारिज कर दिया। पारम्परिक संस्थानों और पूर्व से प्रचलन में रहे कृषि—कौशल को निरस्त कर दिया गया, उसे पूर्णरूपेण बिखेर कर रख दिया गया। उसकी क़ीमत पर अब कृषि क्षेत्र के परिदृश्य में इससे जुड़े नये संस्थागत और संगठित मध्यस्थों का उदय हुआ जिसके साथ कृषि से इतर कार्यों से सम्बन्धित श्रमिक भी थे।

बाज़ारवादी अर्थव्यवस्था में निहित मूल्यों में तेज़ी से उतार—चढ़ाव ने भी समस्या को जन्म दिया। दरअसल, सरकारी प्राधिकारों द्वारा समर्थन मूल्यों या खपत के आश्वासन न देने और उत्पादन लागत में वृद्धि ने कृषकों को हाशिये पर धकेल दिया। कृषक वाणिज्यिक बीजों में विविधता के अभाव और कीटनाशकों के जल्दी पानी में घुलने की भी शिकायत करते हैं। लगातार दो फ़सलों को खोना वस्तुतः विध्वंसकारक होता है। कृषि व्यवहारों में बदलाव के इस संक्रमणकाल में जब राज्य और प्रशासनिक समर्थन न्यूनतम हो और जब बाज़ारवादी शक्तियों की पराधीनता की प्रवृत्ति में निरन्तर वृद्धि हो रही हो और जब कृषि में जोखिम अत्यधिक हो

एवं सामुदायिक समर्थन लगातार कम हो रहा हो, तो यह कल्पना करना दुष्कर नहीं बल्कि सहज ही है कि कृषक कैसा अनुभव कर रहा होगा! उसकी चिन्ताओं और दुश्वारियों का आलम क्या होगा!

वस्तुतः बाज़ारवादी और पूँजीवादी शक्तियों के अधीन होते जाना, फ़सल की बर्बादी और मूल्यों में तीव्र उतार–चढ़ाव का कृषकों के नियन्त्रण से बाहर होते जाना तथा इनके बरअक्स किसी प्रकार के समुचित समर्थन का अभाव ही छोटे किसानों के लिए विध्वंसकारक रहा है और उनकी दरिद्रता का मूल कारण भी यही प्रतीत होता है। इस सन्दर्भ में जिस प्रकार प्रकारान्तर और अप्रत्यक्ष रूप से उनकी चिन्ताएँ और उससे उत्पन्न तनाव ही उनकी आत्महत्या के कारण रहे हैं, उसी प्रकार मुख्य खाद्यान्न के अभाव को भी एक गम्भीर मुद्दे के रूप में रेखांकित किया जाना चाहिए। इसी की पुष्टि करते हुए सुसान जॉर्ज 1985 कहते हैं कि किसी निश्चित क्षेत्र में ठोस वैकल्पिक अर्थव्यवस्था के आधार की अनुपलब्धता की स्थिति में मुख्य खाद्यान्न का अभाव यह संकेत करता है कि खाद्य सुरक्षा ख़तरे में है और अन्ततः स्थानीय समुदाय भी शीघ्र ही टूटने और बिखरने के कगार पर है। इस प्रकार, यह कहा जा सकता है कि आत्महत्या जैसी प्रवृत्ति प्रत्यक्ष रूप से बाज़ारवादी शक्तियों और उससे सम्बद्ध आर्थिक कारकों के प्रभावस्वरूप ही है।

भारत के ग्रामीण क्षेत्रों पर वैश्वीकरण का प्रभाव

अपने सामाजिक, आर्थिक और राजनीतिक आयामों एवं प्रभावों के साथ वैश्वीकरण वर्तमान काल के सबसे महत्त्वपूर्ण और चर्चित मुद्दों में से एक रहा है। समाजशास्त्र से सम्बन्धित ब्लैकवेल शब्दकोश 1995 वैश्वीकरण की व्याख्या करते हुए कहता है– "यह एक ऐसी प्रक्रिया है जिसमें समाजों के अन्दर सामाजिक जीवन उन अन्तरराष्ट्रीय प्रभावों से प्रभावित हुआ है जो राजनीतिक और व्यापार के गठजोड़ पर पूर्णतः आधारित हैं जैसे कि संगीत, वेश–भूषा और मास मीडिया को साझा करना।" सम्भवतः वैश्वीकरण वास्तविक अर्थों में और सबसे मुखर रूप से अर्थव्यवस्था के माध्यम से ही अभिव्यक्ति पाता है। वस्तुतः वैश्वीकरण का सबसे शक्तिशाली रूप अर्थशास्त्र है जिसमें योजना और नियन्त्रण का विस्तार अपेक्षाकृत संकीर्ण केन्द्र–बिन्दु से होता है, जैसे कि एक क्षेत्रीय और राष्ट्रीय आधार

पर व्यवसाय करने वाली एकल फ़र्म एक व्यापक और सम्भावनाओं से भरे उस वैश्विक स्तर पर काम करती है जिसमें पूरी दुनिया श्रम, कच्चे माल और बाज़ार के स्रोत के रूप में कार्य करती है। जैसा कि जेम्स पेट्रा और हेनरी वेल्टमेयर (2001) उद्धृत करते हुए कहते हैं कि वैश्वीकरण एक विवरण और एक नुस्ख़ा दोनों है, और इस तरह यह एक स्पष्टीकरण और एक विचारधारा, दोनों के रूप में कार्य करता है जो वर्तमान में सोच, नीति–निर्माण और राजनीतिक अभ्यास के मुख्य आधार हैं। विवरण के रूप में वैश्वीकरण एक एकीकृत वैश्विक बाज़ार के भीतर व्यापार, पूँजी, प्रौद्योगिकी और सूचना के अन्तरराष्ट्रीय प्रवाह को और गहरा करने के लिए सन्दर्भित करता है। एक नुस्ख़े के रूप में, वैश्वीकरण में राष्ट्रीय और वैश्विक बाज़ारों का उदारीकरण इस विश्वास में शामिल है कि व्यापार से मुक्त, पूँजी और सूचना विकास और मानवकल्याण के लिए सर्वोत्तम परिणाम देगी। महत्त्वपूर्ण रूप से, जब वैश्वीकरण शब्द का उपयोग किया जाता है, चाहे वर्णन करना हो या निर्धारित करना हो, बिट को आमतौर पर अनिवार्यता और भारी दृढ़ विश्वास की भावना के साथ प्रस्तुत किया जाता है, जो इसकी मूल और बुनियादी वैचारिकी के अनुरूप नहीं होता है।

वैश्वीकरण के बरअक्स अन्तरराष्ट्रीय आर्थिक और सामाजिक –राजनीतिक प्रबन्धन की आवश्यकता को विश्लेषित और रेखांकित करते हुए प्रसिद्ध, मर्मज्ञ एवं तीसरी दुनिया के देशों में वैश्वीकरण की वस्तुस्थिति और इसके प्रभाव के सन्दर्भ में प्रखर आवाज़ के रूप में प्रख्यात समीर अमीन (1997) कहते हैं कि पूँजीवादी प्रणाली का वैश्वीकरण निश्चित तौर पर कोई नयी चीज़ नहीं है, लेकिन इससे इनकार नहीं किया जा सकता है कि अभी विगत हालिया वर्षों के दरमियान ही इसने अपने कलेवर और स्वरूप में गुणात्मक और ठोस प्रगति की है। इसके अलावा, राष्ट्रों के बीच इस प्रकार की गहन एवं सघन आर्थिकी अन्योन्याश्रितता और अन्तरनिर्भरता एक समय में ही सम्भव हो पाती है या तो जब समेकन और संचय का अभाव हो या फिर युद्धोत्तर काल में उछाल ने स्थिरता की स्थिति उत्पन्न कर दी हो। वास्तव में वैश्वीकरण सिर्फ़ व्यापार की सम्भावनाओं को ही नहीं बनाता और बढ़ाता है, बल्कि यह उत्पादन–प्रणाली, तकनीक, वित्तीय–बाज़ार, विज्ञापन और सामाजिक जीवन के अन्य एवं विविध पहलुओं को भी प्रभावित करता है। इस नये प्रकार के वैश्वीकरण

ने राष्ट्र–राज्य की आर्थिक व्यवस्था को शैनःशनै क्षीण किया है, हालाँकि यह इसके वजूद को पूरी तरह ख़त्म नहीं कर सकता। इसके अतिरिक्त, आर्थिक वैश्वीकरण को राजनीतिक प्रतिक्रिया के रूप में, जातीयता का उभार भी भूमण्डलीकरण का एक अन्य महत्त्वपूर्ण पहलू है जिसके सन्दर्भ में अभी तक विचार–विमर्श करने की पुरज़ोर आवश्यकता है।

वैश्वीकरण की अपने अभी के ध्रुवीकरण की स्वरूप के अनिवार्य और अप्रत्यक्ष स्वीकार्यता और बाज़ार के विस्तारीकरण के साथ ही विकास की संगति और समीकरण व्यवस्थित करना वर्तमान के परिदृश्य की ख़तरनाक एवं विघटनकारी नकारात्मक वस्तुस्थिति है। वस्तुतः हाशियाकरण, उदारीकरण, निजीकरण और वैश्वीकरण की आवश्यक पूर्व शर्त होता है।

नयी आर्थिक नीति अभिप्रेरित वैश्वीकरण ने भारतीय समाज के सभी भागों को विभिन्न प्रकारों से प्रभावित किया है। पहले, अनेक राज्यों में हरित क्रान्ति को लागू करने की नीति ने सामाजिक–आर्थिक परिवर्तन करने वाली शक्तियों को जन्म दिया और अब नयी आर्थिक नीति और उदारीकरण का आगमन भारत के ग्रामीण क्षेत्रों को प्रभावित कर रहा है। वैश्वीकरण की शक्तियों की कुछ महत्त्वपूर्ण बदलावों में निर्णायक भूमिका रही है जिन्हें निम्नलिखित बिन्दुओं में देखा जा सकता है :

1. यद्यपि भारत के ग्रामीण क्षेत्रों में बाज़ारवादी अर्थव्यवस्था का पदार्पण वैश्वीकरण के आगमन के पहले ही हो चुका था तथापि भूमण्डलीकरण के समुचित रूप से व्यवस्थित होते ही बाज़ारवादी अर्थव्यवस्था की प्रवृत्तियों को समर्थन और प्रोत्साहन मिला। फलतः इसमें ठोस प्रगति हुई।
2. वैश्वीकरण ने गतिशीलता और संचार–सम्प्रेषण–संवाद की सम्भावनाओं को व्यापक रूप से बनाया, बढ़ाया और आकार दिया, ऐसा मुख्यतः बेहतर और तेज़ यातायात और संचार व्यवस्था के कारण ही सम्भव हो पाया। सेल फ़ोन और इंटरनेट की उपलब्धता की सुनिश्चितता भारत के गाँवों को रूपान्तरित कर रही है।
3. इसने अपेक्षाकृत अधिक बेहतर सम्भावनाओं वाले रोज़गार की तलाश में नज़दीकी और विभिन्न स्थानों में तीव्र पलायन को प्रोत्साहित किया।

4. कीटनाशकों, उन्नत किस्म के बीज उर्वरकों और मशीनीकरण के अनुप्रयोग के प्रचलन में तेज़ी आने के परिणामस्वरूप कृषि उत्पादन में समुचित और पर्याप्त वृद्धि दर्ज़ की गयी है।
5. फ़सल–चक्र के स्वरूप में तेज़ी से परिवर्तन हो रहा है। अनेक और अधिक–से–अधिक कृषक यद्यपि नक़दी फ़सलों को प्राथमिकता दे रहे हैं तथापि इसने कृषि में जोख़िम को भी बढ़ाया है। निरन्तर और बारम्बार फ़सलों की बर्बादी से कृषक चिन्ताओं और दुश्वारियों के व्यूह में फँस जाते हैं और उनमें से अनेक आत्महत्या कर लेते हैं।
6. वैश्वीकरण ने राज्यों यहाँ तक कि देश से बाहर भी बाज़ारों को विकसित करने का कार्य किया है, लेकिन इससे लाभान्वित केवल बड़े और अमीर किसान ही हो पाते हैं।
7. 'प्लास्टिक मनी' के प्रयोग का प्रचलन बढ़ा है।
8. शिक्षित युवाओं की आकांक्षाएँ और उम्मीदों का स्तर उन्नत और स्तरीय हुआ है।
9. ग्रामीण व्यवस्था का स्वत्व और आत्मनिर्भरता की प्रकृति नष्ट हो गयी है।

24

भारत में बढ़ते उपभोग और उपभोक्तावादी संस्कृति के बरअक्स उभरता हुआ नया मध्यवर्ग

Rising Consumerism, Consumer Culture and the 'New Middle Class' in India

भारत में बढ़ते उपभोग और उपभोक्तावादी संस्कृति में बेहद कम अवधि के दौरान हुई व्यापक 'प्रगति' ने समाज को विभिन्न और अनेक स्तरों पर न केवल प्रभावित किया है वरन् इसमें उल्लेखनीय परिवर्तन भी किये हैं जो अपने सन्दर्भों में निश्चित तौर पर रेखांकित करने योग्य हैं और जिनकी प्रभावान्विति बहुपक्षीय और प्रकृति संक्रामक है। इस प्रकार की कथित प्रवृत्ति के अस्तित्व में आने और फिर प्रचारित–प्रसारित होने का कारण कमोबेश मूल रूप से भारत में उभरता हुआ नया मध्यवर्ग है। वस्तुतः यह नव–उदित मध्यवर्ग इस उपभोक्तावाद और उपभोगी संस्कृति का सह–उत्पाद ही है। दरअसल, भारतीय समाज में यह जो नवीन रूपान्तरण दृष्टिगोचर हो रहा है, वह बुनियादी तौर पर और अनेक दृष्टिकोणों से भूमण्डलीकरण की प्रक्रिया के प्रभावस्वरूप ही है।

वस्तुतः उपभोक्तावाद एक ऐसी वैचारिकी है जिसमें बाज़ार में ख़रीदी गयी वस्तुओं और सेवाओं की बढ़ती खपत हमेशा एक वांछनीय वस्तु होती है और यह कि एक व्यक्ति की भलाई और ख़ुशी मूल रूप से उपभोक्ता वस्तुओं और भौतिक सम्पत्ति प्राप्त करने पर निर्भर करती है। इसे भौतिक वस्तुओं की ख़रीद और किसी की आवश्यकता से अधिक उपभोग के साथ व्यक्तिगत ख़ुशी की तुलना करने के प्रभावों के सन्दर्भ में समझा जा सकता है। परम्परागत रूप से, यह पूँजीवाद, पश्चिमी संस्कृति और बाध्यकारी खरीद से जुड़ा रहा है। अब यह एक विश्वव्यापी घटना है।

उपभोक्तावाद को 'एफ्लुएंज़ा' के रूप में भी वर्णित किया जा सकता है, जो अति उपभोग या तर्कविहीन उपभोग की प्रवृत्ति का वर्णन करने के लिए एक रूपक है। दरअसल, भौतिक सम्पत्ति की लालसा असीमित है और यह सामाजिक रूप से प्रसारित होता है। इसका परिणाम दर्दनाक, संक्रामक, अतिभार और तनाव, क़र्ज़ की चिन्ता और अपव्यय है, किन्तु सभी की खपत ख़राब और दुष्प्रभावी नहीं है। यह मानव अस्तित्व की एक आवश्यक शर्त है, लेकिन आवश्यकता के बिना उपभोग ख़राब और अनुपयोगी है। ख़पत का एक महत्त्वपूर्ण हिस्सा वास्तव में आवश्यक है जिसके बिना जीवन की सामान्य खोज ख़तरे में पड़ जायेगी। हालाँकि इसके सकारात्मक पहलू भी हैं।

- यह औद्योगिक उत्पादन के लिए अभिप्रेरक का कार्य करता है।
- उच्च आर्थिक विकास–दर।
- औद्योगिक उत्पादन के साथ–साथ कृषि–व्यवसायों को प्रोत्साहन और वृद्धि।
- न केवल उत्पादन बल्कि बाज़ार और विज्ञापन क्षेत्रक में भी रोज़गार का सृजन, प्रोत्साहन और वृद्धि क्योंकि उत्पादित वस्तुओं का विक्रय अनिवार्य और अपरिहार्य है।
- उत्पादन में वृद्धि से आर्थिक गतिविधियों की एकचक्रीय सम्भावनाएँ बनती हैं जो समवेत रूप से अपनी प्रभावोत्पादकता में विभिन्न क्षेत्रों में रोज़गार का सृजन करता है, उसमें संवृद्धि करता है।

किन्तु आवश्यकता से अधिक उपभोग के अनेक कुपरिणाम हैं, मसलन, कार्य में अतिरेकता, उच्च ऋण, चिन्ता, तनाव, और कभी–कभी तो आत्महत्या। वास्तव में अगर व्यापक दृष्टिकोण के साथ देखें, तो अति उपभोक्तावाद व्यक्तिगत स्वास्थ्य के साथ–साथ समाज के लिए भी नुक़सानदायक है। अति–उपभोग के कुछ कारणों को निम्नलिखित बिन्दुओं के माध्यम से स्पष्ट किया जा सकता है :

- बाध्यकारी और अनिवार्य ख़रीदारी की कुप्रवृत्ति और कालान्तर में 'शॉपिंगहॉलिक' हो जाना।
- मध्यवर्ग का उच्च ऋण से दबते चले जाना।
- अत्यधिक कार्य–भार।

- क्रेडिट और डेबिट कार्ड्स के प्रति अत्यधिक उत्साही और जुनूनी होना।
- अनुपयोगिता और बर्बादी।
- तनाव।
- अनावश्यक वस्तुओं अथवा उत्पादों का क्रय।
- परिवार और मित्रों के लिए वक़्त समय का अभाव।
- मोह–भंग और विलगाव, ख़ालीपन, असफल पारिवारिक और दाम्पत्य जीवन।

दरअसल, भौतिक पदार्थों की लालसा असीमित और अनन्त है और जब आपकी आय में निरन्तर वृद्धि हो रही हो तो आपकी इच्छाओं का स्वरूप सामान्यतया ऊर्ध्वगामी हो जाया करता है। कुछ लोग इन इच्छाओं की पूर्ति नहीं कर पाते हैं, जिसका परिणाम यह होता है कि वे या तो हताशा के गर्त में डूबते चले जाते हैं या फिर कुछ लोग अपराध की राह पकड़ लेते हैं। वस्तुतः उपभोक्तावाद एक ऐसा दुष्चक्र है जिससे मुक्ति दुष्कर है। किसी के मन में किसी पदार्थ या वस्तु के लिए लालसा उत्पन्न होती है और वह इसके लिए "बिन जल मछली" के समान तड़पता और तरसता है, तो कोई इनकी प्राप्ति और स्वामित्व के लिए जी–तोड़ मेहनत करता है, और उसका जीवन भी तनाव और परेशानी का सबब बन जाता है। इस प्रकार की मानसिक प्रवृत्ति जनित भौतिक जीवन–शैली कई स्वास्थ्य सम्बन्धी समस्याओं की जननी होती है क्योंकि यह शारीरिक गतिविधियों का न्यूनीकरण करती है। वस्तुतः इस प्रकार की कथित जीवन–शैली कई रोगों का खुला आमन्त्रण है।

अति–उपभोग की 'संस्कृति' को ही उपभोक्तावादी संस्कृति के रूप में सम्बोधित किया जाता रहा है। इसे एक ऐसी संस्कृति के रूप में प्रभावित किया जाता है जिसमें लोग उत्सुकतापूर्वक वैसी वस्तुओं और सेवाओं की ख़रीदारी करते हैं और उसका स्वामित्व प्राप्त कर उसका दिखावा करते हैं जो बुनियादी तौर पर और मूलतः अनुपयोगी होती हैं, जैसे कि अपनी शानो–शौक़त में इज़ाफ़ा करने के लिए, ईर्ष्यावश या फिर कुछ नया आज़माने के लिए।

अल्लादी वेंकटेश (1994) ने उन कारकों को चिह्नित किया है जिसके परिणामस्वरूप भारत में उपभोक्तावाद की वस्तुस्थिति में परिवर्तन आया है। इस अध्ययन के तदुपरान्त कोई भी यह अनुमानित और आकलित कर

सकता है कि विगत 25 वर्षों की प्रविधि में उपभोक्तावाद के स्वरूप में जो परिवर्तन आया है, उसकी गम्भीरता और स्तर क्या है?

- मध्यम वर्ग का विस्तार, इसके बदलते मूल्यों और उपभोक्तावादी माँग में कमी,
- महिलाओं की भूमिकाओं में बदलाव, उनकी श्रम भागीदारी और परिवार की बदलती अवसंरचना,
- जनसंख्या के कई वर्गों में बढ़ती उपभोगी आकांक्षाएँ और अपेक्षाएँ,
- पिछली बचत और क्रेडिट प्रणाली की शुरुआत से सहायता प्राप्त मद से विलासिता की वस्तुओं पर उपभोक्ता–व्यय में वृद्धि,
- ख़रीदारी करने के नये तौर–तरीक़े और उपयुक्त एवं अनुकूल वातावरण और आउटलेट,
- मीडिया–प्रसार, उपग्रह और केबल–टीवी, और फलता–फूलता फ़िल्म उद्योग,
- मीडिया के लोगों और आबादी के एक बड़े हिस्से के बीच मीडिया प्रसार–परिष्कार और अंग्रेज़ी भाषा के साथ घरेलू परिचय,
- विभिन्न क्षेत्रों में उपभोक्ता सम्बन्धी जागरूकता और परिष्कार के उच्च स्तर,
- यात्रा करने वाले भारतीय उपभोक्ताओं का उदय–अमेरिका और इंग्लैंड में आप्रवासी, विदेशी कामगार, पर्यटक, पेशेवर और विश्वव्यापी उपभोक्ता उत्पादों के सन्दर्भ में उनका परिष्कृत ज्ञान,
- सशक्त घरेलू उपभोक्ता वस्तु–निर्माण का क्षेत्र,
- शताब्दियों से चली आ रही सुप्त अवस्था के बाद सुखवाद के सांस्कृतिक तत्त्वों का पुनरुत्थान,
- भारत में बहुराष्ट्रीय निगमों का प्रवेश, और
- ग्रामीण उपभोक्ता क्षेत्र का उदय।

यहाँ मध्यवर्ग का प्रयोग उन लोगों के लिए व्यवहार में लाया जा रहा है जिनकी बचत भोजन और आवास के व्यय के तदुपरान्त अधिशेष के रूप में 1/3 रहती हो। हमारे यहाँ परम्परागत मध्यमवर्ग साठ और सत्तर के दशक में देखे जा सकते हैं। इस वर्ग से आने वाले अधिकांश लोग एकता, ईमानदारी और मानवता के मानक थे। वे अधिकांशतः वैसे परिवारों से आते थे जो आर्थिक रूप से सुरक्षित हुआ करते थे और जो

न केवल नैतिक मूल्यों का अनुसरण और अनुकरण करते थे बल्कि उनके मानक भी गढ़ने को तत्पर रहते थे, उन्होंने कुछ अपवादों के साथ, जिसे वे 'लक्ष्मण रेखा' के रूप में सम्बोधित करते थे और शायद ही एक–दो अवसरों को छोड़कर उसका अतिक्रमण किया गया हो, सामाजिक–धार्मिक के सभी प्रारूपों को समर्थन करते थे और इस प्रकार, वे राष्ट्रीय भावनाओं के सशक्तीकरण को सर्वोच्च प्राथमिकता देने वाले और पैरोकार थे। 90 के दशक के दरमियान नयी आर्थिक नीति के लागू होने और फलतः उदारीकरण एवं वैश्वीकरण को बृहद् स्तर पर व्यवहार में लाने की रणनीति के प्रारम्भ ने नये मध्यमवर्ग के आकार लेने और फिर उसके उभरने की सम्भावनाओं को न केवल प्रशस्त किया बल्कि तत्कालीन परिस्थितियों में उसकी प्रासंगिकता पर अनिवार्य और अपरिहार्य रूप से बल दिया। यह नया मध्यवर्ग अपने पूर्ववर्ती से इतर है। इस नवीन मध्यमवर्ग के लोग अधिकांशतः शहरी पृष्ठभूमि के हैं और अत्यन्त ही प्रतिस्पर्धी हैं, उनकी भाषाभिव्यक्ति का माध्यम अंग्रेज़ी है। वे उच्चस्तरीय वेतनभोगी हैं और उनके पास व्यावसायिक और प्रबन्धकीय कौशल है, उनमें अपनी प्रगति और प्रोन्नति को लेकर बेचैनी और छटपटाहट है। वे यथाशीघ्र और बहुत कम अवधि में बहुत कुछ पा जाना चाहते हैं। कमोबेश मोटे तौर पर उनकी वार्षिक आय 10–15 लाख वार्षिक आकलित और अनुमानित की जा सकती है। संख्या के दृष्टिकोण से देखें, तो इस नये मध्यवर्ग की जनसंख्या क़रीब 20 करोड़ है। सही मायनों में ये उपभोक्ता संस्कृति के वाहक हैं और इनके कन्धों पर ही चढ़कर अतिशय उपभोग और उपभोक्तावादी संस्कृति जैसी चीज़ें पुष्पित–पल्लवित होती चली गयीं।

90 के दशक के बाद भारत बहुराष्ट्रीय कम्पनियों और निगमों के लिए सबसे उपयुक्त और अनुकूल स्थलों में से एक रहा है क्योंकि उपभोक्तावादी दृष्टिकोण से यह चीन के बाद सबसे बड़े बाज़ार के रूप में उभरा है। आर्थिक सुधारों की नयी लहर ने हिन्द–खाड़ी देश जैसे कि सऊदी अरब, कनाडा इत्यादि से परे नये रोज़गार स्थलों का सृजन किया है। यह नया मध्यवर्ग बेहतर रोज़गार, अच्छा वेतन और सामाजिक 'प्रतिष्ठा' के माध्यम से अपनी पहचान बनाना चाहता है। 'मॉल और मल्टीप्लैक्स कल्चर' इस वर्ग का अभिन्न अंग है। उन्हें महँगे पश्चिमी शैली के ब्रांडेड कपड़े,

सौन्दर्य–प्रसाधन, अन्तरराष्ट्रीय व्यंजन, महँगे इलेक्ट्रॉनिक सामान, सेल फ़ोन, स्वास्थ्य और ब्यूटी पार्लर, हॉलिडे रिसॉर्ट, क्लब आदि पर बहुत ख़र्च करते हुए देखा जा सकता है, महँगे उत्पादों का आदान–प्रदान होता है। 21–30 आयु वर्ग के युवकों और युवतियों के पास पहले कभी इतना पैसा और अधिशेषित आय नहीं थी। जब नयी जीवन–शैली 'मुख्यधारा की संस्कृति' बन जाती है, तो इसमें भागीदारी नहीं कर पाने की क्षमता लोगों को निराश और हताश करती है और वे यह सोचने के लिए प्रेरित हो सकते हैं कि उन्हें हाशिये पर रखा जा रहा है। आजकल कई क्रेडिट कार्ड दिखाना ऐसे कई लोगों के लिए 'स्टेटस सिम्बल' यानी कि सामाजिक प्रतिष्ठा और शानो–शौक़त का विषय बन गया है।

नवीन ग्रामीण मध्यवर्ग

यद्यपि नया मध्यवर्ग मूलतः और बुनियादी तौर पर एक शहरी परिघटना है तथापि 'ग्रामीण भारत' भी अपने स्थिर और जड़ अर्थव्यवस्था वाले समाज की प्रवृत्ति से उबर रहा है। ग्रामीण समाज में भी उपभोक्तावाद और उपभोक्तावादी संस्कृति को लेकर परिवर्तन दृष्टिगोचर हो रहा है। ऐसे सभी प्रदेशों, जो समवेत रूप से हरित प्रदेश के रूप में सम्बोधित किये जाते रहे हैं, में भी एक नया ग्रामीण मध्यवर्ग उभर रहा है। नयी बाज़ारवादी अर्थव्यवस्था के अस्तित्वमान होने से उत्पादन और उपभोग के प्रचलित और पूर्वनिर्धारित विधियों की प्रकृति में बदलाव आया है। अब, कृषि–उत्पादन का मुख्य उद्देश्य बाज़ार के लिए अधिशेष पैदा करना है। इस प्रवृत्ति के फलस्वरूप इस क्षेत्र में बाज़ारवादी शक्तियों के लिए अपार सम्भावनाएँ खुल गयीं। इसने ग्रामीण क्षेत्रों में उपभोग केन्द्रित जीवन–शैली को भी प्रोत्साहन दिया। फलतः शहरी और मशीन निर्मित/उत्पादित/वस्तुओं की माँग में तेज़ी से इज़ाफ़ा हुआ। इन कथित वस्तुओं का उपभोग और स्वामित्व शानो–शौक़त का विषय बनने लगे। इस प्रकार, बाज़ारवादी शक्तियों से अभिप्रेरित 'ग्रामीण रूपान्तरण' को सारांशतः निम्नलिखित बिन्दुओं के आलोक में देखा जा सकता है :

- नयी बाज़ार अर्थव्यवस्था ने अमीर किसानों, बड़े व्यापारियों, छोटे अधिकारियों और राजनीतिक कार्यकर्ताओं का एक नया वर्ग बनाया।
- इसने विशेष रूप से ऋण से सम्बन्धित बड़ी संख्या में नयी सुविधाओं को बढ़ावा दिया। अब, क्रेडिट कार्ड्स भी ग्रामीण समाज में प्रवेश कर चुके हैं।

- इसने ट्रैक्टर, पानी के पम्प, थ्रेशर आदि जैसे उन्नत उपकरणों के अनुप्रयोग की सुविधा प्रदान की।
- किसानों में अमीर भू–स्वामियों का वर्ग और अत्यन्त ग़रीब भूमिहीन मज़दूरों में ध्रुवीकरण कई गुणा बढ़ गया।
- मौद्रिकीकरण ने सामाजिक गतिशीलता को विस्तारित किया है। संयुक्त परिवार जैसी पारम्परिक सामाजिक संस्थाओं पर इसका गहरा प्रभाव पड़ा। आय उत्पन्न करने के लिए संयुक्त परिवार के विभिन्न सदस्यों की अलग–अलग क्षमता के कारण एकल परिवारों की उपादेयता की ओर झुकाव हुआ।
- इससे व्यावसायिक गतिशीलता और विविधीकरण हुआ।
- एक 'व्यवसाय मुक्त जाति संरचना' उभरने लगी जो परम्परागत 'जजमानी' व्यवस्था के लिए बड़ा आघात साबित हुई।
- आर्थिक गतिशीलता के लिए जाति की बाधाएँ टूट रही हैं। स्वास्थ्य और शिक्षा के नये प्रारूपों, विधियों और स्थलों का ग्रामीण जीवन में प्रवेश हो चुका है।
- इसने परोक्ष रूप से महिलाओं के सशक्तीकरण को प्रोत्साहित किया।

बहरहाल, दहेज के लिए माँग में जो अभूतपूर्व वृद्धि देखी जा रही है, उसका प्रत्यक्ष सम्बन्ध उपभोक्तावादी संस्कृति से है। हमारी मीडिया विशेषकर इलेक्ट्रॉनिक मीडिया–लोकप्रिय टी.वी. चैनल उपभोक्तावादी संस्कृति को प्रोत्साहित कर रहे हैं। अधिकांश मीडिया संस्थान विभिन्न कार्पोरेट और बहुराष्ट्रीय निगमों के द्वारा संचालित और नियन्त्रित होते हैं और उपभोक्तावाद के प्रचार–प्रसार एवं प्रोत्साहन में उनके हित या यों कहें कि स्वार्थ निहित होते हैं।

उपभोक्तावादी संस्कृति हमारे समाज के आर्थिक रूप से कमज़ोर एवं पिछड़े वर्ग को बुरे तरीके से प्रभावित कर रहा है। उनकी आकांक्षाएँ और महत्वाकांक्षाएँ उपभोक्तावादी संस्कृति के प्रभावस्वरूप पुष्पित एवं पल्लवित हो रही हैं लेकिन उसे मूर्त करने और वास्तविकता में तब्दील करने के लिए अनिवार्य बुनियादी संसाधन अनुपलब्ध हैं। उनकी उपभोगी प्रवृत्ति और तद्विषयक भौतिकवादी वस्तुओं की प्राप्ति की अधीरता का संचालन उनकी इच्छाएँ कर रही हैं। उनमें से कुछ अधिक धनोपार्जन के लिए अपराध

के विकल्प का चयन कर लेते हैं और बहुत से लोग अपनी गाढे पसीने की कमाई को अनुपयोगी तथा अनावश्यक चीज़ों पर अपव्यय कर देते हैं, जबकि उन्हें अपने जीवन में पोषक आहार के उपभोग को प्राथमिकता देनी चाहिए। इसका परिणाम यह होता है कि वे अनेक और विभिन्न प्रकार की बीमारियों के लिए संवेदनशील हो उठते हैं। सारांशतः यह कहा जा सकता है कि उपभोक्तावादी संस्कृति ने भारतीय समाज में पैठ बना ली है और नित्य–प्रतिदिन इसके स्वरूप और प्रसार में विस्तार हो रहा है।

25

भारतीय समाज में अन्तरधार्मिक विवाह : सामाजिक सीमाओं को झुठलाता प्रेम

Inter-faith Marriage in Indian Society : Daring to Love Beyond Societal Limits

परिवार, विवाह और धर्म भारतीय समाज की सबसे महत्त्वपूर्ण सामाजिक संस्थाएँ हैं और ये जाति व्यवस्था के साथ घनिष्ठ रूप से जुड़ी हुई हैं। पितृसत्तात्मक सामाजिक संरचना के अलावा, सजातीय विवाह (समूह–जाति, धर्म या जातीयता के भीतर विवाह) प्रमुख सामाजिक आदर्श रहा है और अभी भी है। ऐसा माना जाता है कि मुश्किल से 5 फ़ीसदी भारतीय आबादी ने अपनी जाति के बाहर शादी की है। इस प्रकार, यदि सजातीय विवाह इतना मज़बूत और कठोर है, तो कोई धार्मिक आस्था को एक अपेक्षाकृत अधिक सशक्त अवरोध के रूप में कल्पना कर सकता है। सभी धार्मिक समुदाय–हिन्दू, मुस्लिम, सिख, ईसाई, पारसी अन्तरधार्मिक विवाह का विरोध करते हैं। यहाँ, इस सन्दर्भ में धर्म परिवर्तन शायद ही महत्त्वपूर्ण है।

संविधान के संस्थापक, कुछ अपवादों को छोड़कर, दूरदर्शी, सामाजिक रूप से प्रगतिशील और आधुनिक थे। समानता और स्वतन्त्रता को मौलिक अधिकारों के रूप में घोषित करते हुए उन्होंने आने वाले वर्षों में कुछ प्रगतिशील क़ानूनों की नींव रखी। *विशेष विवाह अधिनियम, वर्ष* 1954 में भारतीय क़ानूनी व्यवस्था के साथ में समेकित हुआ। इसे उन दो पक्षों के बीच विवाह की सुविधा के लिए बनाया गया था, जिन्हें विभिन्न धार्मिक रीति–रिवाज़ों के तहत विवाह करने की अनुमति नहीं मिलती। इच्छुक पक्षों के लिए जाति और धर्म की बाधाओं को दूर करने के लिए यह एक बड़ा क़दम था। इस अधिनियम के तहत निम्नलिखित शर्तों के आधार पर कथित प्रकार के विवाहों का समर्थन किया जाता है :

- किसी भी पक्ष का कोई जीवित जीवनसाथी नहीं है।
- दिमाग़ ख़राब होने के कारण कोई भी पक्ष विवाह के लिए सहमति देने में असमर्थ है।
- सम्भावित वर और वधू ने क्रमशः 21 और 18 वर्ष की आयु प्राप्त कर ली है।
- दोनों पक्ष प्रतिबन्धित सम्बन्धों की सीमा के अन्दर नहीं हैं।

इस अधिनियम के तहत शादी करने के इच्छुक किसी भी जोड़े को सम्बद्ध विशेष विवाह अधिकारी को लिखित में सूचित करना आवश्यक है। इस प्रकार, भारत में एक काफ़ी मज़बूत क़ानून है जो अन्तरजातीय और अन्तरधार्मिक विवाह की सुविधा प्रदान करता है।

अन्तरधार्मिक विवाहों का विरोध करने वालों ने एक नया शब्द लव जिहाद गढ़ा है। वास्तव में अन्तरधार्मिक विवाहों के लिए एक अपमानजनक व्यंजना है। विडम्बना यह है कि राज्य धर्मनिरपेक्ष है लेकिन कई क़ानूनों को लागू करने के लिए ज़िम्मेदार लोगों के पास अन्य विचार हो सकते हैं। दरअसल, अन्तरधार्मिक जोड़ों की मदद करने वाले अधिकारी, कई मामलों में, विशेष रूप से तब बाधाएँ पैदा करते हैं जब दुल्हन हिन्दू हो और दूल्हा मुस्लिम हो, इस प्रकार वे ऐसे कथित संघों और समूहों को प्रोत्साहित करते हैं जो इस सन्दर्भ में विभिन्न प्रकार के अवरोध उत्पन्न करते हैं। अधिकांश राज्यों में 30 दिनों के नोटिस या प्रतीक्षा अवधि में जोड़े की तस्वीरों को प्रदर्शित किया जाता है और आपत्तियाँ की जाती हैं, यदि कोई हो। पुलिस की स्थानीय खुफ़िया इकाई (एल.आई.यू.) के जरिये अभिभावकों की राय भी ली जाती है। जो जोड़े अपने परिवार की सहमति के बिना शादी करना चाहते हैं, वे मुश्किल से 30 दिन का नोटिस पूरा कर सकते हैं। 'सतर्क समूह', विशेष रूप से दुल्हन के हिन्दू होने की स्थिति में, सक्रिय हो जाते हैं और दोनों पक्षों के पते के आधार पर उनके माता–पिता को डराना शुरू कर देते हैं। कई मामलों में जब दम्पति शादी के लिए तीस दिन का नोटिस पूरा करने के बाद विशेष विवाह अधिकारी के कार्यालय में पहुँचते हैं, तो उन पर शारीरिक हमला किया जाता है और कई मामलों में लड़की को माता–पिता को सौंप दिया जाता है। अगर शादी की औपचारिकताएँ पूरी हो गयी हों और लड़की को माता–पिता के पास ले जाया गया हो, तो ग़रीब पति को अपनी पत्नी

को वापस पाने के लिए उच्च न्यायालय में बन्दी प्रत्यक्षीकरण याचिका दायर करनी होगी। न्यायालय के आदेश पर लड़की को पुलिस द्वारा अदालत के समक्ष प्रस्तुत किया जाता है तदुपरान्त उसके बयान के आधार पर उन्हें पुलिस की सुरक्षा दी जाती है। कई मामलों में कहानी यहीं ख़त्म नहीं होती। दम्पति को परिवार द्वारा, सामाजिक–ठेकेदारों के समूहों द्वारा या दोनों द्वारा परेशान किया जाता है। मुस्लिम महिलाओं से शादी करने वाले हिन्दू पुरुष, तथाकथित 'पवित्र युद्ध'/लव जिहाद के दायरे से बाहर हैं। इन परिस्थितियों में युगल इतर तरीक़ों को अपनाने के लिए प्रेरित होते हैं और फलतः आर्य समाज या इस्लामी प्रथा–निकाह के अनुसार शादी कर लेते हैं। इसमें कोई सन्देह नहीं है कि यदि राज्य प्रक्रिया को सरल बनाकर इस तरह के अन्तरधार्मिक विवाह की सुविधा प्रदान करता है, तो, कई जोड़े विशेष विवाह अधिनियम के तहत 'सिविल विवाह' को प्राथमिक रूप से चयनित करेंगे।

'लव जिहाद' : अन्तरधार्मिक विवाहों के लिए ख़तरा?

'लव जिहाद' शब्द में विरोधालंकार है यूँ कहें कि यह विरोधाभासी प्रकृति का है। प्रेम को 'जिहाद' कैसे कहा जा सकता है? काल्पनिक 'लव जिहाद' का डर असुरक्षा को दर्शाता है। अध्यादेश के इस आधार पर कोई विवाद नहीं हो सकता है कि किसी को धोखाधड़ी या ग़लत बयानी द्वारा परिवर्तित करना निश्चित रूप से अनैतिक और आपराधिक है। किसी भी व्यक्ति को अपनी इच्छा के विरुद्ध किसी अन्य धर्म में परिवर्तित होने के लिए मजबूर नहीं किया जाना चाहिए। अपने धर्म के बाहर शादी करने वाली मुस्लिम महिला की तुलना में अधिक मुस्लिम पुरुष हिन्दू महिलाओं से शादी करते हैं। इसका मुख्य कारण मुस्लिम महिलाओं का हिन्दू पुरुषों के सम्पर्क में आने का कम अवसर मिलना है। हिन्दू महिलाओं की तुलना में, मुस्लिग महिलाओं को अधिक प्रतिबन्धो का सामना करना पड़ता है, सामाजिक रूप से उनका आवागमन कम है, शैक्षणिक संस्थानों और कार्यस्थलों में उनकी संख्या बहुत कम है और इसी तरह के अन्य कारण हैं। औसत हिन्दू पुरुषों की मुस्लिम महिलाओं तक पहुँच कम है। इसके अलावा, दहेज की बढ़ती माँग के कारण, जो मुस्लिम समाज की तुलना में हिन्दू समाज में बहुत अधिक प्रचलित है, कई हिन्दू महिलाएँ, जब मुस्लिम पुरुषों के प्यार में पड़ जाती हैं, तो वे इसे अपने लिए और साथ ही अपने माता–पिता के

लिए अधिक सुविधाजनक मानती हैं। ज़ाहिर है ऐसे अन्तरधार्मिक विवाहों में दहेज का सवाल ही नहीं उठता।

पितृसत्ता और पुरुषत्व की भूमिका

ऐतिहासिक रूप से, भारतीय समाज में, पितृसत्तात्मक व्यवस्था ने महिलाओं को परिवार, क़बीले या किसी धर्म के लोगों के सम्मान का सबसे महत्त्वपूर्ण, बुनियादी और अन्तिम प्रतीक माना है। पूर्व पुलिस महानिदेशक एन.सी. अस्थाना (2021) इस सन्दर्भ में बेबाकी से कहते हैं, ''जो लोग 'लव जिहाद' का कीचड़ उछाल रहे हैं, वे इसे एक तरह की यौन डकैती के रूप में देखते हैं जो हिन्दू पुरुषत्व के लिए एक सीधा अपमान और चुनौती है।" महिलाओं को 'दूसरों' के हाथों खोना या उन्हें 'अन्यों' द्वारा किसी तरह से 'अपमानित' करना पुरुषों का सबसे बड़ा अपमान है—उनकी नपुंसकता का प्रमाण। हालाँकि, हमारे देश में अन्तरधार्मिक विवाहों का एक लम्बा और गौरवशाली इतिहास रहा है। अन्तरधार्मिक विवाहों का विरोध करने वाले यह मानते हैं कि एक महिला कभी भी किसी अन्य धर्म के व्यक्ति से अपनी पसन्द से शादी नहीं करती है, लेकिन अगर ऐसा होता है, तो यह निश्चित है कि उसे हमेशा धोखा दिया जाता है या फिर उसे धूर्तता से विवश किया जाता है। इंसिया वाहनवती (2021) ने इस पर एक कठोर टिप्पणी में कहा है कि "वे बस इस विचार को हजम नहीं कर सकते हैं कि महिलाएँ पितृसत्ता की बेड़ियों से मुक्त हो सकती हैं और अपनी कामुकता पर नियन्त्रण प्राप्त कर सकती हैं। हालाँकि यह उन लोगों के लिए बहुत परेशान करने वाला है जो उन्हें अपने अधीन और नियन्त्रित करना चाहते हैं। फ़तवों को युवा, उदार हिन्दू महिलाओं में गहरा आक्रोश पैदा करना चाहिए, क्योंकि यह अपने लिए एक जीवन साथी चुनने के उनके संवैधानिक अधिकार का उल्लंघन करता है। वयस्क महिलाओं को पितृसत्तात्मकता के भाव से देखा जाता है, उन्हें माता–पिता और सामूहिक नियन्त्रण में रखा जाता है, और जीवन के निर्णय लेने के अधिकार से वंचित किया जाता है, अगर वे निर्णय उनके माता–पिता के अनुकूल नहीं होते हैं।" ऐतिहासिक रूप से, विवाह महिलाओं की कामुकता को नियन्त्रित करने, जाति वंश को बढ़ावा देने और महिलाओं को अपनी स्वायत्तता का प्रयोग करने से रोकने का एक उपकरण रहा है। अन्तरधार्मिक विवाहों को अपराध घोषित करने का कोई भी प्रयास महिलाओं के अधिकारों की रक्षा के लिए कुछ नहीं करता है, बल्कि यह गतिशीलता, सामाजिक अन्तःक्रियाओं और चयन की स्वतन्त्रता को और कम करता है।

वाहनवती आगे कहते हैं कि सभी धर्मों की युवा भारतीय महिलाएँ तेज़ी से स्वतन्त्रता की माँग कर रही हैं– काम करने, अध्ययन करने, अपनी पसन्द से शादी करने और अपनी शर्तों पर जीवन जीने की। इन मूल अधिकारों पर प्रश्नचिह्न या कटौती नहीं की जानी चाहिए। एक महिला का प्राधिकार या अधिकार उसका अपना होता है और किसी भी माता–पिता, रिश्तेदार या राज्य–तन्त्र को उसे मजबूर करने का अधिकार नहीं दिया जाना चाहिए।

महिलाओं को नियन्त्रित करने के लिए पितृसत्ता का प्रयास अन्तर–धार्मिक विवाहों तक ही सीमित नहीं है। यहाँ तक कि अन्तरजातीय विवाह में भी प्रायः ही दण्डात्मक कार्रवाइयाँ देखने को मिलती हैं। इस पूरे परिप्रेक्ष्य को सुस्पष्ट करती हुई वी.गीता (2020) ठीक ही कहती हैं, "महिलाओं को अनुपयुक्त पुरुषों (अपने स्वयं के नीचे की जातियों से, या अन्य धर्मों से) की चेतावनी दी जाती है, जो उन्हें लुभाने की कोशिश करेंगे, और उनसे जाति और समुदाय की निर्धारित सीमा के अन्दर ही शादी करने का 'आग्रह' किया जाता है, जबकि पुरुषों को बताया जाता है कि वे किससे यौन सम्बन्ध बना सकते हैं (सभी महिलाएँ, लेकिन विशेष रूप से वे जिन पर वे जाति और वर्ग के अधिकार का प्रयोग करते हैं), और उन्हें किससे वैध रूप से शादी करनी चाहिए।" ये चेतावनियाँ दण्डात्मक कार्रवाई की धमकियों के साथ आती हैं, जो अक्सर 'ग़लती' करने वाली महिलाओं के ख़िलाफ़ निर्देशित होती हैं या जो अपने से 'निम्न' जाति के पुरुषों के साथ रहना पसन्द करती हैं, और उन दलित पुरुषों के ख़िलाफ़ जो उनसे ऊपर की जाति की महिलाओं से प्रेम करते हैं और उनसे शादी करते हैं। एक ऐसी संस्कृति में जो नियमित रूप से महिलाओं को पितृ–भाव से देखती हैं या उन्हें मूर्ख और अविवेकी मानती हैं, यह स्वाभाविक मानी जाती है और इसकी अनिवार्य रूप से अपेक्षा की जाती है। परिवार परिजन से लेकर खाप तक, जाति और धर्म तक, महिलाओं को लगातार बताया जाता है कि क्या करना है और यह सुनिश्चित करना है कि वे 'अन्य' महिलाओं की तरह नहीं हैं। ऐसे कई पुरुषों के लिए यह धारणा अटल सत्य की तरह है कि केवल वेश्याएँ ही अपना स्वैच्छिक रूप से साथी चुनती हैं।

अन्तर्विवाहों के प्रति उग्र 'पूर्वाग्रह'

भारतीय समाज जाति, धर्म और जातीय विविधता के प्रति न केवल सहिष्णु रहा है बल्कि वह इसे समन्वित कर निरन्तर सामंजस्य स्थापित करने की

कोशिश करता रहा है लेकिन साथ ही साथ यह दीर्घावधि तक जीवन–शैली के इस प्रमेय का विश्वासी रहा है कि साथ में रहते हुए भी थोड़ी दूरी अवश्य ही बरकरार रहनी चाहिए। यही कारण है कि अन्तरविवाह, जाति, धर्म और जातीयता में हमेशा समस्या रही है। अंजलि मोदी (2020) विभिन्न समाजों से समानान्तर रूप से चित्रित करते हुए लिखती हैं कि "नाजी जर्मनी के नूर्मबर्ग क़ानूनों ने यहूदियों और ग़ैर–यहूदियों के बीच यौन–सम्बन्धों और विवाहों पर रोक लगा दी थी। इसके उल्लंघन पर 1 वर्ष की क़ैद का प्रावधान था। क़ानून के उल्लंघन की व्यापकता यह थी कि कारावास बाद में एक एकाग्रता शिविर में तब्दील हो गया। अलगाववादी अमेरिका और रंगभेदी दक्षिण अफ्रीका में अन्तर–नस्लीय विवाह और यौन सम्बन्धों को प्रतिबन्धित करने वाले क़ानून थे। दक्षिण अफ्रीका में, निगरानी और पुलिस छापे के माध्यम से क़ानून लागू किया गया था। दोनों देशों में उल्लंघन कारावास के रूप में दण्डनीय था।" क्या लोकतान्त्रिक भारत में ऐसा होना चाहिए?

लोकतन्त्र, संविधान और अन्तर्विवाह

भारत एक स्वतन्त्र और लोकतान्त्रिक देश है और एक बार जब कोई व्यक्ति वयस्क हो जाता है, तो वह जिससे चाहे शादी कर सकता है। उच्चतम न्यायालय ने कई बार पुष्टि की है कि किसी को भी वयस्कों के विवाह में हस्तक्षेप करने का अधिकार नहीं है और यहाँ तक कि वयस्कों के बीच सहमति से यौन सम्बन्ध को भी क़ानूनी संरक्षण प्राप्त है। संविधान व्यक्तिगत स्वतन्त्रता का आश्वासन देता है। एस. अंकलेसर अय्यर (2021) ठीक ही कहते हैं, "व्यक्तिगत अधिकार और स्वतन्त्रता संविधान प्रदत्त हैं। सामूहिक या वर्गीय अधिकार राजनीति है। लोकतन्त्र में, राजनेता वोट बैंक के लिए लालायित रहते हैं और इसलिए अक्सर धार्मिक या जाति समूहों द्वारा माँगे गये अधिकारों का समर्थन करते हैं।" अन्तरधार्मिक विवाह विरोधी क़ानून व्यक्तिगत स्वतन्त्रता के लिए मौत की घण्टी हैं। व्यक्तिगत स्वतन्त्रता और मानवीय गरिमा का गहरा सम्बन्ध है। सरकार को अपने नागरिकों को स्वायत्त और आज़ादख़याल प्राणी के रूप में देखना होगा। नागरिकों को राज्य के अधीन विषय के रूप में नहीं माना जा सकता है। अपने जीवन साथी के चयन में कोई भी हस्तक्षेप हमारे संविधान में निहित समानता और स्वतन्त्रता के मौलिक अधिकारों की भावना के ख़िलाफ़ है।

26

भारत के उत्तर-पूर्वी क्षेत्र में नृजातीयता/संजातीयता की अवधारणा और जातीय संघर्ष

Ethnicity and Ethnic Conflicts in North-east Region

जातीय संघर्ष जैसी समस्या से भारत ही नहीं वरन् सम्पूर्ण विश्व संघर्षरत है और जहाँ कहीं भी जातीय भावनाओं और इसके आधार पर संगठित समूहों को न्याय और सहभागिता के सिद्धान्त एवं प्रासंगिक प्रबन्धन के माध्यम से व्यवस्थित या समायोजित नहीं किया गया है, वहाँ इसने नृजातीयता/संजातीयता, विलगाव और अलगाववाद की चेतना को और अधिक सघन किया।

दरअसल, स्वातन्त्र्योत्तर काल की प्रविधि में जातीय आन्दोलन और जातीय संघर्ष भारत में विशेषकर इसके उत्तर–पूर्वी क्षेत्र में अनेक प्रकार की समस्यायों के उभरने के मूल कारण रहे हैं। हालाँकि यह उन समाजों के लिए अस्वाभाविक नहीं है जो अपनी प्रकृति और अवसंरचना में बहुजातीय हैं।

नृजातीयता/संजातीयता की अवधारणा

नृजातीयता/संजातीयता की चेतना से अभिप्रेरित अनेक और विभिन्न आन्दोलनों एवं संघर्षों पर विहंगम दृष्टिपात करने से पूर्व यह अनुपेक्षणीय, प्रासंगिक तथा अवश्यज्ञातव्य होगा कि हम नृजातीयता/संजातीयता की संकल्पना और इसके आधार पर संगठित समूहों की वैचारिकी एवं रूपरेखा से थोड़ा अवगत हो लें। वस्तुतः नृजातीयता/संजातीयता शब्द का बौद्धिक इतिहास सापेक्षतः अर्थात् तुलनात्मक रूप से ज़्यादा पुराना नहीं है। आशय यह है कि नृजातीयता/संजातीयता शब्द को अकादमिक

और संस्थागत प्रचलन में आये लम्बा अरसा व्यतीत नहीं हुआ है। 70 के दशक के पहले तक इस शब्द की थोड़ी बहुत चर्चा सामाजिक विज्ञान के साहित्य और पाठ्य पुस्तकों में प्राप्त होती है, लेकिन इसे इस सीमा तक भी महत्त्वपूर्ण नहीं माना गया था कि इसकी सुसंगत और वस्तुनिष्ठ परिभाषा की आवश्यकता भी महसूस की गयी हो। इसी दशक के बीच के वर्षों के दौरान इस शब्द को सामाजिक विज्ञान और नृविज्ञान के सिद्धान्तों में आंशिक रूप से महत्ता दी गयी जो वस्तुतः अनेक औद्योगिक राज्यों में जातीय अल्पसंख्यकों की सक्रियता में तेज़ी और उत्तर–औपनिवेशिक काल के दौरान बदल रही भू–राजनीतिक परिस्थितियों के प्रतिक्रिया स्वरूप ही सम्भव हो पाया था। इस शब्द पर व्युत्पत्तिपरक दृष्टिकोण से विचार करें, तो यह स्पष्ट होता है कि एथेनिक्स शब्द ग्रीक के 'एथिनिकोस' शब्द से उत्पन्न हुआ है जिसका अभिप्राय है :

(क) एक राष्ट्र या वे लोग जो ईसाई धर्म में दीक्षित नहीं हुए हैं।

(ख) ऐसे नस्ल के लोगों का एक बड़ा समूह जिसके रीति–रिवाज़ और प्रतीक चिह्न एक समान हों अर्थात् साझा हों।

(ग) ऐसे मानवीय समूह जो प्रकारान्तर से ग़ैर–देशीय प्राक् ऐतिहासिक आदिकालीन परम्परा के अंग हों।

किन्तु इस शब्द को अगर समाजिक विज्ञान और नृविज्ञान के सन्दर्भ में विचार करें, तो जातीय समूह को ऐतिहासिक परम्परा से सम्बद्ध ऐसे लोगों के समूह के रूप में परिभाषित किया गया है जो वास्तविक या काल्पनिक ही सही, लेकिन किसी निश्चित भू–भाग और साझी आस्थाओं और मूल्यों के निर्धारित प्रारूप और वर्ग से गहरे जाकर जुड़े हुए हों और जिनके मूल्यों की विशिष्टता का तादात्म्य दूसरे समान समूहों के साथ स्थापित हो और इसी प्रकार, उन्हें अन्यों द्वारा मान्यता दी गयी हो (फडनीस, 1990)। इस प्रकार, हम देखते हैं कि उपर्युक्त परिभाषाओं में पाँच प्रकार के अन्तर्वस्तुओं की महती और निर्णायक भूमिका है जिन्हें निम्नलिखित बिन्दुओं के माध्यम से प्रकाशित / प्रदर्शित किया गया है :

(i) वास्तविक अथवा काल्पनिक ऐतिहासिक पुनर्वृत में व्यक्तिगत आस्था।

(ii) एक प्रतीकात्मक या वास्तविक भौगोलिक केन्द्र।

(iii) साझा सांस्कृतिक प्रतीक जैसे कि जाति, भाषा, धर्म, वेश–भूषा और खान–पान या फिर इनमें से कुछ का संयोजन, जो भिन्न और परिवर्तनशील होते हुए भी जातीय अस्मिता को स्पष्ट आधार प्रदान करते हैं।

(iv) अपने समूह से सम्बद्ध तत्त्वों और विशिष्टताओं को लेकर स्व जागृति और अहसास बोध।

(v) समूह के अन्यों से विशिष्टताओं के आधार पर विभेदीकरण को दूसरों के द्वारा मान्यता प्रदान करना, इस प्रकार यह स्वपरिभाषित और अन्यों के द्वारा मान्यता प्रदान करने की वस्तुस्थिति, दो नियामकों पर निर्भर करता है।

इस प्रकार, यह स्पष्टतः ही परिलक्षित होता है कि नृजातीयता/संजातीयता में अनेक प्रकार की चारित्रिक विशेषताएँ निहित होती हैं जिसके आधार पर किसी जातीय समूह का निर्धारण और रेखांकन होता है। इस सन्दर्भ में नृजातीयता/संजातीयता विषयक विशेषज्ञ और प्रसिद्ध विद्वान फ्रेडरिक बार्थ (1969) अपने मत को उद्धृत करते हुए कहते हैं कि जातीय समूह से आशय वैसी आबादी या मानवीय समूह से है, जो अपने आपको समष्टिगत तौर पर जैविकीय रूप से सनातन, शाश्वत और प्राचीन मानने के लिए दृढ़प्रतिज्ञ होते हैं। ऐसे आधारभूत और मौलिक सांस्कृतिक मूल्यों में साझीदार/सहभागी होते हैं जो उनकी सांस्कृतिक एकता के अहसास बोध को पुष्ट और सघन करते हैं। जो परस्पर संवाद, संचार और सम्प्रेषण के लिए उपयुक्त एवं उर्वर परिस्थितियों तथा पृष्ठभूमि का निर्माण करते हैं। ऐसी व्यवस्था के सदस्य होते हैं जो अन्य समूहों से विभेदक या इतर हो और ऐसा विभेदीकरण हो जिसका स्वयं भी अहसास बोध हो तथा जो अन्यों के द्वारा भी रेखांकित की जाती हो। वस्तुतः जहाँ नस्ल एक जैविकीय संकल्पना है, वहीं संस्कृति अपनी प्रकृति और बुनावट में विशुद्ध रूप से सामाजिकता के गुण से युक्त है।

बहरहाल, वर्तमान में नृजातीयता/संजातीयता को समझने के लिए तीन प्रकार के युक्तियुक्त और प्रासंगिक दृष्टिकोण उपलब्ध हैं :

(i) आदिमवादी

(ii) करणवादी

(iii) रचनावादी

स्कोलोवस्की और तिश्कोव 1996 के मतानुसार जातीय अस्मिता किसी समूह या संस्कृति से गहरे जाकर उस सम्बद्धता पर आधारित होती है जो प्रकारान्तर से प्राक् ऐतिहासिक और आदिकालीन इतिहास की जटिल प्रक्रियाओं से होकर निर्मित होती है। संक्षेपतया आदिमवादी जातीय अस्मिता के गठन और निर्धारण में ऐतिहासिक निरन्तरता और प्रक्रियाओं को अधिक प्राथमिकता देते हैं और इसी को वे जातीय अस्मिता के केन्द्र में रखते हैं। वस्तुतः आदिमवादी दृष्टि में सहभागी, जातीय सम्बन्धों को संयुक्त रूप में बाह्य रूप से, प्रदत, जो आक्रामक भी हो सकता है, एक सामाजिक बन्धन के रूप में ग्रहण करता है। जबकि करणवादी दृष्टिकोण नृजातीयता/संजातीयता को एक ऐसे राजनीतिक उपकरण के तौर पर देखता है जिसका निर्धारण और निर्माण नेताओं या इनके जैसे समाज के अन्य पुरोधाओं द्वारा अपनी स्वार्थ सिद्धि के तुष्टिकरण के क्रम में होता है। वास्तविक अर्थों में देखा जाये, तो करणवादी दृष्टिकोण के अनुसार नृजातीयता/संजातीयता मुख्यतः एक राजनीतिक रणनीति का एक तदर्थ तत्त्व है, जिसे हित समूहों के लिए धन, शक्ति या ओहदे में वृद्धि जैसे दूसरे दर्जे के लक्ष्यों को प्राप्त करने के लिए संसाधन के रूप में इस्तेमाल किया जाता है। रचनावादी राष्ट्रीय और जातीय पहचानों को अक्सर हालिया ऐतिहासिक बलों के रूप में देखते हैं, तब भी जब पहचानों को पुरातन के रूप में प्रस्तुत किया जाता है। दरअसल, रचनावादी जातीय अस्मिता की शाश्वतता और निरन्तरता पर बल देते हैं और इसे ऐसी प्रक्रिया से निर्मित मानते हैं जो अपने सन्दर्भ में निश्चित और ऐतिहासिक है। इस सम्बन्ध में यह द्रटव्य है कि जातीय अस्मिता के विश्लेषण में व्यवहृत उपर्युक्त दृष्टिकोणों में यह आवश्यक और अनिवार्य नहीं है कि वे परस्पर समन्वित, सामंजस्यपूर्ण और तादात्म्यपूर्ण हों बल्कि कभी–कभी वे एक–दूसरे के विरोधाभासी भी होते हैं या ऐसे प्रतीत होते हैं।

जातीय चेतना के अभिप्रेरण को प्रायः ही 'राष्ट्र' या राष्ट्रीयता को निर्दिष्ट करने के लिए व्यवहार में लाया जाता है, जैसा कि उर्मिला फडनीस (2015) रेखांकित करती हुई कहती हैं–'राष्ट्र–राज्य के अनुरूप और समान नहीं है। जहाँ राज्य प्राथमिक तौर पर एक राजनीतिक विधिक संकल्पना है, वहीं राष्ट्र एक मनोवैज्ञानिक सांस्कृतिक अवधारणा है। राष्ट्र का अस्तित्व राज्य के बिना भी सम्भव है, उसी प्रकार राज्य भी राष्ट्र की अनुपस्थिति में अस्तित्वमान हो सकता है। स्पष्ट कहें, तो एक राष्ट्र–राज्य से आशय

उस वस्तुस्थिति से है जिसमें राष्ट्र के अन्तर्गत अपने राज्य समाहित होते हैं। दूसरे शब्दों में कहें तो, राष्ट्र–राज्य से तात्पर्य उस प्रकार के राष्ट्र से है जिसके पास राजनीतिक सम्प्रभुता है।' चूँकि भारत को एक बड़े बहुजातीय राष्ट्र राज्य के रूप में जाना जाता है, इसलिए निश्चित रूप से यह भारत के लिए चुनौतीपूर्ण होगा कि वह राष्ट्रीय निर्माण की प्रक्रिया के क्रम में सभी जातीय समूहों को समन्वित करे और उनके बीच तादात्म्य, तारतम्य और सामंजस्य स्थापित करे।

उत्तर-पूर्वी क्षेत्र में जातीय संघर्ष

भारत के उत्तर–पूर्वी क्षेत्र के अन्तर्गत असम, अरुणाचल प्रदेश, नागालैंड, मिज़ोरम, मेघालय, मणिपुर, त्रिपुरा, सिक्किम राज्य आते हैं। इन राज्यों का समवेत क्षेत्रफल 2,55,088 वर्ग किलोमीटर है, जो भारत के कुल भौगोलिक क्षेत्रफल का कमोबेश 8 फ़ीसदी है। यह सम्पूर्ण क्षेत्रफल जातीय विविधता के दृष्टिकोण से काफ़ी उर्वर रहा है। वस्तुतः कथित जातीय विविधता का आधार नस्लीय रहा है। कहने का अभिप्राय यह है कि वास्तव में जनजातीय समूहों में एक प्रकार की सम्बद्धता पायी जाती है जो प्रकारान्तर से ऐतिहासिक है। इस भू–भाग के जनजातीय समूहों के बीच जो ऐतिहासिक कड़ी है, उसका आधार नस्लीय है। इस क्षेत्र के अधिकतर जनजातीय समूह तिब्बत, बर्मी या मंगोली नस्ल के रहे हैं और समूहों के रूप में इनकी लामबन्दी में ऐतिहासिक नस्लीय सिद्धान्त की निर्णायक भूमिका है। दूसरे शब्दों में कहें, तो इस क्षेत्र के जनजातीय समूह ऐतिहासिक परम्परा के दृष्टिकोण से अधिकांशतः तिब्बत, बर्मी, मंगोली नस्ल के रहे हैं जो वस्तुतः दक्षिण एशिया की तुलना में दक्षिण–पूर्वी एशिया के अधिक क़रीब दिखते हैं। सम्भवतः यही कारण है कि वे भारत देश के अन्य निवासियों की तुलना में काफ़ी इतर प्रतीत होते हैं। दरअसल, भौगोलिक ऐतिहासिक कारणों से यह सम्पूर्ण क्षेत्र अपेक्षाकृत अलग–थलग रहा है और प्रशासनिक दृष्टिकोण से भी यह भारत के अन्य क्षेत्रों के बनिस्बत कम समुचित रूप से संचालित रहा है। इन्हीं कारणों के प्रभावस्वरूप इनकी नये नवेले भारत के प्रति प्रतिबद्धता और देशानुराग की तासीर उतनी गाढ़ी नहीं दिखती थी जितनी देश के अन्य भागों के निवासियों में पायी जाती थी। आशय यह कि उनके नवगठित राष्ट–राज्य का भारत के प्रति अनुराग, प्रेम और भक्ति को सवालिया दृष्टिकोण के साथ देखा गया। इस सन्दर्भ में यह तथ्य भी ध्यातव्य और महत्त्वपूर्ण

है कि इन उत्तर–पूर्वी क्षेत्रों की 90 फ़ीसदी सीमा अन्तरराष्ट्रीय सीमा से संलग्न है। इस प्रकार की भौगोलिक अवस्थिति ने भी अनेक प्रकार की समस्याओं और जटिलताओं को जन्म दिया। संक्षेप में और यथार्थवादी एवं वस्तुपरक नज़रिये से देखें, तो यह स्पष्ट ही है कि जातीय चेतना भारत के इस उत्तर–पूर्वी क्षेत्र में सर्वाधिक महत्त्वपूर्ण और संवेदनशील मुद्दा रहा है। इसका सबसे ज्वलन्त और अति प्रासंगिक प्रमाण यह है कि यह क्षेत्र जातीय चेतना के अत्यधिक सघन केन्द्रीकरण के कारण अनेक हिंसात्मक टकरावों और घटनाओं का साक्षी रहा है। अनेक और बारम्बार विभाजन, असम का पुनर्गठन तथा सात राज्यों के अस्तित्व में आने के बाद भी इस समस्या का समाधान नहीं हो सका। वस्तुतः जातीय चेतना से अभिप्रेरित राजनीतिक आन्दोलन भारत के इस क्षेत्र का सर्वाधिक मुखर, प्रखर, प्रबल और ज्वलन्त मुद्दा रहा है। यहाँ तक कि अभी भी मणिपुर में कुकी नागा संघर्ष हो या ख़ासी गारो में प्रतिद्वन्द्विता या फिर मेघालय में विभाजन हो या असम में बोडोलैंड का मुद्दा, यह समय–समय पर भारत के इस उत्तर पूर्वी क्षेत्र को जातीय संघर्ष के एक बड़े क्रीड़ा–स्थल में तब्दील कर देते हैं।

बहरहाल भारत के इस उत्तर–पूर्वी क्षेत्र के जातीय समूहों में विविधता के दर्शन होते हैं अर्थात् इस क्षेत्र में जातीय समूहों के अनेक प्रकार दृष्टिगत होते हैं, मसलन, नागा, मिज़ो, अहोम, बोडो इत्यादि, जो अपनी विभिन्न विशेषताओं और चेतना के आधार पर संगठित हुए हैं। ऐसे समूहों के हितों के परस्पर विरोधाभासी होने और उनका उचित समाधान न निकालने की प्रवृत्ति के परिणामस्वरूप इन कथित जातीय समूहों के बीच समय–समय पर हिंसात्मक संघर्ष और टकराव फूट पड़ता है जिससे भारत का यह उत्तर पूर्वी क्षेत्र आतंकित हो उठता है। वास्तविक रूप से देखा जाय, तो जातीय अस्मिता ही वह केन्द्र–बिन्दु–जिसके चारों तरफ़ भारत के इस उत्तर–पूर्वी क्षेत्र की सियासत घूमती है। "किसी भी क़ीमत पर जातीय आकांक्षाओं– महत्त्वाकांक्षाओं के तुष्टिकरण करने की हिंसात्मक प्रवृत्ति का चरमोत्कर्ष आपने सम्बन्धियों की हत्याओं और घात–प्रतिघात की अन्तहीन शृंखला में परिणत हो जाता है और जो अन्ततोगत्वा नरसंहार और प्राकृतिक विध्वंस का मूल कारण बनते हैं। उत्तर–पूर्वी भारत में जातीय अस्मिता की अभिव्यक्ति के अनेक और विविध प्रकार दृष्टिगत होते हैं और यह पूरा क्षेत्र इससे जुड़े उदाहरणों से भरा पड़ा है।" (श्रीकान्त एवं नगैहत, 2011)

यह आलेख अपनी प्रकृति में इतना विस्तृत भी नहीं है कि वह नागा और मिज़ो के उन आन्दोलनों पर गहन एवं सघन विचार–विमर्श करे जिसके काल–खण्ड के दरमियान भारत से अलग होने और फिर उसके साथ जुड़ते जाने का दौर शामिल है और जो अपने में विविध प्रकार की जातीय आकांक्षाओं और महत्त्वाकांक्षाओं को समेटे हुए है। हालाँकि उन नागा कुकी और बोडो, ग़ैर–बोडो के बारे में तफ़सील से चर्चा की जा सकती है जिससे कि इस क्षेत्र में अभी चल रहे संघर्षों के सन्दर्भ में, कुछ सीमा तक ही सही, लेकिन अवगत हो सकें। हालाँकि यह राष्ट्रीय निर्माण और सुरक्षा चिन्ताओं के लिए अनुकूल नहीं है क्योंकि यह क्षेत्र बांग्लादेश, म्याँमार और चीन से अन्तरराष्ट्रीय सीमाओं को साझा करता है। 80 के दशक के दौरान भारतीय प्राधिकार द्वारा आसू, टी.एन.वी., एम.एन.एफ. के साथ सहमति–पत्र हस्ताक्षर किये गये हो या फिर वर्ष 2003 में सहमति–पत्र की स्वीकार्यता, इनका मूलभूत, आधारभूत और प्राथमिक उद्देश्य था : ''विरोधाभासी एवं टकराव बढ़ाने वाली असहमतियों के बीच सामंजस्य और सौहार्द स्थापित करना जिससे कि राष्ट्रीय निर्माण के अवरोधक के रूप में चिह्नित इन जातीय अस्मिता की चेतना के आधार पर संगठित समूहों के बीच हो रहे हिंसात्मक संघर्षों और टकरावों की समस्या का निवारण राज्य के विधिसम्मत नियमावली के अनुरूप हो और ये राज्य के शासकीय प्राधिकारों और प्रणालियों के अंगभूत हो सकें। हालाँकि कथित जातीय समूहों के बीच सामंजस्य, समन्वय और सौहार्द स्थापित करने की यह लोकतान्त्रिक क़वायद समस्या का स्थायी समाधान देने में विफल रहा। जब एक धड़ा भारत के साथ सम्बद्ध होने के मसौदे को स्वीकृति प्रदान कर, इसे अपने फ़ायदे के रूप में भुनाना चाहता है, तब दूसरा धड़ा भारत से विलगाव के मसौदे की ओर झुक जाया करता है।'' (रॉय, 2005)

बहरहाल, नागा और कुकी दो ऐसे जातीय समूह हैं जिनका म्याँमार और उत्तरी क्षेत्र में शताब्दियों से सहअस्तित्व रहा है। मणिपुर में हिन्दू मित्तियों का बाहुल्य है, जो घाटी में वर्चस्वशाली हैं। जबकि नागा और कुकी जनजातियों समेत अन्य जनजातीय समूह मुख्य रूप से ईसाई हैं और पहाड़ी ज़िलों के निवासी हैं। मुस्लिम प्रवासियों को पंगलारूव के रूप में सम्बोधित किया जाता है, जो इस क्षेत्र की कुल आबादी का 8 फ़ीसदी है। भारत के विभिन्न भागों से आये प्रवासियों की एक छोटी–सी आबादी मयांग (दिकू) के रूप में जानी जाती है। दरअसल मणिपुर आतंकवाद और

जातीय संघर्षों के एक बड़े क्रीड़ा–स्थल के रूप में तब्दील है। वस्तुतः नागा और कुकी के बीच जो सघन संघर्ष है, वह मुख्यतः मणिपुर के सेनापति ज़िले पर वर्चस्व को लेकर है। कुकी सेनापति ज़िले के तीन उप अनुमण्डलों को पृथक् कर सदर हिल्स नामक एक अलग ज़िले की माँग करते रहे हैं जिससे कि वे इस निश्चित और कथित क्षेत्र में बहुसंख्यक हो जायें और उनका नियन्त्रण स्थापित हो जाये। दरअसल नागा कुकी के बीच जो रक्तरंजित टकराव होते रहे हैं, उसका मुख्य कारण मणिपुर की पहाड़ियों के क्षेत्र पर किसी भी क़ीमत पर वर्चस्व स्थापित करने का प्रयास ही है। नागा कुकी की इस उपर्युक्त माँग का विरोध करते हैं और इसे अपने पूर्वजों की भूमि बताते हैं।

वे कुकी की कथित माँग को लेकर आशंकित रहा करते थे और उन्हें इस बात का डर सता रहा था कि कहीं यह माँग कुकी के वर्चस्वशाली पृथक् गृह प्रदेश का मार्ग प्रशस्त करेगा जो निश्चित तौर पर उसके नियन्त्रण वाले क्षेत्र का विरोधाभासी और प्रतिद्वन्द्विता वाला होगा। वे मणिपुर की सरकारों को भी आशंकित और सवालिया नज़रिये से देखते रहे हैं और इस सन्दर्भ में प्रायः ही सन्दिग्ध रहते हैं कि मणिपुर की सरकारें कुकी पर मेहरबान रही हैं। दबाव की रणनीति अपनाते हुए कभी कुकी राष्ट्रीय राजमार्ग 2 और 37 पर आर्थिक नाकेबन्दी करते हैं, तो प्रतिक्रियास्वरूप मणिपुर की संयुक्त नागा परिषद् भी इसी प्रकार की आर्थिक नाकेबन्दी करती है। इस क्रम में अचानक और अनायास ही हिंसा का विस्फोट होता है और फलतः कुकी और नागा दोनों को जन–धन की अपार हानि होती है। इन दोनों के बीच प्रस्फुटित हिंसा के बीच मणिपुर के आम जन पिस जाते हैं और कभी–कभी तो वे भी हिंसा में भागीदार बनने को विवश हो जाते हैं। मणिपुर में नागा और कुकी के संघर्ष ने कई सशस्त्र समूहों को जन्म दिया है, मसलन, कुकी राष्ट्रीय सेना, कुकी राष्ट्रीय मोर्चा, संयुक्त कुकी मुक्ति मोर्चा इत्यादि। नागाओं को मणिपुरी नागा थिइंगलेंग मुइवाह नागालैंड राष्ट्रीय समाजवादी परिषद्– आई.एम. का समर्थन प्राप्त है। बहरहाल, यह कहने में कोई संकोच नहीं होना चाहिए कि राज्य में नागा और कुकी के बीच टकराव हो या कुकी–पाइटे के बीच झड़प या फिर मेइतेई–नागा के बीच पसरा तनाव। इन जैसे जातीय संघर्षों की श्रृंखला ने निश्चित रूप से मणिपुर की सामाजिक और राजनीतिक आबो–हवा को बिगाड़ कर रख दिया है।

बोडोलैंड का मुद्दा

बोडो या बोरोकचरी असम के मुख्यतः ब्रह्मपुत्र नदी के उत्तरी छोर के मैदानी इलाक़ों में पायी जाने वाली सबसे बड़ी जाति है। 90 के दशक से ही बोडो अपने अधिकारों को स्वर देने के लिए आन्दोलन, बग़ावत के साथ–साथ दबाव समूहों को संगठित करते रहे हैं। उनका आन्दोलन उस असम मुक्ति मोर्चा के अभ्युदय से प्रेरित था जो असम को भारत से मुक्ति दिलाने के लिए अस्तित्व में आया था। कालान्तर में, अपनी जातीय अस्मिता और स्वशासन सम्बन्धी अधिकारों को संरक्षित करने की माँग के आधार पर बोडोलैंड में अनेक सशस्त्र समूह अस्तित्वमान हुए। इन्होंने ग़ैर –बोडो लोगों के अनेक नरसंहारों को अंजाम दिया। प्रारम्भ में, नरसंहार के शिकार असमी बोलने वाले वे लोग थे जो 'बाहरी' समझे जाते थे, लेकिन बाद में, बांग्लादेशी समझे जाने वाले मुस्लिम और अन्य जातीय समूह, जैसे कि सन्थाल इत्यादि मुख्य शिकार हो गये।

'एशियन सेंटर फॉर ह्यूमन राइट्स' के अनुसार विगत दो दशकों की अवधि के दौरान मुस्लिम और सन्थाल समुदाय के दो लाख से अधिक लोगों को विस्थापित किया गया या यों कहें कि उन्हें ऐसा करने को विवश किया गया, तो कोई अतिशयोक्ति नहीं होगी। वस्तुतः और कमोबेश विस्थापन अपनी प्रकृति में बाह्यकारी ही होता है। ये सभी विस्थापित जनसमूह मुख्य रूप से चिरांग और उदलगुरि ज़िले से ताल्लुक़ रखते हैं। वर्ष 1993 में बोडो समझौता हस्ताक्षरित किया गया जिसका उद्देश्य बोडो बहुल उन क्षेत्रों को रेखांकित कर उन्हें सीधे या प्रत्यक्ष तौर पर बोडो स्वायन्त समिति के प्रशासन के अन्तर्गत लाना था जिससे कि हिंसा, अशान्ति के दौर को समाप्त किया जा सके लेकिन यह दुर्भाग्य का विषय ही कहा जा सकता है कि इसमें उन क्षेत्रों में संस्थागत और संगठित 'जातीय संहार' की सम्भावनाओं को न केवल आकार दिया बल्कि प्रबल और प्रबलतर बनाया जहाँ बोडो बहुसंख्यक नहीं थे। इस 'जातीय संहार' के शिकार न केवल असमी और बंगाली मुस्लिम थे बल्कि साथ ही साथ सन्थाल जनजातीय समूह और बिहार से आने वाले कुछ अन्य मुस्लिम प्रवासी समूह भी इससे पीड़ित थे।

बोडोलैंड में रहने वाले अन्य जनजातीय समूह की दुर्दशा और दयनीयता पर टिप्पणी करते हुए एन.जी. महन्ता (2013) कहते हैं कि

सत्तारूढ़ प्रगतिशील मोर्चा (बी.पी.पी.एफ.) और अन्य बोडो संगठन का तर्क है कि चूँकि आदिवासी प्रवासी हैं, इसलिए वे इस क्षेत्र के स्वदेशी कहलाने के अधिकारी नहीं हैं' इस पूरे विषय में ग़ौर करने वाली बात यह है कि दरअसल 1880 के दशक के दौरान जब चाय उद्योग तेज़ी से विकसित हो रहा था, तो जनजातीय समूहों (चाय बाग़ान जनजाति) जैसे कि झारखण्ड के संथाल, उराँव और मुण्डा जनजाति के लोगों को चाय बाग़ान मज़दूर के रूप में यहाँ लाया या गया यूँ कहें कि आयातित किया गया था। बहरहाल, कई वार्ताओं के बाद अन्ततः वर्ष 2003 में बोडोलैंड प्रादेशिक परिषद् (बी.टी.सी.) की स्थापना की गयी। इसके अन्तर्गत तत्कालीन सात राज्यों में से अलग कर बनाये गये चार संवेदनशील ज़िले कोकराझार, बक्सा, उदलगुरी और चिरांग आते हैं। असम में बोडोलैंड के वर्चस्व वाले क्षेत्रों में शान्ति स्थापित करने के लिए केन्द्रीय सरकार ने जनवरी, 2021 में राष्ट्रीय लोकतान्त्रिक बोडोलैंड मोर्चा (एन.डी.एफ.) और दो अन्य समूहों के साथ त्रिस्तरीय सहमति–पत्र पर हस्ताक्षर किये जिसमें आर्थिक एवं राजनीतिक सुविधाओं को सुनिश्चित करने का प्रावधान उपबन्धित किया गया था बशर्ते वे पृथक् राज्य या केन्द्र–शासित प्रदेश की सम्भावनाओं पर विचार न करें।

वस्तुतः भारत के उत्तर–पूर्वी राज्यों में जातीय संघर्ष और हिंसा का बदस्तूर बने रहना यह सिद्ध करता है कि जातीय हितों और अस्मिताओं के परस्पर विरोधाभासी एवं प्रतिद्वन्द्वी होने तथा इसके परिणामस्वरूप उनमें संघर्ष होने की सम्भावनाओं को अभी तक समायोजित, व्यवस्थित और विन्यस्त नहीं किया गया है। क्या कोई उन निर्दोषों की नारकीयता के बारे में चिन्तित और संवेदनशील है जो बेवजह ही मारे जा रहे हैं और विस्थापित होने को विवश किये जा रहे हैं? उनमें से सभी भारतीय हैं और निश्चित तौर पर अब भारत इस प्रकार की वस्तुस्थिति को और अधिक समय तक बने रहना बर्दाश्त नहीं कर सकता। यह एक गम्भीर, चुनौतीपूर्ण, संवेदनशील और जटिल मसला है जिसे बिना किसी सियासी मंसूबों की परवाह करते हुए सुलझाने के लिए सबसे पहले तरज़ीह देनी चाहिए।

27

विकासीय परियोजनाएँ और जन-विस्थापन
Developmental Projects and Displacement of People

औपनिवेशिक शासन से निजात पाने के तत्काल बाद ही भारत को राष्ट्रीय पुनर्निर्माण जैसे गम्भीर और अत्यन्त चुनौतीपूर्ण उद्देश्य की प्राप्ति के लिए संघर्षरत होना था। इसलिए यह अनिवार्य और अपरिहार्य था कि नियोजित विकास से अभिप्रेरित अनेक परियोजनाओं और उससे जुड़े विविध पहलुओं पर गहन एवं सघन विचार–विमर्श कर न केवल उसका स्वरूप निर्धारित किया जाये वरन् इसके सफल और सकारात्मक कार्यान्वयन के प्रति भी सजग, सतर्क और सचेतन बने रहने की आवश्यकता पर बल दिया जाये; किन्तु इसके लिए दक्ष, उपयुक्त एवं प्रभावी मानवीय संसाधन के साथ–साथ प्राकृतिक संसाधनों की उपलब्धता निश्चित तौर पर निर्णायक होने वाली थी। यह तो भारत के लिए सौभाग्य का विषय कहा जा सकता है कि वह खनिज, वन सम्पदा और जल संसाधन जैसे अन्य अनेक प्राकृतिक संसाधनों से सुसम्पन्न और लबरेज़ था। सम्भवतः अन्य अनेक कारणों में यही वह प्राथमिक और प्रासंगिक कारण था जिसके फलस्वरूप भारत बाँध, खनन, यातायात और उद्योग से सम्बन्धित अन्यान्य अवसंरचनाओं के विकास के प्रति स्वयं को प्रतिबद्ध करने के लिए कृतसंकल्पित हो सका। स्वाभाविक और बुनियादी तौर पर भी इस वैचारिकी के पीछे जो दृष्टिकोण था, वह निश्चित रूप से लोगों के जीवन में आमूल–चूल या यों कहें कि गुणात्मक परिवर्तन के लिए था; किन्तु यह अत्यन्त दुर्भाग्यपूर्ण है कि इस प्रकार की अधिकांश परियोजनाओं को जिस प्रकार अमलीजामा पहनाया गया, उससे यहाँ के लोगों की एक बड़ी आबादी बुरी तरह प्रभावित हुई।

वस्तुतः सही मायनों में देखें, तो भारत या इसके जैसे तीसरी दुनिया के अन्य देशों में विकास की कथित अवधारणा और उसका प्रकार्यात्मक

रूप लोगों के लिए दुःस्वप्न ही साबित हुआ है क्योंकि इसे जिस प्रकार व्यवहार में लाया गया है, उससे बड़ी संख्या में लोग विकास की वेदी पर बलि चढ़ा दिये गये गोया जैसे कि वे भेड़–बकरी हों। विस्थापन और उससे उपजी त्रासदी ने उनके मानव होने की बुनियादी पूर्व शर्तों को भी तार–तार कर दिया। मानवीय गुरुता और गरिमा का भी कोई ध्यान नहीं रखा गया। हालाँकि इस सन्दर्भ में प्रकारान्तर से ऐतिहासिक दृष्टिकोण से वैचारिक अनुशीलन किया जाये, तो यह सुस्पष्ट होता है कि अतीत में यद्यपि मानवीय बसावट का पुनर्नियोजीकरण विकास के लिए अभिप्रेरक ही रहा है तथापि यह प्रक्रिया निश्चित रूप से मानवतावादी और यथासम्भव स्वैच्छिक होनी चाहिए।

अगर वस्तुपरक और यथार्थवादी दृष्टिकोण से विश्लेषित करें, तो यह परिलक्षित होता है कि विकास की अवधारणा अपने वास्तविक अर्थों में तभी फलीभूत होती है, जब पारम्परिक और पूर्व प्रचलित तरीक़ों को अतिक्रमित किया जाता है। विकास वस्तुतः भूमि और जल को व्यवहार में लाने की पूर्वनिर्धारित प्रणालियों में परिवर्तन की माँग करता है और कुछ दृष्टान्तों में की तो इस बदलाव के लिए लोगों का विस्थापन अनिवार्य और बुनियादी पूर्व शर्त होता है, लेकिन जैसा कि विस्थापन मामलों की जानी–मानी विशेषज्ञ माइकल कर्निया 1985 का कहना कि अस्वैच्छिक जन–विस्थापन को एक विकल्प के रूप में अपनाने से बचना चाहिए; किन्तु ऐसा करना अगर अनिवार्य और अनुपेक्षणीय हो, तो यह प्रयास करना अत्यन्त आवश्यक होगा कि विस्थापन यथासम्भव और यथोचित रूप से न्यूनतम हो, कम–से–कम हो। अनेक विकासशील देशों में विस्थापन को लेकर इसी प्रकार के संवेदनशील रवैये को देखा गया है, लेकिन निश्चित रूप से यह दुर्भाग्य और विडम्बनापूर्ण कहा जायेगा कि भारत में इस प्रकार की परिपाटी का अनुसरण नहीं किया गया। भारत में विस्थापन के लिए कई कारकों और कारणों को अधोरेखित किया जा सकता है, किन्तु अभी संक्षेपतया विस्थापन सम्बन्धी कुछ प्रमुख कारणों को निम्नलिखित बिन्दुओं के माध्यम से प्रकाशित करने का प्रयास किया गया है :

- यहाँ सर्वाधिक संख्या में विस्थापित हुए लोगों का प्रमुख कारण जल विद्युत और सिंचाई परियोजनाएँ हैं।
- विस्थापन के लिए ज़िम्मेदार अन्य परियोजनाओं में मुख्य रूप से खनन, तापीय और नाभिकीय ऊर्जा संयन्त्र, सेनाकर्मियों

के अभ्यास हेतु गोलीबारी परीक्षण परिसर (Firing Range), औद्योगिक क्षेत्र, सेना से जुड़े विविध प्रतिष्ठानों एवं संस्थानों की स्थापना, रेलवे की पटरियों का बिछाव, राजमार्ग, संरक्षित वनों का विस्तार, वन्य जीव अभयारण्य, खनिज आधारित उद्योग इत्यादि रेखांकित किये जा सकते हैं।

यद्यपि इन परियोजनाओं की प्रासंगिकता और उपादेयता को लेकर कोई सवालिया आशंका नहीं है, फिर भी यथोचित और युक्तियुक्त रूप से उपयुक्त पुनर्वास के बिना लोगों को विस्थापित करना एक आपराधिक कृत्य तो है ही, साथ ही साथ मानवीय गरिमा और अधिकारों की अवहेलना तथा अवमानना भी है। यदि फिर भी विस्थापन का कोई विकल्प अनिवार्य रूप से उपक्षेणीय नहीं हो, तो यह अत्यन्त ही महत्त्वपूर्ण हो जाता है कि इसे इस प्रकार से अमलीजामा पहनाया जाये कि विस्थापित हो रहे लोगों की जीविका सुरक्षित एवं संरक्षित रहे। अगर इसे समुचित और यथोचित तरीक़े से व्यवहार में नहीं लाया गया, तो यह तथाकथित विकास कुछ लोगों के लिए तो लाभदायक और फलदायी सिद्ध होगा, किन्तु बहुतों के लिए एक ऐसा नासूर बन जायेगा जिसके दर्द से उपजी टीस को वे जीवनपर्यन्त महसूस करते रहेंगे। इस सन्दर्भ में यह निश्चित रूप से ध्यातव्य और अत्यन्त विचारणीय है कि विस्थापन में मानवीय बसावट का पुनर्वास और उसमें सुधार की प्रक्रिया मानवतावादी या जनोन्मुख होनी चाहिए। इस प्रक्रिया में मानवीय गुरुता, गरिमा और अधिकारों को प्राथमिकता मिलनी चाहिए। इसी की तस्दीक करते हुए माइकल कर्निया (पूर्वोक्त) कहती हैं–'विस्थापन की प्रक्रिया में सर्वप्रथम लोगों को महत्त्व देना चाहिए, वे ही प्राथमिकता सूची में सबसे ऊपर होने चाहिए।' बहरहाल, भारतवर्ष में स्वतन्त्रता से लेकर अभी तक की अवधि के दौरान कमोबेश 4–6 करोड़ लोग तिस्थापित किये जा चुके हैं। यह निश्चित रूप से विडम्बना और विद्रूपता का विषय है कि केन्द्र और राज्य, दोनों प्रकार की सरकारों, राजनीतिक दलों तथा नीति निर्धारकों ने कभी भी विकास की ऐसी नीतिगत सम्भावनाओं पर विचार तक नहीं किया, जो विस्थापन को विकल्प के रूप में अपनाने को हतोत्साहित करें। वस्तुतः विस्थापन के बिना विकास उनके लिए कभी गम्भीर और विचारणीय विषय या मुद्दा रहा ही नहीं। इस सन्दर्भ में सरकार की असंवेदनशीलता का इससे अधिक प्रामाणिक और प्रासंगिक उदाहरण क्या हो सकता है कि उनके पास विस्थापित नहीं

लोगों से सम्बन्धित आँकड़ों की उपलब्धता तक सुनिश्चित होने पायी है। दरअसल विस्थापन का मुद्दा उनके लिए मौजूं ही नहीं है। बहरहाल, बृहद् और व्यापक स्तर पर जन–विस्थापन के कारणों की वास्तविक, वस्तुपरक और यथार्थवादी दृष्टिकोण से पड़ताल की जाये, तो बड़े और विशालकाय बाँधों के निर्माण को बड़ी संख्या में लोगों के विस्थापन के लिए सबसे प्रमुख कारण के रूप में चिन्हित किया जा सकता है। इस विषय में वॉल्टर फर्नांडीस जैसे चर्चित और प्रसिद्ध विशेषज्ञ का आकलन है कि सिर्फ़ इसी के कारण लगभग 2.5 करोड़ लोग विस्थापित होने को विवश हुए हैं। इनमें से अधिकांश लोगों के लिए किसी प्रकार की कोई उपयुक्त व्यवस्था नहीं की गयी और उन्हें भाग्य के भरोसे छोड़ दिया गया। इस प्रकार के क्रूर, विद्रूप और विडम्बना से भरे विस्थापन का परिणाम अन्ततः जनजातीय संघर्ष के रूप में सामने आया। यह प्रतिरोध विशेषतः मध्य भारत में प्रबल, प्रखर और मुखर रूप में प्रस्फुटित हुआ, जो वास्तव में लम्बे समय से संचित असन्तोष और आक्रोश का विस्फोट कहा जा सकता है।

वस्तुतः बृहद् और विशालकाय बाँधों के निर्माण में भारत समस्त विश्व में तीसरे पायदान पर अवस्थित है। भारत जहाँ 3,600 बड़े बाँधों का निर्माण हो चुका है, वहीं 800 बाँध निर्माणाधीन भी हैं। नर्मदा नदी पर निर्मित सरदार सरोवर बाँध का ही सन्दर्भ लें, तो सिर्फ़ इस परियोजना के कारण वर्ष 1979 में विस्थापित परिवारों की संख्या 6,000 थी, जो वर्ष 1987 में बढ़कर 12,000 परिवारों तक जा पहुँची। वहीं वर्ष 1991 में 27,000 परिवारों के विस्थापन की बात कही गयी, जबकि वर्ष 1992 में आधिकारिक आँकड़ों के अनुसार विस्थापित लोगों की संख्या 40,000 आँकी गयी। इन आँकड़ों में अभी भी बदस्तूर वृद्धि जारी है। हालाँकि 'नर्मदा बचाओ आन्दोलन' से जुड़े नेताओं और कार्यकर्ताओं ने उपर्युक्त आँकड़ों से असहमति जतायी है और इसे संशोधित करते हुए विस्थापित परिवारों की संख्या 85,000 अनुमानित की है। अगर ये विस्थापित लोग राष्ट्रीय वैचारिकी और चेतना के विषय नहीं हैं और हाशिये पर बने रहने को अभिशप्त हैं, तो इसका सबसे प्राथमिक, प्रासंगिक और युक्तियुक्त कारण यह था कि विस्थापित लोगों में अधिकतर वैसे लोग थे जो सुदूर अंचलों में रहते थे, और आर्थिक तौर पर विपन्न थे, जैसे कि भूमिहीन मज़दूर या सीमान्त किसान। इन विस्थापित होने को विवश हुए लोगों में ऐसे बेबस लोगों की संख्या अधिक थी, जो या तो जनजातीय तबके से आते थे या जो वर्षों से दमित

होते आ रहे दलित जाति से ताल्लुक़ रखते थे। वास्तव में देखा जाये, तो यह अत्यन्त ही विडम्बना और विद्रूपता की स्थिति है कि अनुसूचित जनजातियाँ हमारी आबादी का महज़ 8 फ़ीसदी हैं, किन्तु विस्थापितों में उनकी सहभागिता 40 फ़ीसदी है। ये आँकड़े यह तस्दीक करने के लिए पर्याप्त हैं कि वे लोग जो विस्थापितों की ज़िन्दगी जीने के लिए विवश किये गये हैं वह वस्तुतः ऐसे लोग हैं जिनका सत्ता और सियासत में कोई प्रतिनिधित्व नहीं है और जो निहायत ही लाचार, बेबस और कमज़ोर हैं। ये ऐसे लोग हैं जिनके हितों के लिए संघर्ष करना तो दूर, उनको कोई आवाज़ देने वाला भी नहीं है। फलतः नेतृत्वविहीन और निर्बल होने के कारण ये कथित विकास की वेदी पर कुर्बान कर योग्य समझे जाने लगे और उनकी नियति जीवन पर्यन्त्र अभिशप्त बने रहने की लिख दी गयी। दरअसल, इस पूरी प्रक्रिया और परिघटना को अगर वस्तुपरक ढंग से विश्लेषित करें, तो यह स्पष्ट होता है कि यह पूरी क़वायद वास्तव में एक लक्षित तबके को निरन्तर और अनवरत कमज़ोर करते जाने की प्रक्रिया है। विशेषकर इसकी पुष्टि तब और प्रामाणिक हो उठती है, जब यह दिखता है कि इन कथित लोगों के पुनर्वास तक की चिन्ता करने वाला तक कोई नहीं है। सम्भवतः राज्य प्रशासनिक प्रणाली और प्रतिष्ठानों की कार्य–शैली इस मानसिकता पर अवलम्बित है कि अगर आप पीड़ा, दर्द और दयनीय जीवन जीने के सन्त्रास को सहने के लिए समर्थवान व सक्षम हैं, तो राष्ट्रीय हितों के लिए अवश्य ही ऐसा करना चाहिए। जब कई लोगों का जीवन इस तथाकथित विकासीय अवधारणा से प्रभावित हो, अस्त–व्यस्त हो रहा है, तो विकास के इस स्वरूप और इसकी प्रक्रियात्मक विधियों के सन्दर्भ में गहन विचार–विमर्श क्यों नहीं होना चाहिए? क्यों नहीं विकास की ऐसी सम्भावनाओं पर प्रासंगिक वैचारिकी की तलाश की जा रही है जिसमें विस्थापितों के दुःख–दर्द से उत्पन्न टीस और चीख़ के लिए कोई स्थान नहीं हो? इस विषय को लेकर उत्तरदायी प्राधिकारों और सरकारों के बीच इतना नीरव सन्नाटा क्यों है? वास्तव में अगर विस्थापित लोगों का समुचित, यथोचित और व्यवस्थित तरीक़े से पुनर्वास नहीं किया गया तथा उनके जीविकोपार्जन करने की क्षमता की सम्भावनाओं को सुरक्षित एवं संरक्षित करने के प्रयास नहीं किये गये और पहले की ही भाँति उन्हें अपनी ज़मीन से विस्थापित होने को विवश किया गया, तो निश्चित रूप से तथाकथित विकास की अवधारणा का कोई अर्थ शेष नहीं रह जाता है,

यह अप्रासंगिक और बेतुका लगने लग जाता है। यह अन्य कुछ भी हो सकता है, लेकिन लोकहित का कार्य तो नहीं ही हो सकता है।

अधिकांश मामलों में विस्थापितों और उनकी दयनीय स्थिति की ओर राष्ट्र का ध्यान तभी आकर्षित होता है, जब प्रभावित लोगों का संघर्ष और आन्दोलन राष्ट्र में सुर्ख़ियाँ बनता है। हालाँकि तब भी यह राष्ट्रीय महत्त्व की कोई बड़ी ख़बर मानी नहीं जाती। इस सन्दर्भ में वर्तमान झारखण्ड राज्य के अन्तर्गत आने वाले गुमला और पलामू ज़िले के नेतरहाट में अभ्यास के लिए प्रयोग के तौर पर प्रस्तावित गोलीबारी परीक्षण परिसर (Firing Range), पलामू ज़िले (झारखण्ड) के कर्णपुरा घाटी में कोयला खनन, सिंहभूम ज़िले में स्वर्णरेखा नदी पर बन रहे बाँध, आन्ध्र प्रदेश में पालावरम बाँध, नागरहोल वन्य जीव अभयारण्य, गन्धमर्दन बॉक्साइट खदान एवं उड़ीसा में चिल्का परियोजना और इसकी जैसी अन्य कई परियोजनाओं के विरुद्ध संघर्षों और विरोधों को उदाहरण के रूप में रेखांकित किया जा सकता है, जो अनवरत और बदस्तूर जारी हैं, किन्तु फिर भी ये राष्ट्रीय महत्त्व की ख़बरें नहीं समझीं जातीं और जिनका राष्ट्रीय चेतना और नीति–निर्माण की वैचारिकी में अभी तक कोई स्थान निर्धारित नहीं हो पाया है अर्थात् ये राष्ट्रीय विषय के अधिकारी नहीं समझे गये हैं। उनका प्रतिरोध, संघर्ष और चिन्ताएँ राष्ट्र के विधाताओं की नज़र में कोई मायने नहीं रखता। उपर्युक्त मामलों में सिर्फ़ नर्मदा बाँध से जुड़ा आन्दोलन ही राष्ट्रीय और अन्तरराष्ट्रीय स्तर पर चर्चित हो सका क्योंकि नर्मदा बाँध की ऊँचाई अनपेक्षित और अप्रत्याशित रूप से बढ़ाई गयी थी।

वस्तुतः इस सन्दर्भ में विभिन्न शोध और अध्ययन हुए हैं और सभी ने बुनियादी तौर पर इस तथ्य से सहमति जतायी है कि विस्थापन अपने में कई प्रभावों और परिणामों को समेटे या समाहित किये हुए है। अस्वैच्छिक विस्थापन और पुनर्वास मनोविज्ञान और सामाजिक–सांस्कृतिक दोनों स्तरों पर तनाव पैदा ही नहीं करता, बल्कि उसे बढ़ाता भी है। अभिप्राय यह है कि विस्थापन तनाव का उत्पादक और अभिप्रेरक तो है ही, साथ ही साथ यह रुग्णता को भी सघन करता है जिसके प्रभाव स्वरूप मृत्यु–दर में इज़ाफ़ा होता जाता है। इसका एक अत्यन्त ही दुर्भाग्यपूर्ण परिणाम यह भी है कि विस्थापित लोगों में विलगाव, निःसहायता, नैराश्य और अशक्तता का अहसास–बोध घर करने लग जाता है। दरअसल, किसी के लिए भी नये स्थान पर पलायन करना सोच से परे होता है,

विशेषकर जनजातीय समुदायों के लिए तो यह अकल्पनीय ही होता है क्योंकि वे अपने पूर्वजों की ज़मीन से गहरे जाकर और अपेक्षाकृत अधिक जुड़े होते हैं। पुनर्वास या उसके जैसा कोई शब्द जनजातीय भाषा में नहीं पाया जाता है। कहने का अभिप्राय यह है कि जनजातीय संस्कृति या इसके मनोविज्ञान में पुनर्वास जैसी किसी बात की उपस्थिति और उसकी चर्चा का आभास मात्र भी दृष्टिगत नहीं होता है। इस प्रकार हम देखते हैं कि विस्थापन लोगों को कई स्तरों पर प्रभावित करता है। इसके विभिन्न और अनेक परिणाम परिलक्षित होते हैं, किन्तु व्यापक दृष्टिकोण से देखें, तो विस्थापन के परिणामों और प्रभावों को संक्षेपतया निम्नलिखित बिन्दुओं के माध्यम से स्पष्ट किया जा सकता है :

- जीविकोपार्जन करने की सम्भावनाओं और अवसरों का धूमिल होते जाना।
- खाद्य–असुरक्षा।
- उत्पादन प्रणालियों से विलगाव।
- पारम्परिक पवित्र 'उपवनों', क्षेत्रों, पूजा स्थलों तथा मन्दिरों की अवमानना और अवहेलना।
- वंशीय–वृक्ष और पारिवारिक प्रणाली में बिखराव।
- अनौपचारिक साख संस्थानों की अनुपलब्धता के अक्स पारम्परिक एवं पारस्परिक सहयोग के विनिमय को प्रोत्साहित करने वाले संगठित अनौपचारिक सामाजिक सम्पर्कों का विघटन।
- स्व–प्रबन्धन और सामाजिक नियन्त्रण का कमज़ोर होते जाना।
- बाज़ार शंकुल और व्यापार में हस्तक्षेप।

आगे, इन प्रवृत्तियों को समष्टिगत दृष्टिकोण से देखते हुए राष्ट्रीय सन्दर्भों में विश्लेषित किया जाता है। आशय यह कि समष्टि और व्यष्टि के सन्तुलन को नज़रन्दाज़ कर दिया जाता है और व्यक्तिगत अधिकारों को सार्वजनिक हितों के फलीभूत होने की सम्भावनाओं पर न्यौछावर करने की अपेक्षा की जाती है। यहाँ राष्ट्रीय हित और लोक उद्देश्य को एक–दूसरे का पर्याय मान लिया जाता है। दरअसल, यही वह मानसिकता है जिसके प्रभावस्वरूप उन लोगों को परियोजना–विरोधी या विकास विरोधी यहाँ तक कि देश–विरोधी करार दे दिया जाता है जो परियोजना के कार्यान्वयन में अपनायी जा रही असंवेदनशीलता और अमानवीयता की कड़ी आलोचना करते हैं तथा उसका

पुरज़ोर विरोध और मुख़ालफ़त करते हैं। इस प्रकार की कथित मानसिकता के अनेक उदाहरण गुजरात, मध्य प्रदेश, छत्तीसगढ़, झारखण्ड और आन्ध्र प्रदेश में हुए विकास कार्यों में देखे जा सकते हैं। इस सन्दर्भ में निश्चित तौर पर यह असहज करने वाला प्रश्न उठता है कि जिन लाखों लोगों का जीवन और जीविका तबाह किये जा रहे हैं, क्या वे लोक और राष्ट्र में सम्मिलित नहीं हैं? अगर उन्हें अपने मूल से कटने को विवश करना और उनके जीवन को अस्त–व्यस्त करना ही लोक हित और राष्ट्रहित है, तो उनके पुनर्वास की ज़वाबदेही किसकी है? सिर्फ़ मुआवज़ा और उनकी बसावट को कहीं भी व्यवस्थित कर देना ही पुनर्वास नहीं हुआ करता।

अधिकांश मामलों में परियोजना से जुड़े अधिकारी निर्धारित ज़मीन से कहीं ज़्यादा भूमि का अधिग्रहण कर लेते हैं और परिणामस्वरूप बहुत सारी भूमि अनुपयोगी ही रहती है। वास्तव में इस प्रकार की भूमि को विस्थापितों के कल्याण हेतु व्यवहार में लाया जा सकता है, किन्तु कमोबेश ऐसे सभी मामलों में ज़मीन निजी विनिर्माताओं को औने–पौने दामों में बेच दी जाती है और ये लोग इस पर विशालकाय बहुमंज़िली इमारतों का निर्माण कर, उसे बेच कर करोड़ों रुपयों का मुनाफ़ा कमाते हैं। प्रायः ही बड़ी परियोजनाएँ दीर्घावधि वाली होती हैं। इस अवधि के दौरान यह निश्चित रूप से औचित्यपूर्ण होता कि विस्थापितों में कुछ समर्थ और योग्य लोगों को समुचित प्रशिक्षण एवं शिक्षा दी जाती ताकि वे परियोजना से जुड़े निम्नस्तरीय प्रशासनिक कार्य कर सकें। ऐसी ही वैचारिकी और प्रयासों के अभावों में वे लोग, जो अपने मूल स्थान से प्रवासित नहीं होना चाहते, अन्धकार और सीलन भरी उन झुग्गी–झोंपड़ियों में रहने को बाध्य और अभिशप्त हो जाते हैं, जो उसी परियोजना के कारण अस्तित्व में आये बस्तियों के आस–पास कुकुरमुत्ते की तरह उग आये होते हैं।

झारखण्ड राज्य के अन्तर्गत आने वाले गिरिडीह ज़िले में कोल इंडिया प्राइवेट लिमिटेड द्वारा भूमि अधिग्रहण के विरुद्ध एक ग़ैर–सरकारी संगठन की लोकहित याचिका पर सुनवाई करते हुए उच्चतम न्यायालय ने वर्ष 1984 में एक ऐतिहासिक फ़ैसला दिया और परियोजना से सम्बन्धित निम्नलिखित दिशानिर्देश दिये :

(क) यथासम्भव अस्वैच्छिक विस्थापन के विकल्प को अपनाने से बचना चाहिए। अगर अन्य कोई विकल्प नहीं हो, तो भूमि के बदले भूमि के सिद्धान्त के अतिरिक्त अन्य किसी भी मानदण्ड का अनुसरण नहीं किया जाना चाहिए।

(ख) अधिगृहीत भूमि का मुआवज़ा तात्कालिक बाज़ार मूल्य के अनुरूप होना चाहिए, न कि अपर्याप्त हो और ऊँट के मुँह में जीरा वाली कहावत चरितार्थ करे।

(ग) विस्थापित परिवार में से कम–से–कम एक सदस्य की नौकरी सुनिश्चित की जानी चाहिए।

बहरहाल, उपर्युक्त दिशानिर्देशों के प्रभावी रूप से लागू होने देने की जवाबदेही सभी की है। सभी का यह उत्तरदायित्व है कि वह यह देखें कि इन मार्गदर्शिकाओं का अनुसरण किस सीमा तक किया गया है या किया जा रहा है? इसके अतिरिक्त उन सार्वजनिक सम्पत्ति संसाधनों के सन्दर्भ में भी सकारात्मक पहल करने की आवश्यकता है जिसमें ग्राम सभा की भूमि, तालाब, चरागाह इत्यादि आते हैं। ये सामुदायिक 'सम्पत्ति स्रोत' कहे जाते हैं और स्थानीय अर्थव्यवस्था में इनकी महत्त्वपूर्ण भूमिका होती है। इस प्रकार के संसाधनों के लिए किसी प्रकार का मुआवज़ा या विकल्प उपलब्ध नहीं कराया जाता। इसके अलावा यह भी ध्यातव्य है कि अधिगृहित भूमि के लिए प्रदत्त मुआवज़ा स्पष्ट तौर पर पुनर्वास नहीं है, बल्कि प्राथमिक रूप से जीविकोपार्जन का पुनर्निर्माण है। अनेक ऐसे दृष्टान्तों विशेषकर जनजातीय क्षेत्रों में देखा गया है कि मुआवज़े के वितरण के तुरन्त बाद ही सभी प्रकार के गिद्ध मसलन महाजन, शराब विक्रेता, व्यापारी, अतिथि उनके इर्द–गिर्द मँडराने लगते हैं और उन्हें इस बात के लिए विवश कर देते हैं कि वे उनके उत्पादों पर पैसे जाया करें। इस प्रकार, उनके मुआवज़े की राशि अनुपयोगी चीज़ों पर ख़र्च हो जाया करती है। निश्चय ही और यह स्वाभाविक है कि उनके परिणाम के बारे में अनुमान लगाना कोई दुष्कर कार्य साबित नहीं होता। पहले तो वे भूमिहीन होते हैं और फिर अपर्याप्त मुआवज़े की राशि को अव्यवस्थित और अनुपयोगी रूप से ख़र्च करके दिवालिया भी हो जाते हैं। इसके पश्चात उनका भविष्य और वर्तमान भी अन्धकार के गर्त में विलीन हो जाता है। इस प्रकार के परिणाम की कल्पना करना कोई अतिशयोक्ति नहीं है, बल्कि यह सहज ही है।

परन्तु उपर्युक्त कहानी का सबसे दुर्भाग्यपूर्ण पहलू होता है : लोगों का बारम्बार विस्थापन। एक ही परिवार या लोगों के समूह का एक यहाँ तक कि दूसरी और तीसरी बार विस्थापन। ऐसे अनेक समूह दर्द भरे संक्रमण से गुज़रते हुए नयी जगह में स्वयं को व्यवस्थित करते हैं, किन्तु हतभाग्य! उन्हें फिर किसी अन्य परियोजना के लिए वहाँ से विस्थापित

होने को विवश कर दिया जाता है। यह असंवेदनशीलता और अमानवीयता की पराकाष्ठा है और मानव अधिकारों का हनन है। इस सन्दर्भ में उत्तर प्रदेश के अन्तर्गत आने वाले सिंगरौली ज़िले में स्थित रिहन्द बाँध और उड़ीसा में हीराकुण्ड बाँध के कारण विस्थापितों का उदाहरण लिया जा सकता है। इसी प्रकार, साठ के दशक की अवधि के दौरान कोयला खनन के कारण जो लोग विस्थापित किये गये, वही अस्सी के दशक के दौरान किसी प्रकार के उद्योग की स्थापना के लिए तीसरी बार विस्थापित होने को अभिशप्त हुए। क्या बेसहारा और बेआवाज़ लोगों की ज़िन्दगियाँ पैंट और शर्ट की तरह हैं जिसे जब चाहे इच्छानुसार बदल सकते हैं? क्या सही मायनों में हम एक लोक कल्याणकारी राज्य हैं?

भूमि अधिग्रहण अधिनियम

विस्थापन भूमि अधिग्रहण अधिनियम, 1894 (वर्ष 1984 एवं 1998 में संशोधित) के माध्यम से सम्भव हो पाता है। इस अधिनियम को विस्थापन के उपकरण के तौर पर रेखांकित कर सकते हैं। यह अधिनियम उस प्रकार की भूमि को अधिगृहित करने हेतु व्यवहार में लाया जाता है जो किसी की निजी सम्पत्ति है। यह उन परिस्थितियों और उद्देश्यों की भी व्याख्या करता है जिसके आधार पर राज्य और केन्द्रीय सरकार भूमि अधिगृहित करती है। वस्तुतः इसमें अधिग्रहण सम्बन्धी प्रक्रिया का उल्लेख किया गया है जो विभिन्न और अनेक चरणों में विभाजित है। इस अधिनियम में जहाँ विज्ञप्ति देने से लेकर अधिग्रहण करने की प्रक्रिया उपबन्धित है, वहीं भूमि के लिए मुआवज़े का निर्धारण और विवरण भी उद्धृत है। वर्ष 1984 में केन्द्रीय सरकार ने इस अधिनियम में व्यापक स्तर पर संशोधन किया जिससे इसके स्वरूप में आमूल–चूल परिवर्तन हुए। अन्य चीज़ों के अलावा इस अधिनियम में यह प्रावधान विशेष तौर पर उपबन्धित किया गया कि इसमें उल्लिखित सभी प्रक्रियाओं को पूर्ण करने की अवधि दो वर्ष नियत है। सभी दावे और प्रति दावे का निबटान/निपटान सिर्फ़ इसी नियत अवधि के अन्दर ही करने के प्रावधान का उल्लेख किया गया। कालान्तर में इसमें संशोधन के पश्चात् पुनर्वास और उसमें सुधार सम्बन्धी कुछ अन्य प्रावधान भी सम्मिलित किये गये, किन्तु विशेषज्ञों और विधिज्ञों के मतों का ग़ौर से अवलोकन करें, तो यह प्रतीत होता है कि यह अधिनियम व्यावहारिक स्तर पर अपने आदर्श

रूप से अत्यन्त ही इतर है। आशय यह है कि जिन उद्देश्यों को लेकर इसे गठित और फिर पुनर्गठित किया गया था, वह इसके लागू करने के क्रम में कहीं विलीन हो गया। अपने सैद्धान्तिक और व्यावहारिक रूप में यह अधिनियम एकदम विरोधाभासी तो नहीं, लेकिन समुचित तथा पर्याप्त रूप से पारस्परिक भी नहीं दिखते हैं। भूमण्डलीकरण के परिप्रेक्ष्य से देखें, तो यह स्पष्ट तौर पर परिलक्षित होता है कि बहुराष्ट्रीय निगमों के लिए भूमि का अधिग्रहण अपेक्षाकृत सहज और सरल हो गया है और यह सब सरकारी प्राधिकारों के मिलीभगत से ही सम्भव हो पा रहा है। इसी प्रकार के अनौचित्यपूर्ण गठजोड़ का **ही यह** परिणाम होता है कि वंचित तबके को हाशिये पर धकेल दिया जाता है और न केवल धकेल दिये जाते हैं बल्कि जीवनपर्यन्त हाशिये पर बने रहने को अभिशप्त रहते हैं।

इस अधिनियम में उल्लिखित लोक उद्देश्य शब्द सम्भवतः सबसे अधिक विवादास्पद और बहस–मुबाहिसे का विषय रहा है। नागरिक समाज लोक उद्देश्य, लोक कल्याण और लोकहित के सन्दर्भ में एक समग्र और सुस्पष्ट रूपरेखा की माँग करता रहा है। पुनर्वास मूलतः और बुनियादी तौर पर जीविका के पुनर्निर्माण की प्रक्रिया है, किन्तु यह स्व–केन्द्रित औपनिवेशिक शासन द्वारा उपबन्धित भूमि अधिग्रहण अधिनियम, 1894 का कभी भी मुख्य स्वर नहीं रहा है। स्वतन्त्रता के बाद भी सरकारी प्राधिकार इसी औपनिवेशिक मानसिकता और दृष्टिकोण के साथ काम करते रहे। अगर इस सन्दर्भ में उच्चतम न्यायालय को सिर्फ़ अपीलीय अधिकारिता वाले न्यायालय के रूप में कार्यान्वित रहने का प्रावधान बना रहता है, तो फिर उन लोगों की कोई उम्मीद शेष नहीं रहती जिनके पास न आवाज़ उठाने की सामर्थ्य है और न ही उनके हितों को कोई स्वर देने वाला ही हो, क्योंकि वे सत्ता प्रायोजित अवैधानिक कृत्यों को ऐसे उच्च स्तर पर चुनौती दे सकने में समर्थ और सक्षम नहीं हैं, इसका सबसे बड़ा कारण न्यायिक प्रक्रिया में ख़र्च होने वाली राशि है जो आम आदमी की पहुँच के बाहर है। यह निश्चित रूप से विकास और विस्थापन को दो विरोधाभासी शब्दों के रूप में तब्दील कर देता है। इन परिस्थितियों के बरअक्स यह सुस्पष्ट ही दृष्टिगत होता है कि व्यक्तिगत अधिकारों और उन राज्यीय शक्तियों के बीच कोई सन्तुलन नहीं है जो अपनी प्रकृति में बहुधा और प्रायः वर्चस्वशाली हुआ करती हैं।

स्वतन्त्रता के 70 वर्षों से अधिक व्यतीत हो जाने के तदुपरान्त अब यह कमोबेश स्पष्ट ही हो चला है कि *हमें वर्तमान के विकासीय स्वरूप सम्बन्धी अवधारणा और इसके प्रकार्य, प्रतिरूप तथा मानक से जुड़े विभिन्न नियामकों के सन्दर्भ में पुरज़ोर, प्रबल तथा प्रखर तरीक़े से पुनर्विचार करने की आवश्यकता है, क्योंकि यह आर्थिक हितों और इसके बदले में सामाजिक दृष्टिकोण से दी जा रही क़ीमतों व अवमूल्यन के बीच सन्तुलन स्थापित करने में असफल सिद्ध हुआ है। एक सामाजिक इकाई के तौर पर हमें आर्थिक समृद्धि और सामाजिक न्याय, दोनों को प्राप्त करने की आवश्यकता है। इनमें से किसी को भी विकास की बलि–वेदी पर त्यागने की ज़रूरत नहीं है।*

किन्तु, यह दुर्भाग्य, विडम्बना और विद्रूपता ही है कि उपर्युक्त कथित सन्तुलन की प्राप्ति के लिए लम्बा संघर्ष करना पड़ा। काफ़ी प्रतिरोध और हिंसा के पश्चात् ही सरकार ने विकास और न्याय के बीच सन्तुलन स्थापित करने के लिए भूमि–अधिग्रहण अधिनियम में संशोधन किये। निश्चित ही हम लोग आशान्वित हो सकते हैं कि पूर्ववर्ती क़ानूनों के उलट इस बार क़ानून को अत्यधिक सतर्कता और ईमानदारीपूर्वक व्यवहार में लाया जायेगा जिससे कि इसमें निवेशित हितों का उच्चतम दोहन किया जा सके और उनका यथोचित एवं यथासम्भव तुष्टिकरण सम्भव हो सके।

भूमि अधिग्रहण में पारदर्शिता और उचित मुआवज़ा का अधिकार, सुधार तथा पुनर्वास अधिनियम, 2013

यह अधिनियम संविधान के अन्तर्गत स्थापित ग्राम सभाओं और स्थानीय स्वशासी निकायों के लोक संस्थानों के सहयोग से औद्योगीकरण, शहरीकरण और अनिवार्य आधारिक अवसंरचनात्मक सुविधाओं के विकास के लिए भूमि अधिग्रहण की प्रक्रिया को मानवतावादी, सूचित, पारदर्शी और सहभागिता वाली बनाने का सुनिश्चितिकरण करता है, जिससे कि भूस्वामियों और अन्य प्रभावित लोगों के जीवन में न्यूनतम व्यवधान और हस्तक्षेप हो तथा उन परिवारों को उचित मुआवज़ा निर्धारित तथा प्राप्य हो, जिनकी भूमि अधिगृहित कर ली गयी है या अधिग्रहण के लिए प्रस्तावित है या फिर जो ऐसे अधिग्रहण से प्रभावित हुए हैं और ऐसे प्रभावित लोगों की बसावट में

सुधार तथा पुनर्वास के लिए पर्याप्त रूप से यथोचित प्रावधान उपबन्धित इस प्रकार से किये जायें कि यह सुनिश्चित हो सके कि अनिवार्य तथा अस्वैच्छिक अधिग्रहण के समेकित प्रभावों से प्रभावित लोग विकास में साझीदार बनें, जिससे कि अधिग्रहण के बाद उनकी आर्थिक–सामाजिक तथा इससे जुड़े अन्य पहलुओं और प्रासंगिक विषयों में सकारात्मक एवं प्रगतिशील परिवर्तन आये।

28

जनजातीय अशान्ति और प्रतिरोध : माओवादी आन्दोलन

Tribal Unrest and Resistance : Maoist Movement

भारतीय समाज के सबसे दमित और शोषित वर्ग–आदिवासी और दलित समय–समय पर अपने बागी तेवरों के साथ प्रतिरोधव प्रदर्शन करते रहे हैं। स्वतन्त्रता के बाद की प्रविधि में वर्ष 1967 को एक ऐसे वर्ष के रूप में रेखांकित किया जाता है जब पहली बार पश्चिम बंगाल के संथाल बहुल अनाम से गाँव नक्सलबाड़ी में संगठित कृषक सशस्त्र प्रतिरोध प्रस्फुटित हुआ। कालान्तर में इससे अन्य कृषक समूह के साथ–साथ अत्यन्त उच्च शिक्षित शहरी युवा प्रेरित होकर जुड़ते चले गये। आन्दोलन को राज्य सरकार द्वारा निर्ममतापूर्वक कुचल तो दिया गया, लेकिन इससे जुड़े सवाल अनुत्तरित और शेष रह गये, इन्हीं सवालों के जवाब के लिए समय–समय पर विद्रोही और प्रतिरोधी संघर्ष होते रहे हैं। वर्ष 2004 में कुछ चरम वामपन्थी समूहों के आपसी विलय ने इसे फिर से परिदृश्य पर जीवन्त कर दिया और इस बार इसने अत्यन्त ही कम समय में अपनी लोकप्रियता और जनाधार को जनजातीय समूहों समेत दलित आबादी के एक बड़े भाग के बीच प्रचारित–प्रसारित करने में सफलता पायी। इसका परिणाम और प्रभाव यह हुआ कि इनकी जड़ें भारत के एक बड़े भू–भाग में गहरी होती चली गयीं। दरअसल, उच्च शिक्षित शहरी युवा का नक्सलबाड़ी आन्दोलन अब तथाकथित 'माओवादी आन्दोलन' के रूप में रूपान्तरित हो गया था।

इस तथाकथित माओवादी आन्दोलन ने मध्य भारत के जनजातीय क्षेत्रों और इससे लगे आन्ध्र प्रदेश के श्रीकाकुलम से लेकर उत्तर प्रदेश के सोनभद्र तक अपने पाँव पसार लिए। दरअसल, यह चुनौती अपने आप में इतनी गम्भीर थी कि इसे आज़ादी के बाद सबसे बड़ी समस्या के रूप

में चित्रित किया गया है जिसका सामना भारत देश कर रहा है। इस सन्दर्भ में, राज्य और नागरिक समाज के विचार–विमर्श, बहस–मुबाहिसे और मीडिया–रिपोर्टों के आधार पर दो विपरीत विचार दृष्टिगत होते हैं :

1. यह आन्तरिक सुरक्षा के समक्ष चुनौती तो उपस्थित कर ही रही है साथ ही साथ राष्ट्रीय सुरक्षा के आशय से भी ख़तरनाक परिस्थितियों को आकार दे रही है। इस प्रकार की वैचारिकी का समर्थन करने वाले लोग इस समस्या को सुरक्षा और विधि केन्द्रित समस्या मानते हैं और इसका समाधान वे इन्हीं साधनों और सिद्धान्तों के माध्यम से करने की वकालत करते हैं।
2. उपर्युक्त मत से इतर अन्य लोग इसे वस्तुतः जनजातीय आबादी के शोषण, बहिष्कार, भेदभाव और हाशियेकरण से उपजी सामाजिक–आर्थिक समस्या के रूप में देखते हैं। उनके लिए, यह सामाजिक न्याय के लिए एक आन्दोलन है।

बहरहाल, इस सन्दर्भ में और गहरे जाकर देखें, तो यह स्पष्ट होता है कि दरअसल, यह कोई समस्या नहीं है बल्कि जनजातीय आबादी के द्वारा औपनिवेशिक शासन से लेकर अब तक अनेक और विविध समस्याओं के दंश से उपजे अपमान, असहनीय दर्द और असीम प्रताड़ना को सहते जाने के परिणामस्वरूप संचित आक्रोश और असन्तोष का परिणाम है। यह कोई अचानक और अनायास हुआ विस्फोट नहीं है बल्कि इसकी जड़ों को उस अत्याचारी औपनिवेशिक शासन में ढूँढ़ा जा सकता है जो आदिवासियों के दमन और शोषण के प्रतिक्रियास्वरूप अनेक विद्रोहों का साक्षी रहा है।

बहरहाल, परिस्थिति की गम्भीरता का अन्दाज़ा इससे ही लगाया जा सकता है कि इसने 13 राज्यों के क़रीब 150 ज़िलों को अपनी गिरफ़्त में ले लिया है। इसने देश के कमोबेश 25–30 फ़ीसदी भौगोलिक क्षेत्र को अपने विचारों और गतिविधियों की प्रयोगशाला बना दिया था। हालाँकि इसके प्रभाव–क्षेत्र में काफ़ी कमी आयी है जो वस्तुतः अर्ध–सैनिक बलों की कठोर कार्रवाइयों और उनके लड़ाकों में व्याप्त हो रहे थकान और मोह–भंग की चेतना के सघन होने के परिणामस्वरूप हुआ है। सबसे प्रभावित क्षेत्रों में दक्षिणी उड़ीसा, दक्षिण और केन्द्रीय छत्तीसगढ़, दक्षिण बिहार, झारखण्ड,पूर्वी आन्ध्र प्रदेश, पूर्वी महाराष्ट्र से लेकर दक्षिणी उत्तर प्रदेश तक का क्षेत्र है। भारत में जनजातीय आबादी देश की कुल आबादी की 8 फ़ीसदी है और इसकी कुल जनसंख्या की 40 फ़ीसदी आबादी

बिहार–झारखण्ड, मध्य प्रदेश–छत्तीसगढ़ और इससे सटे तेलंगाना–आन्ध्र प्रदेश में निवास करती है। इसका अभिप्राय यह है कि मध्य भारत देश का सबसे बड़ा जनजातीय क्षेत्र है। इस सन्दर्भ में जो सबसे महत्त्वपूर्ण है, वह यह है कि इस कथित क्षेत्र में सबसे ग़रीब, सबसे अविकसित और आर्थिक रूप से सबसे पिछड़े जनजातीय लोग और दलित विभिन्न प्रतिकूल या यूँ कहें कि नारकीय परिस्थितियों में जीवन जीने के लिए अभिशप्त हैं।

इस पूरे विषय में यह तथ्य उपेक्षणीय नहीं होना चाहिए कि इन क्षेत्रों में चरम वामपन्थी समूहों को माओवाद के रूप में सम्बोधित किया जाता रहा है। इस तथाकथित माओ समस्या के विश्लेषण से पूर्व इसकी पृष्ठभूमि से गुज़रना अपेक्षाकृत अधिक श्रेयस्कर होगा। इस क्षेत्र में आदिवासी और दलित लोग जिन गम्भीर समस्याओं से रू–ब–रू हो रहे हैं, उन्हें निम्नलिखित बिन्दुओं के माध्यम से प्रदर्शित किया गया है :

1. दीर्घकालीन ऋण और उसके परिणामस्वरूप बँधुआ/बेगार/न्यूनतम से भी कम दैनिक भत्ते वाले उपभोगी श्रमिक के रूप में रूपान्तरण।
2. भूमि से विलगाव और मोहभंग।
3. ग़रीबी, स्वास्थ्य सम्बन्धी मुद्दे, शिक्षा और बेरोज़गारी।
4. वन से सम्बद्ध समस्याएँ।
5. विस्थापन।

औपनिवेशिक और उत्तर–औपनिवेशिक शासन काल की दीर्घ अवधि के दौरान दमन और शोषण ने इन लोगों के बीच दरिद्रता, उत्पीड़न, विलगाव और मोहभंग की चेतना को न केवल जन्म दिया बल्कि उसका रंग और गहरा भी किया है। वास्तव में, वे क्रूर पूँजीवादी और अर्द्ध–सामन्ती प्रायश्चित के शिकार बन गये हैं। उनकी ज़मीनें उनसे अलग कर दी गयी हैं और उनके जंगल के अधिकार को न केवल नज़रअन्दाज़ किया गया है बल्कि सही अर्थों में कहा जाये, तो ख़ारिज ही कर दिया है और अब, वे सिर्फ़ ठेकेदारों और भू–स्वामियों के लिए सस्ते और बेगार करने वाले मज़दूर बन कर रह गये हैं। उनकी संस्कृति, भाषा और स्वदेशी नृवंशीय ज्ञान को व्यापक क्षति पहुँचायी गयी है या यूँ कहें कि उनका विध्वंस ही कर दिया गया है, तो कोई अतिशयोक्ति नहीं होगी। इसके अतिरिक्त, जनजातीय अर्थव्यवस्था के उत्पादन करने की क्षमता को प्रत्यक्ष रूप से नेस्तनाबूद कर दिया गया है। स्वातन्त्र्योत्तर काल की अवधि के दौरान औद्योगीकरण ने जनजातीय

क्षेत्रों में प्राकृतिक संसाधनों के उद्योग में व्यवहार लाने की प्रवृत्ति को और अधिक बढ़ाया है जिसके परिणामस्वरूप जनजातीय और ग़ैर–जनजातीय क्षेत्रों में असमान तथा असन्तुलित विनिमय को प्रोत्साहन मिला। चूँकि परियोजनाओं के लिए काफ़ी अधिक भूमि की आवश्यकता होती है जो कि कमोबेश जनजातीय क्षेत्रों में ही उपलब्ध है। फलतः बेदख़ली और क़ब्ज़ा–हरण जैसी चीज़ों ने स्थिति को और अधिक विडम्बनापूर्ण, विद्रूप और क्रूर बनाया। यह एक प्रकार का निर्मम और प्रत्यक्ष रूप है। इसका परिणाम यह हुआ कि जनजातीय लोगों का अपने संसाधनों पर नियन्त्रण छूट गया और यह स्थिति एक शताब्दी तक बनी रही, इसने जनजातीय समाज के बीच एक मध्यवर्ग के उदय की सम्भावनाओं को प्रशस्त किया। ऐसा प्रतीत होता है कि विशेष रूप से गोण्डों के बीच उभरने वाले मध्यस्थ वर्ग लुप्त हो गये हैं। "आज हमारे पास आरक्षण के प्रावधानों के माध्यम से नौकरशाही या राजनीति में समाहित एक बहुत ही छोटा–सा वर्ग है। विशेष रूप से, यह वर्ग अपनी स्वयं की आदिवासी अस्मिता को त्यागने और हिन्दू मध्यवर्ग में समाहित होने के लिए उत्सुक है या यूँ कहें कि उत्साही है"। (सी.एन. सुब्रमण्यन, 2006)। उत्तर–औपनिवेशिक स्वतन्त्र भारत उसी औपनिवेशिक नीति को अवलम्बन बनाकर कार्य करता रहा है जिसमें जनजातीय लोगों को ऐसे त्याज्य लोगों के रूप में समझा गया जो विकास की बलि–वेदी के लिए सबसे आसान शिकार हैं। नव–उदारवाद के बरअक्स भारतीय आर्थिक हितों की नयी सम्भावनाओं के आकार लेने के परिणामस्वरूप मुख्य तौर पर आर्थिक हितों के तुष्टिकरण के लिए, इस प्रकार की कथित प्रवृत्तियों में और अधिक इज़ाफ़ा होना अनुमानित और आकलित है।

मध्य भारत के जनजातीय क्षेत्रों में चरम वामपन्थी अतिवादियों के उभरने की यही पृष्ठभूमि थी। इसके अतिरिक्त, यह संविधान में उल्लेखित जनजातीय विकास के प्रावधानों को समुचित और यथोचित रूप से व्यवहार में लाने के प्रति उदासीनता का भी परिणाम है। वर्ष 2010 में राष्ट्रपति को लिखे पत्र में बी.डी. शर्मा बेहिचक कहते हैं, "हम लोगों के समक्ष जो परिदृश्य और परिस्थिति है वह साफ़–साफ़ जनजातीय लोगों के लिए इस तथ्य से सहमति व्यक्त करने के लिए प्रेरित कर रहा है कि भारतीय संविधान उनके लिए निरर्थक, अप्रासंगिक और बेतुका है। उन्हें इस तरह दमित और कुचला जा रहा है, जैसे कि युद्ध में निर्ममता और क्रूरता से

शत्रुओं के प्रति व्यवहार किया जाता है। इसका उदाहरण देते हुए वह कहते हैं कि संविधान में राज्यपाल के लिए यह उपबन्धित किया गया है कि वह जनजातीय क्षेत्रों से सम्बन्धित रिपोर्ट राष्ट्रपति को दें और इसके अतिरिक्त, राष्ट्रपति को ऐसी उन विशेष रिपोर्टों की उपलब्धता सुनिश्चित करने की संवैधानिक बाध्यता का भी उल्लेख किया गया है जो पाँचवीं अनुसूची में अधिसूचित है। दरअसल, अधिसूचित क्षेत्रों से सम्बद्ध प्रशासन और संघ की शक्तियाँ राष्ट्रपति में ही सन्निवेशित हैं और उनको ऐसे कथित क्षेत्रों के प्रशासन को निर्देशित करने का भी अधिकार विस्तारित किया गया है।, (5वीं अनुसूची, पैराग्राफ़ 3)। किसी भी निष्कर्ष की कोई रिपोर्ट नहीं बनायी गयी है और न ही संवैधानिक संस्था जनजातीय सलाहकार समिति ने ही किसी प्रकार के परामर्श की संस्तुति की है। विधि के अनुसार, राज्यपाल यह आश्वस्त कर सकता है कि कथित अधुसूचित क्षेत्रों की सीमाओं की परिधि में किसी प्रकार के राज्य और केन्द्रीय विधि को लागू नहीं किया जा सकेगा। अभी वर्तमान में यह स्थिति है कि आदिवासियों को भूमि–अधिग्रहण और विधि–व्यवस्था बनाये रखने के नाम पर बदस्तूर और क्रूरता से शोषित और दमित किया जा रहा है। अभी तक इस सन्दर्भ में किसी प्रकार की कोई पहल और कार्यवाही नहीं की गयी है और ना करने की सम्भावना ही प्रतीत हो रही है। वे भारत सरकार पर गम्भीर और तीखा आरोप लगाते हुए कहते हैं कि जनजातीय लोगों के इतिहास में इस निर्णायक मोड़ पर भारत सरकार अपनी संविधानिक ज़िम्मेदारियों और उत्तरदायित्व से मुँह चुरा रही है। इसकी सबसे बड़ी बानगी यह है कि बीते वर्ष 1960 में हुए छिट–पुट विद्रोहों को आज युद्ध जैसी स्थिति में तब्दील कर दिया है। इस प्रकार की विघटनकारी और विभाजनकारी स्थिति को आकार लेने में भारत सरकार की जनजातीय मुद्दों को लेकर उदासीनता की अत्यन्त महत्त्वपूर्ण भूमिका है और ऐसा नहीं है कि यह कथित उदासीनता या ग़ैर–ज़िम्मेदारी किसी एक विशेष या निर्धारित समय में ही पनपी हो बल्कि आश्चर्यजनक रूप से स्वतन्त्रता के बाद से ही जब संविधान लागू हुआ, तब से ही यह बदस्तूर बनी हुई है। इसने इन विगत 60 वर्ष की लम्बी अवधि में किसी भी राज्य को एक निर्देश देने की भी ज़हमत नहीं उठायी।

हालाँकि जनजातीय समस्याएँ राज्य दर राज्य भिन्न होती हैं, लेकिन इनमें कुछ चीज़ें सभी प्रदेशों में एक समान और साझा हैं,

मसलन, भूमि–विलगाव, दीर्घावधि–ऋण, खाद्य–सुरक्षा, स्वास्थ्य, शिक्षा, और विस्थापन। इससे कोई इनकार नहीं कर सकता कि बस्तर, अबूझमाड और पलामू जैसे क्षेत्रों में लोगों के पास पीने योग्य पानी की उपलब्धता तक सुनिश्चित नहीं होने पायी है। उनके लिए यहाँ किसी प्रकार की कोई स्कूली व्यवस्था नहीं की गयी है और अपवादस्वरूप कहीं है भी, तो वहाँ शिक्षकों की अनुपलब्धता है। उसी प्रकार, इन कथित क्षेत्रों में अस्पताल भी नहीं हैं और कहीं एक है भी, तो वहाँ चिकित्सकों, दवाइयों और स्वास्थ्यकर्मियों का नितान्त अभाव नहीं बल्कि वे सिरे से ही ग़ायब हैं। यह स्थिति और तब अधिक विडम्बनापूर्ण हो उठती है जब इस प्रकार की दयनीय और जनविरोधी परिस्थितियों को सुधारने के लिए सम्बद्ध जनप्रतिनिधि भी कोई पहल नहीं करते, उनकी पेशानी पर शायद ही कोई बल पड़ता हो। लाखों आदिवासी युवकों और युवतियों को बेरोज़गार होने को अभिशप्त होना पड़ा है, जबकि वे शिक्षित और योग्य हैं। वे अपने नज़दीकी शहर जाते हैं और उनके हाथ लगती है सिर्फ़ निराशा और हताशा। कृषक–ढाँचा इस क़दर तितर–बितर और बिखर चुका है कि उसमें शायद ही मुनाफ़ा और अधिशेष का उत्पादन होता हो। उनकी जीविकोपार्जन की सम्भावनाएँ धूमिल होती जा रही हैं। इन दुर्दमनीय और निराशाजनक परिस्थितियों में जब उन्हें बन्दूक़ों को सारी समस्याओं का समाधान बताने वाले माओवादियों की सहानुभूति और दिलासा मिलती है, तो वे उनसे सहज ही प्रभावित और आकर्षित हो जाते हैं। जब माओवादी सरकारी गोदामों से खाद्यान्न लूटते हैं और उन्हें अत्यन्त भूखे आदिवासियों के बीच वितरित करते हैं, तो वे उन लोगों में नायक के रूप में जीवन्त हो उठते हैं और जब ये भूमिहीनों के बीच भूमि–वितरण करते हैं, तो वे ईश्वर के रूप में परिणत हो जाते हैं।

वर्ष 2006 में योजना आयोग की विशेषज्ञ समिति ने "माओवादी प्रभावित क्षेत्रों में विकास की चुनौतियाँ" नामक रिपोर्ट को प्रस्तुत किया। यह केन्द्रीय सरकार की अपने आप में अब तक की पहली और अनूठी रिपोर्ट थी। इसमें माओवादी समस्या को सुरक्षा केन्द्रित समस्या मानने के स्थान पर इस विषय में खुले और सभी विचारों को स्वागत करने को प्राथमिकता दी गयी थी। इस रिपोर्ट में इस तथ्य से भी सहमति जतायी गयी थी कि भूमि से जुड़ी विसंगतियों को ही माओवाद के उभरने और फिर तेज़ी से प्रचारित–प्रसारित होने में मुख्य भूमिका है। हज़ारों एकड़ भूमि की अनुपयोगिता की ओर इशारा करते हुए यह रेखांकित किया गया कि विधि के अनुसार भूमिहीनों को भूमि–वितरित करने की प्रक्रिया सुनिश्चित

की जाये और इसको व्यवहार में लाने के क्रम में आ रहे विधिक अवरोधों का निराकरण यथासम्भव और समुचित रूप से किया जाय। इस रिपोर्ट ने यह संस्तुति / सिफ़ारिश की कि लोगों को उसका भूमि–अधिकार सुनिश्चित करने के लिए "अनुसूचित जनजाति और अन्य परम्परागत वन निवासी (वन अधिकारों की मान्यता) अधिनियम, 2006" को पूरी ईमानदारी के साथ लागू किया जाये। इस रिपोर्ट में उन्होंने यह स्वीकारा कि वामपन्थी चरमपन्थ के उभरने का मूल कारण अप्रासंगिक और अर्थहीन योजना प्रणाली थी। निरन्तर और लम्बे समय से विलगाव एवं नैराश्य की मनःस्थिति ने उन्हें हथियार उठाने के लिए प्रेरित या यों कहें कि विवश किया। इसलिए यह सही और निर्णायक वक़्त है कि माओवाद की समस्या को विधि–व्यवस्था जनित न मानकर उनके बुनियादी कारणों की पड़ताल की जाय जिसका आधार, प्रकृति और सन्दर्भ निश्चित रूप से सामाजिक–आर्थिक है। रिपोर्ट में इस तथ्य से सहमति जतायी गयी है कि चरमपन्थ वस्तुतः सामाजिक असमानता, भूमि–विलगाव, बेरोज़गारी और प्रशासन में निहित और व्याप्त रहे गम्भीर एवं गहरे विकार का परिणाम है।

बहुराष्ट्रीय निगमों ने प्राकृतिक संसाधनों की प्राप्ति के लिए जनजातीय क्षेत्रों में व्यापक स्तर पर दस्तक दी है विशेषकर खनन क्षेत्र में, किन्तु इन्होंने जो रणनीति अपनायी है उसके केन्द्र में पूँजी तो प्रधान और प्रमुख है, परन्तु नौकरियों के सृजन की सम्भावना बेहद कम रखी गयी है। उसमें से भी अधिकांशतः श्रमित आयातित होते हैं और जो थोड़ी बहुत श्रम की सम्भावनाएँ शेष रहती हैं, वे स्थानीय यानी कि जनजातीय समुदाय के लोगों के लिए होती हैं और जिनका दैनिक श्रम निर्धारित और न्यूनतम से भी कम होता है। ये कथित श्रमिक बहुधा अकुशल और असंगठित क्षेत्र से ताल्लुक रखने वाले होते हैं। चूँकि यहाँ के जनजातीय समुदाय के अन्तर्मन में यह गहरे जाकर पैठ गयी है कि विकास के नाम पर उनके साथ धोखा हुआ है और उन्हें हाशिये पर धकेल दिया गया है, फलतः उन्होंने अपने सामाजिक–आर्थिक विस्थापन को स्वीकार नहीं किया और इसका प्रतिरोध किया। उनका विश्वास है कि बग़ावत के नाम पर सरकार उनकी ज़मीन को हड़प कर बहुराष्ट्रीय निगमों को दे देना चाहती है। इस पूरे विषय में तार्किक और न्याय का पक्ष तो यह होना चाहिए कि भूमि अधिग्रहण अधिनियम को राष्ट्रीय सुरक्षा और लोक–कल्याण के लिए ही व्यवहार में लाना चाहिए, न कि निगमों, सहकारी समितियों और पंजीकृत समितियों के हितों के तुष्टिकरण के लिए। निश्चित रूप से इस अधिनियम को संशोधित

किया जाना चाहिए जिससे कि विस्थापन को कम–से–कम प्रोत्साहन मिले और विस्थापितों के अधिकारों को सुरक्षित और संरक्षित किया जा सके। (विस्थापन, मुआवज़ा और पुनर्वास से सम्बन्धित एक नया क़ानून अब अस्तित्व में है, लेकिन इसके क्रियान्वयन का समुचित विश्लेषण किया जाना अभी शेष है।)

वामपन्थी उग्रवाद के विरुद्ध स्थानीय विद्रोही समूहों के प्रोत्साहन की वैचाारिकी अन्ततः सलवा जुडूम के रूप में फलीभूत और अस्तित्वमान हुई जिसमें कुछ स्थानीय लोगों को युद्ध के तकनीक एवं तौर–तरीक़ों के बारे में प्रशिक्षत किया जाता था और उन्हें हथियारों से लैस किया जाता था। वस्तुतः यह गृह–युद्ध जैसी परिस्थितियों की सम्भावनाओं को आकार देने जैसा था। इस प्रकार की वैचारिकी और उसके कार्यान्वयन को कमोबेश सभी शान्ति और न्याय–प्रिय लोगों के कोपभाजन का शिकार होना पड़ा। यहाँ तक कि उच्चतम न्यायालय ने भी अनेक अवसरों पर इसकी निन्दा की। कुल मिलाकर और सर्वोपरि यह है कि इसका अभिप्राय यह होता है कि स्वयं राज्यों द्वारा अपने उत्तरदायित्वों एवं ज़िम्मेदारियों से मुँह मोड़कर परित्याग करना। इससे बेहतर विकल्प यह होता कि नागरिक समाज के समूहों को प्रोत्साहित किया जाता और शान्ति की पुनर्स्थापना एवं विभिन्न क़ानूनों/विधियों के समुचित कार्यान्वयन के लिए स्थानीय जनजातीय आबादी के विभिन्न पहलुओं को विश्लेषित कर कुछ सूचनाएँ एकत्रित की जातीं तथा उस पर सहानुभूतिपूर्वक विचार कर इसमें लोगों की सहभागिता बढ़ाने के लिए प्रेरित किया जाता।

वर्तमान में, भारत समेत सम्पूर्ण विश्व में जनजातीय संकृतियाँ 'आहत संस्कृतियों' के रूप में अपने वजूद को सुरक्षित एवं संरक्षित करने के लिए अतिविषम परिस्थितियों से संघर्षरत हैं। अपनी जनसंख्या के बरअक्स, इनका प्रतिनिधित्व राष्ट्रीय राजनीति में हाशिये पर बना रहेगा। स्थानीय जनजातीय समुदाय वस्तुतः माओवादियों, राज्य (सुरक्षा बलों और तथाकथित तौर पर सम्बोधित किये जाने वाले 'सतर्क एवं सजग' सशस्त्र नागरिक समूहों जैसे कि सलवा जुडूम बल और अन्य नामों से सम्बोधित किये जाने वाले इसके जैसे अन्य सशस्त्र समूहों के बीच होने वाले क्रूर–हिंसा के अन्तहीन दुष्चक्र में फँस गये हैं।

बहरहाल, सही हो या ग़लत लेकिन इस तथ्य से सहमति व्यक्त करने में किसी प्रकार की अतिशयोक्ति या अतिरेकता नहीं है कि वाम उग्रवादी या अतिवादी 'दमित एवं शोषित जनजातीय आबादी के हितों को

स्वर या प्रतिनिधित्व देने वाले के रूप में उभरे हैं।' यह कोई आवश्यक या अनिवार्य या अपरिहार्य नहीं है कि वे सभी मार्क्स/माओ की वैचारिकी या अवधारणाओं से अवगत हों या प्रभावित हों। बल्कि इसके विपरीत अधिकांश आदिवासी कथित दार्शनिक सिद्धान्तों से अनभिज्ञ हैं। वे उनके साथ इसलिए हैं क्योंकि इन अतिवादी वाम समूहों ने दमित एवं शोषित जनजातियों/आदिवासियों को लामबन्द किया है और न केवल उन्हें राजनीतिक नेतृत्व प्रदान किया है बल्कि जनजातीय हितों के लिए संघर्ष भी किया है और कर रहे हैं।

यह दुर्भाग्य ही है कि इस सन्दर्भ में अहिंसक प्रतिरोध अप्रासंगिक और अव्यावहारिक हो गया। कैसे कोई भूखा भूख हड़ताल का साहस कर सकता है। जनजातीय बाग़ियों की लड़ाई भारतीय राज्य के ख़िलाफ़ नहीं है, वे अपने शोषकों और अत्याचारियों के विरुद्ध संघर्ष कर रहे हैं। निश्चित रूप से शान्ति की बहाली के लिए राज्य को कुछ ठोस, अनुकूल एवं प्रासंगिक क़दम उठाने चाहिए।

29

जनजातीय महिलाएँ : शर्तों के साथ स्वच्छन्दता
Tribal Women: Liberated with Restrictions

किसी भी अन्य समाज की तरह जनजातीय महिलाएँ भी अपने समाज की आधी आबादी का हिस्सा हैं। वे भी कई दृष्टिकोणों से अपने समाज से इतर अन्य महिलाओं के समान ही हैं, किन्तु दूसरी तरफ़, विभिन्न विषयों और सन्दर्भों में उनसे नितान्त भिन्न भी हैं। उदाहरण के तौर पर, वे अपने पुरुषों की अपेक्षा अधिक निरक्षर हैं, अन्य महिलाओं की समस्याएँ प्रजनन, स्वास्थ्य और पुरुषों से अधिक कार्य करने की शिकायत से ही सम्बन्धित होती हैं, लेकिन इसके विपरीत वे अन्य सामाजिक समूहों की अधिकांश महिलाओं की तुलना में अधिक सामाजिक–सांस्कृतिक स्वायत्तता का आनन्द लेती हैं और कुछ आदिवासी समुदाय ग़ैर–आदिवासी समुदायों के विपरीत मातृसत्तात्मक हैं।

हालाँकि सम्पूर्ण भारत में जनजातीय महिलाओं की वस्तुस्थिति और भूमिका के सन्दर्भ में उनके अब तक के ज्ञात नृविज्ञान से सम्बद्ध साहित्य अधिक मुखर और तथ्यपूर्ण नहीं है, फिर भी इस सन्दर्भ में अभी तक जो भी अध्ययन हुए हैं उससे एक स्पष्ट चित्र उभरता है। जनजातीय महिलाओं पर पुस्तक के शुरुआती खण्डों, जो कि भारत में भारतीय नृविज्ञान पीठ द्वारा जनजातीय महिलाएँ (1978) नामक शीर्षक से प्रकाशित हुई थी, में एन.सी. चौधरी जो निष्कर्ष स्थापित करते हैं, उसकी कई व्याख्याएँ हुई हैं लेकिन वह आज वर्तमान सन्दर्भों में भी युक्तियुक्त रूप से उतना ही उपयुक्त और प्रासंगिक है :

1. जनजातीय समाज में लड़का और लड़की में कोई विभेद नहीं है। दोनों ही समान रूप से अपेक्षित और स्वागत योग्य होते हैं,

हालाँकि कुछ समाज में अपवाद भी होते हैं, (गड्डी,टोडा) किन्तु कुछ स्थितियों में लड़के की अपेक्षा लड़कियों को अधिक प्राथमिकता दी जाती है (गारो, ख़ासी)। उनकी वैसी ही परवरिश और देखभाल की जाती है, जैसे कि लड़के की होती है, किन्तु लड़कियाँ अपनी माँ के अपेक्षाकृत अधिक नज़दीक होती हैं जिससे वह घरेलू उत्तरदायित्व की समुचित रूप से पूर्ति और निर्वहन का प्रशिक्षण ले पाती हैं।

2. हिन्दू समाज की महिलाओं के बनिस्बत वे अपनी आज़ादी का आनन्द और स्वायत्तता के सुख का उपभोग अपेक्षाकृत बेहतर रूप से करती हैं। उसकी पुष्टि इस बात से होती है कि वह अपने जीवनसाथी के चयन में ठोस रूप से निर्णायक हो सकती हैं। यहाँ तक कि कुछ अपवादों कों छोड़कर, वे अपनी इच्छानुसार कभी भी सम्बन्ध–विच्छेद कर सकती हैं। सहवास (सेक्स) को लेकर उनकी मनोवृत्ति मुख्यतः उन्मुक्त और स्वाभाविक होती है, किन्तु विवाहित महिलाओं का दूसरों के साथ यौन–सम्बन्ध वर्जित किया गया है और इसे तिरस्कार और सामाजिक अवमानना की दृष्टि से देखा गया है।

3. इस समाज में महिलाओं को एक आर्थिक सम्पत्ति के रूप में रेखांकित किया गया है जिसकी कठोर श्रमिक, मेहनती और कर्तव्यपरायण पत्नी के रूप में विचारणीय और अनुकरणीय महत्ता है। पुरुष और महिलाओं के बीच श्रम को लेकर स्पष्ट विभाजन है। महिलाओं का जीवन खेतों में काम करते, बच्चों की परवरिश और घरेलू कार्यों को समुचित और उपयुक्त रूप से सम्पन्न करते हुए व्यतीत होता है, लेकिन पुरुषों की तुलना में उनकी यह आर्थिक भूमिका उन्हें कोई उच्च स्थान सुनिश्चित नहीं करती। कुछ मातृसत्तात्मक समाजों के अलावा वे पैतृक सम्पत्ति की उत्तराधिकारिणी नहीं बन सकतीं। उनके कुछ धार्मिक कर्तव्य निर्धारित हैं और वे कोई लोक कार्यालय में कार्यरत नहीं हो सकतीं। इस नुक़सान की भरपाई उन्हें अपने कार्यों और आवागमन में पर्याप्त स्वतन्त्रता देकर की जाती है।

किसी भी समाज में महिलाओं की वस्तुस्थिति के आकलन के लिए सबसे महत्वपूर्ण उपयोगी और युक्तियुक्त संकेतक है–पुरुष और स्त्री की जनसंख्या का अनुपात। वर्ष 2011 की जनगणना के अनुसार अनुसूचित जनजातियों के बीच पुरुष और स्त्री की जनसंख्या का अनुपात 991 था, 981 से 1020 के बीच कथित अनुपात अन्यों की तुलना में काफ़ी बेहतर है। अनुसूचित जनजातियों में शायद ही महिला–भ्रूण या किसी प्रकार की भ्रूण हत्या का मामला प्रकाश में आता हो। जनजातीय और हिन्दू समाज में व्याप्त विशेषताओं के स्वरूप और उसके विभेदीकरण को स्पष्ट करते हुए जे.जे. रॉय बर्मन (2012) लिखते हैं, ''हिन्दू समाज मुख्य तौर पर वस्तुतः पेशेगत विभेद और सामाजिक सोपानों में विभिन्न जातीय समूहों की वस्तुस्थिति को लेकर दुराग्रह जैसे नियामकों से निर्धारित और परिभाषित होता है, लेकिन ये सारी कथित 'विशेषताएँ' सामान्यतया जनजातीय समाज से नदारद होती हैं।'' यद्यपि अधिकांश जनजातीय समाज अपनी प्रकृति में पितृवंशीय और पितृसत्तात्मक होता है तथापि ख़ासी, गारो, जैन्तिया और लालुंग जैसे जनजातीय समाज मातृसत्तात्मक और मातृवंशीय हैं और अभी भी उनके रीति–रिवाज़ों, प्रथाओं और परम्पराओं के अनुसार ही गतिमान हैं। महिलाओं को वरीयता देने वाले इस प्रकार के मातृ–वंशीय समाज में सम्पत्ति प्रत्यक्षतः माँ से उसकी पुत्री को हस्तान्तरित होती है और विवाह के पश्चात पुरुष को स्त्री के घर में ही निवास करने की प्रथा है, लेकिन इसका यह अभिप्राय बिल्कुल नहीं है कि पुरुष महिला के अधीनस्थ हैं, इसकी पुष्टि इस प्रथा से होती है कि महिलाओं को भूमि–स्वामित्व के अधिकार से वंचित रखा गया है। अभी भी वे छोटा धन्धा कर रही हैं, जैसे कि दुकान चलाना इत्यादि। हालाँकि मणिपुर में वे तुलनात्मक रूप से बड़े स्टोर और व्यवसाय को प्रबन्धित करती हुई देखी जा सकती हैं।

उत्तर–पूर्वी प्रदेशों के मातृवंशीय जनजातियों के सन्दर्भ में अपने एक विवेकपूर्ण और निर्णायक विश्लेषण में तिलपुट नोंगब्री।' (2016) कहते हैं, ''यहाँ तक कि जनजातीय समाज में भी पुरुष और स्त्री के बीच सम्बन्ध असमान और ग़ैर–बराबरी का है। मातृसत्तात्मक समाज अपनी महिलाओं को तुलनात्मक रूप से स्वच्छन्दता और प्रभावोत्पादकता की शक्ति तो देता ही है, साथ ही साथ विविध प्रकार का संस्थागत संरक्षण और सुरक्षा को भी सुनिश्चित करता है जो कि उनके इतर पितृसत्तात्मक समाजों से आने वाले समकक्षों को उपलब्ध नहीं हो पाता है। हालाँकि इसका तात्पर्य

यह नहीं है कि यह समाज महिला–मुक्ति का प्रतिनिधि प्रतीक है, बल्कि इसके उलट यह महिलाओं की अशक्तता और कमज़ोरियों को और गहरा ही करता है।" वह आगे कहते हैं कि माँ में समुचित और प्रभावशाली अधिकारों को सन्निवेशित करके उन्हें परम्परा और संस्कृति की प्रतिनिधि प्रतीक के रूप में रूपान्तरित कर दिया जाता है और उनसे अनिवार्य तथा अनुपक्षेणीय रूप से अपेक्षा की जाती है कि वे अपने परिवार की गरिमा एवं प्रतिष्ठा को बनाने और बनाये रखने के लिए कठोर सामाजिक और नैतिक मूल्यों तथा मानकों का अनुसरण करें। जैसा कि बच्चे अपनी माँ के माध्यम से वंशीय समूह की प्रथाओं, परम्पराओं और रीति–रिवाज़ों से अवगत होते हैं। और माँ के लिए इस प्रकार के समुचित प्रशिक्षण को सुनिश्चित करना एक अपरिहार्य उत्तरदायित्व माना जाता है।

दरअसल, महिला की कामुकता न केवल परिवार की बल्कि समुदाय की भी चिन्ता बन जाती है, यह माना जाता है कि महिलाएँ वे साधन हैं जिनके माध्यम से बाहरी लोग उनके अपने सामाजिक और भौतिक संसाधनों तक पहुँच प्राप्त कर सकते हैं, इसलिए पुरुषों ने अपने आचरण को सन्तुलित और समाजोनुकूल बनाने के लिए सख़्त मानक निर्धारित किये हैं। अधिकांश आदिवासी समाजों में महिलाएँ कृषि–कार्य, पानी लाने, लघु वनोपज एकत्र करने, मवेशियों की देख–भाल आदि करके पारिवारिक अर्थव्यवस्था में महत्त्वपूर्ण योगदान देती हैं। इसलिए उन्हें आर्थिक सम्पत्ति माना जाता है। इस कारण से अधिकांश आदिवासी समुदायों में 'दुल्हन की सम्पत्ति'/दुल्हन की क़ीमत की प्रथा प्रचलित है जिसमें दूल्हा–दुल्हन के माता–पिता को पैसे, नक़द या मवेशियों को दहेज स्वरूप देता है। हाल के दिनों में दहेज की प्रथा कुछ आदिवासी समुदायों में भी प्रवेश कर गयी है, विशेषकर जहाँ अर्थव्यवस्था में बदलाव आया है और सम्भवतः इसलिए महिलाओं की भूमिका में कमी आयी है। पड़ोसी हिन्दू समुदायों के साथ–साथ प्रवासी पुरुष श्रमिकों के प्रवेश पर भी प्रभाव पड़ा है। उत्तर पूर्वी क्षेत्र में ईसाई धर्म की भूमिका पर प्रकाश डालते हुए रॉय बर्मन (पूर्वोक्त) हमें बताते हैं कि "ईसाई धर्म ने आदिवासी महिलाओं के बीच एक प्रकार की मुक्ति–सम्भावनाओं को सकारात्मक और अर्थपूर्ण आकार दिया है। पहले महिलाओं को विद्यालयों में जाने पर प्रतिबन्धित किया गया था, वहाँ मिशनरियों ने विद्यालय खोले और इसके लिए 'प्रोत्साहन–अभियान'

की पुरज़ोर शुरुआत की। फलतः इसने लड़कियों की सहभागिता बढ़ायी। उन्होंने चर्च फ़ोरम भी खोले जहाँ महिलाएँ भाग ले सकती थीं और नेतृत्व भी कर सकती थीं। प्रोटेस्टेंट चर्च ने इन मामलों में कैथोलिक चर्च का नेतृत्व किया।"

आमतौर पर हम आदिवासी महिलाओं की स्थिति और भूमिका के सन्दर्भ में विरोधाभासों और व्यतिरेकताओं को देखते हैं। एक ओर महिलाओं को अधिक सांस्कृतिक स्वायत्तता का आनन्द मिलता है– दृश्यता का अधिकार, आवागमन का अधिकार, जीवनसाथी चुनने का अधिकार और साथ ही उससे विवाह–विच्छेद का अधिकार, स्वतन्त्र रूप से घुलना–मिलना और उनमें से कुछ में विवाह पूर्व यौन सम्बन्ध रखने की आज़ादी और दूसरी तरफ़ अन्य प्रतिबन्ध भी मौजूद हैं। अधिकांश आदिवासी समुदायों में महिलाओं की सामाजिक और राजनीतिक क्षेत्रों में शायद ही कोई भूमिका सुनश्चित हो क्योंकि ग्राम–परिषदों या परम्परागत पंचायतों में उनका कोई प्रतिनिधित्व दृष्टिगत नहीं होता। पेसा (PESA), पंचायत (अनुसूचित क्षेत्रों में विस्तार) अधिनियम, 1996 की घोषणापरान्त, महिलाओं को यह अधिकार प्रदान किया गया था, लेकिन देश के बाकी हिस्सों की तरह, कई मामलों में, 'निर्वाचित' प्रतिनिधि के पति, पुरुष या रिश्तेदार सत्ता का उपयोग और उपभोग करते रहे। इस बात को तब और बल मिलता है जब हम यह देखते हैं कि देश में बहुत कम आदिवासी महिला विधायक या सांसद हैं।

आदिवासी महिलाओं की राजनीति में प्रतिनिधित्व की कमी के मुद्दे ने राष्ट्र का ध्यान तब आकर्षित किया जब वर्ष 2018 में नागालैण्ड के शहरी शासन निकायों में महिलाओं के लिए आरक्षण पर विवाद छिड़ गया। नागा आदिवासी संगठनों ने अपने प्रथागत क़ानूनों के आधार पर आरक्षण का कड़ा विरोध किया, जबकि विपक्षी आलोचकों ने इस क़दम का विरोध करने वालों को पारम्परिक सत्ता संरचना में किसी भी तरह की छूट की अनुमति न देने के लिए प्रतिगामी और बहुत दक़ियानूसी करार दिया। देर–सबेर आधुनिक लोकतान्त्रिक संस्थाओं के बरअक्स जनजातीय समुदायों को इन परिवर्तनों के साथ सामंजस्य बिठाना होगा।

अधिकांश जनजातीय समाजों में कार्य–बल में महिलाओं का बड़ा हिस्सा होता है और सम्भवतः ऐसा इसलिए है क्योंकि वे आजीविका की तलाश में अपने पुरुषों के साथ विभिन्न क्षेत्रों में प्रवास भी करती हैं।

हालाँकि यह सच है कि विद्वानों द्वारा आदिवासी श्रम प्रवास को अवैज्ञानिक और अतार्किक तरीक़े से विश्लेषित किया गया है, हमारे पास जो कुछ भी जानकारी उपलब्ध है, उससे पता चलता है कि महिला आदिवासी प्रवासी मुख्य रूप से तीन क्षेत्रों–कृषि, ईंट भट्ठों और निर्माण के क्षेत्र में केन्द्रित हैं। शहरों में प्रवास करने वालों में से कई, विशेष रूप से बड़े शहरों में, घरेलू सहायिका के रूप में काम करती हैं। आमतौर पर उन्हें यह रोज़गार ठेकेदारों या 'प्लेसमेंट एजेंसियों' के माध्यम से मिलता है। वे दो संस्कृतियों के बीच रहती हैं– एक जो उनकी अपनी होती है और दूसरी, शहरी केन्द्र की संस्कृति। उनमें से कई यौन शोषण सहित सभी प्रकार के शोषण की चपेट में हैं, जबकि उनमें से एक छोटा और अधिक भाग्यशाली अल्पसंख्यक तबका शिक्षा के माध्यम से प्रगति और उन्नति कर रहा है और अपनी वास्तविक वस्तुस्थिति को अगले पायदान पर ले के जाने को लेकर उत्साही है। ये वे महिलाएँ हैं जो इन शहरों में बस जाती हैं और अपने मूल स्थानों के साथ कोई सम्पर्क बनाये रख भी सकती हैं या नहीं भी। वस्तुतः वे नये सामाजिक–आर्थिक वातावरण को आत्मसात करना पसन्द करती हैं, उसमें रच–बस जाना चाहती हैं।

30

जनजातीय समस्याएँ : शोषण का दुष्चक्र
Tribal Problems: Cycle of Exploitation

वर्ष 2011 में सम्पन्न जनगणना के अनुसार भारत में अनुसूचित जनजातियाँ कुल जनसंख्या की 8 फ़ीसदी हैं। यह सिर्फ़ अफ्रीका के बाद विश्व की दूसरी सबसे बड़ी जनजातीय जनसंख्या है। आम धारणा के विपरीत यह एक अखण्ड आबादी नहीं है। अभिप्राय यह है कि जनजातीय जनसंख्या में स्तरीकरण और विविध संरचनाएँ दृष्टिगत होती हैं। कोई भी "जनजातीय भारत" के वैविध्य को उनकी अर्थव्यवस्था, शैक्षणिक स्तर और स्वास्थ्य सम्बन्धी अवसंरचना की वस्तुस्थिति में स्पष्ट ही देख सकता है। यह निश्चित रूप से दुर्भाग्यपूर्ण और विद्रूपता का विषय है कि जनजातीय समाज और आबादी में तमाम विविधताओं के बावजूद जो चीज़ें साझा हैं, वह यह हैं कि वे सर्वाधिक दमित, शोषित और भारतीय जनसंख्या में हाशिये पर के लोग हैं।

मुख्य समस्याएँ

ऋणग्रस्तता

भारत की समस्त जनजातीय आबादी के सामने जो समस्या मुँह बाये खड़ी रही है, वह निरन्तर एवं दीर्घकालीन अवधि के दौरान ऋणग्रस्तता की समस्या रही है और यह अभी भी बदस्तूर बनी हुई है। इसका परिणाम यह हुआ कि जनजातीय लोग शोषण के सबसे बदतरीन रूप परम्परागत महाजनी सभ्यता के दुष्चक्र में फँस कर रह गये। वस्तुतः ब्रिटिश राज के दौरान ही मध्यस्थों और ठेकेदारों के लिए प्रतिबन्धित उत्तर–पूर्वी राज्यों के कुछ निश्चित क्षेत्रों को छोड़कर सभी जनजातीय लोगों के बीच ऋणग्रस्तता कमोबेश सर्वत्र ही व्याप्त है।

दरअसल, जनजातीय समुदाय के लिए दीर्घकालीन ऋणग्रस्तता निश्चित रूप से व्याप्त ग़रीबी और घाटे की अर्थव्यवस्था का कारण है। बहरहाल, दीर्घकालीन ऋणभार के सामान्यतः निम्नलिखित परिणाम होते हैं :

(1) जनजातीय समुदाय के भूमि–स्वामित्व के अधिकार का हरण;
(2) कृषि के अनुपयुक्त और प्राथमिक विधियों को व्यवहार में लाना जिससे खाद्यान्न की आपूर्ति में कमी;
(3) अज्ञानता या लापरवाही;
(4) विवाह, मृत्यु, मेलों और उत्सवों में अतिरिक्त और अनुपयोगी व्यय के कारण अपने साधनों की क्षमता और उनके अर्जित कुल आय से अधिक व्यय;
(5) भाग्यवादी मनोवृत्ति और स्थानीयता के दृष्टिकोण से अभिप्रेरित वैश्विक दृष्टि;
(6) बहिष्कार के डर से पंचायत के निर्णयों का अनुपालन।

उपर्युक्त उल्लिखित कारणों के फलस्वरूप उन्हें हमेशा ही पैसों की आवश्यकता होती है और इस प्रकार वे निर्लज्ज महाजनों और मध्यस्थों के शोषण–दुष्चक्र के सबसे आसान शिकार होते हैं। वे समय–समय पर ऋण के रूप में छोटी राशि अति उच्च ब्याज दर पर ऋण लेते रहते हैं और एक वक़्त के बाद ब्याज सहित इतनी राशि एकमुश्त हो जाती है जिसका भुगतान उनकी क्षमता से बाहर होता है।

ऋणग्रस्तता के परिणाम

विभिन्न जनजातीय क्षेत्रों के अध्ययन इस तथ्य की गवाही देते हैं कि ज़्यादातर मामलों में, ऋणग्रस्तता ऋण बन्धन गुलामी या बँधुआ होने के प्रपत्र, बन्धन और उनके भूमि के स्वामित्व के हरण की ओर ले जाती है। हालाँकि, इस स्थिति की कुल तस्वीर इंगित करती है कि निम्नलिखित में से एक या एक से अधिक ऋणग्रस्तता के परिणाम हैं :

1. स्वतन्त्रता का परिसीमन और उनकी श्रम शक्ति का उपयोग;
2. भूमि का हस्तान्तरण और लेनदार द्वारा उसका अधिग्रहण;
3. लड़कियों की बिक्री और वेश्यावृत्ति तथा
4. जीर्ण यौन रोग।

भूमि विलगाव

कमोबेश 80 फ़ीसदी जनजातियाँ कृषि में या तो मालिक–किसान या कृषि श्रमिक के रूप में लगी हुई हैं। आदिवासियों का अपनी भूमि से गहरा लगाव होता है। कृषि आजीविका का एकमात्र स्रोत है जिसे उनमें से अधिकांश सदियों से जानते हैं।

भूमि हस्तान्तरण के प्रमुख कारणों में नक़दी का अभाव ग़रीब जनजातियों के प्रमुख शत्रुओं में पहले पायदान पर है और ऐसा तब से हो रहा है जब से वे नये मौद्रिक संस्थानों, मसलन, महाजनी संस्कृति के सम्पर्क में आये हैं। आदिवासी लोगों को विवाह, मेलों और त्योहारों, कपड़े, शराब और रोज़मर्रा की ज़िन्दगी की कई आवश्यकताओं और विभिन्न उद्देश्यों के लिए हमेशा नक़दी की ज़रूरत होती है। ख़राब एवं अपर्याप्त उपज और अलाभकारी कृषि के कारण उन्हें बाज़ार से खाद्यान्न भी ख़रीदना पड़ता है। इस प्रकार, पड़ोसी ऋणग्रस्तता और साहूकारों के प्रति उनकी दीर्घकालीन ऋणग्रस्तता भूमि से विला गाव का प्राथमिक कारण बन जाती है।

शिक्षा

देश की जनजातीय आबादी के बीच औपचारिक शिक्षा की वृद्धि का अनुमान जनगणना के आँकड़ों से प्राप्त तथ्यों से लगाया जा सकता है। वर्ष 1931 की जनगणना के आँकड़ों ने इस तथ्य और निष्कर्ष की स्थापना की कि केवल 0.7 फ़ीसदी आदिवासी लोग साक्षर थे। यह प्रतिशत वर्ष 1991 में बढ़कर 32.60 फ़ीसदी हो गया जो 2011 की जनगणना के अनुसार बढ़कर 59 फ़ीसदी हो गया। आदिवासी महिलाओं में साक्षरता दर स्पष्ट रूप से बहुत कम है। इसलिए, आदिवासियों के बीच शिक्षा के प्रसार की कुल तस्वीर बहुत उत्साहजनक नहीं है, सिवाय ख़ासी, गारो, मिज़ो, नागा आदि जैसे उत्तर–पूर्वी क्षेत्र की कुछ जनजातियों के, जो ईसाई मिशनरी संस्थानों से काफ़ी लाभान्वित हुए।

औपचारिक शिक्षा में रुचि का अभाव

कई राज्यों में आदिवासी बच्चों को उन्हीं किताबों के माध्यम से पढ़ाया जाता है जो शेष राज्य के शहरी और ग्रामीण क्षेत्रों के ग़ैर–आदिवासी बच्चों का पाठ्यक्रम बनाती हैं। ज़ाहिर है, ऐसी किताबों की सामग्री विभिन्न

सांस्कृतिक पृष्ठभूमि से आने वाले आदिवासी बच्चों को विरले ही आकर्षित करती है। वैज्ञानिक और तकनीकी प्रगति की कहानियाँ, आधुनिक भारत के संस्थापक, देश का इतिहास और भूगोल आदि, बेशक, किसी भी पाठ्यक्रम का आवश्यक हिस्सा हैं, लेकिन स्थिति की माँग है कि उनकी शिक्षा की शुरुआत जनसांख्यिकी, इतिहास और पारिस्थितिकी के शिक्षण से होनी चाहिए। उनका अपना क्षेत्र, उनका पड़ोस और राज्य। राष्ट्रीय चेतना को ऊपर या बाहर से थोपा नहीं जाना चाहिए, बल्कि व्यवस्थित ढंग से इसके प्रति जागरूक किया जाना चाहिए।

उपयुक्त शिक्षक

उनके बीच से ही उपयुक्त शिक्षकों की कमी आदिवासी क्षेत्रों में शिक्षा की धीमी वृद्धि का एक प्रमुख कारण है। जनजातीय बच्चों को शिक्षा प्रदान करने के लिए नियुक्त किये गये अधिकांश ग़ैर–आदिवासी शिक्षक, 1970 या उसके बाद तक, ग़ैर–आदिवासी पृष्ठभूमि से थे, जिन्होंने जनजातीय जीवन–शैली और मूल्य प्रणाली की बहुत कम क़दर की। वे आदिवासी लोगों से श्रेष्ठता की भावना के साथ सम्पर्क करते थे और उन्हें 'असभ्य' मानते थे और इसलिए, अपने छात्रों के साथ उचित तालमेल स्थापित करने में विफल रहे।

शिक्षा का माध्यम और विद्यालय का समय

आदिवासी शिक्षा में एक प्रमुख समस्या भाषा की है। अधिकांश जनजातीय भाषाएँ और बोलियाँ अल्पविकसित अवस्था में हैं और शायद ही इसका कोई लिखित साहित्य है। तथापि, विकसित जनजातीय भाषाओं में भी लिपि सहित शिक्षण सामग्री विकसित करने का कोई गम्भीर प्रयास नहीं किया गया। इसलिए, शिक्षा के माध्यम की समस्या एक बड़ी अड़चन रही है। अधिकांश राज्य आदिवासी और ग़ैर–आदिवासी बच्चों को क्षेत्रीय भाषा के माध्यम से, समान रूप से, शिक्षा प्रदान कराते हैं, जिससे कई आदिवासी लोगों की शिक्षा में रुचि नहीं होती है। कम–से–कम प्राथमिक शिक्षा उनकी मातृभाषा में होनी चाहिए।

अपने बच्चों की शिक्षा में आदिवासी लोगों का उत्साह भी विभिन्न मौसमों में विद्यालय के समय पर काफ़ी हद तक निर्भर करता है। विद्यालय के समय का उनकी महत्त्वपूर्ण आर्थिक गतिविधियों और घटनाओं से

विरोधाभास नहीं होना चाहिए। आदिवासियों के लिए विद्यालय चलाने वाले लोगों ने अक्सर अपनी अकल्पनीय योजना बनाकर शिक्षा में उनकी रुचि को ख़त्म कर दिया है। इन विद्यालयों को चलाने के लिए किसी भी योजना में स्थानीय परिस्थितियों और लोगों की आवश्यकताओं को सर्वोच्च प्राथमिकता दी जानी चाहिए और परिवार की ज़रूरतों और शिक्षा की आवश्यकताओं के बीच सन्तुलन बनाये रखना होगा।

स्वास्थ्य

जनजातीय लोगों का सामान्य स्वास्थ्य बहुत ख़राब नहीं कहा जा सकता है, लेकिन बारम्बार संक्रमण के बाद उनकी स्थिति अक्सर दीर्घावधि वाली हो जाती है। इसके अलावा, इस सन्दर्भ में जो मूल प्रश्न उठता है, वह यह है कि सार्वजनिक स्वास्थ्य की आधुनिक सुविधाएँ भारतीय समाज के जनजातीय वर्ग तक कितनी कम पहुँच रही हैं। इस प्रश्न को उठाने से पहले आइये, हम आदिवासियों के सामने आने वाली स्वास्थ्य समस्याओं का अन्वेषण और अनुशीलन–परिशीलन करें।

आदिवासी कई पुरानी बीमारियों से पीड़ित हैं, लेकिन उनमें से सबसे अधिक प्रचलित जल जनित हैं। इसका मुख्य कारण पेयजल आपूर्ति का बेहद ख़राब होना है। यहाँ तक कि जब यह प्रचुर मात्रा में उपलब्ध है, यह ज़्यादातर गन्दा और दूषित होता है और इसके परिणामस्वरूप आदिवासी आसानी से आँतों और त्वचा रोगों के लिए अतिसंवेदनशील होते हैं। दस्त, पेचिश, हैज़ा, गिनी कृमि, टैपवार्म आदि अक़्सर इस स्थिति के परिणाम होते हैं।

कुछ खनिजों और अन्य तत्त्वों की कमी भी रोगों के कारणों में से एक है। हिमालय पर्वतमाला में गोइटर होता है, जो आयोडीन की कमी के कारण थायराइड ग्रन्थि का रोग है। हिमाचल प्रदेश, हिमालयी उत्तर प्रदेश–उत्तरांचल, मध्य प्रदेश–छत्तीसगढ़, बिहार–झारखण्ड, उड़ीसा और आन्ध्र प्रदेश के कुछ हिस्सों के आदिवासियों में यौन रोगों की घटनाएँ भी अधिक हैं। क्षय रोग जो पोषण की कमी से तीव्र होता है, कई जनजातियों में भी आम है। इसके अलावा, अधिकांश जनजातीय लोगों में अभी तक प्रतिरोधक क्षमता विकसित नहीं हुई है और जब वे नयी बीमारियों के सम्पर्क में आते हैं, तो वे आसानी से उनके शिकार हो जाते हैं। जिन बीमारियों से आदिवासी घातक रूप से डरता है,

उनमें से एक है जम्हाई, जो आन्ध्र प्रदेश में एजेंसी क्षेत्र के उत्तरी क्षेत्र, दक्षिणी उड़ीसा, महाराष्ट्र के चन्द्रपुर ज़िले और छत्तीसगढ़ के बस्तर ज़िले में होती है। हैनसेन की बीमारी, जिसे अब कुष्ठ रोग कहा जाता है, पूरे भारत में आम है और इसने आदिवासी लोगों को भी नहीं बख़्शा है। यह आन्ध्र प्रदेश में एजेंसी क्षेत्र, असम में मिकिर हिल्स, पश्चिम बंगाल के बांकुरा और पुरुलिया ज़िलों, बिहार के संथाल परगना, मयूरभंज से लेकर उड़ीसा में पुरी तक बेहद ख़राब है। खुजली, दाद, चेचक और एनीमिया भी सामान्य और बहुप्रचलित हैं।

वन, जनजाति और वन सम्बन्धित समस्याएँ

जनजातीय लोग हर जगह जंगलों के साथ घनिष्ठ सान्निध्य में रहे हैं और उनका पूरा अस्तित्व ऐतिहासिक कारकों के कारण वनों से जुड़ा हुआ है। वन अपने निवासियों का भरण–पोषण करते रहे हैं। वास्तव में आदिवासियों और जंगलों के बीच एक 'सहजीवी सान्निध्य' रहा है। वन उनका निवास और आजीविका का स्रोत रहे हैं। इस प्रकार, यह सर्वसम्मति से माना गया है कि वन अर्थव्यवस्था आदिवासी अर्थव्यवस्था है और वैसे ही पारस्परिक रूप से आदिवासी अर्थव्यवस्था वन अर्थव्यवस्था है।

दरअसल न केवल उनका आर्थिक जीवन बल्कि आदिवासियों की धार्मिक और धार्मिक–राजनीतिक मान्यताएँ जंगलों के इर्द–गिर्द घूमती रही हैं। कई वनस्पति और जीव उनके आराध्य और अर्चना के विषय (कुलदेवता) रहे हैं। इस प्रकार, आदिवासी लोग ऐसा सामंजस्य प्राप्त करने में सक्षम थे जो ग़ैर–आदिवासियों के लिए हमेशा ईर्ष्या का विषय रहा है। औपनिवेशिक दिनों के बाद से वनों पर उनके अधिकारों को बाद के वन क़ानूनों और वन नीतियों की अनदेखी करते हुए क़दम–दर–क़दम और छीन लिया गया है। तथ्य यह है कि वनों के संरक्षण और उसकी वृद्धि में आदिवासी लोग सबसे बड़े हिस्सेदार हैं। यदि नवीनतम वन नीति और ऐतिहासिक अधिनियम, *अनुसूचित जनजाति और अन्य पारम्परिक वन निवासी* (वन अधिकारों की मान्यता) *अधिनियम, 2006* को ईमानदारी से लागू किया जाता है, तो न केवल वनों के उत्थान में मदद मिलेगी बल्कि कई आदिवासी क्षेत्रों में चल रही अशान्ति, प्रतिरोध और सशस्त्र संघर्ष से निपटने में भी मदद मिलेगी।

विकासीय नीतियाँ, जनजातीय विस्थापन और पुनर्वास की समस्याएँ

वस्तुतः सही मायनों में देखें, तो भारत या इसके जैसे तीसरी दुनिया के अन्य देशों में विकास की कथित अवधारणा और उसका प्रकार्यात्मक रूप लोगों के लिए दुःस्वप्न ही साबित हुआ है क्योंकि इसे जिस प्रकार व्यवहार में लाया गया है, उससे बड़ी संख्या में लोग विकास की वेदी पर बलि चढ़ा दिये गये गोया जैसे कि वे भेड़ बकरी हों। विस्थापन और उससे उपजी त्रासदी ने उनके मानव होने की बुनियादी पूर्व शर्तों को भी तार–तार कर दिया। मानवीय गुरुता और गरिमा का भी कोई ध्यान नहीं रखा गया। हालाँकि इस सन्दर्भ में प्रकारान्तर से, ऐतिहासिक दृष्टिकोण से वैचारिक अनुशीलन किया जाये, तो यह सुस्पष्ट होता है कि अतीत में यद्यपि मानवीय बसावट का पुनर्नियोजीकरण विकास के लिए अभिप्रेरक ही रहा है तथापि यह प्रक्रिया निश्चित रूप से मानवतावादी और यथासम्भव स्वैच्छिक होनी चाहिए।

स्वतन्त्रता के बाद से पंचवर्षीय योजनाओं की विकास परियोजनाओं ने मुख्य रूप से प्रशासनिक भूमि अधिग्रहण के प्रत्यक्ष परिणाम के रूप में प्रत्येक वर्ष लाखों लोगों को विस्थापित किया है। इसमें गै़र–नियोजित परियोजनाओं द्वारा विस्थापन समाहित नहीं है, भूमि उपयोग के तौर–तरीक़ों में परिवर्तन, शहरी विकास के लिए अधिग्रहण, और पर्यावरणीय और प्रदूषण का निम्नीकरण और आजीविका की सम्भावनाओं और अवसरों का धूमिल होते जाना इत्यादि आवास के विनष्ट होने और विस्थापन के प्रमुख स्रोत और कारण रहे हैं। जल–विद्युत और सिंचाई परियोजनाएँ आवास के विस्थापन और विनाश का सबसे बड़ा स्रोत हैं। विस्थापन के लिए ज़िम्मेदार अन्य परियोजनाओं में मुख्य रूप से खनन, तापीय और नाभिकीय ऊर्जा संयन्त्र, सेनाकर्मियों के अभ्यास हेतु गोलीबारी परीक्षण परिसर (Firing Range), औद्योगिक क्षेत्र, सेना से जुड़े विविध प्रतिष्ठानों एवं संस्थानों की स्थापना, रेलवे की पटरियों का बिछाव, राजमार्ग, संरक्षित तनों का विस्तार, वन्य जीव अभयारण्य, खनिज आधारित उद्योग इत्यादि रेखांकित किये जा सकते हैं।

विकास और विस्थापन के परिदृश्य में प्रभावितों में से अधिकांश स्पष्ट रूप से आदिवासी, दलित और अन्य आर्थिक रूप से हाशिये पर रहने वाली ग्रामीण आबादी है जो ऐतिहासिक रूप से अपने निर्वाह के लिए प्राकृतिक संसाधन आधार पर निर्भर है। यहाँ ध्यान देने योग्य एक महत्त्वपूर्ण बात यह है कि आदिवासी समुदाय देश की कुल आबादी का लगभग 8 फ़ीसदी हैं,

फिर भी विस्थापितों में से 50 फ़ीसदी से अधिक हमारी आबादी के इस वर्ग के हैं। निहितार्थ स्पष्ट है–आदिवासी लोग हमारी 'विकासशील' नीतियों और परिणामी विस्थापन से असमान रूप से प्रभावित हैं।

अधिकांश मामलों में विस्थापितों और उनकी दयनीय स्थिति की ओर राष्ट्र का ध्यान तभी आकर्षित होता है, जब प्रभावित लोगों का संघर्ष और आन्दोलन राष्ट्रीय सुर्ख़ियाँ बनती हैं, हालाँकि तब भी यह राष्ट्रीय महत्त्व की कोई बड़ी ख़बर नहीं बन पाती। इस सन्दर्भ में वर्तमान झारखण्ड राज्य के अन्तर्गत आने वाले गुमला और पलामू ज़िले के नेतरहाट में अभ्यास के लिए प्रयोग के तौर पर प्रस्तावित गोलीबारी परीक्षण परिसर (Firing Range), पलामू ज़िले (झारखण्ड) के कर्णपुरा घाटी में कोयला खनन, सिंहभूम ज़िले में स्वर्णरेखा नदी पर बन रहे बाँध, आन्ध्र प्रदेश में पालावरम बाँध, नागरहोल वन्य जीव अभयारण्य, गन्धमर्दन बॉक्साइट खदान एवं उड़ीसा में चिल्का परियोजना और इसके जैसे अन्य कई परियोजनाओं के विरुद्ध संघर्षों और विरोधों को उदाहरण के रूप में रेखांकित किये जा सकते हैं जो अनवरत और बदस्तूर जारी हैं, किन्तु फिर भी ये राष्ट्रीय महत्त्व की ख़बरें नहीं समझीं जातीं और जिनका राष्ट्रीय चेतना और नीति–निर्माण की वैचारिकी में अभी तक कोई स्थान निर्धारित नहीं हो पाया है अर्थात् ये राष्ट्रीय विषय के अधिकारी नहीं समझे गये हैं। उनका प्रतिरोध, संघर्ष और चिन्ताएँ राष्ट्र के विधाताओं की नज़र में कोई मायने नहीं रखता। उपर्युक्त मामलों में सिर्फ़ नर्मदा बाँध से जुड़ा आन्दोलन ही राष्ट्रीय और अन्तरराष्ट्रीय स्तर पर चर्चित हो सका क्योंकि नर्मदा बाँध की ऊँचाई अनपेक्षित और अप्रत्याशित रूप से बढ़ायी गयी थी। आन्ध्र प्रदेश में पोलावरम बाँध अनुमानित तीन लाख लोगों को विस्थापित करेगा जिनमें से अधिकांश आदिवासी हैं। कर्नाटक में नागरहोल वन्यजीव अभयारण्य के ख़िलाफ़ प्रतिरोध बढ़ रहा है। उड़ीसा में गन्धमर्दन बॉक्साइट खदानों और चिल्का परियोजना के ख़िलाफ़ आन्दोलन होते रहे हैं।

विस्थापन और पुनर्वास का प्रभाव

जब हम विस्थापन के विभिन्न पहलुओं पर ग़ौर करते हैं, तो विस्थापित व्यक्तियों या 'विस्थापितों' को विस्थापन के प्रभाव की मात्रा के आधार पर वर्गीकृत किया जा सकता है। एल.के. महापात्रा उन्हें निम्नलिखित श्रेणियों में विभाजित करते हैं :

(क) वे लोग जो अपना घर–बार, और अपनी कृषि–भूमि या अन्य उत्पादक सम्पत्ति पूरी तरह से खो देते हैं।

(ख) वे लोग जो अपना घर–बार और अपनी कृषि–भूमि या अन्य उत्पादक सम्पत्ति को आंशिक रूप से खो देते हैं।

(ग) वे लोग जो केवल अपना घर–बार खो देते हैं।

(घ) वे लोग जो कृषि भूमि का बड़ा भाग खो देते हैं।

(ड.) वे लोग जो अपनी कलाकारी और दस्तकारी के प्रदर्शन और उसकी मुखर अभिव्यक्ति का आधार खो देते हैं।

(च) वे लोग जो नदी में मछली पकड़ने सहित स्थानीय जंगल या अन्य पारिस्थितिकी तन्त्र से अपनी आजीविका कमाने के लिए अपना आधार खो देते हैं।

(छ) वे लोग जो मज़दूरी के माध्यम से अपनी आजीविका कमाने के लिए अपना आधार खो देते हैं।

(ज) जो लोग परियोजना के कर्मचारियों के आवास के लिए बस्ती के निर्माण के लिए या परियोजना के पूरा होने या रखरखाव के लिए, नहरों या सहायक संरचनाओं के निर्माण के लिए, अपना घर या ज़मीन या दोनों खो देते हैं।

"लेकिन, दुर्भाग्य से, भारत में और कई विकासशील देशों में, 'विस्थापितों' को आमतौर पर कुछ श्रेणियों– (क), (ख) और (ग) के अन्दर समाहित किया जाता है लेकिन (घ) से (ज) तक के प्रावधान विस्थापितों के दायरे से बाहर रखे गये हैं, हालाँकि मुआवज़े और पुनर्वास के दावे के लिए ये कथित प्रावधान वैधानिक रूप से अनिवार्य और उपयोगी हैं।"

अधिकतर मामलों में, लागू होने वाला एकमात्र क़ानून *भूमि अधिग्रहण अधिनियम, 1894 (1984 में संशोधित)* है, जो अधिकारों और हितों को दावों के रूप में कम करने एवं घोर अन्याय और सामाजिक हिंसा को वैध बनाने की प्रक्रिया के दौरान मौद्रिक मुआवज़े में जटिल पद्धतियों से नक़द मुआवज़े के लिए केवल राज्य को उत्तरदायी बनाता है। महत्त्वपूर्ण बात यह है कि अधिनियम केवल व्यक्तिगत और सामूहिक या सामुदायिक अधिकारों को मान्यता नहीं देता है। आदिवासियों से छीनी जाने वाली अधिकांश भूमि सामान्य सम्पत्ति संसाधन (सी.पी.आर.) है। यदि यह वन भूमि है, तो क़ानून लोगों को कोई अधिकार नहीं देता है, भले ही उन्होंने इसे कई

पीढ़ियों तक अपनी आजीविका के रूप में इस्तेमाल किया हो। परम्परागत रूप से, इसके लिए कोई मुआवज़ा सुनिश्चित नहीं किया गया है। इसके अलावा, अधिकांश आदिवासी उन क्षेत्रों में रहते हैं जिन्हें प्रशासनिक रूप से उपेक्षित किया गया है और उन्हें पिछड़ा माना जाता है। इसलिए, वे इसके लिए पारिश्रमिक मूल्य प्राप्त करने की उम्मीद नहीं कर सकते हैं और उनके पास जो छोटी व्यक्तिगत भूमि है, उसके लिए उन्हें दिया जाने वाला मुआवज़ा बहुत कम है। इसके अलावा, आदिवासी पारम्परिक रूप से एक आत्मनिर्भर, निर्वहनीय अर्थव्यवस्था के भीतर रहते हैं जो प्राकृतिक संसाधनों पर निर्भर हैं। उन्हें अपने क्षेत्र से बाहर की अर्थव्यवस्था का बहुत ही कम ज्ञान था। दरअसल, उत्तर–पूर्व और छोटा नागपुर क्षेत्र के कुछ हिस्सों को छोड़कर, उनमें साक्षरता कम है।

विस्थापन के व्यापक परिणामों में उत्पादन प्रणालियों को नष्ट करना, पैतृक पवित्र क्षेत्रों या क़ब्रों और मन्दिरों को अपवित्र करना, कुटुम्बकीय समूहों और पारिवारिक प्रणालियों का बिखराव, पारस्परिक समर्थन करने वाले अनौपचारिक सामाजिक जाल का विघटन, स्व प्रबन्धन और सामाजिक नियन्त्रण को कमज़ोर करना, व्यापार में व्यवधान, बाज़ार शंकुल में अनुपयुक्त हस्तक्षेप आदि शामिल हैं। आगे, इन प्रवृत्तियों को समष्टिगत दृष्टिकोण से देखते हुए राष्ट्रीय सन्दर्भों में विश्लेषित किया जाता है। आशय यह कि समष्टि और व्यष्टि के सन्तुलन को नज़रअन्दाज़ कर दिया जाता है और व्यक्तिगत अधिकारों को सार्वजनिक हितों के फलीभूत होने की सम्भावनाओं पर न्यौछावर करने की अपेक्षा की जाती है। यहाँ राष्ट्रीय हित और लोक उद्देश्य को एक–दूसरे का पर्याय मान लिया जाता है। दरअसल, यही वह मानसिकता है जिसके प्रभावस्वरूप उन लोगों को परियोजना–विरोधी या विकास–विरोधी यहाँ तक कि देश–विरोधी क़रार दे दिया जाता है जो परियोजना के कार्यान्वयन में अपनायी जा रही असंवेदनशीलता और अमानवीयता की कड़ी आलोचना करते हैं तथा उसका पुरज़ोर विरोध और मुख़ालफ़त करते हैं।

परन्तु उपर्युक्त कहानी का सबसे दुर्भाग्यपूर्ण पहलू होता हैः लोगों का बारम्बार विस्थापन। एक ही परिवार या लोगों के समूह का एक यहाँ तक कि दूसरी और तीसरी बार विस्थापन। ऐसे अनेक समूह दर्द भरे संक्रमण से गुज़रते हुए नयी जगह में स्वयं को व्यवस्थित करते हैं, किन्तु हतभाग्य! उन्हें फिर किसी अन्य परियोजना के लिए वहाँ से विस्थापित

होने को विवश कर दिया जाता है। यह असंवेदनशीलता और अमानवीयता की पराकाष्ठा है और मानव अधिकारों का हनन है। इस सन्दर्भ में उत्तर प्रदेश के अन्तर्गत आने वाले सिंगरौली ज़िले में स्थित रिहन्द बाँध और उड़ीसा में हीराकुण्ड बाँध के कारण विस्थापितों का उदाहरण लिया जा सकता है। यदि विस्थापन अपरिहार्य है, तो पुनर्वास में उत्पादन प्रणालियों का पुनर्निर्माण, जीवन स्तर को समृद्ध करना और विस्थापित समुदाय के संघर्ष को कम करना शामिल होना चाहिए। इसलिए प्रतिबद्धता केवल पुनर्बसावट के लिए नहीं बल्कि पुनर्वास के लिए होनी चाहिए जो कि एक पात्रता होनी चाहिए न कि 'अनिच्छुक उदारता का विषय'। इसके अतिरिक्त, परियोजना की लागत में हमेशा पुनर्वास और उसमें सुधार पर होने वाली लागत सम्मिलित होनी चाहिए। इन सभी परियोजनाओं को सार्वजनिक बहस के लिए खुला होना चाहिए। ऐसी किसी भी परियोजना का क्रियान्वयन जिसमें पुनर्वास एवं सुधार की सन्तोषजनक व्यवस्था शामिल न हो, रोक दी जानी चाहिए। हालिया चल रहे सशस्त्र संघर्ष और प्रतिरोध का प्रस्फुटन वास्तव में जनजातीय आबादी के दीर्घकालीन और निरन्तर शोषण, दमन और उसके परिणामस्वरूप वंचित बने रहने के कारण ही हुआ है।

31

खाखा समिति की रिपोर्ट और अनुसूचित जनजाति की वर्तमान वस्तुस्थिति

Current Status of Scheduled Tribes and Xaxa Committee Report

अनुसूचित जनजातियों की नवीनतम स्थिति और सम्बद्व सामाजिक–आर्थिक सूचकांकों के प्राप्त करने के लिए, केन्द्र सरकार ने वर्ष 2013 में एक अनुसूचित जनजाति से आने वाले एक प्रख्यात अकादमिक प्रो. वर्जिनियस शाशा की अध्यक्षता में पाँच विशेषज्ञों की एक उच्च स्तरीय समिति (एच.एल.सी) नियुक्त की। इसके लिए एक रिपोर्ट तैयार करने और प्रभावी उपचारात्मक उपायों का सुझाव देना अनिवार्य था। यह समिति, अनुसूचित जनजातियों पर समितियों और आयोगों की पंक्ति में नवीनतम और मौजूदा जनजातीय वस्तुस्थिति का विश्लेषण करती है और निम्नलिखित मापदण्डों पर सिफ़ारिशें करती है :

- भौगोलिक और जनसांख्यिकीय परिदृश्य
- क़ानूनी और प्रशासनिक ढाँचा
- आजीविका की स्थिति
- स्वास्थ्य
- शिक्षा
- भूमि विलगाव, विस्थापन, और बाध्यकारी प्रवासन
- क़ानूनी और संवैधानिक मुद्दे
- सार्वजनिक वस्तुओं और सेवाओं के प्रदाता

इस विश्लेषण और सिफ़ारिशों की मुख्य विशेषताएँ इस प्रकार हैं :

1. क़ानूनी और प्रशासनिक ढाँचा

औपनिवेशिक काल के दौरान, आदिवासी समुदायों के निवास क्षेत्रों को प्रशासन के उद्देश्य से 'बहिष्कृत' और 'आंशिक रूप से बहिष्कृत' क्षेत्रों में विभाजित किया गया था। इस तरह की प्रशासनिक व्यवस्थाओं को स्वतन्त्रता के बाद के भारत में संविधान की क्रमशः छठी और पाँचवीं अनुसूची के रूप में जारी रखा गया है। पाँचवीं अनुसूची में राज्यों के राज्यपालों में निहित शक्तियों के बावजूद, उन्होंने जनजातीय हितों के विघटनकारी क़ानूनों को रोकने में अपनी संवैधानिक शक्तियों का प्रयोग नहीं किया।

समिति दृढ़ता से अनुशंसा करती है कि राज्यपाल को जनजाति सलाहकार परिषद् (टी.ए.सी.) की सलाह लेने और विशेष रूप से वन, भूमि अधिग्रहण, संरक्षण, खानों और खनिजों, स्वास्थ्य और शिक्षा जैसे मुद्दों से सम्बन्धित क़ानूनों और नीतियों की जाँच करने के लिए अनिवार्य किया जाना चाहिए। राज्यपाल को जनजातीय सलाहकार परिषद् (टी.ए.सी.) के समग्र कामकाज के लिए उत्तरदायी बनाया जाना चाहिए।

2. आजीविका और रोज़गार की स्थिति

- जनजातीय क्षेत्र में कृषि आधारित प्रशिक्षण संस्थान और सम्बन्धित श्रम प्रधान उद्योग स्थापित करने की सख़्त ज़रूरत है।
- कृषि के लिए सिंचाई उत्पादन में सबसे बड़ी बाधा है। जन–केन्द्रित भागीदारी कृषि ढाँचे में अपर्याप्त, अनुपयुक्त और अप्रासंगिक व्यवस्था दृष्टिकोण के साथ सूक्ष्म जलसंभर विकास कार्यक्रम जनजातीय क्षेत्रों में प्राकृतिक संसाधन प्रबन्धन के माध्यम से ग़रीबी कम करने का एक अच्छा तरीक़ा है।

वन अधिकार अधिनियम, 2006 के तहत नयी अधिगृहीत भूमि का उपयोग खाद्यान्न की खेती के बजाय पर्यावरण–वानिकी में किया जा सकता है जो जनजातीय कृषकों को अधिक लाभ दे सकता है।

- अनुसूचित जनजातियों के लिए ऋण और विपणन सुविधाओं का विस्तार करने की आवश्यकता है।
- आदिवासियों को अपने वन पारिस्थितिकी तन्त्र और वन आधारित आजीविका का पुनर्निर्माण करके अपनी ज़रूरतों को पूरा करने पारम्परिक ज्ञान का उपयोग करने के लिए प्रोत्साहित किया जाना चाहिए।

3. शिक्षा

- शिक्षा का उद्देश्य कहीं भी बच्चों को उनके पर्यावरण और समाज की समझ प्रदान करना है जिसमें वे रहते हैं और उन्हें स्थानीय समाज और राष्ट्रीय रोज़गार बाज़ार में इच्छा और योग्यता रखने वालों को आजीविका कमाने की क्षमता प्रदान करनी चाहिए।
- साक्षरता के स्तर में असमानता, नामांकन और बीच में छोड़ने वालों और उच्च शिक्षा में बहुत कम नामांकन को अत्यन्त गम्भीरता से देखा जाना चाहिए।
- नये सांस्कृतिक वातावरण में समायोजन की कठिनाइयों को ध्यान में रखते हुए, आदिवासी क्षेत्रों के विद्यालयों में स्थानीय शिक्षकों की स्थानीय रूप से भर्ती की जानी चाहिए।
- राज्य सरकारों को बहु–भाषा शिक्षा के लिए एक नीति विकसित करनी चाहिए, ताकि प्रारम्भिक शिक्षा स्थानीय भाषा में संचालित की जा सके।
- स्थानीय संस्कृति, लोक कथाओं और इतिहास को पाठ्यक्रम में शामिल करने से आदिवासी बच्चों में आत्मविश्वास पैदा करने और उनके जीवन में शिक्षा की प्रासंगिकता बढ़ाने में मदद मिल सकती है।
- 'स्वदेशी ज्ञान' का दस्तावेज़ीकरण, शोध और प्रचार किया जाना चाहिए।
- खानाबदोश जनजातियों के लिए विशेष रूप से आवासीय विद्यालय स्थापित किये जाने चाहिए।
- स्कूलों के कामकाज की निगरानी के लिए नियमित सामाजिक अंकेक्षण की आवश्यकता है।
- राज्य जनजातीय अनुसन्धान संस्थानों की हालत बहुत ख़राब है। इन्हें मज़बूत किया जाना चाहिए और एक केन्द्रीय जनजातीय अनुसन्धान संस्थान भी स्थापित किया जाना चाहिए।

4. स्वास्थ्य

- स्वास्थ्य–साक्षरता, आय, पानी, स्वच्छता, ईंधन, खाद्य सुरक्षा और आहार विविधता, लिंग संवेदनशीलता, परिवहनीय सम्बद्धता के

सामाजिक आयाम–स्वास्थ्य परिणामों को निर्धारित करने में बहुत महत्त्वपूर्ण भूमिका निभाते हैं।

- मनरेगा योजना में जल निकासी व्यवस्था का निर्माण, ग्राम स्वच्छता बुनियादी ढाँचा, व्यक्तिगत शौचालय और मच्छर प्रजनन को नियन्त्रित करने के लिए पर्यावरणीय उपायों को शामिल किया जा सकता है और अनुसूचित क्षेत्रों में प्राथमिकता के आधार पर पूरा किया जा सकता है।
- अनुसूचित जनजाति की आबादी के लिए बच्चों, किशोरों, गर्भवती और स्तनपान कराने वाली महिलाओं के पोषण में सुधार करना महत्त्वपूर्ण है।
- पारम्परिक चिकित्सक और दाई (स्थानीय दाइयों) स्वदेशी स्वास्थ्य देखभाल में महत्त्वपूर्ण भूमिका निभाते हैं। उन्हें अलग–थलग करने और अस्वीकार करने के बजाय, उन्हें शामिल करने या स्वास्थ्य देखभाल में उनका सहयोग प्राप्त करने का एक संवेदनशील तरीक़ा खोजा जाना चाहिए। पारम्परिक जड़ी–बूटियों को सामुदायिक स्वामित्व के माध्यम से संरक्षित किया जाना चाहिए। जनजातीय समुदाय का अपनी जड़ी–बूटी, दवाओं और प्रथाओं पर स्वामित्व और बौद्धिक सम्पदा अधिकार सुनिश्चित किया जाना चाहिए।
- अनुसूचित जनजाति की आबादी को स्वास्थ्य सेवा प्रदान करना।

5. भूमि अलगाव, विस्थापन और बाध्यकारी प्रवासन

- विस्थापन को कम करने के लिए राज्य द्वारा गम्भीर प्रयास की आवश्यकता है।
- पूर्ववर्ती विस्थापितों और 'विकास के बलि' लोगों के सामाजिक–आर्थिक पुनर्निर्माण का उपयुक्त और प्रासंगिक दृष्टिको। उनके व्यापक स्तर पर पुनर्वास पर आधारित होना चाहिए।
- नया क़ानून, भूमि अधिग्रहण में उचित मुआवज़े और पारदर्शिता, *सुधार एवं पुनर्वास अधिनियम, 2013* इस मायने में प्रगतिशील है क्योंकि यह पहला ऐसा क़ानून है जो विस्थापितों को उसके पुनर्वास के अधिकार को विधिक अधिदेश प्रदान करता है। नये क़ानून में 'सार्वजनिक उद्देश्य' की परिभाषा बहुत व्यापक है और इससे अनुसूचित क्षेत्रों में अधिक अधिग्रहण और विस्थापन ही होगा।

'सार्वजनिक उद्देश्य' की परिभाषा गम्भीर रूप से सीमित और सुस्पष्ट होनी चाहिए।

- 'सार्वजनिक उद्देश्यों' के नाम पर निजी निगमों (कम्पनी) को हस्तान्तरित करने के अपने अन्तिम उद्देश्य को किसी भी क़ीमत पर पूरा करने और भूमि अधिग्रहण करने वाले सरकारी प्राधिकारों को नये क़ानून के दायरे से बाहर रखा जाना चाहिए, क्योंकि सार्वजनिक–निजी भागीदारी अनुसूचित क्षेत्रों में ग़ैर–आदिवासियों को जनजातीय भूमि के हस्तान्तरण के प्रतिबन्धित संवैधानिक प्रावधान का घोर उल्लंघन है। वास्तव में यह भूमि अधिग्रहण करने का एक पिछला दरवाज़ा है।
- ऐतिहासिक समता निर्णय और पंचायत उपसंघ (अनुसूचित क्षेत्रों पर विस्तार) अधिनियम (पेसा अधिनियम) के निर्देशानुसार प्रत्येक ग्राम सभा को आदिवासी भूमि के हस्तान्तरण को रोकने की शक्ति होनी चाहिए और आगे यह भी प्रावधान होना चाहिए कि आदिवासी लोगों द्वारा खनिजों का दोहन स्वयं किया जाना चाहिए।
- सरकार द्वारा अपने उपयोग के लिए भी भूमि अधिग्रहण के लिए ग्राम सभा की सहमति अनिवार्य होनी चाहिए।
- परियोजना लागत अनुमान तैयार करते समय, पुनर्वास के लिए पूरी लागत को शामिल किया जाना चाहिए, और अनुकूल लागत–लाभ अनुपात के लिए लागत को कम करने का कोई प्रयास नहीं किया जाना चाहिए।
- पुनर्वास मसौदा और प्रक्रिया में सांस्कृतिक विस्थापन, और रीति–रिवाज़ों और परम्पराओं के नुक़सान को ध्यान में रखना चाहिए। आदिवासी लोगों के लिए, उनकी ताक़त उनका समुदाय है और इसलिए, यह ज़रूरी है कि यदि वे चाहें तो उन्हें एक समुदाय के रूप में बसाया और पुनर्वासित किया जाये।
- आदिवासी लोगों की भूमि, सामुदायिक सम्पत्ति, संस्कृति और पारम्परिक संस्थानों की रक्षा करने और उनके साथ उचित व्यवहार सुनिश्चित करने के लिए राज्यपाल की भूमिका महत्त्वपूर्ण है। यह उन व्यक्तियों की उपयुक्तता का मुद्दा भी उठाता है जो अनुसूचित क्षेत्रों में राज्यपाल और अन्य कार्यालयों के महत्त्वपूर्ण पदों पर काबिज़ हैं।

6. क़ानूनी और संवैधानिक मुद्दे

- पिछले बीस वर्ष अर्थव्यवस्था में हुए परिवर्तनों और जनजातीय समुदायों पर आर्थिक नीति के प्रभाव के सन्दर्भ में नाटकीय रहे हैं। यह वह अवधि भी रही है जब क़ानून, विशेष रूप से पंचायत (अनुसूचित क्षेत्रों पर विस्तार) अधिनियम, 1996 और वनाधिकार अधिनियम के प्रावधान उपबन्धित किये गये जो जनजातीय समुदाय के अधिकार और स्वायता को स्वीकार करती है और उन्हें मान्यता देती है।

  हालाँकि इन क़ानूनों का कार्यान्वयन असन्तोषजनक और निष्प्रभावी रहा है।
- सामुदायिक वन अधिकारों का कार्यान्वयन विशेष रूप से विभिन्न सामुदायिक वन अधिकारों और विशेष रूप से कमज़ोर जनजातीय समूहों (पी.वी.टी.जी.) और पशुचारण समुदायों के अधिकारों की मान्यता के लिए शायद ही शुरू हुआ है।
- वनाधिकार अधिनियम (एफ.आर.ए) में उपबन्धित प्रावधानों के अनुसार वन में ग्राम सभा के सहयोग से जिस लोकतान्त्रिक संरचना को सुनिश्चित करनी की बात कही गयी है, उसे वर्तमान वन्य शासन–प्रशासन से सहयोग की बात तो दूर बल्कि उसे कड़े विरोध–प्रतिरोध का सामना करना पड़ा। बदले हुए प्रतिमान और प्रावधान से प्रशासन अभी तक अछूता है।
- पंचायत (अनुसूचित क्षेत्रों पर विस्तार), उपबन्ध अधिनियम (पेसा) के प्रावधानों को प्रशासनिक व्यवहार में लाने के विषय में कोई सुस्पष्ट रूपरेखा नहीं खींची गयी और ना ही सरकारी अधिकारियों से भी इस विषय में कोई समन्वय स्थापित नही किया गया। ग्राम सभा समर्थित धोखाधड़ी और जालसाज़ी के मामले दर्ज किये गये हैं।
- आपराधिक क़ानून के साथ आदिवासी–संघर्ष पिछले एक दशक में परेशान करने वाले पहलुओं में से एक रहा है। बड़ी संख्या में आदिवासी, पुरुष और महिलाएँ, जिन्हें 'नक्सल अपराध' कहा जाता है, के लिए जेलों में बन्द हैं।
- ग़ैर–अधिसूचित जनजातियाँ पूछती रही हैं कि उनके जीवन से कलंक और पूर्वाग्रह को दूर करने के लिए क़दम उठाये जायें।

वे इस पर विशेष ज़ोर देते हुए कहती हैं कि आभ्यासिक/आदतन अपराधी अधिनियम (Habitual Offenders Act) को निरस्त किया जाना चाहिए।

- बँधुआ आम मज़दूरों का बने रहना, और बड़े पैमाने पर जनजातीय क्षेत्रों की महिलाओं की तस्करी को समाप्त करने के लिए एक ठोस प्रयास की आवश्यकता है। राज्य को बँधुआ मज़दूरों की पहचान करने, उन्हें रिहा करने और उनके पुनर्वास की प्राथमिक ज़िम्मेदारी लेनी होगी, चाहे वे कहीं भी मिले हों।

भारतीय राज्य को यह सुनिश्चित करने का लक्ष्य रखना चाहिए कि देश की आर्थिक और सामाजिक समृद्धि में समाज के सभी वर्गों की हिस्सेदारी हो। यह व्यापक रूप से स्वीकार किया जाता है कि भारतीय आबादी के एक बड़े हिस्से, विशेष रूप से आदिवासी समुदायों को पिछले छह दशकों में शुरू की गयी विकास प्रक्रियाओं का पूरा लाभ नहीं मिला है। वास्तव में, यह माना जाता है कि इस अवधि के दौरान शुरू की गयी विकास परियोजनाओं से आदिवासी आबादी पर प्रतिकूल प्रभाव पड़ा है। यह आवश्यक है कि इस प्रकार की वस्तुस्थिति के कारणों, परिस्थितियों और परिणामों का विस्तार से अध्ययन और विश्लेषण किया जाये ताकि मौजूदा स्थिति को सुधारने के लिए उचित हस्तक्षेप करने के उपायों की और भारत के संविधान में निहित प्रगतिशील सिद्धान्तों की रूपरेखा बनाई जा सके।

32
भाषायी अल्पसंख्यक और उनकी समस्याएँ
Linguistic Minorities and Their Problem

भाषा का आविष्कार और संस्कार मानवजाति को गौरवान्वित करने वाली महान उपलब्धियों में से एक है। वस्तुतः यह मानवीय सभ्यता का सबसे महत्त्वपूर्ण और महान अक्षय निधि है। यह मानवीय संस्कृति और सांस्कृतिक अभिव्यक्ति का सबसे महत्त्वपूर्ण भाग है। भाषा किसी मानवीय समूह को उसकी सांस्कृतिक अस्मिता से साक्षात्कार करवाती है। तात्पर्य यह कि भाषा किसी मानवीय समूह को उसकी सांस्कृतिक पहचान से भी नवाज़ती है और यह भाषा ही है जिसके माध्यम से संस्कृति के गठन के सभी घटकों और मानकों को संरक्षित किया जाता है।

भारत अनेक भाषाओं की भूमि रही है। अपने ऐतिहासिक और अविस्मरणीय कार्य 'भारत का भाषायी सर्वेक्षण' में जॉर्ज ग्रियर्सन ने भारतवर्ष में 179 भाषाओं और 544 बोलियों की उपस्थिति से सहमति जतायी है। अगर उनके द्वारा निर्धारित भाषाओं की श्रेणी में से अनेक भाषाओं को बोलियों की श्रेणी में सम्मिलित भी कर दें, तो इससे अधिक फ़र्क़ नहीं पड़ता और यह तथ्य यथावत बना रहता है कि भारत भाषा–वैविध्य और भाषायी बहुजातीयता के दृष्टिकोण से काफ़ी उर्वर रहा है। भारत के सामाजिक भूगोल का तर्णन करते हुए अज़ेज़ुद्दीन अहमद (1999) लिखते हैं, "भारत में वर्तमान भाषायी स्थिति बहुजातीयता या विविधता की नहीं है बल्कि भाषा के उस सतत विकास की है जिसमें वह अपना स्वरूप और कलेवर इस कदर बदलती रही है कि आज एक बोली का विलय दूसरी बोली में रहा है, इस सूक्ष्मता के साथ हो रहा है कि उसका रेखांकन करना एक दुष्कर कार्य है। एक भाषा दूसरी भाषा को अपदस्थ कर रही है। अन्ततः जब दो भाषाओं के बीच सम्पर्क की स्थितियाँ बनती हैं, तो संक्रमण की सम्भावनाओं का विकास होता है जिसमें लोग द्विभाषी होते हैं।

इस प्रकार, हम देखते हैं कि भाषा का पुष्पन और पल्लवन किसी बन्द कमरे में नहीं हो सकता। अभिप्राय यह कि भाषा को नियमावलियों में जकड़ना, इसके विकास के लिए अनुकूल और आदर्श स्थिति नहीं है। दरअसल, भाषायी बहुलवाद एक सन्निहित स्थान में कई भाषाओं के पारस्परिक अस्तित्व की स्थिति है और आधुनिक भारत की एक विशिष्ट विशेषता बनी हुई है।

जब भारत आज़ाद हुआ, तो विविधता और बहुजातीय वाले भारतीय समाज के विभिन्न प्रकार के समूह और समुदाय अपनी आकांक्षाओं की पूर्ति और तुष्टिकरण के लिए आपस में ही संघर्षरत हो गये। स्वतन्त्रता के प्रारम्भिक दो दशकों के दौरान भारत के राष्ट्रीय नेताओं को अनेक भाषायी समस्याओं से न केवल दो–चार होना पड़ा बल्कि उन्हें इसके समाधान के लिए लड़ाई लड़नी पड़ी। राजभाषा के मुद्दे समेत इन समस्याओं का तकाज़ा यह था कि वह भारत के उन अनेक राज्यों को भाषा के आधार पर पुनर्गठित करें जिसकी सीमाएँ ब्रिटिश हुकूमत के दौरान भाषायी विभाजन और अल्पसंख्यक भाषाओं की वस्तुस्थिति को अस्वीकृत या यूँ कहें कि ख़ारिज करने के कारण निर्धारित नहीं हो पायी थीं। इस प्रकार, हम देखते हैं कि मूलतः और व्यापक तौर पर भाषायी अल्पसंख्यक की जो समस्या और मुद्दा है, वह राज्यों के पुनर्गठन का ही सह उत्पाद है। आशय यह है कि भारत में भाषायी अल्पसंख्यक की समस्या के मूल में कहीं–न–कहीं राज्यों के पुनर्गठन की प्रक्रिया है।

भाषायी अल्पसंख्यक की परिभाषा और स्वरूप को संविधान के अनुच्छेद 29 और 30 के अन्तर्गत स्पष्ट किया गया है। इस प्रकार, भाषायी अल्पसंख्यक वे अल्पसंख्यक हैं जो भारत शासित भू–भाग या इसके किसी अन्य क्षेत्र के निवासी हों और जिनकी भिन्न भाषा और लिपि हो। "भाषायी समूहों के लिए यह अनिवार्य और आवश्यक नहीं है कि यह उन भाषाओं में एक हो जो संविधान की 8वीं अनुसूची में अधिसूचित हैं। दूसरे शब्दों में कहें, तो, राज्य स्तर पर भाषायी अल्पसंख्यक वे हैं जिनकी मातृभाषा राज्य की मुख्य और आधिकारिक भाषा से भिन्न हो, उसी प्रकार ज़िला और तालुका स्तर पर, यह ज़िला और तालुका की आधिकारिक और मुख्य भाषा से इतर हो। इस प्रकार, यह कहा जा सकता है कि सभी भाषाओं के बोलने वाले लोग एक या एक से अधिक राज्यों, ज़िलों और तालुकों में भाषायी अल्पसंख्यकों की श्रेणी में वर्गीकृत किये जाने के लिए योग्य समझे जायेंगे

सिवाय उनके जिनकी मातृभाषा और राज्य, ज़िला और तालुका की मुख्य और आधिकारिक भाषा समान हैं'' (भारत में भाषायी अल्पसंख्यक आयुक्त की रिपोर्ट, 1988)। भाषायी अल्पसंख्यकों के अधिकारों को सुरक्षित और संरक्षित करने के लिए संविधान के अनुच्छेद 29, 30, 347 और 350 में उपबन्धित प्रावधानों के अतिरिक्त वर्ष 1956 से लेकर 1961 की अवधि के दौरान अनेक विधिक उपचारों को आकार दिया गया जो भाषा के आधार पर राज्यों के पुनर्गठन के तत्काल बाद किये गये थे।

वर्चस्वशाली शासक वर्ग में निहित और व्याप्त रहे पूर्वाग्रहों और भेदभाव की प्रवृत्तियों पर बात करते हुए पाल आर ब्रास (1955) रेखांकित करते हुए कहते हैं, ''भारत सरकार की बहुलवादी और समावेशी नीतियों के विपरीत, अनेक राज्य अपनी निर्धारित सीमाओं और क्षेत्राधिकार के अन्दर भाषायी अल्पसंख्यकों के प्रति भेदभावपूर्ण रवैया अपनाते हैं। इसके अलावा, केन्द्रीय सरकार भी सम्बद्ध विपक्षी राज्य सरकारों के इस प्रकार के पूर्वाग्रही नीतिगत व्यवहारों का प्रतिरोध करने और ऐसे भाषायी अल्पसंख्यकों के अधिकारों को संरक्षित करने के संविधानिक उत्तरदायित्व का निर्वहन करने में असमर्थ दिखती रही है।'' असम में बंगाली बोलने वाले लोग, आन्ध्र प्रदेश में कन्नड़, मलयालम और तमिल भाषी लोग और इसके उलट उन राज्यों में जैसे कि बंगाल में असमी भाषी इत्यादि को उदाहरण के रूप में लिया जा सकता है। इस प्रकार की पूर्वाग्रही नीतिगत प्रवृत्तियों के फलस्वरूप अनेक प्रकार की, जिनमें कुछ बदतरीन थीं, क्षतियाँ हुईं। इनमें सबसे बड़ा नुक़सान उत्तर भारतीय राज्यों में उर्दू भाषा को हुआ। हिन्दी में विभिन्न और 'मातृभाषा' के रूप में सम्बोधित अनेक 'बोलियों' और व्यापक स्तर पर भाषित एवं प्रसारित अन्य बोलियों को भी न तो राज्य और न ही केन्द्रीय सरकारों द्वारा आधिकारिक भाषा के रूप में मान्यता दी गयी। इसके अलावा, यह भी दृष्टिगत होता है कि अगर उन्हें अनिच्छापूर्वक ही सही आधिकारिक भाषा के रूप में मान्यता प्रदान भी कर दी गयी हो, मसलन, उत्तर प्रदेश, बिहार, आन्ध्र प्रदेश में उर्दू भाषा की आधिकारिक स्वीकृति, तो भी उनके पूर्वाग्रही और भेदभावपूर्ण व्यवहारों में कोई परिवर्तन लक्षित नहीं हुआ वरन् वे अटूट ही बने रहे। इन बोलियों में से कुछ को उदाहरण के तौर पर लिया जा सकता है, जैसे कि, उत्तर भारत की मैथिली भाषा का भी दृष्टांत के रूप में उल्लेख करना समीचीन और प्रासंगिक होगा। ये अपने आप में एक सम्पूर्ण भाषा है, लेकिन आधिकारिक मान्यता इनकी मुकम्मल भाषायी

अस्मिता को नकारती है। भाषा और बोली के बीच विभेदक रेखा खींचने जैसे विवादास्पद मुद्दे से बचते हुए यह अपेक्षाकृत अच्छा विकल्प होगा कि हम भारतीय जनगणना प्राधिकार के कार्यों और निष्कर्षों का अनुसरण करते हुए मातृभाषा को ही उपर्युक्त दोनों शब्दों के अनुशीलन और विश्लेषण में मूल आधार बनायें। पॉल ब्रास इस बहस–मुबाहिसे को और अधिक लम्बा खींचते हुए कहते हैं कि भाषा और मातृभाषा अपने प्रभावी रूप में वस्तुतः आधिकारिक वस्तुस्थिति में क्रम से सोपान के रूप में व्यवस्थित हैं। ऊपर से दो प्राथमिक भाषा, हिन्दी और अंग्रेज़ी संघ की आधिकारिक या राजकीय भाषा के रूप में स्वीकृत की गयी है। इसके पश्चात अगला वर्ग क्षेत्रीय भाषाओं का है जो भाषायी आधार पर पुनर्गठित राज्यों की आधिकारिक भाषा है, जैसे कि, कन्नड़, मराठी, ओड़िया, तमिल, बंगला, इत्यादि। इनमें से सभी संविधान की 8वीं अनुसूची में अधिसूचित हैं। तीसरी श्रेणी वैसी भाषाओं का है जो 8वीं सूची में अधुसूचित हैं लेकिन जिन्हें भारत के किसी भी क्षेत्र में आधिकारिक भाषा के रूप में मान्यता नहीं दी गयी है, जैसे कि संस्कृत और सिन्धी। सिन्ध प्रान्त की भाषा अब पाकिस्तान में है।

चूँकि भाषा अस्मिता को रेखांकित करने वाले नियामकों में सर्वाधिक महत्त्वपूर्ण है, इसलिए भाषायी अल्पसंख्यकों को अनेक और विभिन्न राज्यों में शक्तिशाली वर्गों के भेदभावपूर्ण रवैये का सामना करना पड़ता है और कभी–कभी तो यह अपने भयावह रूप में उनके सामने आता है जिसके फलस्वरूप उन्हें प्रताड़ना सहने को विवश होना पड़ता है। विशेषकर ऐसा नौकरियों की प्रतियोगिता और प्रतिस्पर्धा तथा अन्य आर्थिक हितों में टकराव के मामले में होता है।

हालाँकि भाषायी अल्पसंख्यकों को अपनी शैक्षणिक, सांस्कृतिक और अन्य हितों की सुरक्षा के लिए पर्याप्त संविधिक और विधिक उपचारों के प्रावधानों की उपलब्धता सुनिश्चित की गयी है, किन्तु मस्तिष्क में यह अवश्य ही कौंधता है कि ऐसे कथित सुरक्षात्मक उपचारों को इस प्रकार व्यवहार में नहीं लाना चाहिए जिससे कि अलगाववाद को बढ़ावा और स्थिरता मिले। सबसे बेहतर विकल्प तो यह होगा कि भाषायी अल्पसंख्यकों और ग़ैर–भाषायी अल्पसंख्यकों के बीच पारस्परिक सामंजस्य, समन्वय, सौहार्द और सहयोग को प्रोत्साहित किया जाये बनिस्बत इसके कि अधिकारों और सुरक्षात्मक उपचारों पर अधिक बल दिया जाये। आखिरकार, अन्ततोगत्वा तमाम विश्लेषण और उसके निष्कर्षों के तदुपरान्त यह अन्तिम सत्य है कि

लोक—कल्याण के लिए, चाहे वह व्यक्तिगत हो या किसी समूह, समुदाय या समाज का, वह इस बात पर निर्भर करता है कि एक मुकम्मल राष्ट्र के रूप में हमारा देश कैसे और किस प्रकार से प्रगति कर रहा है और हम स्वतन्त्रता और उससे जुड़े मूल्यों की रक्षा कर पा रहे हैं कि नहीं। इससे कोई फ़र्क़ नहीं पड़ता कि किसी की मातृभाषा क्या है?

भाषायी अल्पसंख्यकों पर विचार—विमर्श के क्रम में जनजातीय भाषाओं और उससे जुड़े समूहों के सन्दर्भ भी महत्त्वपूर्ण, अनुपक्षेणीय और अवश्य ज्ञातव्य हो उठते हैं। इस विषय में पॉल ब्रास ने विविध पहलुओं पर समग्रता के साथ विवेचना की है और सही ही कहा है कि राज्य सरकार द्वारा मातृभाषा को आधिकारिक मान्यता प्रदान करना किसी प्रकार का तयशुदा आश्वासन नहीं है कि सरकारी प्रदत्त विद्यालयों में विद्यार्थियों को वास्तव में अपनी मातृभाषा में निर्देशों को प्राप्त करने की सुविधाएँ प्राप्त हो ही जायेंगी। दरअसल, सरकारी विद्यालय उपर्युक्त कथित सुविधा की उपलब्धता की सुनिश्चितता के लिए अभिभावकों से यह माँग करते हैं कि वे इसके लिए आवेदन—पत्र दाखिल करें और तभी विद्यालय की कक्षाओं में कुछ निर्धारित छात्रों को अपनी मातृभाषा में निर्देशों की प्राप्ति की सुविधा सुनिश्चित हो पायेगी। यहाँ तक कि मातृभाषा में पाठ्य, पुस्तकों और योग्य शिक्षकों का भी नितान्त अभाव है। विभिन्न और अनेक भाषाओं के प्रवक्ताओं, हिन्दी भाषी राज्यों या उन राज्यों में जहाँ जनजातीय अल्पसंख्यक बड़ी संख्या में हैं, दोनों प्रकार के राज्यों में यह माँग की है कि उनके बच्चों की शिक्षा और निर्देश उनकी मातृभाषा में देने की सुविधा दी जाये, लेकिन उनकी इस माँग को अधिकांश राज्यों ने गम्भीरता से नहीं लिया। इसके अलावा, सामान्यतया राज्य सरकारों ने भाषायी अल्पसंख्यक आयोग आयुक्त की सिफ़ारिशों को नज़रअन्दाज़ कर दिया।

जनजातीय भाषाओं की नियति

हमारे जनजातीय भाषाय़ी समूहों के लिए अभी बहुत किया जाना शेष है। लिपि की अनुपलब्धता और पाठ्य—पुस्तकों की अपर्याप्तता का दबाव जैसी समस्या के समाधान के लिए राष्ट्रीय स्तर पर संघर्ष करने की आवश्यकता है। सबसे पहले तो यह पहल करने की ज़रूरत है कि जनजातीय भाषाओं/ बोलियों के लिए एक साझी लिपि इसको ध्यान में रखते हुए विकसित की जाये कि जनजातीय लोगों के बीच शिक्षा को प्रोत्साहन मिले, विशेषकर

प्राथमिक स्तर की शिक्षा का। देवनागरी (हिन्दी) भारत में जनजातीय भाषाओं और बोलियों के लिए सबसे अनुकूल और उपयुक्त लिपि प्रतीत होती है, जैसे कि असम के बोडो और मध्य प्रदेश–छत्तीसगढ़ के भील, मुण्डा और गोंण्डों ने इसे आत्मसात किया है। इस सन्दर्भ में यह विचारणीय और रेखांकित करने योग्य है कि कई पूर्व विकसित और लोकप्रिय आदिवासी भाषाएँ मर रही हैं और उनके साथ सदियों और सहस्राब्दियों से संरक्षित उनकी स्वदेशी ज्ञानप्रणाली भी। बहरहाल, यह निर्णायक वक़्त है और भारत सरकार को चाहिए कि वह शिक्षा में जनजातीय भाषाओं का, कम–से–कम व्यापक स्तर पर, भाषित भाषाओं और बोलियों का समेकन करने के लिए आवश्यक, अनिवार्य, युक्तियुक्त और उपयुक्त क़दम उठायें।

राष्ट्रीय समेकन भावनात्मक समेकन के बिना सम्भव नहीं है। अल्पसंख्यकों की छोटी आबादी को कुछ समय के लिए उकसाया जा सकता है, लेकिन कालान्तर में उनके बीच यह अलगाववाद को जन्म देगा। जब कोई अल्पसंख्यक समूह यह अनुभव करता है कि उसकी भाषा, धर्म, प्रथा और परम्परा देश में सुरक्षित है और राज्य उनके संरक्षण के लिए हर सम्भव और पर्याप्त प्रयास कर रहा है, तो यह बृहद् समाज की भाषा और संस्कृति की स्वीकृति और उसके हिस्सा होने की चेतना के अहसास–बोध को और सघन एवं पुष्ट करता है। सांस्कृतिक वैविध्य या बहुलवादी संस्कृति भारतीय सभ्यता का सार है। भारतीय प्रारब्ध बहुजातीयता और अनेकता में एकता जैसे सिद्धान्त, आस्था और विश्वास में निहित है। इसके अलावा, नागरिक समाज के विश्लेषण और उसकी सांस्कृतिक गुणवत्ता को आँकने का सबसे स्थापित मानक और पैमाना यह है कि वह समाज अपने अल्पसंख्यकों और महिलाओं के साथ कैसे और किस प्रकार से व्यवहार करता है?

भारत भाषाओं और जातीय समुदायों के सह–अस्तित्व के लिए एक ऐसी प्रयोगशाला रहा है जो दूसरों के लिए एक अनुकरणीय उदाहरण है। इसके अतिरिक्त, भारत में पन्थनिरपेक्षता का सार यह है कि अनेक और विभिन्न प्रकार के लोगों और उनकी भाषाओं, संस्कृतियों और विश्वासों को स्वीकृत करते हुए सुरक्षित एवं संरक्षित कर, उनको एक सूत्र में सूत्रबद्ध करके सम्पूर्ण और अखण्ड भारत के निर्माण की आवश्यकता पर बल दिया जाये और इसे प्राथमिकता सूची में सबसे ऊँचे पायदान पर रखा जाये।

33

यौन अल्पसंख्यक : भारतीय समाज में 'एलजीबीटीक्यू'
Sexual Minorities : LGBTQ in Indian Society

भारतीय संविधान केवल दो प्रकार के अल्पसंख्यकों को मान्यता देता है– भाषायी और धार्मिक लेकिन यह समानता के अधिकार एवं जीवन और सम्मान के अधिकार को सुनिश्चित करता है और किसी भी भेदभाव की अनुमति नहीं देता है। कहने की ज़रूरत नहीं है कि भारतीय समाज गहरे जाकर पितृसत्तात्मक है और अधिकांश लोगों के बीच 'पुरुषत्व' या मर्दवाद का प्रदर्शन एक गुण के रूप में स्वीकार किया जाता है।

भारतीय समाज में सभी अल्पसंख्यकों में यौन अल्पसंख्यकों को सबसे निम्न समझा जाता है और उन पर चर्चा की जाती है। इसके अलावा, पारम्परिक भारतीय समाज, हाल के दिनों तक, इस मुद्दे से बचता रहा है या इसे 'कालीन के नीचे' धकेलता रहा है अर्थात् इसे अँधेरे के गर्त में धकेलकर इस पर पर्दा डालना चाहता रहा है। यौन अल्पसंख्यकों की व्यापक समझ के लिए 'यौन अभिविन्यास' (sexual orientation) की स्पष्ट समझ होनी चाहिए। यह अवधारणा सामान्य और स्वाभाविक रूप से पुरुषों और महिलाओं के बीच द्विआधारी या यों कहें कि पुनर्निर्धारित पारस्परिक यौन सम्बन्धों के बहुसंख्यकवादी विचार की अवहेलना करती है। इस प्रकार, जिन्होंने इस ढाँचे के भीतर ही रहने से इनकार कर दिया, उन्हें एक लम्बी लड़ाई लड़नी पड़ी। 'यौन अभिविन्यास' मानवाधिकार क़ानून और व्यवहार के सन्दर्भ में अपेक्षाकृत एक नयी धारणा है और राजनीति में विवादास्पद मुद्दों में से एक रहा है। औपचारिक भाषा में व्यक्त करें, तो 'यौन अभिविन्यास' किसी अन्य व्यक्ति के लिए एक स्थायी भावनात्मक, रूमानी, यौन या स्नेही आकर्षण है।" बहरहाल इस सन्दर्भ में

स्टडी गाइड : ह्यूमन राइट्स एजुकेशन एसोसिएट्स (एच.आर.ई.ए.) 2003 द्वारा प्रकाशित यौन अभिविन्यास (sexual orientation) और मानवाधिकार, नामक रिपोर्ट कहती हैं कि :

- इसे जैविक सेक्स, लैंगिक स्तर पर पहचान का निर्धारण (पुरुष या महिला होने के वैज्ञानिक अर्थ) और लिंग की सामाजिक भूमिका (स्त्री और मर्दाना व्यवहार के लिए सांस्कृतिक मानदण्डों का पालन) समवेत अन्य लैंगिक मुद्दों से पृथक् किया जाता है।
- यौन अभिविन्यास (sexual orientation) के अन्तर्गत समलैंगिकता से लेकर विषमलैंगिकता तक के विषय समाहित तो हैं ही साथ ही साथ इसमें उभयलिंगी के विविध रूप भी अन्तर्भूत हैं। उभयलिंगी वस्तुतः अपने समान और असमान, दोनों प्रकार के लिंगों के प्रति आकर्षित और भावनात्मक हो सकता है। समलैंगिक अभिविन्यास से अभिप्रेरित व्यक्ति 'गे' (पुरुष और स्त्रियाँ (Homosexual orientation) दोनों के सन्दर्भ में) या 'लेस्बियन' (केवल महिला विषयक) के रूप में सम्बोधित किया जाता है।
- यौन अभिविन्यास (sexual orientation) यौन व्यवहार से इतर है क्योंकि यह भावना और आत्म अवधारणा को सन्दर्भित करता है। व्यक्ति अपने व्यवहार में अपने यौन अभिविन्यास (sexual orientation) को व्यक्त कर सकते हैं या नहीं भी कर सकते है। समलैंगिक शब्द को आमतौर पर इसके नकारात्मक अर्थों के कारण टाला जाता है। इसका कारण वस्तुतः यह है कि अतीत में इस शब्द को जिस प्रकार से और जिस सन्दर्भ में व्यवहृत किया गया, उससे इस शब्द के प्रयोग से लोग सामान्यतः बचते हैं।
- यौन अभिविन्यास (sexual orientation) सम्बन्धी अधिकार के प्रवर्तन के लिए मुख्य सिद्धान्त समानता और ग़ैर–विभेदीकरण से सम्बद्ध हैं। मानवाधिकार अधिवक्ता, वकील और अन्य कार्यकर्ता सभी प्रकार के समलैंगिकों और उभयलिंगियों की गरिमा को सुरक्षित और संरक्षित करने का आश्वासन चाहते हैं और इस प्रकार उनके लिए सामाजिक न्याय को सुनिश्चित करना चाहते हैं।

इस प्रकार, पुरुषों और स्त्रियों के समलैंगिक सम्बन्धों, उभयलिंगियों और परलैंगिकों के मूल में यौन अभिविन्यास (sexual orientation) ही निर्णायक होता है। यौन अभिविन्यास, मोटे तौर पर, "ऊपर वर्णित उन

आकर्षणों, सम्बन्धित व्यवहारों और कथित आकर्षणों को साझा करने वाले अन्य लोगों के समुदाय में सदस्यता के आधार पर किसी व्यक्ति की अस्मिता की चेतना को रेखांकित करता है" (अमेरिकी मनोवैज्ञानिक संगठन)। चिकित्सा, जैविक और व्यवहार विज्ञान में इतनी प्रगति के बावजूद, वैज्ञानिक निश्चित रूप से यौन अभिविन्यास (sexual orientation) के सटीक कारणों और कारकों को रेखांकित नहीं कर सके हैं। उनका मानना है कि ये झुकाव आनुवंशिक, पर्यावरणीय प्रभावों और हार्मोन की एक जटिल परस्पर क्रिया के कारण होते हैं। सामाजिक कारणों की तुलना में सामाजिक अभिविन्यास के ग़ैर–सामाजिक जैविक कारणों को अपेक्षाकृत अधिक प्राथमिकता दी जाती है। यह सच है कि अनेक क्षेत्रों और विभिन्न संस्कृतियों में अधिकांश लोग विषमलैंगिक (Heterosexual) हैं और समलैंगिकों (Homosexual) या उभयलिंगियों (Bisexual) की संख्या बहुत ही कम है या यूँ कहें कि इस सन्दर्भ में वे अल्पसंख्यक हैं। यौन अभिविन्यास (sexual orientation) के आधार पर व्यक्तियों की निम्नलिखित श्रेणियों की पहचान की जा सकती है।

- अलैंगिक (Asexual) किसी के प्रति यौन रूप से आकर्षित नहीं होते हैं और/या किसी के प्रति आकर्षण पर भी किसी प्रकार की इच्छा नहीं रखते हैं, हालाँकि वे सेक्सरहित नहीं हैं। अलैंगिक व्यक्ति कभी–कभी स्नेही/रूमानी आकर्षण का अनुभव करते हैं।
- समलैंगिक वे लोग हैं जिनके शारीरिक, रूमानी और भावनात्मक आकर्षण समान लिंग के लोगों के लिए हैं। 'गे' लोगों (पुरुषों और महिलाओं दोनों) को कभी–कभी समलैंगिक भी कहा जाता है लेकिन इस सन्दर्भ में स्थिति यह है कि यह शब्द अपनी प्रकृति में आपेक्षिक माना जाता है, इसलिए इसको व्यवहार में लाने के प्रति उदासीनता बरती जाती है।
- लेस्बियन वे महिलाएँ होती हैं जिनका शारीरिक, रूमानी और भावनात्मक आकर्षण दूसरी महिलाओं के प्रति होता है।
- उभयलिंगी (Bisexual) वे व्यक्ति होते हैं जिनका एक से अधिक लिंगों के प्रति शारीरिक, रूमानी और भावनात्मक आकर्षण होता है।
- 'ट्रांसजेंडर' (Transgender) वे लोग होते हैं जिनका लिंग उस लिंग (पुरुष या महिला) से अलग होता है जो उन्हें जन्म के समय नैसर्गिक प्राप्त होता है। यह इस बात पर भी निर्भर करता है कि वे अन्दर से कैसा महसूस करते हैं और वे ख़ुद को कैसे व्यक्त करते हैं?

कुछ ऐसे व्यक्ति शल्य–चिकित्सा या अन्य चिकित्सकीय उपचार कराने का निर्णय लेते हैं ताकि उनका बाहरी रूप उनके वास्तविक स्वरूप से मेल खाता हो। पारम्परिक समाजों ने उन्हें किन्नर के रूप में वर्णित किया था।

- असामान्य (क्वीर) को ऐसे व्यक्तियों के लिए सन्दर्भित किया जा सकता है जिनकी पहचान विषमलैंगिक के रूप में नहीं है। कभी यह शब्द घोर अवमाननापूर्ण माना जाता था, किन्तु अधिकार आन्दोलन ने इसकी गरिमा को पुनः स्थापित कर दिया और अब आलम यह है कि उन्होंने स्वयं अपने आन्दोलन का वर्णन करते हुए गर्व के साथ इस शब्द का इस्तेमाल किया है, उसके व्यवहार में आते हैं।

बहरहाल, आमतौर पर इस्तेमाल किये जाने वाले कुछ अन्य शब्द हैं :

- होमोफोबिया से अभिप्राय उस नकारात्मक प्रवृत्ति और मनोवृत्ति से है जो उन व्यक्तियों के लिए व्यक्त की जाती है जो विषमलैंगिक नहीं हैं। यह स्वयं में घृणा, असहजता और कभी–कभी शत्रुता के आवरण में आकार ग्रहण करता है और अभिव्यक्त होता है।
- बाईफोबिया उन लोगों के प्रति पूर्वाग्रहों और घृणात्मक प्रवृत्तियों की अभिव्यक्ति है जो एकाधिक लिंगों के प्रति व्यक्त होता है।
- लैंगिक युग्मक (जेंडर बाइनरी) लिंग को वर्गीकृत और श्रेणीकृत करने की एक ऐसी व्यवस्था के रूप में सम्बोधित एवं वर्णित किया जा सकता है जो कठोर रूप से लैंगिक–विभेदीकरण के पूर्ववर्ती, पारम्परिक और पूर्व–बहुप्रचलित मानकों का अनुसरण करते हुए इसका पुरुष एवं स्त्री, दो वर्गों में लैंगिक विभाजन करता है।
- उभयलिंगी से आशय पुरुष एवं स्त्रियों के लैंगिक व्यवहारों की अभिव्यक्तियों के मिश्रण से है।

इस प्रकार, ऊपर वर्णित ऐसे सभी लोगों को यौन अल्पसंख्यकों के रूप में वर्णित किया गया है। हालाँकि जीएसएम (लिंग और यौन अल्पसंख्यक), जीएसएसएम (लिंग, यौन और रूमानी अल्पसंख्यक), और जीएसडी (लिंग और यौन विविधता) जैसे कई शब्द गढ़े गये हैं, लेकिन यह एस.जी.एम. (यौन और लिंग अल्पसंख्यक) शब्द है जो व्यापक तौर पर बहुप्रचलित है और जिसकी पिछले दशक के बाद से स्वीकृति है।

इसके अलावा, यह कहा जा सकता है कि यौन और लिंग अल्पसंख्यक एक प्रतिनिधि और व्यापक शब्द है जिसमें एलजीबीटीआई (लेस्बियन, गे, बाइसेक्सुअल, ट्रांसजेंडर और इंटरसेक्स) के तहत स्वीकृत सभी समूह और आबादी सम्मिलित है। यौन अभिविन्यास (sexual orientation) और मानवाधिकार (पूर्वोक्त), एलजीबीटीक्यू के एक पैरोकारी समूह के *स्टडी गाइड : सेक्सुअल ओरिएंटेशन एंड ह्यूमन राइट्स* ने यौन अल्पसंख्यकों के अधिकारों को व्यापक स्तर पर प्रचारित किया है जिन्हें निम्नलिखित बिन्दुओं के माध्यम से स्पष्ट किया गया है :

- *ग़ैर–विभेदीकरण और विभेद विरोधी क़ानून* में यौन अभिविन्यास (sexual orientation) को समाप्त करने और इसके परिणामस्वरूप हो रही *हिंसा और उत्पीड़न* से मुक्ति का अधिकार।
- *जीवन का अधिकार* का उन राज्यों में उल्लंघन किया जाता है जहाँ समलैंगिक सम्बन्धों के लिए मृत्यु–दण्ड का प्रावधान है।
- हिरासत में लिए गये गे, लेस्बियन और उभयलिंगियों के मामले में पुलिस की *क्रूर यातना और अपमानजनक व्यवहार से मुक्ति का अधिकार।*
- *समलैंगिक/उभयलिंगी* पहचान वाले व्यक्तियों के साथ कई देशों में मनमाने ढंग से गिरफ़्तारी होती है।
- दोहरी नागरिकता वाले युगलों को उनके समान लिंग सम्बन्धों को मान्यता नहीं देकर *आन्दोलन करने की स्वतन्त्रता* से वंचित किया जाता है।
- *निष्पक्ष सुनवाई का अधिकार* प्रायः न्यायाधीशों और अन्य क़ानून प्रवर्तन अधिकारियों के पूर्वाग्रहों से प्रभावित है।
- *निजता के अधिकार* को उस 'समलैंगिकता क़ानून' के माध्यम से शून्य घोषित किया गया जो गे, लेस्बियन और उभयलिंगी के लिए अस्तित्व से इनकार करता है, भले ही सम्बन्ध दो वयस्कों के बीच हो और निजता के दायरे में हो।
- *स्वतन्त्र अभिव्यक्ति और संघ बनाने के अधिकार* या तो क़ानून के द्वारा स्पष्ट रूप से शून्य कर दिये जाते हैं या गे, लेस्बियन और उभयलिंगी उस घृणास्पद वातवारण में अपने इन कथित अधिकारों को व्यवहार में नहीं ला पाते जिसमें समलैंगिकों के लिए असहज और अत्यन्त प्रतिकूल परिस्थितियाँ हैं।

- *धार्मिकता और उससे जुड़ी गतिविधियाँ गे*, लेस्बियन और उभयलिंगियों के मामले में प्रायः प्रतिबन्धित रहती हैं, विशेष रूप से चर्च उनका आक्रामक विरोध तो करते ही हैं साथ ही साथ अन्यों को भी ऐसा करने का सुझाव देते हैं।
- आर्थिक अधिकारों में *कार्य करने का अधिकार* सर्वाधिक प्रभावित होता है। अनेक गे, लेस्बियन और उभयलिंगी को अपने यौन अभिविन्यास (sexual orientation) के कारण काम से हाथ धोना पड़ता है और रोज़गार की नीतियों और उसके कार्यान्वयन में उनके साथ भेदभाव किया जाता है।

इनके अतिरिक्त, यह भेदभाव के कई अन्य क्षेत्र भी हो सकते हैं और इनमें से अधिकतर न केवल पारम्परिक भारतीय समाज में बल्कि संयुक्त राज्य अमेरिका और कई अन्य पश्चिमी देशों में भी देखे जा सकते हैं। मुस्लिम देश, शायद गे और लेस्बियन के साथ सबसे कठोर व्यवहार करते हैं, जिन्हें 'असामाजिक' और अमानवीय माना जा सकता है।

भारतीय परिदृश्य

समलैंगिक समूहों की उपयुक्त वैचारिकी और प्रोत्साहन के अभाव के बावजूद पश्चिमी समाज तीसरी दुनिया के देशों की तुलना में बहुत अधिक सहिष्णु हैं। फिर भी, 'समलैंगिक अध्ययन एक अत्यन्त गतिशील क्षेत्र है जो लगभग हर दिन विस्तार पा रहा है और जिसमें नये इतिहास के अन्तर्गत और सम्बन्धों की नयी संस्कृतियाँ और समलैंगिक होने के नये तरीके शामिल हैं' (कौस्तव बख़्शी एट अल 2019)। तीसरी दुनिया में 'एलजीबीटीक्यू' आन्दोलन कई बाधाओं मसलन, परम्परावादी, राष्ट्रवादी, धार्मिक और कई अन्य चुनौतियों का सामना कर रहा है। भारत में, समलैंगिक आन्दोलन अभी प्रारम्भिक अवस्था में है। भारतीय लोकतन्त्र को न केवल सहिष्णु बनने के लिए बल्कि अल्पसंख्यकों के अधिकारों का सम्मान करने के 'लिटमस टेस्ट' से गुज़रना होगा।

"क्या भारतीय लोकतन्त्र एक ऐसा स्थान होगा जहाँ बहुसंख्यक अल्पसंख्यकों की आवाज़ों और चिन्ताओं को रौंदते हैं, दूसरे शब्दों में, क्या यह घोर बहुसंख्यकवाद के गर्त में गिरता चला जायेगा या यह हाशिये पर रहने वालों की आवाज़ों और आकांक्षाओं के प्रति संवेदनशील होगा और सम्भवतः पर्याप्त रूप से इतना सशक्त और सहिष्णु शक्तिशाली नहीं होगा कि उनकी आवाज़ सुन सके? इसलिए, समलैंगिक आन्दोलन

द्वारा उठाये गये मुद्दों के प्रति भारतीय राज्य और समाज की प्रतिक्रिया से हमें न केवल भारत में समलैंगिक लोगों के भविष्य के बारे में बल्कि भारतीय लोकतन्त्र के भविष्य के बारे में बहुत कुछ पता चलेगा।" (मेनन और सब्बरवाल, 2019)

पिछले कुछ दशकों तक एलजीबीटीक्यू काफ़ी हद तक अदृश्य थे और लोग इसके बारे में बात करने से बचते थे या शर्मसार होकर बात करते थे। भारतीय समाज के इस रवैये ने उन हज़ारों पुरुषों और महिलाओं के जीवन को बर्बाद कर दिया था, जिन्हें परिवार के बुजुर्गों द्वारा विपरीत लिंग के व्यक्तियों से शादी करने के लिए मज़बूर किया गया था, जिसके परिणामस्वरूप कई असफल और बेमेल विवाह हुए थे। आश्चर्यजनक और दुर्भाग्य से, भारत में महिला आन्दोलन ने भी पितृसत्ता, दहेज और कन्या भ्रूण–हत्या, शिशु–हत्या और सम्बन्धित मुद्दों द्वारा महिलाओं के उत्पीड़न और शोषण पर ध्यान केन्द्रित करते हुए इस मुद्दे को लम्बे समय तक नहीं उठाया। अन्य यौन रुझान वाले लोग भी अपने अधिकारों का दावा करने के लिए आगे नहीं आ रहे थे। यहाँ तक कि मास मीडिया में भी समलैंगिकों (Homosexual) की उपस्थिति नगण्य थी। यहाँ कम–से–कम दो उदाहरण ध्यान देने योग्य हैं। जब प्रसिद्ध नारीवादी उर्दू उपन्यासकार इस्मत चुग़ताई ने वर्ष 1942 में समलैंगिक सम्बन्धों का चित्रण करते हुए अपनी लघु कहानी 'लिहाफ़' प्रकाशित की, तो उन्हें क़ानून की अदालत में घसीटा गया और निचली अदालत ने लघु कहानी को अश्लील और आपत्तिजनक बताया, लेकिन फ़िर भी उन्हें हिरासत में नहीं लिया गया, हालाँकि उनके कई पाठकों जिसमें पुरुषों और महिलाएँ दोनों थीं, ने उन्हें लानतें भेजीं और शर्मसार किया। दूसरा उदाहरण अपेक्षाकृत हालिया दिनों में दीपा मेहता निर्देशित 'फ़ायर' फ़िल्म है जिसमें शबाना आज़मी और नन्दिता दास के बीच समलैंगिक सम्बन्ध (लेस्बियन) को दर्शाया और प्रदर्शित किया गया है। दक्षिणपन्थी हिन्दू संगठनों ने इस फ़िल्म के विरोध में हिंसक प्रदर्शन किये और दीपा मेहता पर भारतीय संस्कृति को पथभ्रष्ट करने के इल्ज़ामात लगाये गये लेकिन वे यह भूल रहे थे कि मुस्लिम, बौद्ध, जैन और हिन्दू संस्कृतियों में अनेक ऐसे अकाट्य साक्ष्य हैं जो यह संकेत करते हैं कि इन कथित धर्मों में ऐसे सांस्कृतिक व्यवहारों का प्रचलन रहा है जो पूर्वनिर्धारित और परम्परागत लैंगिक मानकों का अतिक्रमण करते हैं। इस प्रकार के कथित सांस्कृतिक व्यवहारों को मुग़ल

काल में भी प्रलेखित और लिपिबद्ध किया गया है" (घोष, 2020)। वनिता और किदवई (2000) ने अपनी लब्धप्रतिष्ठित और अप्रतिम कृति 'Same Sex Love in India : Reading & From Literature and History' ने इस निष्कर्ष की स्थापना पर बल दिया है कि प्राचीन प्रलेख और लिपियों में अनेक ऐसे साक्ष्य मिलते हैं और इससे उनकी वैचारिकी को प्रोत्साहन मिलता है कि प्राचीन भारतीय समाज में समलैंगिक (Homosexual) और विषमलैंगिक (Heterosexual) सभी प्रकार के संभोगों की स्वीकार्यता थी और उसका प्रचलन था। उनमें से कई उन लोगों के बारे में कुछ हद तक निन्दनीय और पूर्वाग्रही दृष्टिकोण रखते हैं जो समलैंगिक कामुकता से प्रेरित हैं। फिर भी, समलैंगिक समुदाय अपनी तार्किकता, गरिमा और सम्मान के सुनिश्चितीकरण के लिए कथित प्राचीन ग्रन्थों के सन्दर्भ का उल्लेख करते हैं, उसका हवाला देते हैं।"

भारतीय दण्ड संहिता में धारा 377

'प्रकृति के विरुद्ध अपराध' धारा 377

जो कोई किसी पुरुष, स्त्री या जीव–जन्तु के साथ प्रकृति की व्यवस्था के विरुद्ध स्वेच्छया इन्द्रिय–भोग करेगा, वह आजीवन कारावास/उम्रकैद से या दोनों में से किसी भाँति के कारावास से, जिसकी अवधि 10 वर्ष तक की हो सकेगी, दण्डित किया जायेगा और आर्थिक जुर्माने से भी दण्डित होगा।

स्पष्टीकरण : *इस धारा के अन्तर्गत वर्णित अपराध को निर्धारित करने के लिए केवल एक ही अनिवार्य आधार प्रवेशन (Penetration) है।*

भारतीय दण्ड संहिता की धारा 377 की आपराधिक वस्तुस्थिति की समाप्ति

भारतीय दण्ड संहिता की इस धारा का ग़ैर–अपराधीकरण न केवल 'एलजीबीटीक्यू' के लिए एक बड़ी जीत है, बल्कि भारतीय न्यायपालिका के बड़े, खुले और उदार रवैये को भी दर्शाता है। धारा 377 को वर्ष 1861 में ब्रिटिश औपनिवेशिक शासन के दौरान प्रस्तुत किया गया था जिसने यौन गतिविधियों को 'प्रकृति के आदेश के ख़िलाफ़' अवैध बना दिया था। पहली बार वर्ष 2009 में इस धारा में वर्णित अपराध को समाप्त कर दिया था लेकिन उनके इस निर्णय को वर्ष 2013 में भारत के सर्वोच्च न्यायालय द्वारा उलट

दिया गया था। वर्ष 2018 में उच्चतम न्यायालय की एक छोटी पीठ द्वारा वर्ष 2013 के फ़ैसले की समीक्षा करने के लिए एक याचिका पर सुनवाई करने के लिए सहमत हुआ। 6 सितम्बर, 2018 को, उच्चतम न्यायालय ने सर्वसम्मति से फ़ैसला दिया और धारा 377 को असंवैधानिक घोषित कर दिया। अदालत ने उल्लेख किया कि "एक निजी स्थान में वयस्कों के बीच सहमति से सेक्स, जो महिलाओं या बच्चों के लिए हानिकारक नहीं है, से इनकार नहीं किया जा सकता क्योंकि यह व्यक्तिगत चयन और पसन्द का मामला है।" इस फ़ैसले को 'नये युग की सुबह' के रूप में वर्णित किया गया है।

धारा 377 की आपराधिक वस्तुस्थिति समाप्त होने के बाद, एलजीबीटीक्यू आन्दोलन और अधिक मुखर दिखाई देने लगा है और इससे इस आन्दोलन को और अधिक आत्मविश्वास प्राप्त हुआ है। महानगरों के अलावा लखनऊ जैसे अपेक्षाकृत छोटे शहरों में भी 'प्राइड परेड' और अधिक बैठकें ऑफ़लाइन और ऑनलाइन देखी जा रही हैं। पिछले पाँच वर्षों के दौरान सिनेमा हॉलों में प्रदर्शित होने वाली कई भारतीय फ़िल्मों में गे और लेस्बियन विषयों पर फ़िल्में प्रदर्शित की गयी हैं। नेटफ़्लिक्स और कई अन्य स्ट्रीमिंग सेवाओं के आगमन के साथ, जो लोगों को इंटरनेट से जुड़े उपकरण पर विज्ञापनों के बिना टीवी शो और फ़िल्में देखने की सुविधा देती हैं, भारतीय अब विशेष रूप से गे या लेस्बियन पात्रों पर आधारित समलैंगिक विषयों को अपेक्षाकृत अधिक तरजीह दे रहे हैं। इस प्रकार इस तरह के चित्रण अब 'शर्मनाक' नहीं हुआ करते हैं जो कुछ समय पहले हुआ करते थे। ग़ौरतलब है कि आम जनता अब 'असामान्य सेक्स' के बारे में जानने के लिए अधिक उत्सुक है, वास्तव में वे समलैंगिकों के प्रति शत्रुता और अवमानना के ख़िलाफ़ दिख रहे हैं।

प्रमुख समस्या

एलजीबीटीक्यू समुदाय धारा 377 की आपराधिक वस्तुस्थिति की समाप्ति के बाद अभी भी गम्भीर समस्याओं का सामना कर रहा है। क्या उनके पास एक आम भारतीय नागरिक के सभी अधिकार हैं? ऐतिहासिक न्यायिक फ़ैसला पूर्ण स्वतन्त्रता की लम्बी लड़ाई की शुरुआत है क्योंकि उन्हें अब संविधान द्वारा संरक्षित सभी संवैधानिक अधिकार और स्वतन्त्रताएँ दी गयीं हैं। यौन अल्पसंख्यकों के लिए स्वास्थ्य में असमानता पर ध्यान केन्द्रित

करते हुए मठ और शेषाद्री (2013) विश्व स्वास्थ्य संगठन के संविधान की प्रस्तावना का सहारा लेते हैं और मौजूदा स्थिति का विश्लेषण करते हैं जो कि नीचे अग्रलिखित है :

- **शारीरिक स्वास्थ्य** : यौन अल्पसंख्यकों को यौन संचारित रोग (एसटीडी) और एचआईवी/एड्स विकसित होने की सम्भावना अधिक है। एचआईवी के उच्च प्रसार का कारण विषमलैंगिक और समलैंगिक सम्बन्धों में व्यावसायिक यौन कार्य के हिस्से के रूप में सुइयों के पुनः उपयोग और असुरक्षित सम्भोग है। वे तथाकथित सामान्य समुदाय से शारीरिक, यौन, आर्थिक और भावनात्मक हिंसा के अत्यधिक सम्भावित शिकार हैं।

कई ट्रांसजेंडर हार्मोनल थेरेपी और सेक्स रिअसाइनमेंट सर्जरी (एसआरएस) से गुज़रना चाहेंगे। दुर्भाग्य से अधिकांश अस्पतालों में उन्हें इन सेवाओं से वंचित रखा गया है। ट्रांसजेंडर्स का किसी भी अस्पताल में अलग वार्ड या उनके लिए कोई बेड सुरक्षित नहीं है। अक्सर उन्हें अस्पतालों के अन्दर भी नहीं जाने दिया जाता है। दरअसल, स्वास्थ्य की देखभाल तक उनकी पहुँच सुनिश्चित करने की आवश्यकता है क्योंकि वे विभिन्न शारीरिक और मानसिक बीमारियों के लिए अत्यधिक संवेदनशील हैं।

- **मानसिक स्वास्थ्य** : यौन अल्पसंख्यकों को कलंक और भेदभाव के कारण भावनात्मक विकार विकसित होने का ख़तरा होता है। समान सेक्स साथी/सहभागी में पुरुषों के लिए आत्महत्या का जोखिम बहुत अधिक दिखाया गया है। उनमें से अधिकांश, विशेष रूप से ट्रांसजेंडर अपने दुखों को दूर करने के लिए नशीले पदार्थों का अत्यधिक उपयोग करते हैं। इस आबादी में भारी शराब पीना और नशीली दवाओं का उपयोग एक महत्त्वपूर्ण सार्वजनिक स्वास्थ्य समस्या है। उच्च स्तर का भेदभाव यौन अल्पसंख्यकों के बीच अधिक मानसिक रुग्णता जोखिम पैदा करता है और उसे सघन करता जाता है।
- **सामाजिक कल्याण** : अत्यधिक सामाजिक बहिष्कार, भेदभाव, कलंक और अत्याचार, आत्म–सम्मान और सामाजिक ज़िम्मेदारी की भावना को कम करते हैं। उनमें से कई पारिवारिक और सामाजिक दबाव के कारण अपनी इच्छा के विरुद्ध वैवाहिक/विषमलैंगिक

सम्बन्धों को अपनाने के लिए विवश हो जाते हैं और जीवनपर्यन्त घुलते और घुटते रहते हैं, किन्तु ये वैवाहिक असामंजस्य, तलाक़ या जीवन की ख़राब गुणवत्ता के बावजूद जारी रखते हैं।

- उन्हें घर मिलना मुश्किल हो जाता है और वे बार–बार अपना आवास बदलते रहते हैं। इस प्रकार, उनके लिए आवासीय प्रमाण–पत्र प्रस्तुत करना कठिन है।

मीडिया ने भी कुल मिलाकर यौन अल्पसंख्यकों को चित्रित करने में नकारात्मक भूमिका निभायी है। स्थानीय भाषा और स्थानीय प्रेस और ग़ैर–अंग्रेज़ी टी.वी. चैनल विशेष रूप से उनके बारे में अफ़वाह और नकारात्मकता फैलाते हैं।

मानसिक स्वास्थ्य पर प्रतिकूल प्रभाव

अधिकांश यौन अल्पसंख्यक अपने मानसिक स्वास्थ्य पर नकारात्मक प्रभाव डालने वाले अनुभवों के कारण अपने संकीर्ण दायरे में रहते है। ऐसे ही कुछ कारणों को निम्नलिखित बिन्दुओं के माध्यम से प्रदर्शित किया गया है :

- विद्यालय में उत्पीड़न, उपहास और धमकाना
- स्कूल छोड़ना
- पड़ोसियों और सहकर्मियों का अपमानजनक और व्यंग्यात्मक रवैया
- मौखिक उत्पीड़न और कार्यस्थल पर उत्पीड़न
- प्रियजनों एवं सहधर्मियों द्वारा ख़ारिज करने के फलस्वरूप व्याप्त उदासीनता और बहिष्कार
- नियमित नौकरी खोजने में कठिनाई
- पारिवारिक और सामाजिक समर्थन की कमी
- सामाजिक योगदान करने के अवसरों की कमी
- यौन अभिविन्यास/रुझान (sexual orientation) के सन्दर्भ में कठोर रूप से परिवर्तनकारी पूर्वाग्रह
- गुप्त 'ऑनर किलिंग' (सम्मान हत्या)।

भारतीय समाज अभी भी सामाजिक–सांस्कृतिक मानदण्डों के कठोर प्ररूपों से बँधा हुआ है जो एक पृथक् यौन अभिविन्यास (sexual orientation) को स्वीकार करने से इनकार करते हैं। यौन अल्पसंख्यकों के लिए विशेष रूप से गे और लेस्बियन के लिए परिवार सबसे अधिक सहायक हो सकता है और ऐसे मामलों में जहाँ परिवार सराहनीय और सहायक है, एक अलग

यौन अभिविन्यास (sexual orientation) वाला व्यक्ति ख़ुश, आत्मविश्वासी महसूस करता है और बड़े पैमाने पर समाज में योगदान दे सकता है। यह सच है कि समलैंगिकता अब वर्तमान पीढ़ी के लिए अधिक स्वीकार्य है लेकिन मुख्य रूप से शहरों में, विशेष रूप से बड़े शहरों में है। ग्रामीण भारत कमोबेश अभी भी पूर्ववर्ती मानकों के अनुरूप यथास्थितिवादी है। ज़बरन विवाह और परिवार द्वारा स्वीकृत 'सुधारात्मक बलात्कार' ग्रामीण समाज की प्रतिक्रियाओं में से एक हैं। इस प्रकार हम कह सकते हैं कि भारत विभिन्न शताब्दियों में एक साथ रहता है।

बड़ी संख्या में भारतीय लोग 19वीं सदी में, कई 20वीं सदी में और कुछ 21वीं सदी में रह रहे हैं। गाँवों, कस्बों, शहरों और महानगरों के बारे में भी यही कहा जा सकता है। यहाँ तक कि विभिन्न वर्गों, प्रतिष्ठित समूहों और राजनीतिक–आर्थिक स्तर पर व्यावहारिक विभिन्नताएँ स्पष्ट ही देखी जा सकती हैं। कहने की ज़रूरत नहीं है कि बदलाव ताक़त से हासिल नहीं किया जा सकता है। क़ानून और प्रशासनिक उपायों की अपनी सीमाएँ हैं। वस्तुतः सामाजिक परिवर्तन केवल क़ानून के माध्यम से नहीं आता है या यों कहें और यह कहने में किसी प्रकार की अतिश्योक्ति या अतिरंजना नहीं है कि भारत जितना वर्तमान में है, उतना ही अतीत में भी धँसा हुआ है।

34

मुस्लिम जाति व्यवस्था और पिछड़ी जातियाँ
Muslim Caste System and Muslim OBCs

इस्लाम में सबसे स्पष्ट द्विभाजन सामाजिक असमानता और उससे जुड़ी प्रथाओं के दायरे में देखा जा सकता है। इस्लाम व्यापक और बहुप्रचलित रूप से सामाजिक जीवन में असमानताओं को ख़ारिज करने वाले समतावाद पर आधारित धर्म के रूप में देखा जाता है। यह इस्लाम का 'पाठ्य दृष्टिकोण' है और यह घोषित समतावाद काफ़ी हद तक एक आदर्श बना रहा। 'प्रकार्यात्मक इस्लाम' / 'व्यावहारिक इस्लाम' इस अन्तर्विरोध को उजागर करता है। इस्लामिक आस्था के अनुसार जैसा कि उनकी पवित्र पुस्तक कुरान और पैग़म्बर मुहम्मद के जीवन, शिक्षाओं और परम्पराओं में देखा गया है, हर मुसलमान भगवान की नज़र में समान पैदा होता है, और इस प्रकार, धार्मिकता के व्यवहार में लाने के क्रम में अथवा सामाजिक जीवन के किसी भी पहलू में असमानता को अभिप्रमाणित या प्रोत्साहित करने की अनुमति नहीं दी गयी है।

पाकिस्तान और बांग्लादेश सहित दक्षिण एशिया की मुस्लिम आबादी जाति व्यवस्था के रूप में सामाजिक स्तरीकरण की उपस्थिति को प्रदर्शित करती है। भारतीय मुसलमान न तो सामाजिक रूप से समरूप या अखण्ड हैं और न ही एक 'सांस्कृतिक समुदाय' इस अर्थ में कि उनके पास क्षेत्रीय विविधताओं में विभिन्न संस्कृतियाँ हैं। वे एक जटिल समाज में अस्मितामूलक स्तरीकरण के साथ रहते हैं। कुछ स्थानों पर उन्हें एक प्रान्तीय–भाषायी जातीय श्रेणी के दृष्टिकोण से देखा जा सकता है जैसे लद्दाख (जम्मू और कश्मीर) में जहाँ उनके पास मंगोलॉयड भौतिक विशेषताएँ हैं, तो लक्षद्वीप में एक आदिवासी–बिरादरी (जहाँ वे शायद, एकमात्र दुनिया के ज्ञात मातृवंशीय मुस्लिम समुदाय के रूप में रहते हैं), गद्दी और बक़रीवाल (जम्मू और कश्मीर में जहाँ वे अनुसूचित जनजातियों के अन्तर्गत आते हैं)

जैसे आदिवासी समूहों के नज़रिये से सुन्नी, शिया, इस्माइली, बोहरा आदि जैसे साम्प्रदायिक विभाजनों के दृष्टिकोण से या विभिन्न इस्लामी शाखाओं के दृष्टिकोण से देवबन्दी और बरेलवी के रूप में वर्गीकृत और विभाजित हैं। ऊपर वर्णित इस सामाजिक–सांस्कृतिक/जातीय वैविध्य में कम–से–कम एक बात समान है और वह है सामाजिक असमानताओं को व्यवहार में लाना। शायद, भारतीय मुसलमानों के बीच 'जाति व्यवस्था' या 'जाति–समान समूहों' को उनके। इस अवलोकन के माध्यम से बेहतर समझा जा सकता है। इस ढाँचे के भीतर भी भारत में मुस्लिम स्तरीकरण की प्रकृति में क्षेत्रीय भिन्नताएँ हो सकती हैं।

बहरहाल, उनके बीच प्रचलित और स्वीकृत पदानुक्रमित प्रारूप को कमोबेश तीन समूहों में वर्गीकृत किया जा सकता है :

- अशरफ़ (श्रेष्ठ/कुलीन)
- अजलफ़ (सामान्य/साधारण जन)
- अरज़ल (निम्नतम)

अशरफ़ में मुस्लिम कुलीनता शामिल है जो प्रारम्भिक मुस्लिम प्रवासियों के वंशज होने का दावा करती है, या तो सैयद, शेख़, मुग़ल या पठान, साथ ही मुस्लिम राजपूतों जैसी उच्च हिन्दू जातियों के वंशज हैं। जैसे कि 'स्वच्छ' व्यावसायिक जातियों, जुलाहा बुनकर, *दर्ज़ी* (टेलर), *क़साब* (क़साई), *हज्जाम* (नाई) *कंजड़* (पंसारी/सब्ज़ी विक्रेता), *मिरासी* (चारण, गामक और संगीतकार) *मनिहार* (चूड़ी विक्रेताओं), *धुनिया* (कपास धुनने वाला), *गद्दी* (चरवाहे, दूधवाले), आदि अजलफ़ (औसत) की श्रेणी में शामिल थे। अरज़ल (शाब्दिक रूप से बहुत स्वार्थी) की तीसरी श्रेणी में मुस्लिम भंगी या मेहतर और लालबेगी (स्वीपर और मैला ढोने वाले) जैसी अशुद्ध या धार्मिक रूप से प्रदूषण फैलाने वाली जातियाँ शामिल हैं। हिन्दू जाति व्यवस्था की तरह अशरफ़ और ग़ैर–अशरफ़ जातियों के बीच एक पदानुक्रम है और ये सभी पारम्परिक रूप से अन्तर्विवाही हैं, अर्थात आदर्श के अनुसार उन्हें अपनी जातियों में विवाह करना चाहिए। दूसरी और तीसरी श्रेणी की अधिकांश जातियाँ मुस्लिम अन्य पिछड़ी जातियों के अन्तर्गत आती हैं।

बहरहाल, ग़ैर–हिन्दू समुदायों (मुख्य रूप से मुस्लिम) के बीच अन्य पिछड़ी जातियों की वस्तुस्थिति का अनुशीलन–विश्लेषण कर मण्डल आयोग (1980) ने अधोलिखित वक्तव्य दिया :

"इसमें कोई सन्देह नहीं है कि ग़ैर–हिन्दू समुदायों में सामाजिक और शैक्षिक पिछड़ापन कमोबेश उसी क्रम का है जैसा कि हिन्दू समुदायों में है। हालाँकि जाति व्यवस्था हिन्दू समाज के लिए विशिष्ट है, फिर भी, वास्तविक व्यवहार में, यह ग़ैर–हिन्दू समुदायों में भी विभिन्न और अलग–अलग स्तर से व्याप्त है। इस परिघटना के दो मुख्य कारण हैं : पहला, जाति व्यवस्था मन का एक महान कंडीशनर है और एक व्यक्ति की सामाजिक चेतना और सांस्कृतिक प्रथाओं पर एक अमिट छाप छोड़ती है। नतीजतन, धर्मान्तरण के बाद भी, पूर्व–हिन्दुओं ने सामाजिक पदानुक्रम और स्तरीकरण के अपने गहरे विचारों को आत्मसात किये रहे। इसके परिणामस्वरूप हिन्दू धर्मान्तरित अनजाने में इस्लाम, ईसाई धर्म, सिख धर्म आदि जैसे अत्यधिक समतावादी धर्मों के बीच जाति व्यवस्था के 'ट्रोजन हॉर्स' के रूप में कार्य कर रहे थे। दूसरे, ग़ैर–हिन्दू अल्पसंख्यक मुख्य रूप से हिन्दू भारत में रह रहे थे, इसलिए यह स्वाभाविक था कि वे इसके प्रमुख सामाजिक और सांस्कृतिक प्रभावों से नहीं बच सकते थे। इस प्रकार, ग़ैर–हिन्दू समुदाय के भीतर और बाहर दोनों से, जातियों को निरन्तर संजीवनी और प्रोत्साहन प्राप्त होता रहा।"

इन कठिनाइयों पर काफ़ी विचार करने के बाद, मण्डल आयोग ने ग़ैर–हिन्दू अन्य पिछड़ी जातियों की पहचान के लिए मोटे और बुनियादी तौर पर निम्नलिखित मानदण्ड विकसित किये :

(i) सभी अछूत किसी भी ग़ैर–हिन्दू धर्म में परिवर्तित हो गये।

(ii) ऐसे व्यावसायिक समुदाय, जो अपने पारम्परिक वंशानुगत व्यवसायों के नाम से जाने जाते हैं और जिनके हिन्दू समकक्षों को हिन्दू अन्य पिछड़ी जातियों की सूची में शामिल किया गया है, जैसे धोबी, तेली (तिलहन से तेल निकालने वाले), *नाई, कुम्हार, लोहार,* दर्ज़ी, *बढ़ई,* इत्यादि।

जब हम हिन्दू और मुस्लिम दोनों की व्यावसायिक रूप से विशिष्ट पिछड़ी जातियों को देखते हैं, तो हम तीन श्रेणियों को रेखांकित कर सकते हैं :

(i) जातियाँ जो अब पूरी तरह से मुस्लिम हैं।

(ii) वे जातियाँ जिनमें हिन्दू वर्गों से अधिक मुस्लिम हैं।

(iii) वे जातियाँ जिनमें मुस्लिम वर्ग से बड़ा हिन्दू है।

पहली श्रेणी में वे व्यावसायिक जातियाँ आती हैं जो अब पूरी तरह से मुस्लिम हैं, उनकी संगत हिन्दू जातियाँ या तो मौजूद नहीं हैं, या यदि वे मौजूद हैं, तो उनके बिल्कुल अलग नाम हैं। ऐसी कुछ जातियाँ हैं– *आतिशबाज़* (आतिशबाज़ी बनाने वाले), *भांड* (जस्टर), *भिश्ती* (जल वाहक), *गद्दी* (चरवाहे), *मिरासी* (संगीतकार और गायक), *कसाब* (क़साई), *मोमिन जुलाहा* (मुस्लिम बुनकर) आदि।

दूसरी श्रेणी हिन्दू से बड़ा वर्ग मुस्लिम का है, इसमें *दर्ज़ी, धुनिया* (कपास धुनने वाला), कुंजरा या कबाड़िया (सब्ज़ी विक्रेता), *मनिहार* (चूड़ी /कंगन निर्माता), सिकलीगर (धातु को तेज़ करने वाला) और *रंगरेज़* (डायर और क्लॉथ प्रिंटर) जैसी जातियाँ हैं।

तीसरी श्रेणी में वे जातियाँ शामिल हो सकती हैं जिनमें मुस्लिम से ज़्यादा हिन्दुओं की सहभागिता है। स्पष्ट रूप से पेशेगत व्यावसायिक जातियों की इस श्रेणी में *कुम्हार* (कुम्हार), *नाई* या *हज्ज़म* (नाई), *तेली* (तेल निकालने वाले), *धोबी* (धोबी) आदि आते हैं। मुस्लिम *भंगी/ मेहतर/ लाई बेगिया* (स्वीपर और मैला ढोने वाले) शायद मुस्लिमों का एकमात्र अछूत वर्ग है।

मुसलमानों के बीच व्यावसायिक जातियों का एक महत्त्वपूर्ण पहलू सामाजिक या तकनीकी–आर्थिक परिवर्तन के कारण कुछ जाति समूहों का गायब होना है। रंगरेज (ड़ायर और क्लॉथ प्रिंटर), *भटियारा* (सराय रखवाले) और *सैकलगर* (धातु को तेज़ करने वाला) लगभग सामाजिक इकाइयों के रूप में ग़ायब हो गये हैं। भारतीय नृविज्ञान सर्वेक्षण (एंथ्रोपोलॉजिकल सर्वे ऑफ़ इंडिया) द्वारा किया गया 'पीपुल्स ऑफ़ इंडिया प्रोजेक्ट' मुस्लिमों की अन्य पिछड़ी जातियों सहित भारत की सभी जातियों और समुदायों के संक्षिप्त लेकिन समृद्ध और विश्वसनीय नृविज्ञान सम्बन्धी विवरण देता है।

मुस्लिमों और अन्य पिछड़ी जातियों के बीच, विशेष रूप से अपेक्षाकृत बड़े जाति समूहों के बारे में एक उल्लेखनीय तथ्य यह है कि हालाँकि कुछ सदस्य अपने पारम्परिक व्यवसायों से बाहर चले गये हैं, फिर भी अधिकांश अपने पूर्वजों की परम्पराओं और संस्कृतियों–उपसंस्कृतियों का पालन करते हैं। इस प्रकार व्यावसायिक गतिशीलता हानिकारक रही है, फिर भी इसका एक और आयाम है जो समान रूप से महत्त्वपूर्ण है। हिन्दू आबादी में अपने समकक्षों की तरह, वे शुरू से ही कड़ी मेहनत करते रहे हैं। विभिन्न जाति समूहों के कई उद्यमी सदस्यों ने अपने पेशे को सर्वश्रेष्ठ

बनाया और समृद्धि प्राप्त की। उत्तर प्रदेश और राजस्थान के अंसारी और कुरैशी इसके स्पष्ट उदाहरण हैं। उनमें से कुछ अन्य समूह जिन्होंने अपनी प्रौद्योगिकी को उन्नत किया और नयी विपणन रणनीतियों को अपनाया और प्रतिस्पर्धी उद्यमशीलता का कौशल दिखाया, जैसे पश्चिमी उत्तर प्रदेश के मेरठ, मुरादाबाद, अलीगढ़ और फिरोज़ाबाद के कारीगर–उद्यमी और पूर्वी उत्तर प्रदेश में भदोही और वाराणसी के श्रमिक और व्यवसायी। फिर भी, साथ ही, हम देखते हैं कि देश के ग्रामीण और शहरी क्षेत्रों में बड़ी संख्या में लोग ग़रीब परिस्थितियों में रह रहे हैं। भारत के ये 'तकनीकी समुदाय' और उनके हिन्दू समकक्ष समाज राज्य के बेहतर योग्य पात्र हैं।

मुस्लिम पिछड़ी जातियों की राजनीतिक लामबन्दी

आज के मुस्लिम पिछड़ी जातियों की सामाजिक–राजनीतिक लामबन्दी के सन्दर्भ में मुस्लिम बुनकरों का आन्दोलन ऐसे किसी भी मुस्लिम समूह द्वारा पहला प्रयास प्रतीत होता है। हालाँकि इस आन्दोलन की उत्पत्ति विवाद और मतभेद की चाशनी में डूबी हुई है, अंसारी (2000) ने मोमिन अंसारी और उनके आन्दोलन पर एक महत्त्वपूर्ण और अति प्रासंगिक दस्तावेज़ में लिखा है कि कुछ नेताओं ने अनौपचारिक रूप से, वर्ष 1912 की अवधि के दरमियान कलकत्ता में, एक मंच की स्थापना की, जो बड़े पैमाने में एक कल्याणकारी संगठन था। मोमिन सम्मेलन का पहला सम्मेलन औपचारिक रूप से वर्ष 1928 में कलकत्ता में आयोजित किया गया था और इस वर्ष से मोमिन सम्मेलन एक अखिल भारतीय हो गया एवं अविभाजित भारत के 3–4 करोड़ मोमिनों का प्रतिनिधि संगठन बन गया।

चूँकि ईस्ट इंडिया कम्पनी ने भारतीय कुटीर उद्योग के हथकरघा उद्योग को ही सबसे पहले प्रभावित किया था, फलतः बुनकरों पर ग़रीबी और दरिद्रता का साया मँडराने लगा। इसलिए, सामाजिक अपमान, अस्तित्व और उत्तरजीविता के लिए संघर्ष इस अग्रणी आन्दोलन के पीछे प्रमुख प्रेरक शक्तियाँ प्रतीत होती हैं। इसने न केवल मोमिन बल्कि अन्य मुस्लिम कारीगर जातियों को भी लामबन्द किया। यह भारत के प्रमुख शहरों में प्रत्येक वर्ष एक अखिल भारतीय सम्मेलन आयोजित करता था और शायद पहली बार, मुस्लिम बुनकरों के साथ–साथ कुछ अन्य कारीगर जातियों ने सशक्तीकरण की आशा और प्रेरणा के साथ भविष्य की ओर देखना शुरू किया।

बहरहाल, मोमिन कॉन्फ्रेंस के बदलते स्वरूप पर टिप्पणी करते हुए अनवर (2001) बताते हैं कि वर्ष 1937 तक इसकी गतिविधियाँ मोमिनों के बीच सामाजिक चेतना और कल्याण को प्रोत्साहित करने तक ही सीमित थीं। वर्ष 1938 में वह निर्णायक और महत्त्वपूर्ण पड़ाव आया जब सियासत और राजनीतिक आकांक्षाएँ करवट लेने लगीं और उन्हें और हवा तब मिली जब मुस्लिम लीग ने मुसलमानों के लिए एक अलग मातृभूमि और देश की माँग की। पिछड़े मुसलमानों ने उग्र–राष्ट्रवादी मुद्रा अपनायी और पाकिस्तान की माँग का विरोध किया। अपनी स्थापना के समय से ही मोमिन कॉन्फ्रेंस मुस्लिम लीग और उसके नेताओं के जाति/वर्ग चरित्र के बारे में आश्वस्त थी और इसमें कोई सन्देह नहीं था कि लीग और इसकी माँग सामन्ती और आभिजात्य निहित स्वार्थों को बढ़ावा दे रही थी और मुसलमानों के निचले तबके को केवल 'तोप के गोले' के रूप में उपयोग किया जा रहा है। भारतीय जनता के जन–उभार से सामन्तों, पूँजीपतियों, नवाबों और जागीरदारों को ख़तरा महसूस हुआ और वे जानते थे कि भारतीय राष्ट्रीय काँग्रेस के अपने सामाजिक–राजनीतिक उद्देश्यों में इन कथित निहित स्वार्थों के लिए बहुत कुछ अधिक सम्भावनाएँ नहीं थीं। स्वतन्त्रता के बाद की भारतीय राजनीति में इसका परिणाम राष्ट्रीय स्वयंसेवक संघ, भाजपा और उसके सहयोगियों द्वारा मण्डल आयोग की सिफ़ारिशों के कार्यान्वयन के प्रभाव को कुन्द करने के लिए अयोध्या मुद्दे को बढ़ावा देने के रूप में देखा जा सकता है। यह एक राजनीतिक चातुर्य और बौद्धिकता वाली रणनीति थी। ज़मायत–ए–उलेमा–ए–हिन्द के साथ मिलकर मोमिन कॉन्फ़्रेंस ने मुस्लिम लीग की पूरी मुस्लिम आबादी का प्रतिनिधित्व करने के दावे को बेनक़ाब कर दिया और काँग्रेस पार्टी के राष्ट्रवादी–धर्मनिरपेक्ष दृष्टिकोण और उद्देश्य को बढ़ावा दिया। मोमिन कॉन्फ़्रेंस ने काँग्रेस पार्टी और उस देवबन्द के उलेमा द्वारा समर्थित ज़मायत–ए–उलेमा–ए–हिन्द के साथ गठबन्धन किया, जिन्होंने विभाजनकारी उद्देश्यों के लिए मुस्लिम लीग का विरोध किया था और इस प्रकार, स्वतन्त्रता संग्राम में महत्त्वपूर्ण योगदान दिया था। बहरहाल, वक़्त गुज़रता गया और एक समय ऐसा आया जब मोमिन सम्मेलन ने अपनी ताक़त को खो दिया और लगभग समाप्त हो गया। मोमिन सम्मेलन के अलावा, सब्ज़ी–विक्रेताओं की जाति का प्रतिनिधित्व करने वाले रायन सम्मेलन और तिलहन से तेल निकालने वाली जाति (तेली) का प्रतिनिधित्व करने वाले मंसूरी सम्मेलन ने भी वर्ष

1930 और वर्ष 1950 के दशक के बीच मुस्लिमों की अन्य पिछड़ी जातियों की सामाजिक–राजनीतिक लामबन्दी में अपनी अहम भूमिका निभायी।

बहरहाल, वर्ष 1950 और वर्ष 1980 के बीच की अवधि में मुस्लिम पिछड़ी जातियों का शायद ही कोई उल्लेखनीय आन्दोलन देखा गया हो। स्वतन्त्रता के पश्चात् के पिछड़े वर्ग के आन्दोलन पर टिप्पणी करते हुए, विशेष रूप से मुसलमानों के बीच, प्रसिद्ध राजनीतिक टिप्पणीकार बिदवई (1996) कहते हैं :

"मुस्लिम अन्य पिछड़ी जातियों की सक्रियता और शुरुआत का प्रस्थान–बिन्दु 80 के दशक का महाराष्ट्र है जो निश्चित रूप से कर्पूरी ठाकुर और लोहिया की वैचारिकी से अभिप्रेरित था। हालाँकि, एक आन्दोलन के रूप में इस पहल ने पिछले कुछ वर्षों के दरमियान ही ताक़त हासिल की है, आंशिक रूप से मुस्लिम मराठी साहित्य परिषद द्वारा प्रदान किये गये बौद्धिक प्रोत्साहन के माध्यम से। यह सर्वप्रथम वर्ष 1990 में आयोजित किया गया था और अब तक चार बार आयोजित किया जा चुका है। महाराष्ट्र के आयोजक निश्चित रूप से बहुजन समाज, शाहू जी महाराज और ज्योतिबा फुले की सामाजिक सुधार विरासत और अम्बेडकर के आधुनिकतावादी विचारों से प्रेरित रहे और उनके बहुत ऋणी हैं। अखिल भारतीय मुस्लिम ओबीसी संगठन (ऑल इंडिया मुस्लिम ओबीसी संगठन) ने 29 अगस्त, 1996 में अपना पहला सम्मेलन आयोजित किया। सम्मेलन वास्तव में एक सफलता थी। हालाँकि असन्तुलित और वैविध्यपूर्ण प्रतिनिधियों की संरचना ने कुरैशी (क़साई और मांस बेचने वाले) और जुलाहा (बुनकर), नाई (नाइयों) और राइन्स (सब्ज़ी उगाने वाले या माली), धोबी (धोबी) और तेली (तेल निकालने वाले) के बीच साझा हितों और चिन्ताओं का 'रहस्योद्घाटन' किया। कथित सम्मेलन में अनुमानतः निश्चित रूप से सभी मुस्लिम अन्य पिछड़ी जातियाँ (ओबीसी) के लिए मण्डल आयोग की सिफ़ारिशों का विस्तार, और अधिक छात्रवृत्ति, आदि की माँग की गयी और सम्भवतः और शायद ही भूमि सुधार और छोटे उद्यमियों के लिए वित्त पोषण जैसे मुद्दों को अधिक तरज़ीह दी गयी हो; इसकी सम्भावना कम प्रतीत होती है।

दरअसल, ये दलित मुस्लिमों और हिन्दू व अन्य पिछड़ी जातियों (ओबीसी) को एकसूत्र में पिरोने और धार्मिक विभाजन के बीच एकजुटता एवं एकबद्धता के लिए एक सचेत प्रयास भी प्रतीत होता है। सभी धर्मों में हाशिये पर के लोगों की यह जन–एकता उस धर्म आधारित अस्मिता

की राजनीति को अनिवार्य रूप से पराजित कर देगी जो मुस्लिमों के साम्प्रदायिक और कट्टरपन्थी संगठन, मसलन, *ज़मात–ए–इस्लामी* के द्वारा न केवल व्यवहार में लाया जा रहा बल्कि इसे ही सियासत और जम्हूरियत का सर्वोच्च रूप बताया जा रहा है।

मुस्लिम पिछड़ी जातियों (ओबीसी) की राजनीतिक लामबन्दी की इस श्रृंखला में, नवीनतम प्रगति यह है कि 25 अक्टूबर, 1998 को पटना में एक सम्मेलन में *पसमांदा मुस्लिम महाज* (पिछड़ा मुस्लिम मोर्चा) की स्थापना की गयी है। यद्यपि इसकी गतिविधियो अब तक, बिहार तक ही सीमित प्रतीत होती हैं तथापि इसने अन्य राज्यों में राजनीतिक रूप से जागरूक और मुस्लिम पिछड़ी जातियों (ओबीसी) के प्रयासों को गति प्रदान की है।

ऊर्ध्व सामाजिक गतिशीलता के लिए 'अशरफ़ीकरण'

हिन्दू जाति व्यवस्था के सन्दर्भ में एम.एन. श्रीनिवास ने अनुभवजन्य परिस्थितियों के अनुशीलन–विश्लेषण के आधार पर यह महत्त्वपूर्ण निष्कर्ष स्थापित किया है कि सामाजिक सोपान में उत्तरोत्तर और ऊर्ध्व प्रगति/अपनी सामाजिक वस्तुस्थिति की बेहतरी के लिए तथाकथित निम्नस्तरीय जातियाँ अपनी स्थानीयता में सर्वाधिक मुख्य कथित ऊँची जातियों की भाषा, धार्मिक व्यवहार, जीवन–शैली, प्रथाओं और सांस्कृतिक मानकों का अनुसरण और अनुकरण करती हैं, और यह प्रवृत्ति प्रबल से प्रबलतर होती जा रही है और उन्होंने इस पूरी प्रक्रिया के लिए 'संस्कृतीकरण' शब्द गढ़ा। मुस्लिम धर्म के सन्दर्भ में इस प्रकार की समान प्रक्रिया के लिए *अशरफ़ीकरण* शब्द व्यवहार में लाया जाता है और उसे इसी रूप में सम्बोधित किया जाता है : इस प्रक्रिया के माध्यम से ग़ैर–अशरफ़ी समूहों की जातियाँ निर्धारित सामाजिक सोपान में बेहतरी के लिए अशरफ़ जाति–समूहों के मानदण्डों, मूल्यों, रीति–रिवाज़ों, परम्पराओं, भाषा, नामकरण, कपड़े आदि को आत्मसात करने का प्रयास करते हैं, उसका अनुकरण करते हैं, उदाहरण के लिए, जैसे ही एक निचली जाति–समूह कुछ धन और सम्पत्ति बनाने में सफल होता है, वह अपनी महिलाओं के लिए पर्दा (बुर्क़ा/नक़ाब) लागू करता है और हज पर जाता है, अशरफ़–समूह की जातियों के उपनाम और सामाजिक अस्मिता के अन्य विभिन्न मानकों को अपनाता है। बुनकर (जुलाहा समूहों) उपनाम अंसारी को धारण करना पसन्द करता है क्योंकि अंसारी मुहम्मद पैग़म्बर के साथी थे, उसी प्रकार, क़साब/चिकवा (क़साई)

मुहम्मद साहब के कुरैशी जनजाति से व्युत्पन्न हुआ है; खान अपने को पठान और अफ़ग़ान से जोड़ते हैं, तो हज्जाम (नाई)–सलमानी, कुंजरा (सब्ज़ी–विक्रेता)–राईन और दर्ज़ी–इदरिसी, भिश्ती–अब्बासी, लोहार एवं बढ़ई–सईफी हो जाते हैं। ये व्यावसायिक जाति समूह ख़ुद को जाति आधारित संगठनों या जमात/बिरादरी में संगठित करते हैं और फिर राजनीतिक सशक्तीकरण करना प्रारम्भ करते हैं। ग़ौरतलब है कि देश के अधिकांश हिस्सों में ऐसी ग़ैर–अशरफी जातियाँ शुद्ध उर्दू बोलती हैं और इस्लामी/कुरान की उक्तियों को व्यवहार में लाते हैं जैसे कि इंशाअल्लाह (यदि ईश्वर चाहें), ख़ुदा–ना–ख्वासता (भगवान न करे), जज़कल्लाह (ईश्वर इनाम देगा) आदि। नामकरण में भी परिवर्तन दृष्टिगत होते हैं। प्रायः नये अपनाये गये नाम श्रद्धेय इस्लामी शख़्सियतों पर होते हैं। वस्तुतः पहला नाम साहित्यिक (उर्दू में) होता है और उसके बाद नया जाति उपनाम आता है।

35

वैयक्तिक क़ानून के मुद्दे और समान नागरिक संहिता
Issues of Personal Law and Uniform Civil Code

भारतीय समाज की संस्कृति, धर्म की व्यापक विविधता को स्वीकार करने के बावजूद, भारतीय संविधान के संस्थापक सभी धर्मों के व्यक्तिगत क़ानूनों को समन्वित एवं समेकित कर एक मानक समान नागरिक संहिता के अधिनियमन के माध्यम से पारिवारिक विधियों में एकरूपता प्राप्त करना चाहते थे।

ज़ाहिर है, यह सवाल कि क्या भारत को 'समान नागरिक संहिता' अपनानी चाहिए, एक क़ानूनी सवाल है। इस सन्दर्भ में संविधान का अनुच्छेद 44 कहता है–"राज्य भारत के पूरे क्षेत्र में नागरिकों के लिए एक समान नागरिक संहिता को सुनिश्चित करने का प्रयास करेगा।" लेकिन इसमें कई सामाजिक–राजनीतिक और सांस्कृतिक निहितार्थ शामिल हैं और इसी तरह इसमें निहित स्वार्थों द्वारा इसका घोर राजनीतिकरण किया गया है।

व्यक्तिगत क़ानून बनाम समान नागरिक संहिता का मुद्दा विशेष रूप से मुसलमानों और ईसाइयों और देश के लिए अत्यधिक संवेदनशील है। यह काफ़ी स्पष्ट और स्वाभाविक है, क्योंकि यह लाखों लोगों के सामाजिक, सांस्कृतिक और धार्मिक हितों से सम्बन्धित है। यह केवल एक अकादमिक मुद्दा नहीं है बल्कि एक ऐसी व्यावहारिक समस्या है जिसका समाधान, और जिस तरह से समाधान निकाला जाता है, उसके दूरगामी परिणाम विशेष रूप से धार्मिक अल्पसंख्यकों को प्रभावित करेंगे। सैद्धान्तिक रूप से देखा जाये, तो विभिन्न धार्मिक अल्पसंख्यकों के व्यक्तिगत क़ानून का तात्पर्य है कि क़ानून की अदालतें विभिन्न धर्मों के सिद्धान्तों के अनुसार निर्णय

लेंगी लेकिन वास्तविक व्यवहार में यह स्वतन्त्रता विवाह, तलाक़, विरासत, बन्दोबस्ती और अन्य सम्बन्धित मामलों तक सीमित है। यह प्रथा अंग्रेज़ों के समय से चली आ रही है। विवाह, तलाक़, विरासत, अभिभावकत्व आदि के क़ानून जो विभिन्न धार्मिक प्रणालियों का एक हिस्सा हैं, अनिवार्य रूप से मानव जीवन के सामाजिक पहलुओं से सम्बन्धित हैं।

भारत के सभी नागरिकों पर समान नागरिक संहिता लागू करना एक विवादास्पद मुद्दा रहा है जिसका अब राजनीतिकरण कर दिया गया है और इसलिए समस्या की पूरी समझ के लिए एक वस्तुनिष्ठ विश्लेषण की आवश्यकता है। इस मुद्दे ने जनता की राय को दो वैचारिक वर्गों में विभाजित कर दिया है। एक विचारधारा का कहना है कि भारतीय संविधान सभी के लिए सांस्कृतिक और धार्मिक स्वतन्त्रता सुनिश्चित करता है और इसलिए समान नागरिक संहिता के नाम पर धार्मिक अल्पसंख्यकों को इससे वंचित नहीं किया जाना चाहिए। इसके अलावा, भारत जैसे बहु–धार्मिक समाज में विवाह, तलाक़ और उत्तराधिकार (धार्मिक आदेशों द्वारा निर्देशित) के सम्बन्ध में एक ही सामाजिक संहिता लागू नहीं की जा सकती और न ही लागू की जानी चाहिए। दूसरी विचारधारा, इसका विरोध करती है कि राष्ट्रीय एकता के लिए एक समान नागरिक संहिता आवश्यक है जो ऐसे कथित मामलों में समानता पर बल देती है और इसे सुनिश्चित करती है। हालाँकि, धार्मिक समुदायों के अधिकार (धार्मिक अल्पसंख्यकों को कहते हैं) आम मानव अधिकारों से अलग कैसे हो सकते हैं?

संवैधानिक रूप से, हालाँकि धार्मिक स्वतन्त्रता का आश्वासन दिया गया है, धार्मिक व्यवहार से जुड़ी किसी भी धर्मनिरपेक्ष गतिविधि को विनियमित या सीमित करने की राज्यों की शक्ति भी सुरक्षित है। तो क्या लोक व्यवस्था, नैतिकता और स्वास्थ्य के हित में धार्मिक स्वतन्त्रता को प्रतिबन्धित करने की इसमें शक्ति निहित है? दरअसल, 'आवश्यक' और 'ग़ैर–आवश्यक' धार्मिक प्रथाओं के बीच अन्तर को बनाये रखते हुए, अदालतें समय–समय पर इस सम्बन्ध में निर्णय लेती रही हैं।

1950 के दशक में हिन्दू कोड बिल पारित होने के बाद मुस्लिम, ईसाई और कुछ हद तक पारसी धर्म से जुड़े व्यक्तिगत क़ानून विवादास्पद बने रहे। ऐतिहासिक रूप से कहें तो, भारत में इस्लाम एक क़ानूनी प्रणाली के बजाय एक राजनीतिक इकाई के रूप में कार्य करता है।

शरीयत (इस्लामी धार्मिक व्यवस्था) वास्तव में तथाकथित 'मुस्लिम शासन' के सैकड़ों वर्षों के दौरान कभी लागू नहीं किया गया था। मुस्लिम स्वीय पर्सनल लॉ व्यक्तिगत क़ानून लॉर्ड मैकाले के निर्देश पर कुछ उलेमाओं (धार्मिक विद्वानों) द्वारा केवल एक संकलन है। यह कई मामलों में फुतुहत–ए–आलमगिरी पर आधारित है, जो मुग़ल बादशाह औरंगज़ेब के शासनकाल में न्यायिक घोषणाएँ हैं। यह नवाचारों से भरपूर है और इसे मुस्लिम (मुहम्मडन)– क़ानून के रूप में जाना जाता है। ब्रिटिश शासन के दौरान 'प्रिवी' परिषद् के फ़ैसलों और औपनिवेशिक विधानसभा के मुस्लिम सदस्यों द्वारा प्रस्तुत किये गये कुछ विधायी उपायों द्वारा इसे काफ़ी हद तक संशोधित किया गया है। वास्तव में भारत के ब्रिटिश–ईसाई शासकों ने वर्ष 1866 में अपने लिए विशेष कानून बनाने का श्रीगणेश तब कर दिया था जब उन्होंने 'धर्मान्तरित विवाह विघटित अधिनियम (कन्वर्ट मैरिज डिसॉल्यूशन) एक्ट' पारित किया गया, जिसमें हिन्दू से ईसाई धर्म में रूपान्तरित हुए लोगों के विवाह को भंग करने का प्रावधान था। फिर, उन्होंने ईसाई विवाह अधिनियम, 1872 अधिनियमित किया। हालाँकि, भारत के ईसाई एक समान क़ानून द्वारा शासित नहीं हैं। मिज़ोरम, नागालैण्ड और मेघालय में एक बड़ी आबादी, गोवा, केरल और मणिपुर में आबादी का एक बड़ा प्रतिशत और देश के बाकी हिस्सों में छोटे समूहों के साथ, ईसाइयों के पास केन्द्रीय और क्षेत्रीय वैधानिक क़ानूनों के साथ–साथ विभिन्न प्रकार के धार्मिक क़ानून और रीति–रिवाज़ हैं। इसके अतिरिक्त, कुछ सुधारों के लिए वर्ष 1994 में किये गये प्रस्तावों के सन्दर्भ में कथित तौर पर प्रमुख ईसाई संगठनों दवारा सहमति व्यक्त की गयी थी, जो अभी भी चर्चा में हैं। पारसी क़ानून को पहली बार वर्ष 1865 में संहिताबद्ध किया गया था, जब पारसी धार्मिक नेताओं के सुझाव और पूर्ण सहमति के साथ, सरकार ने पारसी उत्तराधिकार अधिनियम और पारसी विवाह और तलाक़ अधिनियम पारित किया था।

यह एक खुला रहस्य है कि, मुसलमानों, ईसाइयों और पारसियों के सभी व्यक्तिगत क़ानूनों में, यह मुस्लिम व्यक्तिगत क़ानून (पर्सनल लॉ) है जो समान नागरिक संहिता की वक़ालत करने वाले विभिन्न कट्टरपन्थियों का मुख्य निशाना है। इसलिए, इसे कुछ विस्तार की आवश्यकता है। इक़बाल ए. अंसारी मुस्लिम पर्सनल लॉ मुस्लिम व्यक्तिगत क़ानून में किसी भी सुधार को उसके उचित परिप्रेक्ष्य में देखने की कोशिश करते हैं।

वे उलेमाओं की नाक़ाबिलियत की ओर इशारा करते हुए कहते हैं कि ये समाज में समानता, न्याय, स्वतन्त्रता और गौरव जैसे प्रगतिशील प्रवृत्तियों के आधार पर अपना कलेवर बदलने की प्रक्रिया को रेखांकित करने या फिर उसके बोध से पूर्णतः अनभिज्ञ थे, इसलिए ये किसी प्रकार के सकारात्मक बदलाव के न होने के लिए ज़िम्मेदार और उत्तरदायी है। समानता और न्याय इस्लाम एवं आधुनिक मानवतावाद के पोषित साझा मूल्य हैं। फिर कोई मुस्लिम क़ानून इसके ख़िलाफ़ कैसे हो सकता है, विशेषकर बहु–विवाह, तलाक़ की सहज सुलभता से सम्बद्ध क़ानून; तलाक़शुदा पत्नी का भरण–पोषण और माता–पिता की सम्पत्ति में बेटियों के हिस्से जैसे मामलों में? एक समय में एक से अधिक पत्नी रखने की अनुमति एक 'सीमित स्वतन्त्रता' है, यह निर्देशित नहीं है। इसे भी अरब में इस्लाम की उत्पत्ति और विकास की पृष्ठभूमि में देखा जाना चाहिए। तत्काल 'तीन तलाक़' (तलाक़) की व्यवस्था को कई **इस्लामी** विद्वान इस्लाम की भावना के अनुरूप नहीं मानते और इसलिए वे इसे प्रतिबन्धित करने की पुरज़ोर वक़ालत करते हैं (अब इसे सर्वोच्च न्यायालय द्वारा क़ानूनी रूप से प्रतिबन्धित कर दिया गया है)। उत्तराधिकार में बहनों और भाइयों के असमान हिस्से के पीछे सामान्य व्याख्या यह है कि पुरुष परिवार को बनाये रखने की क़ानूनी ज़िम्मेदारियाँ उठाते हैं, जबकि महिलाएँ, चाहे कितनी भी अमीर हों, उन पर ऐसा कोई उत्तरदायित्व नहीं है। ये मामले मुस्लिम क़ानून में किसी प्रकार के क़ानूनी सुधार को सुनिश्चित नहीं करते। वे महिलाओं के शिक्षित होने और सम्पत्ति के मालिक होने से अधिक सम्बन्धित हैं। मुस्लिम महिलाओं को क़ानूनी सुरक्षा इस रूप में दी गयी है कि तलाक़शुदा महिलाओं को उनकी वैवाहिक सम्पत्ति में स्वामित्व सुनिश्चित हो जिसे धार्मिक कारणों से नकारा नहीं जा सकता। बल्कि इसे कुछ मुस्लिम देशों में निक़ाहनामा 'वैवाहिक विलेख' (इक़बाल अंसारी, पूर्वोक्त) के माध्यम से सुनिश्चित किया गया है। बहरहाल, इस्लाम की किसी भी प्रगतिशील व्याख्या का विरोध करने वाले और आधुनिकतावाद विरोधी रुख़ अपनाने वाले अधिकांश मुसलमानों की मानसिकता निम्नलिखित कारणों से हो सकती है :

(i) भारत में उलेमा (धार्मिक विद्वान) राजनीतिक रूप से साम्राज्यवाद विरोधी और ब्रिटिश विरोधी थे। इसने बदले में उन्हें पश्चिम

विरोधी बना दिया। वे पश्चिम के साथ सन्देह और शत्रुता का व्यवहार करते थे और इसे ही उन्होंने बदस्तूर बनाये रखा।

(ii) भारत में मुसलमानों की 'अपने ही पिंजरे के क़ैदी' की प्रवृत्ति को कट्टरवादी–साम्प्रदायिक लोगों एवं उनके ख़िलाफ़ हुए और हो रहे हमले ने और भी सघन किया।

(iii) भारत में मुसलमानों का निरन्तर सामाजिक–आर्थिक और शैक्षिक पिछड़ापन।

एक मान्यता प्राप्त विधिक प्राधिकरण राष्ट्रीय अल्पसंख्यक आयोग के पूर्व अध्यक्ष ताहिर महमूद ने अनुच्छेद 44 और इसके लागू होने के बारे में कुछ महत्त्वपूर्ण बिन्दु उठाये हैं। उनका कहना है कि संविधान का अनुच्छेद 44 किसी भी क़ानून बनाने वाली संस्था को समान नागरिक संहिता को तुरन्त लागू करने का निर्देश नहीं देता है। यह केवल यह कहता है कि राज्य भारत के पूरे क्षेत्र में नागरिकों के लिए एक समान नागरिक संहिता को सुनिश्चित करने का प्रयास करेगा। लेख का सावधानीपूर्वक चयनित शब्दों का अंकन अत्यन्त महत्त्वपूर्ण है। इसके प्रत्येक शब्द पर वास्तव में गहन ध्यान देने की आवश्यकता है। इस सम्बन्ध में उठाये जा सकने वाले कुछ प्रासंगिक प्रश्न हैं :

- क्या किसी चीज़ का प्रयास करना सीधे तौर पर क़ानून बनाने के समान है?
- नागरिक संहिता का अर्थ और दायरा क्या है? सार्वभौमिक अभिव्यक्ति (Uniform) द्वारा क्या व्यक्त किया जाता है?
- क्या 'सार्वभौमिकता' (Uniform) और 'साझा' (Common) विनिमेय शब्द हैं?
- अनुच्छेद 44 में 'भारत के समस्त क्षेत्र' का क्या महत्त्व है?
- क्या समान नागरिक संहिता भारत के सभी नागरिकों पर अनिवार्य रूप से लागू होनी चाहिए?

उनका कहना है कि संहिता (कोड) शब्द का प्रयोग कई अर्थों में किया जाता है। इसका मतलब एक ही व्यापक क़ानून (उदाहरण के लिए, भारतीय दण्ड संहिता) हो सकता है, लेकिन यह एक ही विषय से सम्बन्धित कई क़ानूनों के निकाय को भी सन्दर्भित कर सकता है। क्या संविधान परिवार क़ानून की सख़्त और कठोर एकरूपता की बात करता है? क्या ऐसी एकरूपता वास्तव में सम्भव है? निकट भविष्य में अनुच्छेद 44 के सुचारु,

शान्तिपूर्ण और सामंजस्यपूर्ण कार्यान्वयन के हित में ये सभी प्रश्न वास्तव में विचार करने योग्य हैं। क्या संविधान समान नागरिक संहिता को अपने आप में अन्त करने की बात करता है? या यह किसी उद्देश्य को प्राप्त करने का साधन है? एकरूपता स्पष्ट रूप से एक उद्देश्यहीन लक्ष्य नहीं हो सकती। इसलिए, अनुच्छेद 44 को क्रियान्वित करने के तौर–तरीक़ों को इसके उद्देश्यों और लक्ष्यों के सन्दर्भ में तय किया जाना है। फिर, कुछ लोगों ने वैकल्पिक नागरिक संहिता की बात की है।

जब हम समान नागरिक संहिता को लागू करने की माँग के राजनीतिक आयाम को देखते हैं, तो हमें कई परेशान करने वाले रुझान मिलते हैं। जब एक राजनीतिक दल जो हिन्दुत्व को राष्ट्रवाद के साथ पहचानने और उसके साथ एकाकार करने पर ज़ोर देता है, कहता है कि समान नागरिक संहिता से अभिप्राय हिन्दू क़ानून नहीं है, तो कौन इस पर विश्वास करने वाला है? इस विशेष अनुच्छेद को चुनावी मुद्दा क्यों बनाया गया है? संविधान के अन्य सभी निर्देशक तत्त्व किसी भी राजनीतिक दल के लिए चुनावी मुद्दा बनने के लिए अनुपयुक्त क्यों हैं? आधुनिक समाज बनने के लिए सर्वाधिक महत्त्वपूर्ण 'वैज्ञानिक प्रवृत्ति को प्रोत्साहन' को कभी सर्वोच्च प्राथमिकता क्यों नहीं दी गयी? इसके बजाय धर्म और धार्मिक आस्था के नाम पर अन्धविश्वास को बढ़ावा दिया जा रहा है। समान नागरिक संहिता का सबसे मज़बूत समर्थक वही राजनीतिक दल राष्ट्रीय बहस के लिए समान नागरिक संहिता का मसौदा क्यों नहीं बना पाया? ये कुछ असुविधाजनक और असहज करने वाले प्रश्नों के उत्तर दिये जाने शेष हैं।

दरअसल, जब अल्पसंख्यकों की समस्याओं के प्रति सहानुभूति रखने वालों की ओर से ऐसी माँगें आती हैं, तो वे उचित ध्यान देते हैं लेकिन जब अल्पसंख्यकों को कोसने वाले 'शत्रुतापूर्ण' तत्त्वों की ओर से आती हैं, तो या तो वे ख़ामोश हो जाते हैं या इसे पूरी तरह से अस्वीकार कर दिया जाता है।

समस्या की जटिलताएँ

हालाँकि अनुच्छेद 44 के अन्तर्गत उपबन्धित संवैधानिक निर्देशों को क़ानूनी रूप से अमली–जामा पहनाना सामाजिक–सांस्कृतिक प्रणालियों के अत्यधिक विविधतापूर्ण होने के कारण जटिलताओं और समस्याओं से भरा है। समान नागरिक संहिता केवल मुसलमानों के बारे में नहीं होगा, जैसा कि आमतौर

पर माना जाता है। हर समुदाय प्रभावित होगी–जिनमें हिन्दू भी शामिल हैं जो ऐसी 'जातियों का समुदाय' हैं जिसमें हर धार्मिक–सांस्कृतिक मूल्य या लोकाचार को साझा नहीं किया जाता है। "केरल के नायरों या कर्नाटक के बंटों के बीच मातृवंशीय अवधारणा मेघालय के ख़ासी रीति–रिवाज़ों के ज़्यादा क़रीब है बनिस्बत बेटी को पराया धन (दूसरों की सम्पत्ति) मानने वाले उत्तर भारतीय विचार के। भारत का संवैधानिक लोकाचार भी विविधता की रक्षा करता है। इसका उद्देश्य एकरूपता उत्पन्न करना नहीं है। निश्चित रूप से समान वितरित अधिकार आवश्यक और वांछनीय है, हाँ, लेकिन कोई भी यह नहीं कहेगा कि 'हिन्दू अविभाजित परिवार' (एच.यू.एफ.) एक कर्ता की पितृसत्तात्मक धारणा के साथ (वर्तमान में संहिताबद्ध रूप में इसके प्रमुख के रूप में सबसे वरिष्ठ पुरुष), किसी भी समान आदर्श को प्रस्तुत करता है।" (प्रीता नायर, 2019)। इसके अलावा, हिन्दू अविभाजित परिवार (एच.यू.एफ.) के तहत विभिन्न भेदभावपूर्ण कर छूटों का क्या होगा?

आदिवासी समुदायों जैसे नागा, मिज़ो आदि के व्यक्तिगत और प्रथागत क़ानून, जो संवैधानिक या राजनीतिक अपवाद हैं, समान नागरिक संहिता (यू.सी.सी.) के अधिनियमन में एक और गम्भीर समस्या और चुनौती प्रस्तुत करते हैं। उत्तर–पूर्वी राज्यों नागालैण्ड और मिज़ोरम से सम्बद्ध विषय संविधान के अनुच्छेद 371ए और 371जी में उपबन्धित हैं, जिसमें कहा गया है कि कोई भी संसदीय क़ानून इन दोनों राज्यों में अपने प्रशासन के लिए प्रथागत क़ानून और धर्म आधारित प्रणाली की जगह नहीं लेगा, जब तक कि स्थानीय विधायिकाओं द्वारा इसकी माँग नहीं की जाती है। पारिवारिक क़ानून के मामलों में गोवा, दमन और दीव और पाण्डिचेरी (पुदुचेरी) में भी बदलाव लागू होने पर समस्याएँ खड़ी होंगी। समान नागरिक संहिता (यू.सी.सी.) के अधिनियमन में संवैधानिक संशोधन होंगे जो आसान नहीं हो सकता है लेकिन कम–से–कम एक के बाद एक समस्या से जूझने के प्रयास अवश्य ही शुरू होने चाहिए।

36

भारतीय समाज पर सूफ़ीवाद और सूफ़ी सन्तों का प्रभाव

Influence of Sufism and Sufi Saints on Indian Society

इस्लाम, ईसाई धर्म, हिन्दू धर्म और बौद्ध धर्म की तरह, इसके भी मठवादी व्यवस्था और सन्त हैं, जिसका अन्तर्निहित आधार धार्मिक जीवन की रहस्यवादी व्याख्या है और जिसे सूफ़ीवाद के रूप में जाना जाता है। सूफ़ीवाद के एक प्रख्यात विद्वान एनेमेरी शिमेल का मत है कि सूफ़ीवाद रहस्यमय इस्लामी विश्वास और उसके व्यवहार के आधार पर गठित है जिसमें कई मुसलमान ईश्वर के प्रत्यक्ष व्यक्तिगत अनुभव के माध्यम से दिव्य प्रेम और ज्ञान की सच्चाई को खोजना चाहते हैं। इसमें विभिन्न प्रकार के रहस्यमय पथ शामिल हैं जो मानवता और ईश्वर की प्रकृति का पता लगाने और दुनिया में दिव्य प्रेम और ज्ञान की उपस्थिति के अनुभव को सुविधाजनक बनाने के लिए बनाये गये हैं। सामान्य और लोकप्रिय व्यावहारिकता में कहें, तो सूफ़ीवाद 'इस्लामी रहस्यवाद' का प्रतिनिधित्व करता है। वास्तव में यह 'तसव्वुफ़' (शाब्दिक अर्थ 'ऊन में पोशाक') है जिसका अंग्रेज़ी में सूफ़ीवाद के रूप में अनुवाद किया गया है।

लोकप्रिय रूप से 'सूफ़ी' शब्द की उत्पत्ति 'सूफ' (ऊन) शब्द या प्रारम्भिक सूफ़ियों द्वारा पहने जाने वाले ऊनी वस्त्रों से हुई है। वास्तव में ऊनी या मोटे कपड़े, रेशमी या अन्य महँगे कपड़े, मुहम्मद और बाद में अली (मुहम्मद के दामाद और चौथे ख़लीफ़ा) के 'शुद्धवादी' अनुयायियों के विरोध का प्रतीक था। मुहम्मद की मृत्यु के बाद, इस्लाम साम्राज्यवाद और साम्राज्यवादी विजय की ओर मुड़ रहा था। इस्लाम के कुछ अनुयायी अशान्त थे और चाहते थे कि शासक पैग़म्बर के जीवन और वक़्त, उनकी सादगी, समानता और न्याय के सन्देश पर वापस जायें। उन्होंने इस्लाम के सच्चे और मूल उद्देश्य पर

ज़ोर दिया– एक न्यायपूर्ण समाज का निर्माण, धन का न्यायपूर्ण वितरण, सामाजिक समानता और भौतिकवादिता एवं उसके प्रदर्शन की अस्वीकृति। उन्होंने खुरदुरा और मोटा कपड़ा अपनाया और राज्य के मामलों से विरक्त होने की प्रवृत्ति अपनायी। इसका सम्बन्ध शुद्ध (सफ़ा) शब्द से भी हो सकता है। धीरे–धीरे, तसव्वुफ़ ने प्रेम और शान्ति के आधार पर अपना स्वयं का दर्शन विकसित किया। शिमेल इस विचार का समर्थन करते हैं कि सूफ़ी आन्दोलन प्रारम्भिक इस्लामी तपस्या से विकसित हुआ, जो बढ़ते मुस्लिम समुदाय की बढ़ती सांसारिकता की प्रतिक्रिया के रूप में विकसित हुआ। इसका सम्बन्ध सफ़ा (पवित्रता) शब्द से भी हो सकता है।

हालाँकि सूफ़ी हमेशा कम संख्या में रहे हैं, फिर भी वे इस्लामी विचारों और इतिहास को काफ़ी हद तक आकार देने में सक्षम थे। 'सूफ़ी इस्लाम' ने दुनिया भर में व्यापक लोकप्रियता हासिल की और अपने प्रेम के सन्देश के कारण कई लोगों को इस्लाम की ओर आकर्षित किया। यह ध्यान में रखा जाना चाहिए कि सूफ़ीवाद एक सम्प्रदाय का धर्म नहीं है। जैसा कि मरे टाइटस लिखते हैं, 'यह एक कर्मकाण्डी धर्म की ठण्डी औपचारिकता के ख़िलाफ़ मानव हृदय का एक स्वाभाविक विद्रोह है। यह ईश्वर और जीवन की समस्या के प्रति मन और हृदय का एक दृष्टिकोण है जो कट्टर रूढ़िवादी इस्लाम से उतना ही भिन्न है जितना कि कलीसिया रोमन कैथोलिकों से हैं।'' लेकिन जबकि सूफ़ियों को कभी भी मुसलमानों को एक अलग सम्प्रदाय के रूप में नहीं माना गया है, फिर भी उन्होंने ख़ुद को 'पवित्र पुरुषों' और 'आध्यात्मिक उपहारों' के इर्द–गिर्द एक साथ रखा है, और स्वयं को धार्मिक आदेशों में शामिल किया है। यद्यपि यह निश्चित रूप से आश्चर्य का विषय है और पर्याप्त रूप से है कि ये सभी आदेश केवल सुन्नी मुसलमानों के हैं, तथापि कुछ शियाओं के क़रीब हैं और ये अपने विशेष धार्मिक शख़्सियत से प्रेरणा प्राप्त करते हैं। ग़ौरतलब है कि सूफ़ी सन्तों द्वारा ब्रह्मचर्य का कड़ाई से पालन नहीं किया जाता है, हालाँकि इसे प्राथमिकता ज़रूर दी जाती है।

भारतीय समाज में सूफ़ीवाद और सूफ़ी सन्त

सूफ़ियों की ईश्वर के साथ मिलन की उत्कट इच्छा और रहस्यमयी तड़प के लिए भारत जैसा उर्वर देश नहीं मिल सकता था, जहाँ बहुत ही सामाजिक वातावरण में ईश्वर को खोज़ने की गहरी धार्मिक लालसा पूर्वव्याप्त थी।

इन कथित प्रवृत्तियों के सह–अस्तित्व के परिणामस्वरूप सूफ़ीवाद का हिन्दू धर्म और वेदान्त के साथ घनिष्ठ सम्बन्ध स्थापित और समन्वित हो गया। भारत में सूफ़ी मत का इतिहास एक हज़ार वर्ष पुराना है। दरअसल, 8वीं शताब्दी की शुरुआत में अरब सौदागरों और व्यापारियों के रूप में इस्लाम के प्रवेश के तदुपरान्त दिल्ली सल्तनत की 10वीं–11वीं शताब्दी के दौरान सूफ़ीवाद के तत्त्व पहले भारतीय उपमहाद्वीप और उसके बाद शेष भारत में प्रवेश कर रहे थे और फैल रहे थे। तपस्वी और रहस्यवादी परम्पराएँ हमेशा से भारतीय संस्कृति का हिस्सा रही हैं और इसलिए सूफ़ीवाद ने कुछ भी नया नहीं किया। इसका उपमहाद्वीप की हिन्दू आबादी के साथ एक पारिवारिक तार जुड़ गया। सूफ़ी ईरान, इराक़, अफ़ग़ानिस्तान और मध्य एशिया से भारत पहुँचे और सिन्ध, पंजाब, दिल्ली, राजस्थान, बिहार, कर्नाटक और बंगाल में बस गये और समय बीतने के साथ भारत के सभी हिस्सों में फैल गये। यही कारण है कि भारत का हर क्षेत्र सभी जातियों और समुदायों के भक्तों को आकर्षित करने वाले सूफ़ी सन्तों की दरगाह से युक्त है। भारत में चार प्रमुख सूफ़ी व्यवस्था या सिलसिला हैं :

- चिश्ती
- कादिरी
- नक़्शबन्दी
- सुहारवर्दी

इन चार में से, चिश्ती 'सिलसिला' सबसे लोकप्रिय है और इस चिश्ती 'दरगाह' के सन्तों के भक्तों और अनुयायियों की संख्या काफ़ी बड़ी है। चिश्ती सिलसिला की उत्पत्ति ख़्वाज़ा अबू अबल चिश्ती से हुई है, जिनकी मृत्यु 966 ईसवी में हुई थी। इसे भारत में ख़्वाज़ा मोइनुद्दीन चिश्ती द्वारा प्रस्तुत/प्रारम्भ किया गया था, जिनका जन्म 1142 ईसवी में सिस्तान में हुआ था, जो अब ईरान का हिस्सा है। वे अजमेर में बस गये और 1236 ई. में उसकी मृत्यु हो गयी। ख़्वाज़ा ग़रीब नवाज़ (ग़रीबों के संरक्षक) के रूप में लोकप्रिय थे उनका मक़बरा अजमेर में स्थित है, जहाँ साल भर बड़ी संख्या में अनुयायी और भक्त आते हैं। 'उर्स' (पुण्य तिथि) एक विशेष अवसर है और दुनिया के कई देशों से लाखों लोग इसमें सम्मिलित होने के लिए आते हैं। सूफ़ी में 'उर्स' शोक का विषय नहीं है बल्कि जश्न का अवसर है क्योंकि इसमें ऐसी धारणा है कि इसके माध्यम से व्यक्ति का

साक्षात्कार दिव्य वास्तविकता या परब्रह्म से होता है जिसे सूफ़ी में 'विसाल' कहा जाता है (बैठक, विलय)।

चिश्ती सिलसिला के अन्य सबसे लोकप्रिय सन्तों में दिल्ली में कुतुब मीनार के पास दफ़न ख़्वाज़ा बख्तियार काकी, पंजाब के बाबा फ़रीद के रूप में जाने जाने वाले शेख़ फरीदुद्दीन शकरगंज और दिल्ली के हज़रत निज़ामुद्दीन औलिया शामिल हैं।

सूफ़ी सन्तों के माध्यम से भारत में इस्लाम का स्वदेशीकरण/ भारतीयकरण

इस्लाम के प्रसार के लिए ज़िम्मेदार तीन कारकों : आक्रमणकारियों, सौदागरों/व्यापारियों और सूफ़ी सन्तों में से पहले दो का दक्षिण एशिया में इस्लाम के प्रसार में न्यूनतम प्रभाव और भूमिका थी। इन सूफ़ी सन्तों का प्रमुख सन्देश मानवता का प्रेम और एकता था। उन्होंने भारतीय समाज के उत्पीड़ित और हाशिये के वर्गों के जख़्मों पर मरहम लगाया और यही कारण है कि दमनकारी जाति व्यवस्था के अन्तर्गत पीड़ित निम्न जाति समूहों ने सभी प्रकार की सामाजिक, आर्थिक और राजनीतिक अक्षमताओं के साथ इन सन्तों के निवास को अपने आश्रय के रूप में देखा। मुस्लिम फ़क़ीर या सूफ़ी सन्तों ने स्वदेशीकरण की प्रक्रिया के माध्यम से इस्लाम के प्रसार में महत्त्वपूर्ण भूमिका निभायी, इस तथ्य के बावजूद कि उनमें से ज़्यादातर भारत–ईरान, मध्य एशिया और अन्य क्षेत्रों से अर्थात बाहर से आये थे। ए.आर. मोमिन (1977) ने इंडो–इस्लामिक परम्परा पर लिखते हुए कहा कि इन फ़क़ीरों ने "इस बात को क़ायम रखा कि इस्लाम के लोगों को उनके अपने सांस्कृतिक माध्यम में निर्धारित किया जाना चाहिए। उनका हिन्दुओं और हिन्दू धर्म के प्रति सहिष्णुता और समझ का दृष्टिकोण था। उन्होंने कई हिन्दू रीति–रिवाज़ और समारोहों को भी अपनाया (निज़ामी, 1961)।" सभी सूफ़ी 'सिलसिले' में चिश्ती सिलसिला ने सबसे प्रमुख भूमिका निभाई और वे जनता के बीच सबसे लोकप्रिय थे। इनमें से कुछ सूफ़ियों ने किसानों की जीवन–शैली को आत्मसात किया, स्थानीय किसानों की तरह कपड़े पहने और शाकाहार अपना लिया। सूफ़ियों ने स्थानीय भाषाएँ सीखीं। यह भारतीय उपमहाद्वीप में इस्लाम को स्थानीय सन्दर्भ को प्रदान करता है और कई समन्वित परम्पराओं, मिश्रित संस्कृति को जन्म देता है तथा हिन्दुओं और मुसलमानों के बीच एक सेतु के रूप में कार्य करता है। एक तरह से इसे 'महान परम्परा' का 'पारलौकिकरण' भी कहा जा सकता है,

जैसा कि मानव–विज्ञानी और समाजशास्त्री वर्णन करते हैं। चूँकि कई सूफ़ी सन्त ईरान, अफ़ग़ानिस्तान और मध्य एशियाई क्षेत्र से आये थे, इसलिए उन्होंने शुरू में फ़ारसी में लिखा लेकिन बाद में स्थानीय भाषाओं और बोलियों को अपनाया। उन्होंने उत्तर भारत में उर्दू, अवधी, खड़ी बोली और अन्य जगहों पर मराठी, बंगाली आदि में लिखा।

सूफ़ियों ने स्थानीय सांस्कृतिक प्रतीकों और रीति–रिवाज़ों को आत्मसात करके, स्थानीय जनता के लिए न केवल उनके पास आना आसान बना दिया, बल्कि इस्लाम को भी अपनाने को प्रेरित किया जो उनके जीवन के बहुत क़रीब था। सूफ़ी दरगाहों के आसपास की कई रस्में हिन्दू धर्मस्थलों से मिलती–जुलती हैं। कविता (क़व्वाली), संगीत और, कुछ मामलों में, यहाँ तक कि महफ़िल–ए–शमाँ में नृत्य, आध्यात्मिक संगीत सत्र, सूफ़ी इस्लाम में एक महत्त्वपूर्ण रवायत बन गया, परम्परा बन गया 'जैसा कि समाजशास्त्री और मानव–विज्ञानी वर्णन करना पसन्द करते हैं।'

सूफ़ीवाद का पतन और सूफ़ी सन्तों की लोकप्रियता

भारत में (साथ ही पूरे दक्षिण एशिया में) सूफ़ीवाद के पतन और सन्त पूजा की प्रथा के कई कारण हैं। इन्हें निम्नलिखित बिन्दुओं के माध्यम से संक्षेप में प्रस्तुत किया जा सकता है :

1. इस्लाम के कट्टरपन्थी और शुद्धतावादी वहाबी/सलाफी संस्करण को सऊदी अरब और कुछ खाड़ी देशों द्वारा संरक्षण और प्रचारित किया जा रहा है और कुछ खाड़ी देश सूफ़ीवाद को 'ग़ैर–इस्लामी' के रूप में देखते हैं। इस्लाम के इस संस्करण के समर्थक सूफ़ीवाद/सूफ़ी इस्लाम को 'भ्रष्ट' और इस्लाम के लिए सभी रूपों में विनाशकारी होने की बात कहते हैं और उसकी निन्दा करते हैं। वे सूफ़ी दरगाहों का दौरा करना, प्रार्थना करना और शफाअत का आह्वान करना इत्यादि को पूरी तरह से कुरान और इस्लामी शिक्षाओं के ख़िलाफ़ मानते हैं। उनका दृढ़ मत है कि केवल अल्लाह का नाम लिया जा सकता है, पैग़म्बर मुहम्मद का भी नहीं, किसी सूफ़ी सन्त की बात नहीं करने पर वे ज़ोर देते हैं। सूफ़ी इस्लाम के समर्थक इस तर्क को ख़ारिज करते हैं और कहते हैं कि सूफ़ी सन्त का आशीर्वाद लेने से वह देवता या भगवान नहीं बन जाते। इसके अलावा, लाखों हिन्दू और अन्य

भी सूफ़ीवाद और सूफ़ी सन्तों को महान् उपचारक मानते हैं और सूफ़ी दरगाहों में जाना जारी रखते हैं, हालाँकि मुस्लिम भक्तों की संख्या में थोड़ी गिरावट आयी है। दो दृष्टिकोणों के बीच इस विवाद को नज़रअन्दाज़ करें, तो यह तथ्य फिर भी बना रहता है कि सूफ़ीवाद और सूफ़ी सन्तों ने लोगों को एकजुट करने और राष्ट्रीय एकता को बढ़ावा देने में महत्त्वपूर्ण भूमिका निभायी है।

2. पश्चिमी उपनिवेशवाद के हमले के बाद सूफ़ीवाद ने अपना मूल सत्व और शक्ति को खो दिया और कई जगहों पर कई अन्धविश्वासी प्रथाओं में पतित हो गया। जादू–टोना, ताबीज़, मन्त्र आदि ने सूफ़ीवाद को उसके उच्च आध्यात्मिक क़द से वंचित कर दिया। कई दरगाहों के रखवाले (सज्जादा नशीन) धनी मन्दिरों के पंडा। पुजारी की तरह व्यवहार करने लगे और उनका मुख्य उद्देश्य भक्तों और आगन्तुकों को लूटकर, उचित या अनुचित तरीक़ों से, किसी भी तरह से पैसा कमाना बन गया। कई सूफ़ी दरगाहों के रखवालों ने हर चीज़ का व्यवसायीकरण कर दिया है। वे अनपढ़ संरक्षकों के लिए माल और गुप्त सेवाएँ बेचते हैं जिनके पास शायद ही कोई वास्तविक आध्यात्मिक खोज है।

3. सूफ़ी दरगाह शहरी जनसंख्या से दूर अवस्थित हुआ करते थे ताकि कोई भी व्यक्ति वहाँ ध्यान कर सके। जनसंख्या के बढ़ते दबाव के कारण इनमें से अधिकांश शहरी परिदृश्य का हिस्सा बन गये हैं और चारों ओर से भीड़–भाड़ वाले इलाक़ों और गन्दे परिवेश से घिरे हुए हैं। सूफ़ी दरगाहों के व्यापक अतिक्रमण ने निहित स्वार्थों–वाणिज्यिक, आपराधिक, अचल सम्पत्ति आदि को जन्म दिया है। अब कई भक्त इन दरगाहों में जाने से बचते हैं।

4. शुद्धतावादियों का विचार है कि यद्यपि बॉलीवुड ने व्यावसायिक क़व्वाली के माध्यम से सूफ़ी गायन और संगीत को लोकप्रिय बनाया है, लेकिन इसके उस उद्देश्य को भी हानि पहुँचायी है जिसके लिए इसकी कल्पना की गयी थी और जिसकी प्राप्ति के लिए दरगाह बनाये गये थे।

बहरहाल, इन सभी कमियों और अवांछनीय बातों के बावजूद यह तथ्य बदस्तूर बना रहता है कि सूफ़ीवाद, सूफ़ी सन्तों और उनकी दरगाहों ने विभिन्न धार्मिक समुदायों के बीच सेतु का काम किया।

37

कोरोना-19 महामारी के सामाजिक प्रभाव
Social Impact of Covid-19 Pandemic

पारिस्थितिकी में तकनीकी परिवर्तनों और फलतः उसके प्रभावों के फलस्वरूप महामारी रोगों का विस्फोट सभ्यता का हिस्सा रहे हैं। जब भारत समेत पूरा विश्व इसकी चपेट में आया, तो लोगों की गत महामारी के विभीषिका सम्बन्धी अतीत में उत्सुकता जगी जिसे वर्ष 1918 के 'स्पेनिश फ्लू' के रूप में सम्बोधित किया जाता रहा है और जो अपनी घातक और मारक क्षमता के कारण मानवजाति की सबसे दुर्धर्ष और दुर्धमनीय चुनौतियों में कमोबेश पहले पायदान के आस–पास ही रेखांकित है। इसका ताण्डव वर्ष 1918 से क़रीब दो दशकों तक चलता रहा जिसमें भारत में 70–80 लाख लोग समेत सम्पूर्ण दुनिया में लगभग 10 करोड़ लोग हताहत हुए।

वर्तमान में जिस महामारी का विस्फोट हुआ है उसने भारतीयों और उसके समाज को विविध और अनेक दृष्टिकोण से प्रभावित किया है। विद्यालयों और महाविद्यालयों के बन्द होने की उद्घोषणा के साथ ही बच्चे अपने घरों की चारदीवारियों में क़ैद हो गये। यह उनके लिए एक नितान्त नया अनुभव था। विद्यालय जाने वाले और वयस्क विद्यार्थियों ने अभी तक के अपने छात्र–जीवन में कभी भी इतना वक़्त अपने घरों में व्यतीत नहीं किया था। इसने उनके जीवन को बिल्कुल ही स्थिर और जड़ कर दिया। उनका दैनिक जीवन अस्त–व्यस्त हो गया। उनकी निजता अब शेष नहीं रही। अपने अभिभावकों विशेषकर माँ से निरन्तर संवाद ने उनके बीच अभी तक अव्यक्त और ढँकी–छुपी 'पीढ़ियों के अन्तर' से जुड़ी समस्या पहले उभरीं और फिर शनैः–शनैः अपने समस्त परिणामों और प्रभावों के साथ प्रखर रूप से मुखर होती गयीं, स्फुटित होती गयीं जिससे घर में तनाव और विवादित बहसों का दौर अब सामान्य घटना हो गयी। वयस्क पुत्रों और पुत्रियों से यह अपेक्षा की जाने लगी कि वे घरेलू कार्यों में सहभागी

बनें और कुछ मामलों में तो उन्हें घरेलू सहायक/सहायिका की अनुपस्थिति में ज़िम्मेदारी लेने के लिए विवश किया गया, जबकि पहले इन कथित कार्यों में उनकी कोई भूमिका सुनिश्चित नहीं थी।

दूसरी तरफ़, आवागमन पर प्रतिबन्धों के कारण पतियों और वयस्क बच्चों से यह अपेक्षा की जाने लगी कि वे उन घरेलू कार्यों में सहभागी बनें जिनके वे अभ्यस्त नहीं थे। उन्हें नयी आदतों को अपनाने के लिए बाध्य किया गया :

- अधिकांश लोग वैसे कार्य कर रहे हैं, जिनके वे आदी नहीं थे।
- वे लोग जो अपने बर्तनों और कमरे की सफ़ाई नहीं किया करते थे, वे ऐसा करने के लिए विवश किये गये हैं।
- जो घर से कार्य करने के अभ्यस्त नहीं थे, वे अब ऐसा करने को बाध्य हैं।
- घर में श्रम–विभाजन ने परम्परागत तौर–तरीक़ों और इससे सम्बद्ध अवसंरचना की चूलें हिला दीं। घरेलू हिंसा जैसी घटनाओं में तेज़ी आयी है और अनेक परिवारों में महिलाओं को इसकी तपिश महसूस करने के लिए बेबस होना पड़ा है। फलतः मीडिया रिपोर्टों के अनुसार वैसी महिलाओं की संख्या में वृद्धि दर्ज की गयी है जो अपने दाम्पत्य जीवन में विच्छेद या विलगाव जैसी चीज़ों के विकल्प के बारे में न केवल सोच रही हैं बल्कि इसे प्राथमिकता दे रही हैं।

इसके अतिरिक्त, वृद्ध व्यक्तियों और अभिभावकों को भी एक अलग प्रकार की उपेक्षा और भेद–भाव का सामना करना पड़ा, इसके अनेक उदाहरण देखे गये। सारांशतः इन्हें निम्नलिखित बिन्दुओं के माध्यम से अभिव्यक्त किया जा सकता है :

- मानसिक रूप से विक्षुब्ध होने के कारण अनेक पुत्रों ने अपने वृद्ध माता–पिता के प्रति अनादर दिखाया।
- आर्थिक तंगी और असुरक्षा के कारण वृद्ध माता–पिता की आवश्यकताओं की भी उपेक्षा की गयी।
- कभी–कभी एक चुप्पी और इशारा ही सन्देश देने के लिए पर्याप्त होता है।
- प्रदान किये जा रहे भोजन और दवाओं की गुणवत्ता से समझौता किया गया।

- *हेल्पेज इंडिया* जो कि वृद्ध लोगों के कल्याण के लिए समर्पित एक प्रसिद्ध संगठन है, इन घटनाओं का साक्षी रहा है।
- कुछ मामलों में माता–पिता/अभिभावकों को शारीरिक प्रताड़ना भी दी गयी है।
- कई मामलों में ऐसा देखा गया है कि अकेले रहने वाले वृद्धों की स्थिति अपेक्षाकृत अधिक नारकीय और दयनीय थी।

भारतीय समाज हमेशा ही सम्बन्धों को बनाने और बनाये रखने में विश्वास करता है, फिर वह चाहे रक्त के आधार पर हो या भाई–चारा अथवा सौहार्द के। कोरोना महामारी ने इस कथित 'वसुधैव कुटम्बकम्' की अवधारणा की क्षणभंगुरता को उघाड़ कर रख दिया। संयुक्त परिवार, जहाँ कहीं भी यह अस्तित्व में है, थोड़ी भिन्न प्रकार की स्थिति में प्रतीत होने लगे। संयुक्त परिवार के ढाँचे का महत्त्वपूर्ण नियामक एकल परिवार में भी स्वार्थ–सिद्धि और विलग रहने की प्रवृत्ति पनपी और न केवल पनपी बल्कि इसका इस प्रकार से विस्तार हुआ जैसे कि इसके सदस्य एक ही छत के नीचे रहने वाले अजनबी हैं। अभिप्राय यह कि वह रह तो एक ही घर में रहे थे लेकिन उनके जीवन की दिशाएँ अलग–अलग थीं। वैसे सम्बन्ध, जो रक्तीय या वैवाहिक थे, वे भी प्रभावित हुए। कोरोना ने लोगों को और स्वार्थी और आत्म–केन्द्रित बनाया है।

इस दरमियान अनेक ऐसे उदाहरण देखे गये जो सम्बन्धों और रिश्तों के पूरी तरह से अलग–थलग एवं तार–तार हो जाने की कहानी कहते हैं। यहाँ तक कि लोगों ने अपने सम्बन्धियों की अन्त्येष्टि–क्रिया में सम्मिलित होने को लेकर उदासीन रवैया अपनाया, और वे मृतक के उस *अन्तिम दर्शन* के लिए भी अनिच्छुक दिखे जो सामाजिकता और उसकी शिष्टता के दृष्टिकोण से अनिवार्य और अनुपक्षेणीय था।

पड़ोस, नृजातीय पूर्वाग्रह

पाश्चात्य समाजों के विपरीत, भारतीय गाँवों, शहरों और क़स्बों में अन्तर्वैयक्तिक और सामुदायिक सम्बन्ध बरकरार रहे हैं जो वस्तुतः कुटुम्बकीय प्रणाली का ही विस्तार है। कोरोना ने इन रिश्तों की बुनावट को बुरी तरह प्रभावित किया है। कोरोना संक्रमण की सम्भावनाओं के कारण पड़ोसियों के बीच एक प्रकार से पारस्परिक उपेक्षा का भाव गहरे जाकर पैठ गया, यहाँ तक कि वर्षों से मधुर रहे सम्बन्धों को भी तार–तार कटु

होते देखा गया। पड़ोस में किसी परिवार की मृत्यु हो जाने के बाद एक अजीब–सा नीरव सन्नाटा पसर जाया करता था और कोरोना–संक्रमण के भय से एक औपचारिक शोक सभा की भी उपेक्षा की गयी।

विभिन्न और अनेक शहरों में ऐसा भी दृष्टिगत हुआ कि पड़ोसियों ने श्मशान और क़ब्रिस्तान में क्रमशः अन्त्येष्टि–क्रिया और सुपुर्द–ए–खाक की पुरज़ोर मुख़ालफ़त की और इतनी भयावहता से की कि मृतकों के परिजनों को इसको सम्पन्न करने के लिए पुलिस के संरक्षण में दर–दर–भटकना पड़ा। इस कहानी का दूसरा दुर्भाग्यपूर्ण पहलू अपने पड़ोसियों द्वारा कोरोना योद्धाओं– चिकित्सकों, अर्द्ध–स्वास्थ्यकर्मियों के प्रति दिखाया गया अपमानजनक और अवमानतापूर्ण व्यवहार है। ऐसे अनेक दृष्टान्त हैं जब इन कथित स्वास्थ्यकर्मियों को ख़तरे का सामना करना पड़ा और पड़ोसियों या मकान–मालिकों द्वारा उन्हें अपने किराये पर लिए गये कमरे या मकान को ख़ाली करने के लिए विवश किया गया।

उत्तर–पूर्वी राज्यों के निवासियों की बहुतायत आबादी वाले महानगर जैसे कि दिल्ली और बैंगलुरु में इन लोगों को स्थानीय लोगों के तीव्र गुस्से और विरोध का ही सामना नहीं करना पड़ा बल्कि उन्हें धमकियों और अपमान का भी घूँट पीना पड़ा। दरअसल, स्थानीय लोग उत्तर–पूर्वी राज्यों के लोगों को उनकी मंगोली नस्ल के कारण 'चीनी' समझ रहे थे। यह वास्तव में सबसे दुर्भाग्यपूर्ण पहलू था क्योंकि इस प्रकार की मानसिक प्रवृत्ति अनेकता में एकता और विविधताओं वाले देश के रूप में प्रख्यात भारतीय सांस्कृतिक अवधारणा एवं वैचारिकी के ख़िलाफ़ तो था ही साथ ही, साथ एक प्रकार से इसे ख़ारिज करना भी था। अनेक और विभिन्न ऐसे मामले प्रकाश में आये जिसमें उत्तर–पूर्वी लोग मन में कड़वाहट लेकर वापस अपने राज्य/घर को लौट गये।

जैसे ही यह समाचार प्रकाश में आया कि दिल्ली के निज़ामुद्दीन स्थित *तबलीगी ज़मात* के मुख्यालय में आयोजित धार्मिक आयोजन के कारण कोरोना–संक्रमण प्रसारित हुआ है, तो सामाजिक–जाल (सोशल मीडिया) और समाचार–पत्रों में नफ़रत भरी कहानियों और सन्देशों की बाढ़ सी आ गयी। दूसरे देशों के लोगों के प्रति धार्मिक पूर्वाग्रह और एक पूरे समुदाय एवं धर्म पर दोषारोपण करना बहुत ही दुर्भाग्यपूर्ण था। इसने अनेक और विभिन्न शहरों को प्रभावित किया जहाँ पीढ़ियों से आ रहे मधुर सम्बन्ध बिगड़ गये। कुछ समय बाद जब सच्चाई बाहर आयी, तो एक विशेष

समुदाय के प्रति व्याप्त रही दुर्भावना में कमी आयी, लेकिन निश्चित रूप से नुक़सान हो चुका था और सामाजिक ताने–बाने में हस्तक्षेप किया जा चुका था जिसका प्रभाव एवं परिणाम अपनी प्रकृति में विभाजनकारी थे।

जन-समूह का पलायन

इस तथ्य से सहमति जताने में कोई संकोच नहीं हो सकता कि महामारी के कारण शहरों से गाँवों की एक बड़े जन–समूह का पलायन–गमन हुआ, वह वर्ष 1947 के पश्चात् सीमा के दोनों ओर से हुआ अब तक का दूसरा सबसे बड़ा जन–प्रवास था। निचले स्तर पर कार्यरत लाखों कामगारों, जिन्होंने इस कथित महामारी के कारण अपनी जीविका खो दी थी, उन्होंने इन शहरों को छोड़कर अपने शहरों और गाँवों की ओर वापसी के लिए यात्रा शुरू करने का निर्णय ऐसे समय लिया जब यातायात के लिए न तो सड़क–मार्ग और न ही रेलवे मार्ग की सुविधा उपलब्ध थी बल्कि इसे कोरोना–नियन्त्रण की रणनीति के अनुसार प्रतिबन्धित करने का निर्देश दिया गया था। बहरहाल, अत्यन्त ही शीघ्रता और हड़बड़ाहट में वे सैकड़ों किलोमीटर की दूरी साइकिल और पैदल ही करने लगे। दर्जनों लोग राजमार्ग पर तेज़ चल रही गाड़ियों के नीचे आकर मारे गये, कई तो कुचल दिये गये। यह एक बीभत्स दृश्य था।

इनमें से अनेक प्रवासी जब अपने घर पहुँचे, तो उन्हें वहाँ अनेक समस्याओं से दो–चार होना पड़ा। पुराने अन्तरजातीय और अन्तरपारिवारिक तनाव और विवाद फिर से उभरने शुरू हो गये। अधिकांशतः तो मनरेगा प्रदत्त दैनिक भत्ते के रूप में न्यूनतम जीविकोपार्जन करने में सफल हुए लेकिन कथित तनाव और विवाद उनके लिए असहनीय हो गये, इसलिए जब रेलवे और राजमार्ग पर यातायात को पुनः शुरू करने सम्बन्धी घोषणा हुई, तो अधिकतर अपने–अपने शहरों को लौट गये जहाँ से वे वापस आये थे। कुछ मामले तो ऐसे देखे गये जहाँ मालिकों ने इन्हें अपने पास बुलाने के लिए आवागमन की सुविधा सुनिश्चित की।

अर्थव्यवस्था और रोज़गार

महामारी ने अर्थव्यवस्था की चूलें हिला दीं। लाखों लोगों ने अपनी जीविका गँवा दी, उत्पादन बुरे तरीक़े से प्रभावित हुआ और बाज़ार को भारी नुक़सान पहुँचा। कोरोना–19 ने अर्थव्यवस्था को उसके सामाजिक प्रभावों के साथ

प्रभावित किया जिन्हें सारांशतः और संक्षेपतः निम्नलिखित बिन्दुओं के माध्यम से स्पष्ट किया जा सकता है :

- सभी आर्थिक क्षेत्रों के श्रम–बल में ह्रास।
- व्यापक स्तर पर नौकरियों की अनुपलब्धता की स्थिति, निम्नस्तरीय न्यूनतम वेतनभोगी वर्ग, जैसे कि वाहन चालक, घरेलू सहायक डिलीवरी ब्वॉय, में जीविकोपार्जन की सम्भावनाओं का धूमिल होते जाना जिससे कि उनके लिए उत्तरजीविता की समस्या उठ खड़ी हुई।
- लोगों की एक बहुत बड़ी आबादी को अपने शेयर या निवेश बेचने पड़े अथवा अपनी बचत मसलन, सावधि जमा, भविष्य निधि (Provident Fund) का उपयोग करना पड़ा।
- सम्पत्ति और उत्पादित वस्तुओं की माँग में कमी आयी।
- महँगी और अत्यधिक निवेश की माँग वाले कार्यों से लोग विमुख होते चले गये।
- आवश्यक वस्तुओं की अत्यन्त शीघ्रता में ख़रीदारी और उसकी जमाखोरी ने इसकी कृत्रिम किल्लत पैदा की जिसके परिणामस्वरूप इनके मूल्यों में बेहताशा वृद्धि हुई।
- पेट्रोल, डीजल और बिजली की वस्तुओं की माँग में कमी आयी।
- हॉस्पिटलिटी क्षेत्र को भारी नुक़सान हुआ। छोटे होटल तो बन्द ही हो गये, बड़े होटल भी घटाये गये श्रम–बल और कमरों के किराये के साथ बस बने ही रहे।
- पर्यटन उद्योग सीधे तौर पर अर्श से फ़र्श पर आ पहुँचा क्योंकि पूर्ण तालाबन्दी में छूट के बाद भी अनिश्चितताओं के कारण नियमित पर्यटक भी उदासीन बने रहे।
- अनेक लोगों को महामारी ने जीवन–शैली में परिवर्तन करने की आवश्यकता पर बल देने के लिए अनिवार्य रूप से प्रेरित किया।
- अर्थव्यवस्था के एक क्षेत्र फार्मास्यूटिकल ने अपेक्षाकृत अच्छा व्यवसाय किया। यहाँ तक कि स्वास्थ्य सम्बन्धी उत्पादों की माँग में वृद्धि के कारण तुलनात्मक रूप से उपेक्षित 'आयुष' में भी उछाल दिखा। कथित उत्पादित वस्तुओं जैसे कि प्रतिरोधी संवर्धक, सैनिटाइजर, मास्क इत्यादि ने व्यापक स्तर पर धन अर्जित किया।

- ग़रीब, बेघर, शरणार्थी और प्रवासी अनुचित तौर पर और बुरे तरीक़े से प्रभावित हुए।
- अनेक लोग ऋण से दबते चले गये और उनके व्यय में अप्रत्याशित वृद्धि दर्ज की गयी।

शिक्षा

पूर्ण तालाबन्दी और उसके लम्बे खिंचते रहने के दरमियान और कालान्तर में लोगों को अपने बच्चों को विद्यालय और महाविद्यालय भेजने की हिचकिचाहट और ऊहापोह के बीच ऑनलाइन शिक्षा की संकल्पना व्यापक स्तर पर एक विकल्पहीन विकल्प के रूप में अस्तित्व में आयी। ऑनलाइन कक्षाओं ने टेबलेट, लैपटॉप, डेस्कटॉप और यहाँ तक कि स्मार्ट फ़ोन की बिक्री में वृद्धि की। इस परिदृश्य में शिक्षकों को बहुत बड़ी संख्या में विद्यार्थियों के अध्यापन और समायोजन के लिए दोहरी, यहाँ तक कि तीसरी बारी भी क़क्षाओं में कार्य करना पड़ रहा था। शहरों और गाँवों में इंटरनेट की सुविधा पर्याप्त रूप से सुचारु और सशक्त रूप से कार्य नहीं करती और प्रायः बिजली भी अनिश्चित हुआ करती है। यहाँ तक कि उन क्षेत्रों को भी जो इन संसाधनों के स्वामित्व के लिए भाग्यशाली थे, उन्हें अपने से कम सौभाग्य वाले लोगों की बात नहीं करनी पड़ी जिनके पास स्मार्ट फ़ोन तक उपलब्ध नहीं था। बहरहाल, प्रत्यक्षतः सम्पूर्ण शोध–क्षेत्र कोरोना से जुड़े कार्यों से आच्छादित हो गया जिसे विद्वान ''आर्थिक शोध का कोरोनाकरण'' कहते हैं, जबकि शोध के अन्य क्षेत्रों की उपेक्षा की गयी।

मनोवैज्ञानिक नतीजे

महामारी ने लोगों को न केवल सामाजिक और आर्थिक तौर पर बल्कि मनोवैज्ञानिक स्तर पर बुरे तरीक़े से प्रभावित किया। अनेक लोग अवसाद के साथ–साथ सामाजिक बहिष्कार, शारीरिक–कष्ट, निराशा–हताशा, विलगाव और ख़ालीपन की चेतना से ग्रसित और पीड़ित हो गये। अनेक अस्पतालों में सामान्यतः कोरोना के मरीज़ों को प्राथमिकता दी गयी और अन्यों के प्रति उपेक्षिता और उदासीन रवैये को अपनाया गया। यह एक दिल हिला और झकझोर देने वाली घटना थी। इसकी बानगी इन आँकड़ों के बरअक्स देखी जा सकती है जिसमें अनेक लोगों को उत्तर अघातीय प्रतिबल विकृति (PTSD : Post Traumatic Stress Disorder) नामक बीमारी

से पीड़ित होने की बात कही गयी है। कुल मिलाकर यह कहा जा सकता है कि यह एक अत्यन्त गम्भीर मनोवैज्ञानिक समस्या थी।

सामाजिक/शारीरिक दूरी

परम्परागत भारतीय समाज कभी भी व्यक्ति केन्द्रित समाज नहीं रहा है बल्कि इसने सामूहिकता और समष्टिगत चेतना को अपेक्षाकृत अधिक महत्त्व और प्राथमिकता दी है। इस समाज में हमेशा से ही निजता जैसी चीज़ें अपने शुद्धतम और वास्तविक रूप में अस्तित्वमान नहीं रही हैं बल्कि लोग एक–दूसरे की ज़िन्दगी में झाँकने के आदी और उत्साही रहे हैं, साथ ही साथ जन्म, विवाह और मृत्यु तथा इसके उपरान्त सभी आयोजनों में सम्मिलित होने को अपना कर्तव्य और नैतिक धर्म मानते हैं। कोरोना विषाणु के भय और सरकारी प्राधिकारों द्वारा थोपे गये प्रतिबन्धों ने कथित आयोजनों में सीमित संख्या में ही लोगों को सम्मिलित होने के दिशा–निर्देश दिये हैं। इसके अतिरिक्त, भारतीय समाज में शारीरिक दूरी को सामाजिक दूरी के रूप में लोकप्रिय बनाया गया जो कि एक नवीन परिघटना है। यह हमारी संस्कृति के लिए अपरिचित रहा है और निश्चित रूप से अस्पृश्यता की नयी सम्भावनाओं और रूप को आकार देगा।

धार्मिक और पूजा–स्थलों के आस–पास आयोजनों और भीड़ इकट्ठी होने पर लम्बे समय तक निषेधाज्ञा लागू करने के प्रभावस्वरूप एक नये प्रकार की धार्मिकता का उदय हुआ। पण्डित और मौलवी केन्द्रित धार्मिकता के स्थान पर अब ईश्वर केन्द्रित अथवा पण्डित मुक्त धार्मिकता आकार लेने लगी थीं। इसका कारण यह था कि अधिकांशतः लोग घर की चारदीवारी के अन्दर ही धार्मिक–प्रथाओं और रीति–रिवाज़ों को सम्पन्न कर रहे थे। इस प्रकार, हम सामाजिक–सांस्कृतिक मूल्यों और व्यवहारगत प्रारूपों में अनेक बदलावों को स्पष्ट ही रेखांकित कर सकते हैं। अब सबसे ज्वलन्त और प्रासंगिक प्रश्न यह उठता है कि कोरोना महामारी के तदुपरान्त क्या लोग अब अपनी पुरानी जीवन–शैली को ही आत्मसात करना पसन्द करेंगे या फिर, अनेक परिवर्तनों के साथ संशोधित वर्तमान जीवन–शैली को अपने विकल्प के रूप में चुनेंगे?

38

कोरोना-काल में प्रवासन और प्रवासी
Migration and Migrants in Covid Times

प्रवास लोगों का एक स्थान से दूसरे स्थान को स्थानान्तरण के रूप में सम्बोधित, व्याख्यायित और विश्लेषित किया जाता रहा है लेकिन इस सन्दर्भ में यह विचारणीय रूप से ध्यातव्य है कि यह कथित स्थानान्तरण भौतिक अथवा शारीरिक रूप से हो। इस प्रकार यह एक भौगोलिक क्षेत्र से दूसरे क्षेत्र में स्थानिक गत्यात्मकता का एक रूप है। सारांशतः और सारगर्भित रूप से यह कहा जा सकता है कि प्रवास एक भौगोलिक क्षेत्र से दूसरे भौगोलिक क्षेत्र में गमन है, किन्तु यह गमन एक समाज के अन्दर लोगों के बीच भी हो सकता है। इस प्रकार, प्रवास अर्थ के स्तर पर व्यापक है। दरअसल, जनसंख्या में रूपान्तरण पूर्व–आधुनिक इतिहास की एक केन्द्रीय विशेषता रही है। इस सन्दर्भ में *सामाजिक विज्ञान विश्व कोश* में रॉबिन कोहेन का उदाहरण समीचीन और प्रासंगिक है, वह लिखते है, "मानवीय जीनोम परियोजना से अभिप्रेरित डी–ऑक्सीराइबोन्यूक्लिक अम्ल अर्थात् आनुवंशिकीय अवसंरचना सम्बन्धी निष्कर्षों से यह स्थापित हो गया है कि मानव की उत्पत्ति अफ्रीका में हुई है। महाद्वीपों के पृथक्करण और विलगाव ने लोगों को विभिन्न स्थानों में वितरित एवं पुनर्वितरित किया" इस प्रकार यह कहा जा सकता है कि वर्तमान विश्व में जनसंख्या की बरावट की बुना|वट के केन्द्र में भौगोलिक महाद्वीपीय संचलन की क्रिया मुख्य रूप से उत्तरदायी है। जनसंख्या के स्थानान्तरण और फलतः उससे उपजी जन–गत्यात्मकता के परिणामस्वरूप सांस्कृतिक और भाषायी विविधता हमेशा बनी रहती है और इसलिए, दूसरों के साथ संवाद करने और उनकी संस्कृतियों को समझने की क्षमता का विकास व्यापक और विराटीय जन–स्तर पर होता है।

दरअसल, प्रवासन का अन्तरराष्ट्रीय आयाम भी है लेकिन यहाँ हमारा सम्बन्ध भारतीय सन्दर्भ में प्रवासन से है। प्रवासन जनसंख्या की सामाजिक

संरचना को भी प्रभावित करता है। इसके अपने व्यावहारिक और लोकप्रिय अर्थों में प्रवास को एक सामाजिक और भौगोलिक सीमा के अन्दर लोगों के कमोबेश स्थायी आवागमन के रूप में समझा जा सकता है, लेकिन मौसमी प्रवासन भी एक वास्तविकता है। वस्तुतः प्रवासन व्यक्ति के मनोविज्ञान को भी प्रभावित करता है।

एक प्रवासी कौन है?

संयुक्त राष्ट्र की एक शाखा 'अन्तरराष्ट्रीय प्रवासन संगठन' का इस सन्दर्भ में यह वक्तव्य है कि " 'प्रवासी' एक व्यापक शब्द है, जिसे अन्तरराष्ट्रीय विधि के अन्तर्गत परिभाषित नहीं किया गया है। यह सामान्य और लोक में प्रचलित धारणाओं के अनुरूप एक ऐसे व्यक्ति को प्रवासी के रूप में सम्बोधित करता है जो अन्यान्य कारणों से और स्थायी या अस्थायी, अपने मूल निवास से देश या विदेश में रहता हो। इस शब्द में लोगों की कई विधिक श्रेणियाँ समाहित हैं, जैसे कि प्रवासी श्रमिक या ऐसे व्यक्ति जिनका आवागमन क़ानूनी रूप से परिभाषित है, मसलन, अवैधानिक रूप से तस्करी कर आयातित प्रवासीय साथ ही साथ वैसे लोग जिनकी वस्तुस्थिति और आगमन के कारण अन्तरराष्ट्रीय विधि के अन्तर्गत सुस्पष्ट रूप से परिभाषित नहीं किये गये हैं, जैसे कि अन्तरराष्ट्रीय छात्र। अन्तरराष्ट्रीय स्तर पर, 'प्रवासी' के लिए कोई सार्वभौमिक रूप से स्वीकृत परिभाषा मौजूद नहीं है। वर्तमान परिभाषा अन्तरराष्ट्रीय श्रम संगठन द्वारा अपने उद्देश्यों के लिए विकसित की गयी थी और इसका उद्देश्य कोई नयी कानूनी श्रेणी बनाना नहीं है।"

इस सन्दर्भ में जब हम भारतीय परिदृश्य पर दृष्टिपात करते हैं, तो हमारे समक्ष जो नया तथ्य और यथार्थ उपस्थित होता है, वह प्रचलित और पूर्व–स्थापित लोक–धारणा का विरोधाभासी है। इस सम्बन्ध में मायरोन वीनर का यह उदाहरण निश्चित रूप से द्रष्टव्य है कि भारतीय लोगों का केवल एक छोटा–सा हिस्सा अपने जन्म–स्थान या अपने जीवनसाथी को छोड़कर घर से बाहर रहता है। ग्रामीण से शहरी परिवेश में प्रवास प्रभाव और अर्थ के स्तर पर उतना प्रभावी और व्यापक नहीं है बल्कि सतही एवं मामूली है। अधिकांश शहरी निवासी स्थानीय होते हैं, वे प्रवासी नहीं होते।

भारत में सबसे कम वेतन वाली नौकरियाँ असंगठित क्षेत्रों जैसे, निर्माण, ईंट भट्ठा, घरेलू सहायक आदि में हैं। जो लोग अपने गाँवों को छोड़ देते हैं, वे मुख्य रूप से उन सबसे ग़रीब गाँवों से हैं, जो एक पतनशील और पिछड़ी कृषि अर्थव्यवस्था का प्रतिनिधित्व करते हैं। वे बेहतर जीवन की तलाश में अपने गाँवों को छोड़ने का फ़ैसला करते हैं। ये वे लोग हैं जो नगरों और शहरी केन्द्रों के निर्माण में निर्णायक और महतीभूमिका का निर्वहन करते हैं, वे संसाधनों के सृजन और पुनःसृजन में भी अत्यन्त ही उपयोगी होते हैं, लेकिन शायद ही उन्हें सृजित नवीन संसाधनों में सहभागी बनने का सौभाग्य प्राप्त होता हो। जो लोग इन लोगों के श्रम और योगदान के कारण बेहतर जीवन व्यतीत कर रहे हैं, वे इनके जीवन की गरिमा और बुनियादी आवश्यकताओं को सुनिश्चित करने की पहल भी नहीं करते। वे बुनियादी आवश्यकताओं से महरूम और अमानवीयता से रचे–बसे आवास, निम्नतर एवं निम्नस्तरीय स्वास्थ्य सुविधाओं और शिक्षा के साथ जीवित रहने के लिए अभिशप्त हैं। कुछ ग़ैर–सरकारी संगठनों के सतही प्रयासों को अगर अपवाद माना जाये, तो कोई भी उनको और उनकी समस्याओं को देखना नहीं चाहता। इसके बजाय उन्हें बदतरीन मलिन बस्तियों, गन्दी परिस्थितियों, घनी आबादी, अपराधों और शहरी संसाधन पर अत्यधिक बोझ के लिए दोषी ठहराया जाता है।

पिछले तीन–चार दशकों के दरमियान इस प्रवास ने लम्बी दूरी के अन्तर– राज्यीय प्रवास का रूप ले लिया है; वस्तुतः ऐसा परिवहन के साधनों में विविधिकरण के कारण ही सम्भव हो पाया है। पहले, यह एक ही राज्य के अन्दर अन्तर–ज़िला या अन्तर–क्षेत्रीय स्तर तक ही सीमित था। कृषि और निर्माण से सम्बद्ध श्रम के स्वरूप में भी परिवर्तन और रूपान्तरण दृष्टिगत हुए हैं और इसमें अधिक वैविध्य आया है। श्रम अब काफ़ी विविधतापूर्ण हो गया है। वर्ष 2011 की जनगणना के अनुसार देश में 5.6 करोड़ प्रवासी श्रमिक हैं और वर्ष 1991 और वर्ष 2001 के बीच अन्तर–राज्यीय प्रवासियों की संख्या में 55 फ़ीसदी की वृद्धि हुई है। इसमें निश्चित रूप से और समुचित वृद्धि दर्ज होगी जिसके तथ्यपूर्ण और वास्तविक आँकड़े हमें वर्ष 2021 की जनगणना में प्राप्त होंगे। दूसरे राज्यों में जीविकोपार्जन करने वाली आबादी का एक बृहद् भाग उत्तर प्रदेश विशेषकर पूर्वी–उत्तर प्रदेश, बिहार, झारखण्ड, उड़ीसा, मध्य प्रदेश, छत्तीसगढ़, राजस्थान, पश्चिम बंगाल और उत्तर पूर्वी राज्यों से है।

साक्षरता और शिक्षा के उच्च स्तर के कारण उत्तर–पूर्वी राज्यों के प्रवासी उन क्षेत्रों में नौकरी पाने के लिए अपेक्षाकृत अधिक योग्य और बेहतर स्थिति में हैं जहाँ शैक्षणिक योग्यता की आवश्यकता अनिवार्य और अपरिहार्य होती है। अब प्रवासी विभिन्न सेवा क्षेत्रों में जीविकोपार्जन करते हुए देखे जा सकते हैं, जिन्हें निम्नलिखित बिन्दुओं के माध्यम से प्रदर्शित किया गया है :

- वाहन निवारक
- वाहन चालक
- उपकरण निर्माण
- घरेलू सहायक
- सुरक्षा रक्षक
- सब्ज़ी और फलों के विक्रय के क्षेत्र में
- कूरियर एजेंसियों और ऑनलाइन खाद्य आपूर्तिकर्ताओं के लिए डिलीवरी ब्वॉय
- स्वच्छता श्रमिक
- समाचार–पत्र विक्रेता, आदि।

इस प्रकार, वे बिना किसी सामाजिक सुरक्षा जैसे कि जीवन–बीमा और चिकित्सा–बीमा के बिना न्यूनतम मज़दूरी पर सेवाएँ प्रदान करते हैं। ज़्यादातर मामलों में उनके पास आय या रोज़गार की कोई सुरक्षा या बीमार पड़ने पर अवैतनिक अवकाश की वैकल्पिक उपलब्धता नहीं होती। वास्तविक अर्थों में देखा जाये, तो प्रवासी श्रमिकों की दुर्दशा और नारकीयता का उत्तरदायित्व हमारे जीवन के 'तीन आधार–स्तम्भ'–राज्य, समुदाय और बाज़ार से मिलने वाली सहायता और समर्थन का नितान्त अभाव है।

लोगों का एक स्थान से दूसरे स्थान पर आना–जाना स्वैच्छिक या अनैच्छिक हो सकता है। इसे 'पुश आउट' और 'पुल्ड इनटू' कारकों के माध्यम से समझाया जा सकता है। पुश आउट कारक की व्याख्या इस प्रकार से की जा सकती है कि इसमें जो प्रवास होता है वह अपने मूल स्थान में उनके जीवन और सम्पत्ति को ख़तरा, धार्मिक उत्पीड़न, भाषायी या अन्य किसी प्रकार का शोषण, न्यूनतम मज़दूरी, रोज़गार की सम्भावनाओं का अभाव, निम्नस्तरीय जीवन स्तर, आपदा जैसे कि भूकम्प, बाढ़, महामारी, इत्यादि के कारण बाध्यकारी और विडम्बनापूर्ण होता है। 'पुल्ड इनटू' कारकों के तहत बेहतर वेतन, बेहतर शैक्षिक सुविधाये, शान्ति, सुरक्षा और कुल मिलाकर,

जीवन की बेहतर गुणवत्ता एवं भविष्य की सम्भावनाएँ शामिल होती हैं। यह मौसमी प्रवास भी हो सकता है या अल्पकालिक प्रवास या किसी अन्य क्षेत्र में स्थायी स्थानान्तरण भी हो सकता है। इसके अतिरिक्त यह किसी क्षेत्र की जनसंख्या–वृद्धि में भी एक महत्त्वपूर्ण कारक होता है।

भारत मुख्य रूप से ग्रामीण से शहरी प्रवास का साक्षी रहा है। दरअसल, बेरोज़गारी की उच्च–दर, भूमि–हीनता, आय–सृजन के अवसरों की कमी या प्रतिकूल सामाजिक स्थिति और इसी तरह के अन्य कारकों के कारण, लोग प्रवास करने का निर्णय लेते हैं।

वास्तव में देखा जाये, तो भुखमरी, आर्थिक कठिनाई, प्राकृतिक आपदाएँ और शत्रुतापूर्ण सामाजिक वातावरण (विशेषकर दलित जातियों के मामले में) किसी को अपना गाँव या भौगोलिक क्षेत्र छोड़ने और 'शहर में गुमनामी' का जीवन जीने के लिए एक शहरी केन्द्र की ओर पलायन करने के लिए मजबूर कर सकता है। यदि केवल परिवार का मुखिया ही प्रवास करता है, तो वह आय का उच्च अनुपात गाँव में परिवार के सदस्यों को घर वापस भेजना जारी रख सकता है। इस मामले में व्यक्ति अधिकतम सम्भव बचत प्राप्त करने के लिए घनी आबादी वाले आवास जैसे छात्रावास में रहते हैं। अधिकांश मामलों में, स्थानीय सरकारें स्वच्छता, पानी, बिजली, प्राथमिक विद्यालय, स्वास्थ्य–केन्द्र आदि बुनियादी सुविधाएँ उन स्थानों पर प्रदान करना आवश्यक नहीं समझती हैं। यदि पूरा परिवार एक शहरी केन्द्र में प्रवास करता है, तो परिवार के योग्य सदस्य पर्याप्त बचत करने के लिए घरेलू नौकर, कूरियर और सन्देशवाहक, रिक्शा–चालक या ऐसी कोई भी विविध नौकरी कर सकता है और रहने के लिए वे एक कमरे को ही किराये पर ले सकते हैं या फिर ग़रीबों के लिए सरकार द्वारा प्रायोजित आवास योजनाओं का लाभ उठा सकते हैं। दिल्ली जैसे महानगरों में, समय बीतने के बाद, घरों का पूरा समूह पुनर्वास रिहायश का रूप ले लेता है और तदुपरान्त मतों की राजनीति के कारण स्थानीय नेताओं द्वारा तुष्टिकरण की नीति अपनायी जाती है और इस प्रकार, उन्हें वैध करार दे दिया जाता है। ऐसे मामलों में प्रवासियों के अपने पैतृक गाँवों के साथ सामाजिक–सम्बन्ध कम होते जाते हैं और फिर शनैः–शनैः समाप्त हो जाते हैं। इसके अलावा, महानगरों या बड़े शहरों में पले–बढ़े बच्चे अपने गाँव वापस जाना पसन्द नहीं करते।

'पुल्ड इनटू' कारकों के अन्तर्गत हम मुख्य रूप से नगरों के प्रति आकर्षण, इसकी चकाचौंध, बेहतर आय एवं जीवन–स्तर की सम्भावना, जाति व्यवस्था के उत्पीड़न से मुक्ति को सम्मिलित कर सकते हैं। इस सन्दर्भ में यह निश्चित तौर पर कहा जा सकता है कि उन्हें प्रवास करने के लिए बाध्य और विवश नहीं किया जा रहा है।

इस बिन्दु पर मैं दो हिन्दी फ़िल्मों की चर्चा करने का प्रलोभन नहीं छोड़ सकता हूँ। पहली, बिमल रॉय निर्देशित 'दो बीघा ज़मीन' है जिसमें एक किसान की त्रासदी का सार्थक, अर्थपूर्ण और मार्मिक चित्रण है। वह अपनी गिरवी रखी ज़मीन को अपने शोषक के पंजे से छुटकारा दिलाने के लिए शहर को प्रवास करता है ताकि वह धनार्जन करके अपने कथित उद्देश्य को प्राप्त कर सके, लेकिन उसकी सबसे बड़ी विडम्बना और विद्रूपता तब सामने आती है जब वह यह देखता है कि उसकी ज़मीन पर विशालकाय कारख़ाना बना दिया गया है। वस्तुतः यह कथित कारख़ाना उस पूँजीवादी व्यवस्था का प्रतीक है जो उसके पहले के शोषक से कहीं अधिक दुर्धर्ष है। दूसरा, मुज़फ़्फ़र अली द्वारा निर्देशित 'गमन' मुम्बई में प्रवासियों के जीवन को दर्शाती है (दोनों YouTube पर उपलब्ध हैं)।

कोरोना प्रेरित प्रवासन

वर्ष 1947 में विभाजन के बाद कोरोना प्रेरित प्रवास का फलक और आयाम विराट एवं व्यापक है। यह एक ऐसा पलायन था जिसकी नज़ीर आज़ादी के बाद नहीं मिलती। कोरोना–19 महामारी के मद्देनज़र प्रवासन से सम्बन्धित मिथकों से जुड़े कई भ्रम उस समय टूट गये, जब मुख्य रूप से उत्तर प्रदेश, बिहार, झारखण्ड, छत्तीसगढ़ और उड़ीसा के लाखों प्रवासी श्रमिक अपनी मूल जड़ों और गाँवों को वापस जाने के लिए तत्पर हुए और जिसे 'पुनरुत्थानवादी प्रवास' के रूप में सम्बोधित किया जाने लगा। सिर्फ़ उन्होंने ही इस कथित प्रवास के विकल्प पर विचार नहीं किया जो अपने परिवार और निजी सम्पत्ति के साथ व्यवस्थित रूप से जीवन व्यतीत कर रहे थे। हज़ारों और हज़ारों प्रवासी मज़दूरों को साइकिल, गाड़ियों, टेम्पो और यहाँ तक कि पैदल ही वापस जाते हुए देखना दिल दहला देने वाला और हृदयविदारक था। उनमें से दर्जनों ने दुर्घटनाओं, थकावट या भुखमरी से अपनी जान दी।

25 मार्च और मई, 2020 के बीच, संकटग्रस्त प्रवासी कामगारों ने बिना नौकरी, बचत, आश्रय, भोजन, परिवहन और बिना किसी संगठित और संस्थागत सहायता प्रणाली के परिवारों और बचे–खुचे समानों के साथ अपने पैतृक गाँवों और कस्बों की ओर घर वापस जाने के लिए लम्बी पैदल यात्रा शुरू की। ऐसा अनुमान है कि दस लाख से अधिक लोगों ने इस यात्रा को शुरू किया और लगभग एक हज़ार लोगों ने अपनी जान गँवाई।

संकीर्णता से किये गये अनुमानों और आकलनों के अनुसार, पूर्ण तालाबन्दी ने लगभग 4 करोड़ प्रवासियों के जीवन और आजीविका को प्रभावित किया। 'द हिन्दू' के एक सर्वेक्षण से पता चला है कि :

- उनमें से 90 फ़ीसदी को विभिन्न राज्यों में उनके वेतन का भुगतान नहीं किया गया।
- 96 फ़ीसदी को सरकारी दुकानों से राशन नहीं मिला।
- पूर्ण तालाबन्दी के दौरान 70 फ़ीसदी लोगों को समुचित और पर्याप्त रूप से खाना नहीं मिला।
- बच्चों के विद्यालय छोड़ने की संख्या में वृद्धि दर्ज की गयी।

पुनरुत्थानवादी प्रवास (रिवर्स माइग्रेशन) श्रमिकों और उनके परिवारों के लिए एक दयनीय और नारकीय अनुभव था। सरकार ने इस संवेदनशील अवसर पर सकारात्मक और प्रासंगिक पहल करने में अनावश्यक रूप से विलम्ब किया। इसके कारण लाखों श्रमिक असहज स्थितियों में फँस गये। जब पीड़ित श्रमिकों की संख्या लाखों में पहुँच गयी तो सरकार ने उन्हें घर वापस जाने के लिए विशेष श्रमिक ट्रेनों को संचालित करने के निर्देश निर्गत किये। फलतः ये कथित ट्रेनें भारी भीड़ से लद गयीं जो उसकी क्षमता से कहीं अधिक था और जिसके कारण शारीरिक और सामाजिक दूरी के निर्धारित नियमों की खुले–आम अवहेलना की गयी। हालाँकि भूख से मर रहे श्रमिकों को कुछ ग़ैर–सरकारी संगठनों द्वारा पानी और सीमित मात्रा में भोजन उपलब्ध कराया गया था जो कि निश्चित रूप से राहत की बात थी।

उनमें से कई के लिए घर पहुँचना भी सुखद अनुभव नहीं था। जिन लोगों ने अपने पैतृक गाँवों से नियमित सम्पर्क बनाये रखा था या नियमित रूप से फ़सल के समय या कुछ सामाजिक अवसरों पर अपने घरों को लौटते थे और गाँवों में उनके क़रीबी रिश्तेदार थे, उन्हें बहुत आवश्यक और

अनिवार्य सहायता मिली, लेकिन जो लोग अपने परिवारों के साथ शहरों में बस गये थे और अपने परिवार–जनों से नियमित सम्पर्क में नहीं थे, उन्हें बहुत सारी समस्याओं का सामना करना पड़ा। पुराने अन्तर–पारिवारिक, अन्तर–जातीय तनाव और झगड़े फिर से भड़क उठे, कुछ मामलों में हिंसा और मुक़दमेबाज़ी भी हुई।

आने वाले श्रमिकों में ऐसे अनेक थे जो शहरों में संगठित और कुशल क्षेत्र में कार्यरत थे, लेकिन इस वक़्त उनके समक्ष कोई विकल्प शेष नहीं था। ऐसे अनेक लोग 'मनरेगा' की योजनाओं के माध्यम से अपने को जीवित बचाये रखने में सफल हुए।

दरअसल, भीड़–भाड़ वाले घरों में रहने, सैनिटाइजर और साबुन आदि की कमी के कारण वे हमेशा संक्रमण की चपेट में रहते थे और कई गाँवों में पानी की आपूर्ति की कमी ने स्वच्छता की समस्या को और बढ़ा कर जटिल कर दिया था।

वर्ष 1979 में, भारत सरकार ने प्रवासी श्रमिकों के हितों की रक्षा के लिए अन्तर–राज्यीय प्रवासी कामगार (रोज़गार और सेवा की शर्तों का विनियमन) अधिनियम बनाया था। यह क़ानून उन सभी प्रतिष्ठानों पर लागू था जहाँ पाँच या अधिक प्रवासी श्रमिक कार्यरत थे। दरअसल, अन्य क़ानूनों की तरह इसे भी समुचित और युक्तिसंगत तरीक़े से लागू नहीं किया गया और फलतः महामारी के दौरान इसके कुपरिणाम सामने आये। बहरहाल, अगर प्रवासी श्रमिकों के कौशल का युक्तियुक्त और समुचित रूप से ठोस विश्लेषण किया जाता और इस सन्दर्भ में सुसंगत रणनीति अपनायी जाती और अगर राज्य सरकारों द्वारा कौशल आधारित रोज़गार के अवसर की सम्भावनाएँ बनायी जातीं तथा 'हाथ में नक़द' योजना के रूप में एक आय निश्चित की जाती, तो कई प्रवासी श्रमिक महानगर और अन्य औद्योगिक प्रतिष्ठानों के कार्य–स्थलों में अपने कष्टप्रद एवं पीड़ादायक अनुभवों से सबक लेकर अपने गृह राज्यों में बस सकते थे। दरअसल, तकनीकी रूप से दक्ष कर्मचारी तो दूरस्थ प्रणाली के माध्यम से अपने घर बैठे कार्यरत रहे लेकिन इसके ठीक उलट ये कथित प्रवासी तकनीकी ज्ञान से अनभिज्ञ थे और इसके कारण उन्हें इसकी भारी क़ीमत चुकानी पड़ी। दरअसल, भारतीय अर्थव्यवस्था में मन्दी गहरे जाकर धँस सी गयी है और यह बदस्तूर बनी ही नहीं हुई बल्कि समय व्यतीत होने के साथ और गहरी होती जा रही है, हालाँकि यह कथित मन्दी उस दौरान भी व्याप्त

थी जब महामारी व्यापक स्तर पर प्रचारित–प्रसारित नहीं हुई थी एवं एक दुर्दमनीय समस्या के रूप में तब्दील नहीं हुई थी। बहरहाल, सारांशतः यह कहा जा सकता है कि सम्भवतः कोरोना की दूसरी लहर के आने की निश्चित सम्भावना है, ऐसी दुर्धर्ष और अत्यन्त कठिन परिस्थितियों में सरकार को अनौपचारिक और असंगठित क्षेत्र में श्रमिकों की जीविका और उसके उपार्जन की सम्भावनाओं को सुरक्षित और संरक्षित करने के लिए समुचित, सकारात्मक, पर्याप्त और तत्काल क़दम उठाने की आवश्यकता है; यह अनिवार्य रूप से अनुपक्षेणीय है।

39

पर्यावरण क्षरण : आपदा को आमन्त्रण
Environmental Degradation: Invitation to Disaster

पर्यावरण पृथ्वी पर जीवन के अस्तित्व की बुनियाद है। यह मनुष्यों और अन्य प्राणियों, सभी वनस्पतियों और जीवों के स्वस्थ जीवन में महत्त्वपूर्ण भूमिका निभाता है। वस्तुतः हमारी जीवन रक्षण प्रणाली पर्यावरण की गुणवत्ता पर निर्भर करती है।

हम मानवता के इतिहास के सबसे भीषण संकट के समय में जी रहे हैं। पर्यावरणीय मुद्दे अब विश्व समस्याओं के केन्द्र में हैं। यह भारत जैसे विकासशील देशों में अधिक है। पर्यावरणीय निम्नीकरण की समस्याओं और मुद्दों को समझने के लिए जीवमण्डल के बारे में कुछ जानकारी होना आवश्यक है। सामान्य और व्यापक शब्दों में, जीवमण्डल सभी पारिस्थितिक तन्त्रों का वैश्विक योग है। इसे पृथ्वी पर जीवन के क्षेत्र के रूप में भी वर्णित किया जा सकता है– एक बन्द और स्व–विनियमन प्रणाली के रूप में। व्यापक जैव–शारीरिक दृष्टिकोण से, जीवमण्डल वैश्विक पारिस्थितिक तन्त्र है जो सभी जीवित प्राणियों और उनके सम्बन्धों को एकीकृत करता है। एक पारिस्थितिक तन्त्र जीवित जीवों (पौधों, जानवरों और रोगाणुओं) का एक समुदाय है जो अपने पर्यावरण के निर्जीव घटकों (जैसे हवा, पानी और खनिज मिट्टी) के साथ एक प्रणाली के रूप में वार्तालाप और संवाद करते हैं। यद्यपि पर्यावरण को उपयुक्त शब्दों में परिभाषित करना आसान नहीं है, यह उन भौतिक और जैविक कारकों को सन्दर्भित करता है जो किसी जीव को प्रभावित करते हैं। जबकि प्राकृतिक पर्यावरण सभी जीवित और निर्जीव चीज़ों को सन्दर्भित करता है, सामान्यतः उपयोग में हम इसे सामाजिक पर्यावरण, ज्ञान पर्यावरण आदि के रूप में भी सम्बोधित करते हैं।

पर्यावरणवाद शब्द भी बहुत लोकप्रिय है। यह प्रकृति के संरक्षण की दिशा में उन्मुख विभिन्न कार्यों और नीतियों के संयोजन में पर्यावरण की सुरक्षा में प्रकृति की भूमिका के महत्त्व पर ज़ोर देकर प्राकृतिक पर्यावरण की रक्षा के लक्ष्य के साथ किसी भी सामाजिक और राजनीतिक आन्दोलन को सन्दर्भित या सम्बोधित करता है। इस प्रकार, पर्यावरणवाद और पर्यावरण–आन्दोलन, मोटे तौर पर, कुछ अतिरेकताओं के साथ समान लक्ष्यों, लक्षणों और विशेषताओं का प्रतिनिधित्व करते हैं।

एक आसन्न तबाही का सामना करते हुए, भारत सहित अधिकांश विकासशील देश पर्यावरण के क्षरण और इसके परिणामों के बारे में चिन्तित हैं। अब भारत में भी अन्य विकासशील देशों की तरह पर्यावरण के मुद्दों के बारे में जागरूकता बढ़ी है। भारत दो स्तरों पर पर्यावरणीय समस्याओं का सामना कर रहा है–पहला, पर्यावरण पर उच्च विकासोन्मुख विकास का प्रभाव है और दूसरा, विभिन्न जीवन–शैलियों के माध्यम से जीवन स्तर में सुधार का प्रत्यक्ष दबाव है। "पर्यावरण क्षेत्र के अग्रणी तर्क देते हैं कि विकास का वर्तमान स्वरूप तीसरी दुनिया के देशों के लिए न तो उपयुक्त है और न ही आवश्यक है" (व्यास एण्ड रेड्डी, 1998)। उनके तर्क कम ऊर्जा, कम निवेश, गहन उत्पादन प्रक्रिया का समर्थन करते हैं जो लम्बे समय तक टिकाऊ होगी। सतत विकास प्रतिमान न केवल आर्थिक रूप से व्यवहार्य बल्कि पर्यावरण के अनुकूल होने की भी उम्मीद है। सतत विकास वह विकास है जो भविष्य की पीढ़ियों की अपनी आवश्यकताओं को पूरा करने की क्षमता से समझौता किये बिना वर्तमान की आवश्यकताओं को पूरा करता है। इस प्रकार, सतत विकास के प्रतिमान में एक ओर तो पर्यावरणीय स्थिरता लेकिन दूसरी ओर आर्थिक स्थिरता भी शामिल है।

बहरहाल, कुछ अत्यधिक महत्त्वपूर्ण लक्ष्य हैं जिन्हें प्राप्त करने के लिए निर्धारित किया गया है, इसे निम्नलिखित बिन्दुओं के माध्यम से स्पष्ट किया गया है :

- जीवाश्म ईंधन का कम उपभोग
- सभी प्रकार के प्रदूषण को कम करना जैसे कि वायु इत्यादि जिससे कि प्रदूषण के स्तर को शून्य करने जैसे लक्ष्य की प्राप्ति की जा सके।
- स्वच्छ, वैकल्पिक ऊर्जा स्रोतों को व्यवहार में लाने पर बल जिससे कि कम कार्बन उत्सर्जन हो।

- जल, भूमि और अन्य दुर्लभ संसाधनों का सतत उपयोग।
- मौजूदा लुप्तप्राय प्रजातियों का संरक्षण।
- जैव–विविधता का संरक्षण।

भारत प्रमुख पर्यावरणीय मुद्दों का सामना कर रहा है–वायु प्रदूषण, कचरे का ख़राब प्रबन्धन, जलाभाव में वृद्धि, निम्नस्तरीय भूजल स्तर, जल प्रदूषण, वनों का संरक्षण और गुणवत्ता, जैव विविधता का नुक़सान और मिट्टी का क्षरण।

भारत और अन्य विकासशील देशों द्वारा सामना की जाने वाली पर्यावरणीय समस्याएँ और चुनौतियाँ आमतौर पर समझ में आने से कहीं अधिक जटिल हैं। भारत के लिए महत्त्वपूर्ण पर्यावरणीय संकेतक निम्नलिखित हैं :

- भूमि
- वन
- जैव–विविधता
- फ़सली कृषि क्षेत्र
- सिंचाई और बाढ़
- इनपुट का प्रयोग करें
- पशुधन
- जल
- वायु
- स्वास्थ्य और स्वच्छता

लगभग 70 फ़ीसदी भूमि क्षेत्र आर्द्र क्षेत्रों के अन्तर्गत आता है जबकि शेष शुष्क और अर्द्ध–शुष्क क्षेत्रों और ठंडे क्षेत्रों में। केवल लगभग 10 प्रतिशत भूमि मिट्टी की किसी अन्तर्निहित कमी से प्रभावित नहीं है। एक बहुत बड़ा क्षेत्र बंजर भूमि के अन्तर्गत आता है और लवणता, क्षारीयता, वायु और पानी के कटाव से प्रभावित होता है। वनों की कटाई के कारण वन तेज़ी से सिकुड़ गये हैं। यह अनुमान है कि केवल लगभग 15 फ़ीसदी क्षेत्र में पर्याप्त वृक्षों का आवरण है और यदि इसकी जाँच नहीं की गयी तो हम आपदा की ओर बढ़ेंगे। भारत प्राकृतिक जैव–विविधता के मामले में सबसे समृद्ध रहा है जो अब अनुपयुक्त और अप्रासंगिक विकास परियोजनाओं और जनसंख्या विस्फोट से गम्भीर रूप से ख़तरे में है। कुएँ, नहरें और तालाब बहुतायत में थे जो अब ख़तरनाक रूप से कम हो गये हैं।

भू–जल का दोहन संरक्षण के बिना किसी गम्भीर प्रयास के किया गया है, जिसके परिणामस्वरूप अधिकांश क्षेत्रों में भू–जल स्तर नीचे जा रहा है। विशेष रूप से शहरी क्षेत्रों में जल–विभाजन के प्रबन्धन और वर्षा जल–संचयन को गम्भीरता से नहीं लिया गया है। लोगों, विशेषकर शहरी लोगों में जल संरक्षण के प्रति जागरूकता का अभाव है। गर्मी के दिनों में कई शहरों में पानी की इतनी भारी किल्लत हो जाती है कि लोग पानी की ख़रीद और भण्डारन के लिए आपस में लड़ते हैं। कृषि अर्थव्यवस्था में एक महत्त्वपूर्ण कारक–पशुधन संकुचित होते चराई क्षेत्रों जैसी समस्या से जूझ रहे हैं और इससे जंगलों पर और दबाव बढ़ रहा है, इससे वे वनों में पलायन करने को विवश हैं। अधिकांश शहरों में वायु प्रदूषकों का उत्सर्जन अनुमेय सीमा को पार कर गया है। भारत की सबसे बड़ी नदी गंगा, जो देश की लगभग 40 फ़ीसदी भूमि को सिंचित करती है और 5 करोड़ लोगों के लिए स्वच्छ जल सुनिश्चित करती है, आज औद्योगिक अपशिष्टों और मानव मल के कारण कानपुर जैसे शहरों में स्नान के लिए भी सबसे प्रदूषित और अनुपयुक्त माना जाता है।

इस सदी में अन्य दक्षिण एशियाई देशों समेत भारत को भी भोजन और अन्य समस्याओं से जूझने की चुनौती का सामना करने की सम्भावना है। पिछले दो दशकों के दौरान शहरी आबादी में पानी की कमी और स्वच्छता जैसी पर्यावरणीय समस्याओं में असामान्य और ख़तरनाक रूप से वृद्धि हुई है। ख़राब कचरा प्रबन्धन पर्यावरण के क्षरण को बढ़ा रहा है। बढ़ते शहरीकरण और औद्योगीकरण के मद्देनज़र ख़तरनाक अपशिष्ट निपटान को हमारे जोखिम पर नज़रअन्दाज़ किया जा सकता है। अनियन्त्रित खनन हमारे संकट को और बढ़ा रहा है।

प्रत्येक मानव गतिविधि का पर्यावरण पर कुछ प्रभाव पड़ता है। भारत में पर्यावरणीय प्रभाव का आकलन वर्ष 1976 में शुरू किया गया था जब योजना आयोग ने विज्ञान और प्रौद्योगिकी विभाग को नदी घाटी परियोजनाओं की पर्यावरणीय दृष्टिकोण से जाँच करने के लिए कहा था। इस व्यवहार्यता रिपोर्ट को तैयार करने के समय ही विकासात्मक गतिविधियों में पर्यावरणीय चिन्ताओं को समेकित किया गया था। पर्यावरणीय प्रभाव आकलन निम्नलिखित चरणों से बना है :

- प्राथमिक परीक्षण
- तथ्यों का संग्रहण और विकल्प पर विचार करने के प्रभाव
- आकलन–अनुमान
- पर्यावरण प्रबन्धन योजना
- निर्णय
- स्वच्छता की वस्तुस्थिति की निगरानी

पर्यावरणीय प्रभाव आकलन (ई. आई. ए.) के घटक हैं (i) वायु पर्यावरण, (ii) ध्वनि पर्यावरण, (iii) जल पर्यावरण, (iv) जैविक पर्यावरण, (v) भूमि पर्यावरण, (vi) सामाजिक–आर्थिक और स्वास्थ्य पर्यावरण, (vii) जोख़िम मूल्यांकन और (viii) पर्यावरण प्रबन्धन योजना।

पर्यावरण प्रबन्धन के सन्दर्भ में कई विशेषज्ञों और ग़ैर–सरकारी संगठनों ने पर्यावरण प्रभाव आकलन (ई. आई. ए.) प्रशासन के साथ–साथ सम्बद्ध राजनीतिक नेतृत्व/प्राधिकार में राजनीतिक इच्छाशक्ति और प्रतिबद्धता की कथित कमी के बारे में चिन्ता व्यक्त की है। कई लोगों ने यह माना है कि व्यावसायिक निगमों (कॉर्पोरेट) के प्रभाव में अक्सर राजनीतिक प्राधिकरण द्वारा समर्थित पर्यावरण प्रभाव आकलन (ई. आई. ए.) प्रक्रियाएँ आमतौर पर सकारात्मक और प्रगतिशील गतिविधियों को प्रेरित करने के स्थान पर यह आकलन करने के लिए कार्य करती हैं कि कथित गतिविधियों को अनुमति दी जानी चाहिए या नहीं? इसके अलावा, यह मूल्यांकन करने के बजाय कि गतिविधियों को अनुमति दी जानी चाहिए या नहीं, शमन या शिथिलीकरण के उपायों को उत्पन्न करता है। निर्णय लेने वाले अधिकारियों पर विशेष रूप से कनिष्ठ या मध्यम स्तर के अधिकारियों पर भ्रष्टाचार के आरोप भी समय–समय पर लगाये जाते रहे हैं।

भारत के संविधान में स्पष्ट रूप से कहा गया है कि पर्यावरण की रक्षा और सुधार करना तथा देश के वनों और वन्यजीवों की रक्षा करना राज्य का कर्तव्य है। यह प्राकृतिक पर्यावरण की रक्षा और सुधार करने के लिए प्रत्येक नागरिक के लिए एक कर्तव्य सुनिश्चित करता है। संवैधानिक प्रावधानों के अनुसरण में कई अधिनियम, नियम और अधिसूचनाएँ बनायी गयी हैं। जैसा कि वी.के. अग्रवाल (2005) ने ठीक ही कहा है, "भारत में पर्यावरण संरक्षण पर क़ानूनों की कोई कमी नहीं है, लेकिन उनका प्रवर्तन सन्तोषजनक नहीं रहा है। वस्तुतः संवैधानिक अधिदेश और अन्य पर्यावरणीय क़ानूनों के प्रभावी और कुशल प्रवर्तन की आवश्यकता है।

न्यायपालिका की रचनात्मक भूमिका महत्त्वपूर्ण और प्रशंसनीय रही है। अनुच्छेद 48 (ए) और 51 ए (एच) में निहित संवैधानिक प्रावधानों के अनुसार, भारत के सर्वोच्च न्यायालय में प्रदूषण नियन्त्रण के समुचित रूप से प्रभावी होने के लिए उन कई उद्योगों और राज्य प्रदूषण नियन्त्रण बोर्डों के विरोध में जन याचिकाएँ दायर की गयीं जो प्रदूषण के लिए निर्धारित मानक को तुष्ट करने में विफल हुए थे। इन क़ानूनों के कुशल और प्रभावी प्रवर्तन के उद्देश्य से, एक न्यायिक निकाय की स्थापना करना आवश्यक है जिसमें क़ानूनी और तकनीकी विशेषज्ञ शामिल हों। पर्यावरण को विनियमित और संरक्षित करने के लिए यह अनिवार्य रूप से आवश्यक है कि राष्ट्रीय विकास तर्कसंगत टिकाऊ क़ानूनों के साथ आगे बढ़ना चाहिए।" इस प्रकार, भारत में उत्तरदायी प्रणाली की भूमिका को सुदृढ़ करने की आवश्यकता है। भारत में पर्यावरण की गुणवत्ता की रक्षा और सुधार के लिए न केवल क़ानूनों के सार में बल्कि न्यायालयों की कार्य–स्थितियों और प्रणालियों में भी आवश्यक परिवर्तन अपरिहार्य हैं।

पर्यावरण की गुणवत्ता की रक्षा और सुधार के संघर्ष में नागरिकों के बीच पर्यावरण के प्रति जागरूकता पैदा करना और उसे प्रोत्साहित करने में लम्बा समय व्यतीत होगा। यह बच्चों के बीच विद्यालय स्तर से शुरू होना चाहिए और देश के सभी विश्वविद्यालयों में इसका विस्तार होना चाहिए। पर्यावरण के बारे में सामान्य जागरूकता विद्यालय और विश्वविद्यालय के पाठ्यक्रम का एक अभिन्न अंग होना चाहिए।

पर्यावरण और वन मन्त्रालय पर्यावरण संरक्षण के लिए निम्नलिखित क़ानूनी और नियामक ढाँचा सुनिश्चित करता है :

भारत में पर्यावरण संरक्षण के लिए विधिक और नियामक ढाँचा

पिछले कुछ वर्षों में, पर्यावरणीय चेतना के प्रसार के साथ, परम्परागत रूप से धारणा में बदलाव आया है कि पर्यावरणीय गुणवत्ता और आर्थिक विकास के बीच एक विरोधाभासी सम्बन्ध है क्योंकि लोग इस विचार से सहमत होने लगे हैं कि दोनों अनिवार्य रूप से पूरक हैं। दरअसल, पर्यावरण पर वर्तमान में जो चिन्ता और जागरूकता व्यक्त की जा रही है, वह नया नहीं है–पर्यावरण सम्बन्धी विचार भारतीय संस्कृति का एक अभिन्न अंग रहे हैं। प्राकृतिक संसाधनों के संरक्षण और सतत उपयोग की आवश्यकता

तीन साल से अधिक पुराने भारतीय शास्त्रों में व्यक्त की गयी है और यह संवैधानिक, विधायी और नीतिगत ढाँचे के साथ–साथ देश की अन्तरराष्ट्रीय प्रतिबद्धताओं में भी परिलक्षित होती है।

वर्ष 1947 में भारत की स्वतन्त्रता से पूर्व भी पर्यावरण सम्बन्धी विधि अधिनियमित किये गये थे लेकिन अच्छी तरह से विकसित ढाँचे को लाने के लिए वास्तविक प्रोत्साहन मानव पर्यावरण पर संयुक्त राष्ट्र सम्मेलन (स्टॉकहोम, 1972) के बाद ही आया। इस घोषणा के प्रभावस्वरूप विज्ञान और प्रौद्योगिकी विभाग के भीतर राष्ट्रीय पर्यावरण नीति पर योजना परिषद् की स्थापना वर्ष 1972 में की गयी थी। यह परिषद् बाद में वर्ष 1985 में एक पूर्ण विकसित पर्यावरण और वन मन्त्रालय के रूप में विकसित हुई थी, जो आज पर्यावरण संरक्षण को विनियमित और सुनिश्चित करने के लिए देश में सर्वोच्च प्रशासनिक निकाय है। स्टॉकहोम सम्मेलन के पश्चात वर्ष 1976 में 42वें संशोधन के माध्यम से पर्यावरण सम्बन्धी विषयों को राज्य के नीति–निदेशक सिद्धान्तों, मौलिक अधिकारों और कर्तव्यों में सम्मिलित किया गया।

वर्ष 1970 के दशक से देश में पर्यावरण क़ानून का एक व्यापक विकसित जाल विकसित हुआ है। एम.ओ.ई.एफ. और प्रदूषण नियन्त्रण बोर्ड (सी.पी.सी.बी. यानी केन्द्रीय प्रदूषण नियन्त्रण बोर्ड और एस.पी.सी.बी. यानी राज्य प्रदूषण नियन्त्रण बोर्ड) मिलकर इस क्षेत्र का नियामक और प्रशासनिक केन्द्र बनाते हैं।

विधायी प्रावधानों के पूरक के लिए एक नीतिगत ढाँचा भी विकसित किया गया है। पर्यावरण के संरक्षण और सुधार के लिए पहलों को विकसित करने और बढ़ावा देने के लिए पर्यावरण और विकास पर राष्ट्रीय संरक्षण रणनीति और नीति वक्तव्य के लिए नीति वक्तव्य, 1992 में लाया गया था। पर्यावरण कार्रवाई (ई.ए.पी.) कार्यक्रम, 1993 में पर्यावरण सेवाओं में सुधार लाने और विकास कार्यक्रमों में पर्यावरणीय विचारों को एकीकृत करने के उद्देश्य से तैयार किया गया था।

भारत में पर्यावरण संरक्षण सम्बन्धी विधि और अधिनियम

जल (प्रदूषण की रोकथाम और नियन्त्रण) अधिनियम, 1974

यह अधिनियम पर्यावरणीय मुद्दों से व्यापक रूप से निपटने के लिए भारत के प्राथमिक प्रयासों का प्रतिनिधित्व करता है। अधिनियम में वे मानक और

मानदण्ड स्थापित किये गये हैं जिसके सापेक्ष जल में प्रदूषकों को प्रवाहित करने अथवा जल को किसी भी प्रकार से प्रदूषित करने को प्रतिबन्धित करता है और इसके लिए दण्ड भी निर्धारित करता है। अधिनियम को वर्ष 1988 में पर्यावरण संरक्षण अधिनियम, 1986 के प्रावधानों के अनुरूप बनाने के लिए संशोधित किया गया था। इससे केन्द्रीय प्रदूषण नियन्त्रण बोर्ड (सी.पी.सी.बी) की स्थापना की गयी, जो जल प्रदूषण की रोकथाम और नियन्त्रण के लिए मानक निर्धारित करता है। राज्य स्तर पर, राज्य प्रदूषण नियन्त्रण बोर्ड (एस.पी.सी.बी) और केन्द्रीय प्रदूषण नियन्त्रण बोर्ड (सी.पी.सी.बी) राज्य सरकार के निर्देशन में कार्य करते हैं।

जल (प्रदूषण की रोकथाम और नियन्त्रण) उपकर अधिनियम, 1977

यह अधिनियम उद्योगों और स्थानीय प्राधिकारों द्वारा खपत किये जाने वाले जल पर उपकर लगाने और संग्रह करने का प्रावधान करता है। इसका उद्देश्य जल प्रदूषण की रोकथाम और नियन्त्रण के लिए केन्द्रीय और राज्य समितियों (बोर्डों) के संसाधन को बढ़ाना है। इस अधिनियम का अनुसरण करते हुए जल (रोकथाम और प्रदूषण नियन्त्रण) उपकर नियमावली को वर्ष 1978 में समेकित किया गया जिसका उद्देश्य प्रत्येक उपभोक्ता के लिए मीटर की स्थापना और उससे सम्बद्ध विभिन्न संकेतों और मानदण्डों का निर्धारण था।

वायु (प्रदूषण की रोकथाम और नियन्त्रण) अधिनियम, 1981

वायु प्रदूषण से जुड़ी समस्याओं से संघर्ष करने के लिए, वर्ष 1981 के अधिनियम के तहत परिवेशी वायु गुणवत्ता मानकों की स्थापना की गयी थी। अधिनियम वायु प्रदूषण के नियन्त्रण और उपशमन के लिए साधन की उपलब्धता सुनिश्चित करता है। यह अधिनियम प्रदूषणकारी ईंधनों और पदार्थों के उपयोग पर रोक लगाने के साथ–साथ वायु प्रदूषण को जन्म देने वाले उपकरणों को विनियमित और संयमित करके वायु प्रदूषण से निपटने का प्रयास करता है। अधिनियम के तहत प्रदूषण नियन्त्रण क्षेत्र में किसी भी औद्योगिक संयन्त्र की स्थापना या संचालन के लिए राज्य समितियों, बोर्डों की सहमति की आवश्यकता होती है। समितियों से वायु प्रदूषण नियन्त्रण क्षेत्रों में हवा का परीक्षण करने, प्रदूषण नियन्त्रण उपकरण और निर्माण प्रक्रियाओं का निरीक्षण करने की भी अपेक्षा है।

प्रमुख प्रदूषकों के लिए राष्ट्रीय परिवेशी वायु गुणवत्ता मानक (एन. ए.ए.क्यू.एस.) को अप्रैल, 1994 में केन्द्रीय प्रदूषण नियन्त्रण समिति (सी.पी.सी.बी) द्वारा अधिसूचित किया गया था। इन्हें वायु गुणवत्ता के लिए निर्धारित मानक के सापेक्ष पर्याप्त स्तर बनाये रखने के साथ–साथ लोक स्वास्थ्य, वनस्पति और सम्पत्ति की सुरक्षा के लिए अधिनियमित किया गया था (वर्ष 1995 में केन्द्रीय प्रदूषण नियन्त्रण समिति (सी.पी.सी.बी) द्वारा गुप्ता में उद्धृत, 1999)। (एन. ए.ए.क्यू.एस.) औद्योगिक, आवासीय, ग्रामीण और अन्य संवेदनशील क्षेत्रों के लिए विशिष्ट मानक निर्धारित करता है। लौह और इस्पात संयन्त्रों, सीमेण्ट संयन्त्रों, उर्वरक संयन्त्रों, तेल परिशोधकों और एल्युमिनियम उद्योग के लिए विशिष्ट उत्सर्जन मानक भी विकसित किये गये हैं। भारत में वातावरण की गुणवत्ता के निर्धारण में जो मानक विकसित किये गये हैं, वे कई विकसित और विकासशील देशों में प्रचलित मानकों के अनुरूप हैं।

केन्द्र और राज्य प्रदूषण समिति (बोर्ड) को सशक्त बनाने के लिए और गम्भीर आपात स्थिति से निपटने के लिए वायु (रोकथाम और प्रदूषण नियन्त्रण) संशोधन अधिनियम, 1987, अधिनियमित किया गया था। समिति को ऐसी आपात स्थितियों से निपटने और उल्लंघन करने वालों से जुर्माने की वसूली के लिए प्रक्रियाओं को निर्धारित और अनुपालन के लिए एक प्राधिकार के रूप में अधिकृत किया गया था। वायु अधिनियम संशोधन में निर्धारित प्रावधानों को पूरा न करने पर सहमति पत्र रद्द करने की शक्ति को केवल रेखांकित किया गया है बल्कि इस पर विशेष रूप से बल भी दिया गया है।

वर्ष 1982 में तैयार किये गये वायु (प्रदूषण की रोकथाम और नियन्त्रण) नियम, समितियों (बोर्डों) की बैठकें आयोजित करने की प्रक्रियाओं, पीठासीन अधिकारियों की शक्तियों, निर्णय लेने, कोरम की पूर्ति करने की प्रक्रियाओं, बैठक के अभिलेख इत्यादि को परिभाषित करते हैं। उन्होंने विशेषज्ञों से सहयोग लेने की विधियों और उद्देश्यों को न केवल रेखांकित किया है बल्कि उन्हें भुगतान किया जाने वाला शुल्क भी निर्धारित किया है।

वन्यजीव (संरक्षण) अधिनियम, 1972, संशोधन 1991

वन्यजीव संरक्षण अधिनियम (Wildlife Protection Act), 1972, वनस्पतियों और जीवों की सूचीबद्ध प्रजातियों को सुरक्षा प्रदान करता है और पारिस्थितिकी रूप से महत्त्वपूर्ण संरक्षित क्षेत्रों का एक जाल स्थापित करता है। वन्यजीव संरक्षण अधिनियम केन्द्र और राज्य सरकारों को किसी भी

क्षेत्र को वन्यजीव अभयारण्य, राष्ट्रीय उद्यान या प्रतिबन्धित क्षेत्र घोषित करने का अधिकार देता है। इन संरक्षित क्षेत्रों के अन्दर किसी भी तरह की औद्योगिक गतिविधि करने पर पूर्ण निषेध होता है। यह अधिनियम को प्रशासित और कार्यान्वित करने के लिए अधिकारियों की नियुक्ति करता है और उनके कार्यों की रूपरेखा को स्पष्ट करता है, मसलन, वन्य जीवों के शिकार को विनियमित करना, निर्दिष्ट पौधों, अभयारण्यों, राष्ट्रीय उद्यानों और प्रतिबन्धित क्षेत्रों की रक्षा करना, जंगली जानवरों या जानवरों की वस्तुओं के व्यापार या वाणिज्य को प्रतिबन्धित करना, इत्यादि। अधिनियम अधिकृत अधिकारी की अनुमति के बिना वन्य–प्राणियों के शिकार को प्रतिबन्धित करता है सिवाय इसके कि जब कोई वन्य–प्राणी मानव जीवन या सम्पत्ति के लिए ख़तरनाक हो जाता है या इतना अक्षम या रोगग्रस्त हो जाता है कि उसके बचने की सम्भावना न के बराबर हो (डब्ल्यू.डब्ल्यू.एफ. –इंडिया, 1999)। बहरहाल, वर्ष 1991 के संशोधन अधिनियम द्वारा शिकार पर लगभग पूर्ण प्रतिबन्ध को और अधिक प्रभावी बना दिया गया था।

वन (संरक्षण) अधिनियम, 1980

यह अधिनियम वनों की रक्षा और संरक्षण के लिए अधिनियमित किया गया था। अधिनियम वनों के ग़ैर–आरक्षण और ग़ैर–वन्य उद्देश्यों के लिए वन्य–भूमि के उपयोग के सम्बन्ध में राज्य की शक्तियों को प्रतिबन्धित करता है (शब्द 'ग़ैर–वन्य उद्देश्य' में नक़दी फ़सलों, वृक्षारोपण फसलों, बागवानी या वन्य–भूमि की कृषि के लिए किसी भी वन भूमि को साफ़ करना शामिल है। (पुनर्नवीकरण के अलावा अन्य उद्देश्य)।

पर्यावरण (संरक्षण) अधिनियम, 1986 (ई.पी.ए.)

यह अधिनियम जल (रोकथाम और नियन्त्रण) अधिनियम, 1974 और वायु (रोकथाम और नियन्त्रण) अधिनियम, 1981 के तहत स्थापित केन्द्रीय और राज्य प्राधिकरणों के समन्वय के लिए एक ढाँचा प्रदान करने के लिए एक व्यापक क़ानून है। इस अधिनियम के तहत, केन्द्रीय सरकार को उत्सर्जन और निर्वहन के लिए मानक निर्धारित करके पर्यावरण की सुरक्षा और गुणवत्ता में सुधार के लिए आवश्यक उपाय करने का अधिकार है, मसलन, उद्योगों के स्थान को विनियमित करना, ख़तरनाक कचरे का प्रबन्धन, और सार्वजनिक स्वास्थ्य और कल्याण की सुरक्षा।

पर्यावरण (संरक्षण) नियम, 1986

ये नियम पर्यावरण प्रदूषकों के उत्सर्जन या निर्वहन के मानकों को निर्धारित करने के लिए प्रक्रियाओं को सुनिश्चित करते हैं। ये नियम केन्द्र सरकार के लिए मानदण्ड निर्धारित करते हैं, जिसके तहत वह विभिन्न क्षेत्रों में उद्योगों के स्थान और संचालन पर प्रतिबन्ध के आदेश जारी कर सकता है। ये नियम नमूने लेने, विज्ञप्ति देने, विश्लेषण के लिए नमूने जमा करने और प्रयोगशाला रिपोर्ट देने की प्रक्रिया को निर्धारित करते हैं। प्रयोगशालाओं के कार्यों को भी सम्बन्धित नियमों के अन्तर्गत विश्लेषकों की योग्यता के साथ वर्णित किया गया है।

राष्ट्रीय पर्यावरण अपीलीय प्राधिकरण अधिनियम, 1997

इस अधिनियम के माध्यम से राष्ट्रीय पर्यावरण अपीलीय अधिकारिता की स्थापना सुनिश्चित होती है जो प्रतिबन्धित क्षेत्रों में उद्योग संचालन, सम्बद्ध प्रक्रियाओं या उद्योगों के विविध रूपों से जुड़े कार्यों से सम्बन्धित अपीलों की सुनवाई करता है, हालाँकि पर्यावरण (संरक्षण) अधिनियम, 1986 के अन्तर्गत कथित कार्यों के कार्यान्वयन की अनुमति सशर्त दी जा सकती है।

कारख़ाना अधिनियम, 1948 (संशोधित-1987)

कारख़ाना अधिनियम, 1948 स्वतन्त्रता के बाद का एक ऐसा क़ानून था जिसमें पर्यावरण के लिए स्पष्ट रूप से चिन्ता व्यक्त की गयी है। वर्ष 1948 के अधिनियम का प्राथमिक उद्देश्य न केवल कारख़ानों में काम करने की स्थिति में श्रमिकों के कल्याण को सुनिश्चित करना है बल्कि उनके लाभ को भी सुनिश्चित करना है। श्रमिकों की सुरक्षा और स्वास्थ्य सुनिश्चित करते हुए पर्यावरण संरक्षण अधिनियम में भी योगदान देता है। अधिनियम में जोख़िम और ख़तरनाक प्रक्रियाओं से जुड़े 29 श्रेणियों के उद्योगों की एक व्यापक सूची उपबन्धित है, जिन्हें एक प्रक्रिया या गतिविधि के रूप में परिभाषित किया गया है, जहाँ कच्चे माल या मध्यवर्ती या अन्तिम उत्पाद, सह–उत्पाद या कचरे अथवा अपशिष्टों और इसके निबटान का ध्यान नहीं रखा जाता हो :

- सामग्री की ख़राब गुणवत्ता के कारण संलग्न व्यक्तियों की स्वास्थ्य–हानि।
- सामान्य वातावरण में प्रदूषण के प्रभाव और परिणाम।

सार्वजनिक देयता बीमा अधिनियम (पी.एल.आई.ए.), 1991

अधिनियम में ख़तरनाक और जोख़िम पदार्थों से सम्बन्धित दुर्घटनाएँ और इनके लिए न केवल बीमा का सुनिश्चितिकरण बल्कि उसका भुगतान भी शामिल है। जहाँ दुर्घटना से मृत्यु या घायल होने की स्थिति आती है, यह अधिनियम धारक को राहत प्रदान करने के लिए उत्तरदायी बनाता है जैसा कि अधिनियम की अनुसूची में निर्दिष्ट है। सार्वजनिक देयता बीमा अधिनियम (पी.एल.आई.ए.) को वर्ष 1992 में संशोधित किया गया था, और केन्द्र सरकार को राहत–भुगतान तथा पर्यावरण राहत कोष स्थापित करने के लिए अधिकृत किया गया था।

राष्ट्रीय पर्यावरण न्यायाधिकरण अधिनियम, 1995

इस अधिनियम ने किसी भी ख़तरनाक पदार्थ को सम्भालने के दौरान होने वाली किसी भी दुर्घटना से होने वाली क्षति के लिए कठोर दायित्व निर्धारित किया है और इस तरह की दुर्घटना से उत्पन्न होने वाले मामलों के प्रभावी और शीघ्र निपटान के लिए ऐसे राष्ट्रीय पर्यावरण न्यायाधिकरण की स्थापना सुनिश्चित करने के प्रावधान किये हैं जो व्यक्तियों, सम्पत्ति, पर्यावरण और उससे जुड़े आनुषंगिक विषयों से सम्बद्ध राहत एवं नुक़सान के लिए मुआवज़े का निर्धारण, रेखांकन और उसका भुगतान करने की प्रक्रियाओं का अनुसरण करते हुए समुचित रूप से विधिवत अनुपालन की विधियों को व्यवहार में लाने का फार्म अनिवार्य और अपरिहार्य रूप से निर्धारित करे।

40

शहरीकरण और उप-नगरीकरण के विभिन्न पहलू

Aspects of Urbanization and Suburbanization

शहरीकरण और नगरीय केन्द्र आधुनिक सभ्यता की अभिन्न विशेषताएँ और प्रवृत्तियाँ रही हैं। जब नवपाषाण काल ताम्रयुग से गुज़रता हुआ सभ्यता में तब्दील हो रहा था, तो शहरों का उदय होना प्रारम्भ हो गया था जो वक़्त के साथ नगर और फिर बड़े नगरीय केन्द्रों में रूपान्तरित होते चले गये। ग्रामीण क्षेत्रों से इन कथित नगर और उप नगरीय केन्द्रों में जो जन–प्रवास हुआ, उसने सम्पूर्ण परिदृश्य की वस्तुस्थिति और उसके स्वरूप एवं कलेवर को परिवर्तित कर दिया। वस्तुतः नगरीकरण या शहरीकरण से अभिप्राय उस प्रक्रिया से है जिसके प्रभावस्वरूप लोगों की नगरों में रहने की मनोवृत्ति सघन होती जाती है और साथ ही साथ यह इसके कारण आये बदलावों को आत्मसात करने एवं उसके लिए अपनाई जा रही विभिन्न विधियों तथा तौर–तरीक़ों को भी स्पष्ट और रेखांकित करती है। औद्योगीकरण से नगरीकरण को प्रोत्साहन मिलता है।

वास्तव में, नगरीकरण एक ऐसी प्रक्रिया है जिसके माध्यम से लोग अपनी जीवन–शैली, व्यवसाय, व्यवहार, कार्य–स्थल, कार्य–संगठन और अवकाश, आवास, यातायात और संचार के विविध रूप में परिवर्तन करते हैं और इस क़दर बदल जाते हैं कि वे अपने उस व्यक्तित्व से नितान्त भिन्न प्रतीत होते हैं जो ग्रामीण क्षेत्रों से ताल्लुक़ रखता था। स्थानिक गतिशीलता के शब्दों में कहें, तो इसका तात्पर्य उस आबादी से है जिसने ग्रामीण क्षेत्रों से शहरी क्षेत्रों में प्रवास या पलायन किया है। इसे एक ऐसी प्रक्रिया के रूप में भी रेखांकित कर सकते हैं जिसके फलस्वरूप शहर और नगर बनते हैं और बड़े होते जाते हैं क्योंकि यहाँ अधिक से अधिक

लोग कार्य करना चाहते हैं और निवास करना चाहते हैं। यह अनेक और विभिन्न विषयों जैसे कि भूगोल, समाजशास्त्र, नृविज्ञान, अर्थशास्त्र, शहरी नियोजन, वास्तुकला और लोक स्वास्थ्य के लिए प्रासंगिक और उपादेय है। दरअसल, नगरीकरण कोई आधुनिक परिघटना और प्रवृत्ति नहीं है।

वस्तुतः किसी क्षेत्र को शहरी और ग्रामीण श्रेणी में वर्गीकृत करने हेतु कई आधारों या मानकों जैसे कि जनसंख्या, घनत्व, व्यावसायिक संरचना और नागरिक वस्तुस्थिति को निर्धारित किया गया है। किसी क्षेत्र के ग्रामीण या शहरी होने की वस्तुस्थिति इन्हीं कथित मानकों पर निर्भर करती है। वर्ष 1961 से किसी क्षेत्र के शहरी होने के लिए मुख्यतः दो महत्त्वपूर्ण मानक तय किये गये हैं (1) वैधानिक प्रशासन, (2) निश्चित आर्थिक और जनसांख्यकीय संकेतक। कथित पहले मानक के अन्तर्गत शहर में नागरीय वस्तुस्थिति समाहित है, तो दूसरे में बुनियादी विशेषताओं मसलन, जनसंख्या का आकार, ग़ैर–कृषि क्षेत्रक में कार्यबल का प्रतिशत और जनसंख्या का घनत्व जैसे संकेतक निर्धारित किये गये हैं। इसके अतिरिक्त, औद्योगीकरण की प्रक्रिया नगरीकरण की प्रवृत्ति को न केवल और सघन करती है बल्कि उसकी दशा–दिशा को तय करने में महत्त्वपूर्ण भूमिका निभाती है। भारत में स्वतन्त्रता के पश्चात् शहरीकरण या नगरीकरण ने रफ़्तार पकड़ी जो मुख्यतः और वस्तुतः मिश्रित अर्थव्यवस्था को अपनाने के फलस्वरूप था, इसने निजी क्षेत्र को प्रोत्साहित किया।

किसी भू–भाग को–नगरीय क्षेत्र के रूप में श्रेणीबद्ध करने के लिए अनेक सम्बद्ध विशेषज्ञों ने कुछ विशेषताएँ निर्धारित की हैं जिन्हें निम्नलिखित बिन्दुओं के माध्यम से स्पष्ट और प्रदर्शित किया गया है :

- जनसंख्या का उच्च घनत्व और बड़ा आकार।
- विषय–वैविध्य।
- अजनबियत और गुमनामी : जनसंख्या के बड़े आकार के कारण लोग एक दूसरे के प्रति 'अजनबी' बने रहते हैं जो उनके सामाजिक सम्बन्धों में प्रतिबिम्बित होता है।
- अत्यधिक व्यक्तिवादी, सतही और औपचारिक सम्बन्ध।
- क्षणभंगुरता : जब लोग नये सम्बन्ध बनाते जाते हैं और पुराने को भूलते चले जाते हैं।
- वर्गीय पूर्वाग्रह और भेदभाव।

- जीवन और सामाजिक गतिशीलता की तेज़ रफ़्तार।
- कार्य की विशेषज्ञता और व्यवहार का मानकीकरण।
- विशेष सेवाएँ।
- ग़ैर–कृषीय व्यवसायों की प्रधानता।

भारत के शहर और क़स्बे का देश की अर्थव्यवस्था में बड़ा योगदान है। हालाँकि भारत की जनसंख्या का केवल एक तिहाई भाग ही शहरी क्षेत्रों में निवास करता है लेकिन इसकी सकल घरेलू उत्पाद में दो तिहाई की भागीदारी होती है जो इसकी महत्ता को सुस्पष्ट करती है। इसके अतिरिक्त, इसका भारतीय राजस्व में भी 90 फ़ीसदी का योगदान होता है।

बहरहाल, नगरीकरण की प्रक्रिया को और त्वरित करने के लिए कुछ प्राथमिकताएँ निर्धारित करना आवश्यक और अपरिहार्य है। उन प्राथमिकताओं को निम्नलिखित बिन्दुओं के माध्यम से प्रदर्शित किया गया है :

- आर्थिक रूप से वहनीय आवास की उपलब्धता।
- मानवीय खपत के लिए पेयजल के सुलभ उपलब्ध होने की सुविधा।
- स्वास्थ्य को बेहतर रखने के लिए सफाई व्यवस्था।
- अतिरिक्त यातायात की सुविधा।
- कचड़ा निबटान का सुव्यवस्थित प्रबन्धन।
- निम्न लागत और विश्वसनीय नगरीय/शहरीय ऊर्जा।
- रोज़गार सृजन और कौशल विकास।

नगरीकरण/शहरीकरण का प्रभाव

शहरीकरण ने हमारे समाज को सकारात्मक और नकारात्मक, दोनों दृष्टिकोणों से प्रभावित किया है। इसका ग्रामीण अर्थव्यवस्था पर सकारात्मक प्रभाव पड़ा है। चूँकि बड़ी नगर–प्रणाली में प्राथमिक कृषि उत्पादों की बड़े पैमाने पर खपत होती है, शहरीकरण ने कृषि एवं ग़ैर–कृषीय विकास और ग़रीबी उन्मूलन में सहयोग दिया है। इसके अलावा, औद्योगीकरण ने भी इसमें अतिरिक्त सुविधाएँ मुहैया करायी हैं जो अमूमन शहरों या नगरों में ही होती है। वस्तुतः औद्योगीकरण और नगरीकरण अपार आर्थिक सम्भावनाएँ बनाती है। इससे वस्तुओं और सेवाओं का व्यापक और विविध प्रकार का उत्पादन होता है जिससे लोगों की एक बड़ी संख्या उच्च धनार्जन और बेहतर जीवन स्तर को बनाने और बनाये रखने में सक्षम होती है। ग्रामीण क्षेत्रों के बरअक्स शहरों या नगरों में महिलाएँ अधिक उन्मुक्त और

सांस्कृतिक रूप से स्वच्छन्द होती हैं जिसमें आवागमन और मनपसन्द जीव साथी का चयन करने का अधिकार शामिल है। अतः यह कहने में कोई अतिरंजना नहीं है कि शहरी कार्यरत और घरेलू महिलाएँ अपेक्षाकृत कहीं अधिक स्वतन्त्र और स्वच्छन्द होती हैं। हम लोग नगरीय भारत में परिवार का शहरीकरण होते हुए भी देखते हैं। इसकी प्रमुख विशेषताओं में सबसे महत्त्वपूर्ण प्रजनन दर में कमी, महिला साक्षरता के स्तर में संवृद्धि, परिवार के बाहर महिलाओं के लिए रोज़गार की बेहतर सम्भावनाएँ, एकल परिवार की महत्ता और महिलाओं के विवाह की आयु में वृद्धि है।

बहरहाल, शहरीकरण के नकारात्मक प्रभावों की बात करें, तो इसमें सर्वाधिक महत्त्वपूर्ण बेतरतीब और असन्तुलित विकास है। शहरी विकास वस्तुतः उपलब्ध संसाधनों के दोहन को लेकर तनाव उत्पन्न करता है। भारत के नगर और महानगर पहले ही बुनियादी संसाधनों की अपर्याप्तता से जूझ रहे हैं और इसकी उपलब्धता को लेकर माँग कर रहे हैं। शहरी विकास की मानवीय क़ीमत को नकारा नहीं जा सकता, यह जनसंख्या की वह सबसे ग़रीब आबादी है जो शहरी विकास की निरन्तर श्रृंखला की मानवीय क़ीमत चुका रही है। प्रवास और पलायन में ग़रीबों की सबसे बड़ी भागीदारी है और बुनियादी सुविधाओं के धीमे प्रहार और उसके सुनिश्चितीकरण को देखते हुए, शहरी भारत में मलिन बस्तियों का प्रसार हुआ है जहाँ लोग न्यूनतम संसाधनों के साथ और अर्द्धमानवीय परिस्थितियों में रहने के लिए मजबूर हैं।

समस्या और भाविष्य परिदृश्य

दावोस आर्थिक मंच के हाल ही में हुए शिखर सम्मेलन में यह स्पष्ट था कि शहरों के विकास को अब भारत में विकास की धुरी माना जा रहा है। वर्तमान में, शहरीकरण विकास के प्रतीक के रूप में उभरा है क्योंकि इसमें रोज़गार की अधिक सम्भावनाएँ हैं; ग्रामीण क्षेत्रों की तुलना में अधिक लोग रोज़गार अर्जित करने में शामिल होते हैं और इस प्रकार राष्ट्रीय आय में योगदान करते हैं। यदि हम पीछे मुड़कर देखें, तो हम पाते हैं कि 2001 तक भारत की केवल 27.81 प्रतिशत जनसंख्या ही शहरों में निवास करती थी। वर्ष 2011 तक यह 31.6 फ़ीसदी तक बढ़ गयी और जैसा कि रिपोर्टों से पता चलता है कि 2018 तक यह बढ़कर 33.36 फ़ीसदी हो गयी। 2001 की जनगणना के अनुसार क़स्बों–शहरों की संख्या 5161 थी

जिसमें तेज़ वृद्धि दर्ज की गयी और इसकी संख्या 7936 हो गयी। वर्तमान परिदृश्य से पता चलता है कि आज प्रत्येक तीन भारतीयों में से एक क़स्बों/नगरों में रहते हैं। इसके अलावा, संयुक्त राष्ट्र की नवीनतम रिपोर्टों से पता चलता है कि आज दुनिया की लगभग आधी आबादी अब शहरी क्षेत्रों में रहती है और वर्ष 2050 तक लगभग आधी भारतीय आबादी भी शहरी क्षेत्रों में रह रही होगी। उस समय तक दुनिया की लगभग 70% आबादी शहरों में रह रही होगी।

वस्तुतः वैश्वीकरण ने दुनिया के लिए विशेष रूप से भारत जैसे विकासशील देशों के लिए कई चुनौतियाँ भी खड़ी की हैं। इसके अलावा, भारत में शहरी विकास की प्रक्रिया हमारे गाँवों के लिए एक अस्तित्वगत समस्या पैदा कर रही है।

दरअसल जिस गति से शहरीकरण गाँवों को निगल रहा है, वह दूरगामी महत्त्व की समस्याएँ पैदा कर रहा है। शहर हमारे पर्यावरण के संरक्षण के लिए ख़तरे के रूप में उभर रहे हैं क्योंकि शहरों के विकास के लिए बड़ी हरित पट्टी और क्षेत्रों की बलि दी जा रही है। इसने जलवायु परिवर्तन विशेष रूप से तटीय क्षेत्रों के साथ स्थित शहरों को बनाकर शहरों के अस्तित्व को भी ख़तरे में डाल दिया है। ऐसे शहर अब मानव निर्मित आपदाओं के ख़तरे का सामना कर रहे हैं। इसके अलावा, शहरों ने कई अस्थायी आवासों और मलिन बस्तियों को जन्म दिया है जिनके निवासी उच्च और मध्यवर्ग की ज़रूरतों को पूरा करते हैं लेकिन ख़ुद ग़रीबी में डूबे हुए हैं और एक सभ्य जीवन की बुनियादी आवश्यकताओं से वंचित हैं। इसके अलावा, तेज़ी से तकनीकी विकास ने अपने पारम्परिक व्यवसायों से रहने वाले लोगों के सामने भी चुनौती खड़ी कर दी है। शहरों में बेतरतीब परिवहन व्यवस्था सड़कों पर होने वाली मौतों की संख्या को बढ़ा रही है। सार्वजनिक परिवहन प्रणाली, अधिकांश शहरों में ख़स्ताहाल सार्वजनिक स्वास्थ्य सेवाओं के साथ चरमरा गयी है। इस प्रकार, सार्वजनिक स्वास्थ्य और शिक्षा क्षेत्रों में बढ़ते निजीकरण और निगमीकरण अधिक असमानताओं को बढ़ाने में प्रभावी भूमिका निभा रहे हैं। सार्वजनिक जीवन में भ्रष्टाचार, हालाँकि सभी को प्रभावित करता है लेकिन ग़रीबों को अधिक प्रभावित करता है। सड़कों पर गड्ढे, सीवर लाइनों की कमी और पानी और बिजली की अपर्याप्त, अकुशल और बेतरतीब आपूर्ति अब अनेक शहरों में एक परिचित विशेषता है।

जैसा कि ज्योति सदाना (2019) ठीक ही बताती हैं, यूरोप द्वारा प्रस्तुत सभ्यता के मॉडल में गाँव और शहर का सहअस्तित्व असम्भव है। उपभोक्तावाद पर आधारित आधुनिक सभ्यता के इस मॉडल को महात्मा गाँधी ने ख़ारिज कर दिया था। नव–उदारवाद और वैश्वीकरण ने गाँव को वस्तुतः खाद्यान्न, श्रम और कच्चे माल के आपूर्तिकर्ता के रूप में परिवर्तित कर दिया है।

ग्रामीण से शहरी प्रवास के अलावा, श्रम बाज़ार की बदलती माँग के कारण भारत में शहरी से शहरी प्रवास में भी तेज़ी आने की सम्भावना है, लेकिन जहाँ तक शहरी विकास का सम्बन्ध है, इस पर कोई प्रभाव नहीं पड़ेगा। वर्ष 2010 में प्रधानमन्त्री को सौंपी गयी एक रिपोर्ट में, मैकिन्से ग्लोबल इंस्टीट्यूट ने वर्ष 2030 तक भारत में शहरीकरण के निम्नलिखित परिदृश्य की कल्पना की है :

- वर्ष 2030 तक, भारत में 59 करोड़ लोग शहरों में रहेंगे, जो आज संयुक्त राज्य की आबादी का लगभग दोगुना है।
- मुम्बई और दिल्ली दुनिया के पाँच सबसे बड़े शहरों में शामिल होंगे।
- शहरों की ओर आकर्षण इतना मज़बूत होगा कि 2030 तक, भारत के इतिहास में पहली बार, कुछ राज्यों–तमिलनाडु, महाराष्ट्र, कर्नाटक और पंजाब–में गाँवों की तुलना में शहरों में रहने वाले अधिक लोग होंगे।
- भारत जिस तीव्र गति और पैमाने पर शहरीकरण कर रहा है, वह चीन को छोड़कर दुनिया में कहीं भी नहीं देखा गया है।
- वर्ष 2025 तक भारत और चीन अब तक अनसुने नामों को महानगरों (जिनकी आबादी 1 करोड़ से ऊपर है) की वैश्विक सूची में डाल देंगे, चेंगदू, जियान और चोंगिंग के चीनी शहर तथा बैंगलुरु और पुणे जैसे भारतीय शहर महानगरों की सूची में शामिल हो जायेंगे।

उपनगरीकरण

शहरी सीमाओं से परे उपनगरीय क्षेत्रों का उदय एक विश्वव्यापी घटना है। जब आवासीय क्षेत्र नगरपालिका सीमा से बाहर की ओर बढ़ता है, तो इस प्रक्रिया को 'उपनगरीकरण' कहा जाता है। विश्व बैंक की एक रिपोर्ट ने इसे "नगरपालिका की सीमाओं से परे शहरीकरण" कहा और लिखा है

कि उपनगरीय क्षेत्र शहर की तुलना में उच्च आर्थिक विकास और रोज़गार पैदा कर रहे हैं। भारत में उपनगरीकरण अपेक्षा से अधिक तेज़ी से हो रहा है। वर्ष 2011 की सम्पन्न जनगणना के आँकड़ों के अनुसार विगत दशक के दौरान शहरी भारत में 9 करोड़ और अधिक लोग जुड़े हैं। इस दरमियान 2774 नये शहर बसे और लगभग 90 फ़ीसदी जनगणना नगर की श्रेणी के अन्तर्गत वर्गीकृत किये गये।

आजकल उपनगर काफ़ी लोकप्रिय हो गये हैं क्योंकि ये कम जनसंख्या घनत्व, निम्न आपराधिक दर और अपेक्षाकृत अधिक स्थायी आबादी के कारण सस्ते और सुरक्षित होते हैं। बढ़ती आय के साथ लोग यात्रा और कार्य–स्थल पर प्रतिदिन आवागमन करने में अधिक व्ययी होने में समर्थ हो पा रहे हैं। इसके अतिरिक्त, भूमि के बढ़ते मूल्य और किराये में अप्रत्याशित वृद्धि ने कम्पनियों को उपनगर के विकल्प को अपनाने के लिए प्रेरित किया। इस प्रकार, इस प्रक्रिया ने उनके पड़ोसी गाँवों के लिए और अधिक सम्भावनाएँ बनायीं। अब वे अपनी उत्पादित वस्तुएँ जैसे कि, सब्ज़ियाँ और दूध निर्मित चीज़ें प्रत्यक्ष रूप से या यों कहें कि सीधे तौर पर अपने उपभोक्ताओं को बेच सकती थीं। इसने निश्चित रूप से दोनों पक्षों को लाभान्वित किया।

41

क्षेत्रवाद
Regionalism

भारत में क्षेत्रवाद एक बहुआयामी परिघटना है। यदि यह एक सीमा से आगे जाता है, तो इससे भारतीय समाज और राज्य के हितों के लिए ख़तरा पैदा हो सकता है। क्षेत्रवाद को समझने के लिए हमें 'क्षेत्र' के बारे में कुछ जानकारी होनी चाहिए। वास्तव में, क्षेत्र, क्षेत्रवाद और राज्य परस्पर सम्बन्धित अवधारणाएँ हैं, हालाँकि क्षेत्र की सार्वभौमिक रूप से कोई मान्यता प्राप्त परिभाषा नहीं है, काफ़ी हद तक स्वीकृत यह हो सकता है कि यह एक ऐसा समरूप क्षेत्र है जिसकी भौतिक और सांस्कृतिक विशेषताएँ पड़ोसी क्षेत्रों से अलग होती हैं। यह एक स्थायी और निश्चित क्षेत्र है। वस्तुतः क्षेत्र एक बहु आयामी अवधारणा है जिसमें भौगोलिकता के साथ–साथ आर्थिक और सामाजिक–सांस्कृतिक कारक जैसे भाषा भी समाहित है।

पीढ़ियों से एक ही क्षेत्र में रहने के कारण लोगों में प्रखर सम्बद्धता, 'हम' और इसके साथ भावनात्मक जुड़ाव, भाषा, संस्कृति और इतिहास को लेकर समग्रता के साथ आत्मीयता के अहसास–बोध की भावना विकसित होती है। इसी वजह से लोग अपने क्षेत्र को ज़्यादा महत्त्व देते हैं। इस प्रकार, क्षेत्रवाद में अपने क्षेत्र के प्रति सशक्त और प्रबल प्रतिबद्धता की भावना होती है जो एक प्रकार से हमारी सामाजिक–आर्थिक प्रणाली एवं संस्कृति के अनुरूप भी है। इस तरह क्षेत्रवाद अपने आप में कोई बुरी बात नहीं है। लेकिन अगर यह अलगाववाद को बढ़ावा देता है और अन्य क्षेत्रों के साथ संघर्ष करता है, तो यह राष्ट्रीय एकता के लिए हानिकारक हो जाता है। एक क्षेत्र का विकास ठीक है लेकिन यह दूसरे की क़ीमत पर नहीं होना चाहिए। भारत में क्षेत्रवाद काफ़ी हद तक उच्च स्तर की भौगोलिक, आर्थिक, ऐतिहासिक, भाषायी, जातीय, और सामाजिक–सांस्कृतिक विविधताओं के कारण है। इन विविधताओं ने विभिन्न विश्वदृष्टियों

और विचारधाराओं को जन्म दिया है। राजनीति के क्षेत्र में क्षेत्रवाद को एक विचारधारा के रूप में भी समझा जा सकता है। क्षेत्रवाद भी निवासियों के आत्म–पहचान या अस्मिता और आत्म–सन्तुष्टि की खोज का प्रतीक है। क्षेत्रवाद के कई कारण हैं जिनमें से सबसे प्रमुख हैं :

1. भौगोलिक और भाषायी कारण : परिवहन और संचार की कमी के कारण कुछ क्षेत्र अपेक्षाकृत अलग–थलग पड़ गये हैं और उन तक पहुँचना मुश्किल है। इस प्रकार, सापेक्ष अलगाव के कारण भाषा के प्रति निष्ठा बहुत मज़बूत हो सकती है।

2. ऐतिहासिक अनुभव : कुछ ऐतिहासिक कारणों से किसी क्षेत्र विशेष के लोगों में यह गहरी आस्था हो सकती है कि वे अपनी पड़ोसी आबादी से भी अलग हैं। यह सोच और मज़बूत हो जाती है अगर लोगों पर राजनीतिक रूप से दूसरों का भी प्रभुत्व हो।

3. असन्तुलित और एकपक्षीय विकास : देश में स्पष्ट रूप से असमान आर्थिक विकास क्षेत्रवाद का सबसे अति–प्रभावी और सामान्य कारण है। अपेक्षाकृत कम विकसित क्षेत्र के लोग, जो दूसरों से पिछड़ रहे हैं, उन्हें इसके ख़िलाफ़ लगातार शिकायत है। उनमें तुलात्मक रूप से और निरन्तर वंचित रहने के कारण पीड़ित होने की भावना घर कर जाती है। फलतः वे सापेक्षिकता की भावना विकसित करने में सहयोगी होते हैं और अभिप्रेरक का कार्य करते हैं। कथित अन्याय और तुलनात्मक रूप से निरन्तर वंचित रहने के कारण ये स्वयं को देश के 'आन्तरिक उपनिवेश' के रूप में सोचने के लिए प्रेरित करता है अथवा ऐसा करने के लिए विवश कर सकता है। यह प्रवृत्ति उन क्षेत्रों में सशक्त हो जाती है जो खनिज, वन और जल–संसाधनों जैसे समृद्ध प्राकृतिक संसाधनों से सम्पन्न होते हैं जिनका राष्ट्रीय विकास के लिए केन्द्रीय संघीय सरकार द्वारा शोषण किया जाता है। आर्थिक विकास के मामले में लगातार उपेक्षा इस भावना को पुष्ट करती है। झारखण्ड, छत्तीसगढ़ और तेलंगाना में क्षेत्रीय आन्दोलनों के परिणामस्वरूप अलग–अलग राज्य इसके ज्वलन्त उदाहरण हैं। क्षेत्रवाद के दो और आन्दोलन–महाराष्ट्र में विदर्भ और गुजरात में सौराष्ट्र उन्हीं कारणों से अलग राज्य की माँग को लेकर काफ़ी समय से चल रहे हैं।

नयी आर्थिक नीति अपनाने और अर्थव्यवस्था के उदारीकरण के बाद असमान और असन्तुलित विकास की समस्या और अधिक बढ़ सकती है। खनिज और वन–संसाधनों से समृद्ध वाले क्षेत्रों को छोड़कर निगम (कॉर्पोरेट क्षेत्र)

आर्थिक रूप से पिछड़े क्षेत्रों में निवेश करने के लिए इच्छुक नहीं हैं। इसके बजाय वे उन क्षेत्रों को पसन्द करते हैं जहाँ बिजली और सड़कों जैसी बुनियादी ढाँचे की पर्याप्त सुविधाएँ हैं। इसका मतलब यह है कि ऐसे पिछड़े क्षेत्रों में अधिक–से–अधिक निवेश करना सरकार पर ही छोड़ दिया जाता है। यदि क्षेत्रवाद को रोकना है और उस पर अंकुश लगाना है, तो क्षेत्रीय असन्तुलन को न्यूनतम रखा जाना चाहिए।

4. सांस्कृतिक पहचान : सांस्कृतिक पहचान में भाषा बहुत महत्त्वपूर्ण भूमिका निभाती है। भारतीय समाज में भाषा और धर्म हमेशा से बहुत भावनात्मक मुद्दे रहे हैं। क्षेत्रवाद में धर्म या धार्मिक पहचान, साम्प्रदायिकता के मामले की तरह, शायद ही एक महत्त्वपूर्ण भूमिका निभाती है, इसलिए भाषा सबसे महत्त्वपूर्ण भूमिका निभाती है (स्वतन्त्रता के बाद राज्य का पुनर्गठन भाषा के आधार पर किया गया था)। 1960 के दशक में केन्द्र सरकार द्वारा उठाये गये कुछ क़दमों के कारण दक्षिणी राज्यों विशेषकर तमिलनाडु में बड़े पैमाने पर हिन्दी विरोधी आन्दोलन भड़क उठे थे।

क्षेत्रीय दल और स्थानीय नेता कभी–कभी शिकायतों को बढ़ा–चढ़ाकर क्षेत्रीय भावनाओं का शोषण करते हैं। अन्तिम उद्देश्य राजनीतिक सत्ता पर क़ब्ज़ा करना है। इनमें से कुछ जैसे शिवसेना 'धरती के पुत्र' की भावनाओं को बढ़ावा देकर स्थानीय भावनाओं का शोषण करती है। 1970 और 80 के दशक तक वे दक्षिण भारतीयों को निशाना बना रहे थे, अब उनकी हिंसा और दुर्व्यवहार उत्तर भारत के लोगों विशेषकर बिहार और उत्तर प्रदेश के लोगों पर केन्द्रित है। समय–समय पर वे किसी भी राज्य से आने वाले समूह के रूप में मुसलमानों के ख़िलाफ़ दुश्मनी और नफ़रत को बढ़ावा देते हैं, इस प्रकार क्षेत्रवाद और साम्प्रदायिकता का एक प्रमुख मिश्रण तैयार करते हैं। पर्याप्त रोज़गार के अवसर पैदा करने में अर्थव्यवस्था की विफलता ऐसे दलों और संगठनों को तथाकथित 'बाहरी लोगों' पर हमला करने के लिए उकसाती है। जब यह उतना प्रभावी ढंग से काम नहीं करता जितना वे चाहते हैं, तो वे स्थानीय लोगों की दुर्दशा की तुलना 'बाहरी लोगों' के सम्पन्न अभिजात वर्ग के साथ करके 'वंचित होने के तुलनात्मक कारणों' का हवाला देते हैं और इससे जुड़ी भावनाओं को बढ़ावा देते हैं। अन्तरराज्यीय जल विवाद जैसे मुद्दे भी क्षेत्रीय भावनाओं के फलस्वरूप ही वजूद में आते हैं और इसको प्रोत्साहन भी इनसे ही मिलता है।

परिवहन और संचार का विकास स्थानिक गत्यात्मकता अथवा भौगोलिक आवागमन के लिए अधिक अवसर प्रदान करता है, ताकि लोगों को यह महसूस हो सके कि अन्य लोग भी कमी, अभाव और उनकी ही तरह समान समस्याओं का सामना कर रहे हैं। सामाजिक–सांस्कृतिक सम्पर्कों में वृद्धि निश्चित रूप से मित्रता और सद्भाव की भावनाओं को बढ़ावा देगी। क्षेत्रीय असन्तुलन और विभिन्न क्षेत्रों का एकपक्षीय और असन्तुलित विकास क्षेत्रवाद का आधार है। आर्थिक विकास की गति तेज़ होनी चाहिए। जनसंचार माध्यम विशेषकर टेलीविज़न और रेडियो क्षेत्रवाद पर अंकुश लगाने में काफ़ी मदद कर सकते हैं लेकिन यह दोधारी हथियार है। निहित स्वार्थों ने भी इसका उपयोग अपने उद्देश्यों की पूर्ति के लिए किया है। संघीय ढाँचे में लोगों द्वारा क्षेत्रवाद कोई बुरी बात नहीं है क्योंकि यह केन्द्र का ध्यान उनकी समस्याओं की ओर आकर्षित करने के लिए है लेकिन किसी भी क्षेत्रीय आन्दोलन को दीर्घावधि तक चलने की अनुमति नहीं दी जानी चाहिए क्योंकि यह लम्बे समय तक आवश्यकताओं की माँग और उसकी पूर्ति करने के लिए निरन्तर दबाव बनाने की भावना को बदस्तूर बनाये रखता है, भले ही यह हमेशा वास्तविकता पर आधारित न हो, मज़बूत न हो या इसमें गहराई न हो, इससे कोई अन्तर नहीं पड़ता।

एक तरह से, क्षेत्रवाद को एकीकृत शक्ति के रूप में भी देखा जा सकता है, क्योंकि यह भाई चारे और एकता की भावना को विकसित करता है जिसे आम लोगों के सद्कार्यों और सहकारी प्रयास में जोड़ा जा सकता है। यदि हम भारतीय राजनीति पर क्षेत्रवाद के प्रभाव का विश्लेषण करते हैं, तो हम पाते हैं कि इसके परिणामस्वरूप तमिलनाडु में द्रविड़ मुनेत्र कड़गम (डीएमके), ऑल इंडिया अन्ना द्रविड़ मुनेत्र कड़गम (एआईडीएमके) आदि जैसे क्षेत्रीय दलों का उदय हुआ, आन्ध्र–तेलंगाना में तेलुगू देशम, तेलंगाना में तेलंगाना राष्ट्र समिति (टीआरएस), बंगाल में तृणमूल काँग्रेस और उत्तर–पूर्व में ऐसे कई राजनीतिक दल भी उभरे। दरअसल, भारत जैसे अत्यधिक विविधतापूर्ण देशों में क्षेत्रवाद इसके वैविध्य का स्वाभाविक परिणाम है, लेकिन निश्चित तौर पर इसे राष्ट्रीय हितों को नुक़सान पहुँचाने की अनुमति नहीं दी जानी चाहिए।

42

इंटरनेट के सामाजिक प्रभाव
Social Impact of Internet

यह स्वीकार किया जाता है कि यदि विद्युत इंजन औद्योगिक युग के तकनीकी परिवर्तन का वाहक था, तो इंटरनेट सूचना युग की निर्णायक तकनीक है। हालिया दशक के दौरान इंटरनेट के व्यापक और बढ़ते व्यवहार के कारण इसकी प्रभावान्विति ने संचार, नवीन ज्ञान–स्रोतों की उपलब्धता और सामाजिक लोकाचार को कई स्तरों पर रूपान्तरित किया है।

इंटरनेट टेलीग्राफ़, टेलीफ़ोन, रेडियो और टेलीविज़न के बाद अन्तर–वैयक्तिक संचार में, तकनीकी सफलताओं की एक शृंखला में, नवीनतम है। इंटरनेट इंटरकनेक्टेड कम्प्यूटर नेटवर्क की एक वैश्विक प्रणाली है जो दुनिया भर में अरबों उपयोगकर्ताओं की सेवा के लिए मानक इंटरनेट प्रोटोकॉल (आईपी) का उपयोग करती है। इंटरनेट को अब कहीं भी और कई साधनों से उपयोग में लाया जा सकता है, विशेष रूप से बेतार तकनीक समर्थित मोबाइल इंटरनेट उपकरणों, डेटा कार्ड के माध्यम से। इंटरनेट टेलीफ़ोनी एक अन्य सामान्य संचार सेवा है। मल्टीमीडिया के आगमन के साथ, इंटरनेट संचार अब 'टेक्स्ट मैसेजिंग' सन्देश प्रेषण तक ही सीमित नहीं रह गया है। कोई चित्र और वीडियो भी देख सकता है। इंस्टेंट मैसेजिंग, इंटरनेट फोरम और सोशल नेटवर्किंग के माध्यम से इटरनेट ने मानवीय अन्तःक्रियाओं के नये रूपों को सक्षम और तेज़ किया है। इसमें अब असीमित जानकारी है और यह छात्रों, शोधकर्ताओं और सामाजिक कार्यकर्ताओं के लिए वरदान साबित हुई है। इसका उपयोग राजनीतिक लामबन्दी, दोस्ती बढ़ाने के साथ–साथ अभद्र भाषा और ई–मेल के लिए भी किया जा रहा है।

सम्भवतः अभी तक कोई ऐसी आधुनिक तकनीक नहीं है जिसने मानव जाति को उस प्रकार से प्रभावित किया है जिस प्रकार से इंटरनेट ने।

मानव–कम्प्यूटर सम्पर्क अब हमारे सामाजिक जीवन के विभिन्न पहलुओं को प्रभावित कर रहा है और इसका सामाजिक–सांस्कृतिक प्रभाव दुनिया भर में शोध का विषय रहा है। बढ़ते हुए व्यक्तिवाद ने हमें इतना अकेला बना दिया है जितना हम पहले कभी नहीं थे। सन्देश, संगीत और वीडियो ने एक साथ अकेलेपन को दूर कर दिया है या शायद कई और भी अकेले हो गये हैं जिससे समाजीकरण की क्षमता प्रभावित हो रही है।

एक सामाजिक प्रौद्योगिकी के रूप में इंटरनेट

लोगों के संचार सन्दर्भों का अध्ययन करने के उपरान्त मनोवैज्ञानिकों ने पता लगाया है कि कैसे इंटरनेट में सामाजिक सम्बन्धों को बदलने की क्षमता है। यद्यपि इंटरनेट का उपयोग कई उद्देश्यों के लिए किया जा रहा है, फिर भी अन्तरवैयक्तिक संचार इनमें से सबसे महत्त्वपूर्ण है। ऑनलाइन संचार ने प्रत्यक्ष सम्बन्धों को बुरी तरह प्रभावित किया है। आलम यह है हममें एक–दूसरे से मिलने, बात करने और पारस्परिक समझ विकसित करने की हमारी इच्छा या क्षमता में काफ़ी कमी आयी है जिसके परिणामस्वरूप रिश्ते में गर्माहट कम हो गयी है। इसने हमारे समाज के मनोविज्ञान को बुरी तरह प्रभावित किया है। इस प्रकार ऑनलाइन संचार ऑफ़लाइन संचार की तुलना में कम फ़ायदेमन्द है, हालाँकि कई परिस्थितियों में ऑनलाइन संचार अपरिहार्य है। कुछ हालिया अध्ययनों से पता चलता है कि इंटरनेट के बढ़ते उपयोग से हमारे सामाजिक जाल (सोशल नेटवर्क) या पारस्परिक समर्थन प्रणाली का विस्तार ऐसा ज़रूरी नहीं है। इंटरनेट को अत्यन्त प्रयोग में लाने वाले कई उपयोगकर्ताओं ने सामाजिक तनाव में वृद्धि की शिकायत की है क्योंकि इससे परिवार के सदस्यों के बीच संवाद का स्तर कम हो गया है, सामाजिक दायरा सिकुड़ गया है और निराशा बढ़ गयी है। कुछ विश्लेषकों ने इसे 'साइबर–स्पेस में अकेली दुनिया' के रूप में वर्णित किया है।

इंटरनेट ने हमारी निजता पर भी कड़ा प्रहार किया है। हमारे सामाजिक जीवन में निजता की महत्त्वपूर्ण भूमिका है। एक 'क्लिक' से कोई यह जान सकता है कि कोई व्यक्ति कहाँ रहता है या क्या करता है, उसका फ़ोन नम्बर क्या है और उसके घर कैसे पहुँचा जाये? एक बहुत ही उपयोगी सोशल साइट फ़ेसबुक का बढ़ता दुरुपयोग इसका उदाहरण है।

मोबाइल इंटरनेट

जब इंटरनेट को मोबाइल सेल फ़ोन से संचालित करने की सुविधा का विकल्प हमारे समक्ष उपस्थित हुआ, तो इससे सामाजिक संचार की दुनिया में एक क्रान्तिकारी बदलाव आया क्योंकि अब हर कोई जेब में एक 'मिनी कम्प्यूटर' लेकर चल रहा था और किसी भी जानकारी तक कहीं से भी पहुँचा जा सकता था और प्रचारित–प्रसारित किया जा सकता था। इंटरनेट के अतिरिक्त कारक के बिना भी, मोबाइल फ़ोन ने सभी को विशेष रूप से महिलाओं और अन्य कमज़ोर वर्गों को सशक्त बनाया। दलित महिलाएँ जो यौन उत्पीड़न और यौन हमले से सबसे अधिक असुरक्षित थीं, वे अपने परिवार, दोस्तों या विधि–प्रवर्तन से सम्बद्ध संस्थानों और प्रतिष्ठानों से मदद ले सकती थीं। इस प्रकार यह कहने में किसी प्रकार की कोई अतिशयोक्ति और अतिरंजना नहीं है कि इंटरनेट ने जिन सुविधाओं और विकल्पों को सुनिश्चित किया, उससे यह एक सशक्त माध्यम के रूप उभरा।

इंटरनेट और सामाजिक व्यवहार

एक स्वस्थ समाज के लिए लोगों का आपस में मिलना और बातचीत करना एक आवश्यक शर्त है। साइबर सम्बन्ध कभी भी वास्तविक सम्बन्धों का विकल्प नहीं हो सकता है। इसके बच्चों पर नकारात्मक प्रभाव को आसानी से देखा जा सकता है। कई बच्चे एक–दूसरे से मिलने और खेल–कूद या गप–शप में एक साथ समय बिताने के बजाय इंटरनेट का उपयोग करके कम्प्यूटर पर बैठना पसन्द करते हैं। उनमें से कई माता–पिता और भाई–बहनों के साथ खाना पसन्द नहीं करते हैं और इसके स्थान पर माउस से खेलते हुए अपने कमरे तक ही सीमित रहते हैं। यह सामाजिक और कुटुम्बकीय बन्धन को कमज़ोर करता है। पहले, ज़्यादातर घरों में, रात का खाना परिवार के सभी सदस्यों के लिए अपने दिन के अनुभव साझा करने और परिवार की एकजुटता को मज़बूत करने और माता–पिता के मार्गदर्शन से लाभान्वित होने का समय हुआ करता था। साथ में टी.वी. देखना भी एक ऐसा मौका हुआ करता था। इंटरनेट कनेक्शन या डेटा कार्ड वाले कई घरों से धीरे–धीरे ये प्रथाएँ ग़ायब हो रही हैं। इसने सामाजिक जुड़ाव और मनोवैज्ञानिक लाभों पर प्रतिकूल प्रभाव डाला है। बच्चे इंटरनेट का उपयोग करने में बहुत सक्षम हो सकते हैं

लेकिन वास्तविक दुनिया में कैसे रहना है, इस सन्दर्भ में नहीं। बच्चों को दोस्तों की आवश्यकता होती है और उन्हें यह सीखने के लिए कि कैसे व्यवहार करना है और दूसरों के साथ कैसे बात चीत करना है, इसके लिए उनके साथ खेलने और समय बिताने की आवश्यकता है। इंटरनेट का अत्यधिक उपयोग सामाजिक असम्पृक्तता के लिए ज़िम्मेदार हो सकता है। इस प्रकार, इंटरनेट की लत सामाजिक विलगाव को जन्म दे सकती है।

इंटरनेट और बौद्धिक प्रशिक्षण

यह सच है कि इंटरनेट हमें सूचना और ज्ञान के असीमित और अनन्त स्रोतों तक पहुँच प्रदान करता है लेकिन यह भी सच है कि यह गहरी सोच के दरवाज़े बन्द कर सकता है और विश्लेषणात्मक क्षमताओं को प्रभावित कर सकता है। बहुत से छात्रों और शोधकर्ताओं ने सोचना और चिन्तन करना बन्द कर दिया है और इसके बजाय इंटरनेट पर उपलब्ध सामग्री को बिना सोचे-समझे और प्रश्न किये सम्मिलित करना और उसका उपयोग करना शुरू कर दिया है। 'कट एंड पेस्ट' की बढ़ती प्रथा ज्ञान के सृजन के लिए हानिकारक है। इंटरनेट पर उपलब्ध विभिन्न प्रकार की सामग्री मानक पाठ्य पुस्तकों की जगह ले रही है और हमारी मूल और मौलिक सोच पर प्रतिकूल प्रभाव डाल रही है। इसके अलावा, बढ़ती बौद्धिक चोरी भी हमें मूल शोध की ओर नहीं ले जायेगी। यह किसी भी ज्ञान केन्द्रित समाज के लिए अच्छा नहीं है।

अश्लील और हिंसक वीडियो

इंटरनेट के सबसे हानिकारक प्रभावों में से एक हिंसक और विकृत सेक्स को दर्शाने वाले अश्लील और आपत्तिजनक वीडियो की आसान उपलब्धता है। इसका सबसे ज़्यादा असर बच्चों और युवाओं पर पड़ रहा है। अश्लील वीडियो अब दस लाख डॉलर का उद्योग है। बाल यौन शोषण और अन्य प्रकार के शोषण को रोकने के लिए राष्ट्रीय गठबन्धन (2011) ने बच्चों और युवा वयस्कों पर 'अश्लील संस्कृति' के प्रभाव का अध्ययन किया है। यौन-लिप्सा और इसकी सन्तुष्टि प्राकृतिक और स्वाभाविक है, किन्तु इसे अभिप्रेरित करने वाली सामग्री की अत्यन्त उपलब्धता बच्चों के सेक्स सम्बन्धी व्यवहारों को प्रभावित और परिभाषित करती है और इससे उनमें कई विकृतियाँ और पथ-भ्रष्ट करने वाली प्रवृत्तियाँ जन्म ले सकती हैं

विशेष रूप से ये इन कथित कुप्रवृत्तियों के लिए अत्यन्त संवेदनशील होते हैं क्योंकि वे मानसिक और शारीरिक स्तर पर परिपक्व नहीं होते। इंटरनेट पर हज़ारों अश्लील सामग्री और वीडियो उपलब्ध हैं जिनमें हिंसक सेक्स को दर्शाया गया है जो महिलाओं के ख़िलाफ़ शारीरिक हिंसा का महिमामण्डन करता है। हमें यह स्वीकार करना होगा कि अश्लील साहित्य कभी भी यौन शिक्षा का विकल्प नहीं हो सकता।

लम्बे समय तक ऐसे वीडियो की उपलब्धता और उसकी आदत ऐसी अश्लील संस्कृति को जन्म दे सकती है जहाँ पुरुष और महिला के बीच प्राकृतिक और सामान्य सम्बन्धों के लिए कोई जगह नहीं है। मनोवैज्ञानिकों का विचार है कि यह विकृत और विकृत यौन मूल्यों, जैसे सामूहिक सेक्स, समलैंगिकता और पशुता को बढ़ावा देता है। यौन विकृत प्रवृत्तियों का विकास करना–यौन अपराध करना अपने अन्तरंग सम्बन्धों में कठिनाइयों का सामना करना और बलात्कार पीड़िता जैसे मिथकों को स्वीकार करना कि उसने कैसे कपड़े पहने–इस तरह के वीडियो के सम्पर्क का परिणाम हो सकता है। दुर्भाग्य से, इस तरह के यौन कृत्यों को दर्शाने वाली सीडी सभी शहरों में सस्ती क़ीमतों पर भी उपलब्ध हैं। महिलाओं के यौन उत्पीड़न की ख़तरनाक आवृत्ति की पृष्ठभूमि में अश्लील साहित्य भी आक्रामक पितृसत्ता के अलावा एक महत्त्वपूर्ण भूमिका निभाता है।

साइबर आतंक और अपराध

जैसा कि हम जानते हैं कि इंटरनेट में एक संचार चैनल के रूप में अद्वितीय, यहाँ तक कि परिवर्तनकारी गुण हैं, जिसमें सापेक्ष अज्ञातता और समान रुचियों, मूल्यों और विश्वासों वाले अन्य लोगों के साथ आसानी से जुड़ने की क्षमता शामिल है। हालाँकि, इसका दुरुपयोग होने और समाज के लिए गम्भीर समस्याओं के लिए ज़िम्मेदार होने की भी अपार सम्भावनाएँ हैं। पिछले एक दशक के दौरान भारत में इंटरनेट के खगोलीय और भौगोलिक विस्तार के कारण हम कई तरह से इसके दुरुपयोग के प्रति संवेदनशील भी हो गये हैं। यह एक दोधारी तलवार की तरह है जिसका अत्यधिक उपयोग के साथ–साथ दुरुपयोग भी होता है। लोगों को परेशान करना और आतंकित करना, उनका शोषण करना और धोखा–धड़ी करना इसके दुरुपयोग के मुख्य पहलू हैं। इसके दुरुपयोग का संक्षिप्त विवरण निम्नलिखित है जिसने गम्भीर सामाजिक समस्याएँ उत्पन्न की हैं :

(i) 'टैगिंग' एक बड़े दुरुपयोग के रूप में उभरा है। टैगिंग से तात्पर्य किसी व्यक्ति के नाम को एक ऑनलाइन छवि से जोड़ने के तरीके से है ताकि उसके साथ व्यक्ति का नाम प्रदर्शित हो। यदि यह बिना अनुमति के किया जाता है, तो यह अनैतिक है और अगर यह छवि और आपत्तिजनक है, तो यह अत्यन्त लज्जाजनक हो सकता है। यह परेशानी या उपहास का कारण भी बन सकता है। यह शायद इंटरनेट का सबसे सामान्य और कम–से–कम हानिकारक दुरुपयोग है, किन्तु फिर भी और वास्तव में यह एक बड़ा दुरुपयोग है।

(ii) स्पैमिंग एक और दुरुपयोग है। यह थोक में अवांछित वाणिज्यिक सन्देश भेजता है। हालाँकि अत्यधिक चिड़चिड़ा बनाना अवैध नहीं है। वस्तुतः यह ई–मेल बमबारी की तरह है।

(iii) साइबर स्टॉकिंग भी इंटरनेट का एक आम दुरुपयोग है। यह उत्पीड़न के उद्देश्य से साइबर स्पेस में किसी का पीछा करने या उसका पीछा करने जैसा है। इसमें किसी को परेशान करने के लिए झूठे आरोप, धमकी देना आदि शामिल हो सकता है। ज़्यादातर मामलों में पीछा करने वाले पुरुष होते हैं और अधिकतर पीड़ित महिलाएँ होती हैं। यह पीड़ित की मानसिक शान्ति के लिए बहुत परेशान करने वाला हो सकता है।

(iv) फिशिंग और हैकिंग को साइबर अपराध के रूप में गिना जाता है। फिशिंग एक ई–मेल भेजने का एक कार्य है जिसमें किसी प्रतिष्ठान या संस्थान के अधिकृत कर्मचारी के रूप में उपयोगकर्ता का नाम, पासवर्ड, क्रेडिट–कार्ड विवरण के बारे में संवेदनशील जानकारी देने का अनुरोध किया जाता है। यह बैंक खाते तक पहुँचने के लिए या निर्दोष पीड़ितों को लूटने के लिए क्रेडिट कार्ड का उपयोग करने से सम्बन्धित ऐसी जानकारी प्राप्त करने की एक आपराधिक धोखाधड़ी प्रक्रिया है। अधिकांश बैंक और क्रेडिट–कार्ड कम्पनियाँ अपने ग्राहकों को ऐसी कोई भी जानकारी किसी को न बताने की चेतावनी देती रहती हैं क्योंकि वे ऐसी किसी भी जानकारी को प्राप्त करने के लिए अनधिकृत हैं।

हैकिंग एक गम्भीर साइबर अपराध है। हैकिंग को एक ऐसी प्रक्रिया के रूप में वर्णित किया जा सकता है जिसके माध्यम से कोई व्यक्ति

कम्प्यूटर सिस्टम या कम्प्यूटर नेटवर्क में कमज़ोरियों की तलाश करता है और उनका फायदा उठाता है और वेबसाइट या व्यक्तिगत ई–मेल खाते तक पहुँच प्राप्त करता है। एक हैकर को कम्प्यूटर और कम्प्यूटर नेटवर्क की अग्रिम समझ होती है। हम में से बहुत से लोग अपने मित्रों और रिश्तेदारों से किसी आपात स्थिति के कारण वित्तीय मदद माँगने के लिए झूठे सन्देश प्राप्त करते रहते हैं। जब संवेदनशील प्रकृति की वेबसाइट 'हैक' की जाती है, तो यह किसी संस्थान या सरकारी प्रतिष्ठान के लिए सुरक्षा के लिए ख़तरा बन सकती है।

(v) साइबर आतंकवाद अब भारत और अन्य देशों के लिए एक बड़ी समस्या बनकर उभरा है। यह व्यक्तिगत उद्देश्यों के लिए विनाश और नुक़सान पहुँचाने हेतु कम्प्यूटर नेटवर्क और सार्वजनिक इंटरनेट का इरादतन और अनुचित उपयोग है। उद्देश्य राजनीतिक या वैचारिक भी हो सकते हैं। इसे दहशत पैदा करने के प्राथमिक उद्देश्य के लिए सूचना प्रणालियों के ख़िलाफ़ व्यवधान हमलों के रूप में भी समझा जा सकता है।

इंटरनेट और उसके दुरुपयोग की रोकथाम के लिए भारत सरकार ने *सूचना प्रौद्योगिकी अधिनियम 2000*, अधिनियमित किया है। विभिन्न विषयों को इसके अन्तर्गत समाहित करने के लिए अनेक अवसरों पर इसे संशोधित किया गया और अनेक नये प्रावधानों को उपबन्धित कर इसमें जोड़ा गया ताकि साइबर स्पेस के दुरुपयोग से निपटा जा सके और इंटरनेट के सोद्देश्य अनुप्रयोग पर बल दिया जा सके। इसने साइबर अपराधों के लिए दण्ड का भी प्रावधान किया है। वर्ष 2008 में एक बड़ा संशोधन किया गया था। इसने धारा 66ए को प्रस्तुत किया जिसमें 'आपत्तिजनक सन्देश' भेजने पर दण्ड लगाने का प्रावधान किया गया। इसने धारा 69ए के प्रावधान को भी आकार दिया जिसने अधिकारियों को 'किसी भी कम्प्यूटर संसाधन के माध्यम से किसी भी जानकारी के अवरोधन या निगरानी या विकोडन' की शक्ति प्रदान की। इसके अतिरिक्त, इसने बाल अश्लीलता (चाइल्ड पोर्नोग्राफी), साइबर आतंकवाद और साइबर घुसपैठ जैसी समस्या के निराकरण के लिए प्रासंगिक प्रावधानों को उपलब्ध और सुनिश्चित किया। इस तकनीक के दुरुपयोग से सम्बन्धित लगभग सौ प्रकार के अपराधों को न केवल रेखांकित किया गया बल्कि इससे सम्बद्ध शास्ति (दण्ड) के सैद्धान्तिक और प्रकार्यात्मक स्वरूप का भी उल्लेख किया गया।

43

बुढ़ापा और वृद्धों की समस्याएँ
Ageing and Problems of the Aged

बुढ़ापा एक प्राकृतिक प्रक्रिया है जो जन्म से शुरू होती है और जीवनपर्यन्त चलती रहती है जब तक कि मृत्यु इसे रोक नहीं देती। इस प्राकृतिक प्रक्रिया को शैशवावस्था, बचपन, किशोरावस्था, वयस्कता और वृद्धावस्था में विभाजित किया जा सकता है। वृद्धजनों की समस्याओं को समझने के लिए ज्ञान की एक नयी और विशिष्ट शाखा का विकास किया गया। उसे गेरोन्टोलॉजी के रूप में सम्बोधित किया जाता है। यह उम्र बढ़ने के सामाजिक, मनोवैज्ञानिक और जैविक पहलुओं का अध्ययन करता है जबकि यह चिकित्सा की वह शाखा है जो वृद्ध वयस्कों के रोगों का अध्ययन करती है।

अधिकांश 'गेरोन्टोलॉजी' साहित्य में, 60 वर्ष से अधिक उम्र के लोगों को 'वृद्ध' माना जाता है और इसके आधार पर ही जनसंख्या के 'बुज़ुर्ग भाग का अनुशीलन और आकलन किया जाता है। अकादमिक शोध में, सेवानिवृत्ति की आयु को अकसर वृद्ध स्थिति के सूचकांक के रूप में लिया जाता है। वृद्धावस्था की सीमा को ठीक से परिभाषित नहीं किया जा सकता क्योंकि विभिन्न समाजों में इसका एक ही अर्थ नहीं है। भारत सरकार ने वर्ष 1999 में 'वृद्ध व्यक्तियों पर राष्ट्रीय नीति' अपनायी और यह 'वरिष्ठ नागरिक या 'बुज़ुर्ग' की पहचान 60 वर्ष या उससे अधिक आयु के व्यक्ति के रूप में करती है।

भारत में वृद्ध जनसंख्या वर्तमान में दुनिया में दूसरे स्थान पर है और यह कुल जनसंख्या का लगभग 8 फ़ीसदी है। बेहतर चिकित्सा सुविधाओं और स्वास्थ्य देख भाल के कारण बढ़ती जीवन प्रत्याशा और लम्बी उम्र के परिणामस्वरूप बुज़ुर्ग आबादी का हिस्सा और आकार दोनों समय के साथ बढ़ रहे हैं।

पर्याप्त और समुचित या यूँ कहें कि शानदार चिकित्सकीय प्रगति के कारण भारत सहित दुनिया भर में कुल जनसंख्या में वृद्ध लोगों की आबादी तेज़ी से बढ़ रही है, क्योंकि मृत्यु–दर निम्नतर रही है। लेकिन अगर यह बीमारी और पीड़ा के बोझ तले न दब जायें, तो अतिरिक्त जीवन थोड़ा और उत्साह लायेगा। भारत जैसे विकासशील समाज में उम्रदराज प्रवेश करने के कगार पर हैं जहाँ आर्थिक संसाधन अपर्याप्त हैं और आधुनिकीकरण की प्रक्रिया मूल्य प्रणाली को बदल रही है जिसमें परिवारों की प्राथमिकताओं में वृद्धों की पर्याप्त और समुचित देख भाल को नज़रअन्दाज़ किया जा रहा है।

बदलता परिदृश्य

पारम्परिक भारतीय समाज में बूढ़े लोग सुख, सम्मान, प्रतिष्ठा और अधिकार का आनन्द लेते रहे हैं क्योंकि धार्मिक ग्रन्थों और नैतिक प्रणाली में मानदण्ड और मूल्य न केवल सुस्पष्ट किये गये थे वरन् समाज की सबसे छोटी इकाई परिवार के स्तर पर इसके अनुपालन की अनिवार्यता पर बल दिया जाता था। संयुक्त पारिवारिक प्रणाली में कर्ता या परिवार के मुखिया के रूप में वृद्ध लोग महत्त्वपूर्ण भूमिका निभाते रहे हैं। 20वीं शताब्दी के उत्तरार्ध से चीज़ें बदलने लगीं। तेज़ी से शहरीकरण, औद्योगीकरण और पश्चिमीकरण (शहरी समाज में) ने वृद्धों के लिए कई समस्याएँ पैदा की हैं। एक नवीन मूल्य–प्रणाली ने परम्परागत भारतीय समाज को प्रभावित करना शुरू कर दिया। शहरी क्षेत्रों में संयुक्त परिवार बिखरने लगा। यह राज्य के किसी भी प्रकार के समर्थन के अभाव में वृद्धों के लिए सामाजिक सुरक्षा के एक महत्त्वपूर्ण साधन के रूप में कार्य करता रहा है।

हमारे समाज में वृद्ध, ज़्यादातर मामलों में, ख़ारिज और उपेक्षित महसूस करते हैं क्योंकि हमारा समाज अधिक–से–अधिक युवा उन्मुख हो रहा है। जैसा कि प्रसिद्ध अंग्रेज़ी कवि वाई.बी. येट्स ने एक बार लिखा था :

वृद्धों के लिए कोई नहीं है अगन,
जवान है एक–दूसरे में मगन,
जैसे कि
पेड़ों में पक्षी।

अनेक ऐसे दृष्टान्तों, जो कि शहरों में प्रायः और तुलनात्मक रूप से कम लेकिन ग्रामीण समाजों में भी देखे गये हैं कि वृद्धों को एकाकीपन,

असुविधाजनक और असहजता के गर्त्त में धकेला जा रहा है, इससे बड़ी विडम्बना और क्या हो सकती है कि इस प्रकार की कथित प्रवृत्ति निरन्तर सघन होती जा रही है। हमारे समाज के युवाओं में चरित्र की कमी है जैसे कि अब यह आश्चर्य का विषय है कि जहाँ माता–पिता तीन, चार, पाँच या अधिक बच्चों की देखभाल कर सकते हैं, वहीं कई बच्चे एक साथ एक माता–पिता की देखभाल नहीं कर सकते। "ग्रामीण क्षेत्रों से क़स्बों और शहरों में युवा लोगों के प्रवास से उन बुज़ुर्गों की संवेदनशीलता बढ़ जाती है जो पीछे छूट जाते हैं, विशेष रूप से वे परिवार अपेक्षाकृत अधिक प्रभावित होते हैं जिनके पास भूमि, पशु–धन या घरेलू उद्योग जैसे स्वतन्त्र उत्पादन स्रोत नहीं हैं और जो मुख्य रूप से अपने श्रम पर निर्भर हैं" (पी.एच. रेड्डी, 1996)। महिलाओं के बीच शिक्षा का प्रसार, घर के बाहर, कार्यालयों और कारख़ानों में उनके रोज़गार के कारण ऐसी महिलाओं के लिए घर पर बूढ़े लोगों की देख भाल करने का समय नहीं है। इसके अलावा, अब परिवार द्वारा बच्चों की शिक्षा और पालन–पोषण में अधिक निवेश किया जा रहा है। रहने की ऊँची लागत और बदलती प्राथमिकताये आय के अन्तर, पारिवारिक वितरण को प्रभावित कर रही हैं और लोग वृद्धों की अपेक्षा बच्चों पर व्यय को अधिक महत्त्व दे रहे हैं। धन का प्रवाह नीचे की ओर हो रहा है। इन सभी सामाजिक–आर्थिक परिवर्तनों ने भारत में बुज़ुर्गों की स्थिति पर प्रतिकूल प्रभाव डाला है। जैसा कि अपराजिता चट्टोपाध्याय (2004) ठीक ही बताती हैं, "सामाजिक विनिमय सिद्धान्त यह स्थापित करता है कि लोग स्थिर सम्बन्ध तभी बनाये रखेंगे जब उन्हें पारस्परिक आदान–प्रदान को जारी रखना लाभदायक लगेगा। बढ़ती उम्र के साथ, वृद्ध लोगों के पास सम्बन्धों में आर्थिक निवेश के लिए कम या यूँ कहें कि अपर्याप्त होता है, जो उन्हें अजीब लगता है और अन्ततः यह उनके हितों पर प्रतिकूल प्रभाव डालता है। युवा पीढ़ी का यह दायित्व है कि वे वृद्धों का सम्मान करें और उन्हें याद दिलायें कि समाज में अभी भी उनकी एक उत्पादक और उपयोगी भूमिका है। इस प्रकार बुज़ुर्गों के लिए पारिवारिक सहायता प्रणाली का कमज़ोर होते जाना, युवा पीढ़ी का प्रवास और पलायन, सरकारी धन का अभाव, ग़ैर–सरकारी संगठनों या निजी संगठनों की बुज़ुर्गों की देख भाल करने में असमर्थता और बुज़ुर्गों के लिए सहकारी समितियों के माध्यम से खुद की देखभाल करने के महत्त्व ने भारत में वृद्धों के जीवन की गुणवत्ता के लिए गम्भीर समस्याएँ पैदा की हैं।"

अब वृद्ध लोगों, विशेषकर महिलाओं के लिए सामाजिक–सुरक्षा सुनिश्चित करने की आवश्यकता बढ़ती जा रही है। 60 या इससे अधिक आयु–वर्ग में महिलाओं की जनसंख्या पुरुष जनसंख्या से अधिक है और ये लोगों का एक ऐसा समूह है जो समाज के हाशिये पर रहता है। विधवापन में निर्भरता सबसे संवेदनशील और कमज़ोर कड़ी है क्योंकि ये महिलाएँ हैं जो ज़्यादातर अपने जीवनसाथी से अपेक्षाकृत अधिक जीवित रहती हैं। इसके अलावा, अपने जीवनसाथी के साथ रहने वाले वृद्ध जोड़ों की निर्भरता की तुलना में उनके अस्तित्व की संवदनशीलता पर ज़ोर दिया जाता है। विधवा पुरुष अपनी महिला समकक्षों की तुलना में लगभग हमेशा एक साथी प्राप्त करते रहे हैं। कई सामाजिक–आर्थिक असुरक्षाओं के अलावा, जिनका अकेले विधवाओं को सामना करना पड़ता है, सम्पत्ति और भूमि के दावे–प्रतिदावे होने के मामले में उनका जीवन ख़तरों से घिरा रहता है और उनकी क्षति होने की सम्भावना हमेशा ही बनी रहती है; विशेष रूप से शहरी क्षेत्रों में परिवार द्वारा बुज़ुर्ग लोगों के साथ दुर्व्यवहार की घटनाओं से सम्बद्ध सूचनाओं का अक्सर हवाला दिया जाता है।

स्वास्थ्य समस्याएँ

वृद्धावस्था में शारीरिक शक्ति क्षीण होती जाती है और मानसिक स्थिरता कम हो जाती है, वृद्ध व्यक्तियों में बदलते परिवेश के साथ ताल मेल बिठाने के लिए अधिक अनुकूल–कौशल की आवश्यकता होती है। उम्र बढ़ने पर समकालीन शोध में कहा गया है कि आर्थिक विकास और शहरीकरण ही जीवन–शैली में बदलाव आये हैं जिससे अस्वास्थ्यकर पोषण और शारीरिक निष्क्रियता मधुमेह के प्रसार में योगदान दे रही है। लगभग आधे बुज़ुर्ग भारतीयों को अस्थमा, गठिया, अवसाद या मधुमेह जैसी कम–से–कम एक पुरानी बीमारी है। बुढ़ापा, अल्जाइमर, पार्किंसन और मानसिक विकार अक्सर होते हैं। उम्र के साथ दृश्य–दोष नाटकीय रूप से बढ़ जाता है। वृद्ध मस्तिष्क में संरचनात्मक परिवर्तनों के कारण व्यवहार करने के तरीक़ों में परिवर्तन आता है और सामान्य रूप से पुराने और उनके अभी के व्यवहार का वर्णन करने के लिए अवमाननापूर्ण और अपमानजनक सम्बोधनों और विधियों का रूप से उपयोग किया जाता है। ये प्रतिकूल वातावरण, ख़राब पोषण और बीमारियाँ हैं जो बद से बदतर हो रही स्थितियों के ख़िलाफ़ उनके संघर्ष और प्रतिरोध को तोड़ देती हैं। स्वास्थ्य की निगरानी के उपायों और जीवन की गुणवत्ता में सुधार करने वाली अन्य रणनीतियों के माध्यम से बुढ़ापे में

शारीरिक अक्षमता के पहलुओं को कम किया जा सकता है। हालाँकि, कई चिकित्सकीय समस्याओं के उभरने और फिर चिन्ताजनक रूप से बढ़ने के कारण वस्तुतः एकाकीपन, हाशियाकरण और अभावग्रस्तता भी रहे हैं।

बुज़ुर्गों की देखभाल और सामाजिक सुरक्षा

दरअसल, निश्चित और निर्धारित आय में ह्रास और भावनात्मक तक असुरक्षा जीवन में शून्यता जनित एकाकीपन, जीवन–साथी को खोने से उपजे संत्रास, और परिवार–जनों पर निर्भरता को बढ़ाता है। हेल्पेज की एक रिपोर्ट के अनुसार क़रीब 70 फ़ीसदी वृद्ध अपने दैनिक कार्यों के लिए अन्यों पर निर्भर रहते हैं। सबसे बदतर स्थिति महिलाओं की है जिनमें कमोबेश 85–87 फ़ीसदी स्त्रियाँ आंशिक और पूर्णरूपेण आर्थिक रूप से दूसरों पर निर्भर रहती हैं। आलम यह है कि उनके पास वृद्धों की देखभाल और रख–रखाव से सम्बन्धित सुविधाएँ न के बराबर हैं।

वृद्धों की देखभाल को 'बुज़ुर्गों की देखभाल' के रूप में भी जाना जाता है। यह वरिष्ठ नागरिकों की सामाजिक और व्यक्तिगत आवश्यकताओं पर ज़ोर देता है, जिन्हें दैनिक गतिविधियों और स्वास्थ्य देखभाल के लिए कुछ सहायता की आवश्यकता होती है। परम्परागत रूप से, बुजुर्गों की देखभाल परिवार के सदस्यों की ज़िम्मेदारी रही है और यह विस्तारित परिवार के घर के भीतर सुनिश्चित होता था। संयुक्त परिवार के कमज़ोर होने या टूटने की स्थिति में इसे राज्य या धर्मार्थ संस्थानों द्वारा प्रदान करने की अनिवार्यता पर बल देना आवश्यक और अनुपक्षेणीय है। अमेरिकी और यूरोपीय समाजों के विपरीत भारत में वृद्धों की देखभाल के लिए जो संस्थागत समर्थन है, वह आश्चर्यजनक रूप से अपर्याप्त है। "इस सन्दर्भ में यह ध्यातव्य है कि 10 फ़ीसदी से भी कम भारतीयों के पास निजी या सार्वजनिक स्रोतों से स्वास्थ्य बीमा है और लगभग 72 फ़ीसदी स्वास्थ्य देखभाल से सम्बन्धित व्यय का भुगतान अपनी जेब से किया जाता है।" (भट्टाचार्य और सप्रा, 2008)। हालाँकि, वृद्धों को केवल राज्य या धर्मार्थ संगठनों से स्वास्थ्य देखभाल की आवश्यकता नहीं होती है, बल्कि वे अपने प्रियजनों के साथ रहना चाहते हैं। वे सम्मान और प्यार चाहते हैं और अनुत्पादक और अनुपयोगी मानव संसाधन के रूप में रेखांकित नहीं होना चाहते हैं। वरिष्ठ नागरिकों के लिए सुरक्षा, देखभाल और सम्मान का जीवन जीने के लिए पारिवारिक जीवन आवश्यक है।

भारत में कुछ सामाजिक सुरक्षा उपाय प्रचलन में हैं, जो ज़्यादातर संगठित क्षेत्र के श्रमिकों के लिए हैं। इस सन्दर्भ में *कर्मचारी भविष्य निधि अधिनियम 1952, परिवार पेंशन योजना, 1971, मातृत्व लाभ अधिनियम 1961* उल्लेखनीय है और रेखांकित करने योग्य हैं।

1990 के दशक से अधिकांश राज्य समाज के आर्थिक रूप से कमज़ोर वर्गों के लिए वृद्धावस्था पेंशन लागू कर रहे हैं। हालाँकि इसके लिए केवल मामूली (100–300 रुपये से लेकर) राशि को निर्धारित किया गया है, किन्तु यह योजना एक प्रतीकात्मक मूल्य से अधिक है। यहाँ तक कि 300–500 रुपये की औसत पेंशन भी भोजन की आवश्यकताओं के लिए पर्याप्त साबित हो सकती है यदि वे अपने रिश्तेदारों के साथ रहते हैं, लेकिन जब किसी को घर का किराया, पानी, बिजली–शुल्क, चिकित्सकीय व्यय आदि का भुगतान करना पड़ता है, तो यह काफ़ी अपर्याप्त साबित हो सकता है। केरल जैसे कुछ राज्यों ने इस सन्दर्भ में कुछ प्रगतिशील उपाय प्रस्तुत किये हैं जैसे कि *कृषि श्रमिक पेंशन योजना, विकलांग और निराश्रित वृद्ध और विधवा पेंशन योजना* के लिए *विशेष पेंशन योजना*।

वरिष्ठ नागरिकों के क़ानूनी अधिकार

संविधान के अनुच्छेद–41 में कहा गया है कि राज्य अपनी आर्थिक क्षमता और विकास की सीमाओं के भीतर काम करने का अधिकार, शिक्षा का अधिकार और बेरोज़गारी, वृद्धावस्था, बीमारी और अक्षमता के मामलों में सार्वजनिक सहायता प्रदान करने के लिए प्रभावी प्रावधान करेगा, और अवांछित आवश्यकता के अन्य मामलों में :

- हिन्दू, मुस्लिम, ईसाई और पारसी से ताल्लुक रखने वाले वृद्धों को इसके व्यक्तिगत क़ानूनों के तहत भी क़ानूनी संरक्षण प्रदान किया गया है।
- वर्ष 1973 से पहले माता–पिता के भरण–पोषण का कोई प्रावधान नहीं था। दण्ड प्रक्रिया संहिता के तहत वर्ष 1973 में दण्ड प्रक्रिया संहिता की धारा 125 में पहली बार एक नया प्रावधान पेश किया गया था, जिसमें बेटे और बेटियों को वृद्ध माता–पिता के भरण–पोषण के लिए उत्तरदायी बनाया गया, यदि वे ख़ुद ऐसा करने की स्थिति में नहीं हैं।

वृद्ध व्यक्तियों पर एक राष्ट्रीय नीति, 1999 में घोषित की गयी थी जिसमें ऐसे कई क्षेत्रों की पहचान की गयी थी जिसमें हस्तक्षेप करने की अनिवार्य आवश्यकता बतायी गयी। इसमें वित्तीय सुरक्षा, स्वास्थ्य देखभाल और पोषण, आश्रय, वृद्ध व्यक्तियों के कल्याण के लिए जीवन और सम्पत्ति की सुरक्षा शामिल थी। इसके बाद राष्ट्रीय नीति को लागू करने के लिए सामाजिक न्याय और अधिकारिता मन्त्रालय द्वारा वृद्ध व्यक्तियों के लिए राष्ट्रीय परिषद् (एन.सी.ओ.पी.) की स्थापना की गयी थी।

प्राथमिक मुद्दे

हेल्पएज़ इंडिया ने राज्य द्वारा अनिवार्य रूप से सम्बोधित किये जाने वाले प्राथमिक मुद्दों की पहचान की है। इसमें सुधारात्मक उपायों की एक विस्तृत शृंखला शामिल है जैसे कि :

- ग़रीबी–रेखा से नीचे रहने वाले परिवारों में वृद्ध व्यक्तियों को ग़ैर–अंशदायी पेंशन।
- सक्षम और इच्छुक वृद्ध व्यक्तियों के लिए आय सृजन के अवसर।
- उन वृद्ध व्यक्तियों के लिए अंशदायी पेंशन के लिए सम्भावनाशील योजनाएँ जो अपने उपार्जन करने के प्रमुख वर्षों के दौरान बचत कर सकने में सक्षम हैं।
- महिलाओं, दलितों, ग्रामीण ग़रीबों, निराश्रित और विकलांग वृद्ध व्यक्तियों और विधवाओं के लिए विशेष योजनाएँ।
- सभी वृद्ध व्यक्तियों के लिए वहनीय वृद्धावस्था स्वास्थ्य सुविधाएँ और इसकी सहज और सुलभ उपलब्धता।
- बुनियादी ढाँचे और प्रशिक्षित एवं दक्ष कर्मियों का प्रावधान।
- ग़रीबों के लिए सार्वजनिक स्वास्थ्य क्षेत्र में सुविधाओं का विकास।

अनुमान है कि वर्ष 2025 तक वरिष्ठ नागरिकों की संख्या 15 करोड़ से अधिक हो जायेगी। इस बड़ी चुनौती के लिए राज्य और ग़ैर–राज्यीय प्रतिक्रिया घोर असन्तोषजनक और असंवेदनशील है। कहने की आवश्यकता नहीं है कि अगर इस समस्या का तत्काल और युद्ध स्तर पर समाधान नहीं किया गया, तो वृद्ध लोगों की स्थिति दयनीय हो जायेगी।

44

संयुक्त परिवार का विघटन और उसके परिणाम
Disintegration of Joint Family and its Consequences

सरल और सामान्य शब्दों में संयुक्त परिवार को ऐसे व्यक्तियों के समूह के रूप में विश्लेषित और रेखांकित किया जा सकता है जो जीवन के विविध और अनेक पड़ावों में एक साथ रहते हैं और जो जैविक, सामाजिक और मनोवैज्ञानिक सम्बन्धों से एक–दूसरे के साथ बँधे हुए होते हैं। समाज की इस सबसे न्यूनतम इकाई में वंश–वृद्धि और सन्तानोत्पत्ति की प्रक्रिया भी विद्यमान होती है। इस प्रकार यह निश्चित है कि बच्चों के पालन–पोषण और समाजीकरण के लिए यह सर्वाधिक महत्त्वपूर्ण और उपादेय संस्था है। भारतीय समाज में पारिवारिक–बन्धन की जड़ें काफ़ी गहरी और सशक्त होती हैं और इस तथ्य की कमोबेश पुष्टि हो ही चुकी है कि संयुक्त परिवार सामाजिक, आर्थिक और मनोवैज्ञानिक रूप से अत्यन्त मूल्यवान और उपयोगी समर्थन–प्रणाली के रूप में कार्य करता है। यद्यपि भारतीय समाज में परिवार के विभिन्न रूप प्रचलित हैं जिसमें इसके पितृसत्तात्मक–पितृवंशीय–पितृस्थानिक रूप बहुतायत में हैं और सामान्य में बहु–प्रचलित हैं। बहरहाल, परम्परागत भारतीय समाज के रूप में रेखांकित संयुक्त परिवार में उपर्युक्त विशेषताएँ अन्तर्निहित और प्रतिनिधि होती हैं जो समवेत रूप से नियोजित और गठित होकर संयुक्त परिवार के स्वरूप को निर्धारित करती हैं।

संयुक्त परिवार प्रणाली लोकप्रिय रूप से 'हिन्दू संयुक्त परिवार' के रूप में सम्बोधित होती है जो हिन्दू आबादी के एक बड़े भाग की पहचान रही है, लेकिन यह मुस्लिमों, सिखों और अन्य लोगों के बीच भी लोकप्रिय रही है। इस प्रकार की पारिवारिक संरचना में तीन या अधिक पीढ़ियों के

लोग एक साथ रहते हैं। इरावती कर्वे ने संयुक्त परिवार को परिभाषित करते हुए कहा है, "ऐसे लोगों का समूह जो आमतौर पर एक ही छत के नीचे रहते हैं, जो एक ही चूल्हे पर पका हुआ खाना खाते हैं, जिनकी सम्पत्ति साझा होती है और जो आम पूजा में सम्मिलित होते हैं तथा एक–दूसरे से किसी विशेष प्रकार की कुटुम्बकीय भावना से जुड़े रहते हैं।" इसके अतिरिक्त, संयुक्त परिवार की एक महत्त्वपूर्ण विशेषता तीन या अधिक पीढ़ियों के व्यक्तियों का सह–निवास है।

बहरहाल, संयुक्त परिवार की विशेषताओं को निम्नलिखित बिन्दुओं के माध्यम से प्रकाशित और प्रदर्शित किया गया है :

1 वृहद् आकार
2. व्यापक पीढ़ीगत विशेषताएँ
3. साझा निवास
4. साँझा चूल्हा या रसोईघर
5. *कुल देवता* की साझा या संयुक्त पूजा (पारिवारिक देवता)
6. सामान्य या संयुक्त रूप से साझा की गयी सम्पत्ति
7. परिवार के वरिष्ठ सदस्य या 'कर्ता' का प्राधिकार
8. एक उत्पादक इकाई के रूप में
9. पारस्परिक अधिकार और दायित्व

दरअसल, संयुक्त परिवार उस व्यवस्था में कई शताब्दियों तक बना रहा जब कृषि व्यवस्था में यन्त्रों का प्रयोग आवश्यक और बहु–प्रचलित नहीं हुआ था, इस प्रकार की कृषक–व्यवस्था में श्रम और संसाधनों के एक सामान्य जाल की आवश्यकता होती है, इसने संयुक्त परिवार की उपादेयता को दीर्घावधि तक बनाये रखने में महत्त्वपूर्ण भूमिका निभायी। हालाँकि वक़्त व्यतीत होने के साथ–साथ परिस्थितियों में परिवर्तन दृष्टिगत होने लगे, स्वाभाविक था कि इन बदली हुई परिस्थितियों की बयार में संयुक्त परिवार के पास विघटित होने या परिवर्तित हालात से उपजे बदलावों के साथ सामंजस्य और समन्वय स्थापित करने के अतिरिक्त कोई विकल्प शेष नहीं था। अभी तक किये गये सभी अध्ययनों से पता चलता है कि परम्परागत संयुक्त परिवार कम–से–कम शहरी क्षेत्रों में तो संरचनात्मक रूप से लगभग विघटित हो ही गया है, साथ ही साथ यह गाँवों में भी टूट रहा है। इस कथित परिवर्तन के मुख्य कारक निम्नलिखित हैं :

1. आधुनिक शिक्षा का प्रसार और लोगों को नये विकल्प प्रदान करने वाली कई नयी व्यावसायिक सम्भावनाओं का विकास।
2. शहरीकरण की तेज़ गति और गाँवों से क़स्बों और शहरों में लोगों का बड़े पैमाने पर पलायन।
3. शहरी क्षेत्रों में छोटे और सीमित आवास।
4. बढ़ा हुआ व्यक्तिवाद और व्यक्तिगत अधिकार।
5. शिक्षित महिलाओं द्वारा अपने अधिकारों के प्रति जागरूकता और पारिवारिक वरिष्ठों और मुखिया की आज्ञा को विनम्रतापूर्वक न मानना बल्कि उसकी अवहेलना एवं अवमानना करना।
6. महिलाओं के सशक्तीकरण और आत्मनिर्भरता को सुविधाजनक बनाने वाले विधायी उपायों और सुविधाओं को प्रभावी बनाने में राज्य की भूमिका।

उपर्युक्त उल्लिखित कारकों और कथित परिवर्तनकारी परिस्थितियों के फलस्वरूप बदलाव की बयार बहने लगी और इसने संयुक्त परिवार की सशक्त कहे जाने वाली बुनियाद को ऐसा हिला दिया कि फिर वह अपनी पूर्ववत: स्थिति को कभी नहीं प्राप्त कर सका। महिला शिक्षा और उसके परिणामस्वरूप उभरे नारी सशक्तीकरण को राज्य प्राधिकारों द्वारा बहुत समर्थन दिया गया। कामकाजी महिलाओं के लिए छात्रावास एवं उनके बच्चों के लिए शिशु–गृह (क्रेच), पूरे वेतन के साथ मातृत्व अवकाश और कुछ अन्य सुविधाओं ने महिलाओं को सशक्त बनाने में बहुत मदद की, वे अब गूँगी गुड़िया नहीं रहीं। जब उसने अपने अधिकारों पर हक़ जताना शुरू किया, तो तथाकथित सर्वशक्तिमान पितृसत्तात्मक संयुक्त परिवार हिल गया, हालाँकि एक मूल्य के रूप में पितृसत्ता मज़बूत बनी रही। इनमें से अधिकांश परिवर्तन स्वतन्त्रता के बाद शुरू हुए। इन पारिवारिक परिवर्तनों के परिणामस्वरूप सत्ता, शक्ति और अधिकारों का विकेन्द्रीकरण होना शुरू हुआ, श्रम का एक नया विभाजन हुआ और लोकतन्त्रीकरण में वृद्धि हुई। एक संस्था के रूप में संयुक्त परिवार ने यह अनुभव कर लिया था कि यदि उसे जीवित रहना है तो उसे अपने काम–काज में लोकतान्त्रिक होना होगा। यद्यपि एकल परिवार (दम्पति और अविवाहित बच्चे) तेज़ी से शहरों और क़स्बों में आदर्श बन रहे हैं और बहुप्रचलित हो रहे हैं, हालाँकि उत्तरदायित्वों का साझा अहसास–बोध और पारस्परिकता की भावना, जो संयुक्त परिवारों के 'संयुक्तता' का आधार है, अभी भी कहीं भी काफ़ी हद तक जीवित है। संयुक्त परिवार संरचनात्मक

रूप से बिखर गया है। इसके अलावा, मुख्य रूप से असफल और बेमेल विवाहों के कारण महिला–प्रधान एकल परिवारों की संख्या तेज़ी से बढ़ रही है। इस प्रकार, बिजली–वितरण, वैवाहिक मानदण्ड और महिलाओं की भूमिका में परिवर्तन के कारण परिवार में शक्ति संरचना भी बदल रही है।

संयुक्त परिवार के प्रबन्धक या 'कर्ता' के रूप में, सबसे व्यापक या यो कहें कि सार्वभौमिक व्यापक या यों कहें कि अधिकार पुरुष रखता है और परिवार के अन्य सदस्यों का सम्मान और विश्वास प्राप्त करता है। भारत में हिन्दुओं की जीवन–पद्धति की एक विशेषता है जो उनके जीवन के एक दर्शन के रूप में विकसित हुई है। यहाँ पारिवारिक हितों के पक्ष में व्यक्तिवादी उद्देश्यों और हितों का बलिदान दिया जाना मूल्यपरक और नैतिकता के दृष्टिकोण से उच्च माना जाता है। एक संयुक्त परिवार में कभी–कभी दूर के रिश्तेदार भी शामिल हो सकते हैं। सभी सदस्यों के पास काम करने की समान क्षमता और कौशल नहीं हो सकता है। यह, कभी–कभी, अधिक सक्रिय और इसलिए अधिक उत्पादक अथवा आय अर्जित करने वाले सदस्यों के बीच कलह विकसित करता है। यहीं पर प्रबन्धक की क्षमता और कौशल के अनुसार काम के वितरण और ज़रूरतों के अनुसार लाभ के वितरण के नियम ने इसे ऐसे सदस्यों के लिए सामाजिक सुरक्षा का स्रोत बना दिया है, जो शारीरिक रूप से विकलांग, मानसिक रूप से असामान्य या लम्बी बीमारी के शिकार हैं। उनकी पत्नियों और बच्चों को रोटी कमाने वाले की विकलांगता के कारण कष्ट नहीं उठाना पड़ता है। यह सभी सदस्यों के लिए एक सामान्य आचार संहिता भी है। यह पारिवारिक–प्रणाली भारतीय अर्थव्यवस्था की कृषि पृष्ठभूमि के अनुकूल रही है, जिसमें कई विशेषाधिकारों के लिए मुख्य रूप से पुरुष वरीय होता है, ऐसी व्यवस्था में महिलाओं को बहुत कम स्वतन्त्रता प्राप्त होती है।

उद्यमी/व्यावसायिक और इससे जुड़े विशेषज्ञ जैसे पेशेगत पृष्ठभूमि वाले संयुक्त परिवार परिवर्तनकारी कारकों से समन्वय स्थापित कर लेते हैं और इसलिए गम्भीर रूप से प्रभावित नहीं होते हैं। इस सन्दर्भ में मारवाड़ी समाज की मिसाल देखने को मिलती है।

विद्वानों का मत है कि संयुक्त परिवार प्रणाली के टूटने के व्यापक कारण आर्थिक क्षेत्र में उपभोक्तावाद और उपभोक्ता संस्कृति के साथ–साथ पूँजीवाद का आगमन, वैचारिक क्षेत्र में उदारवाद और सामाजिक–राजनीतिक क्षेत्र में समानता का सिद्धान्त हैं। यहाँ और उपर्युक्त उल्लिखित कारकों

के प्रभावस्वरूप शक्ति एवं अधिकार का विकेन्द्रीकरण हुआ जिसने पुरातन पदानुक्रम और इसके आधार पर वितरित शक्ति एवं अधिकारों की वैधता को लेकर एक नयी बहस छेड़ दी जिससे कई सवाल उठने शुरू हो गये जो कि लाजमी और स्वाभाविक ही था।

संयुक्त परिवार के विघटित होने के परिणाम

- संयुक्त परिवार अपने सदस्यों के लिए आर्थिक रूप से लाभकारी रहा है। चूँकि वे बहुत सी चीज़ें–घर, रसोई, बिजली और पानी जैसे बुनियादी ढाँचे को साझा करते थे, इसलिए यह कमाई करने वाले ऐसे सदस्यों के लिए क़िफ़ायती हुआ करता था जो वित्तीय संसाधनों के सामान्य और साझे निधि कोष में योगदान दे रहे थे। अलग रहने के बाद वे यह लाभ खो देते हैं। इसके अलावा, परिवार में जब किसी सदस्य के साथ आर्थिक संकट उपस्थित होता, तो उनकी सहायता के लिए एक सार्वजनिक और साझा निधि कोष हमेशा ही मौजूद होता।
- बच्चों का समुचित रूप से पालन–पोषण और उनके स्वास्थ्य की देखभाल संयुक्त परिवार की एक विशेषता रही है। दादा–दादी, चाचा–चाची और कभी–कभी विस्तारित परिवार के कुछ अन्य बुजुर्ग सदस्य बच्चों की देखभाल करने के लिए उपलब्ध होते हैं, जब उनके पिता–माता काम पर होते हैं या बीमारी अथवा अन्य किसी कारणवश शहर से बाहर होते हैं। इसके अतिरिक्त यह कहा जा सकता है कि दरअसल, प्रकारान्तर से बड़े वरिष्ठ बच्चों के समाजीकरण के संस्थान थे। एकल परिवारों में जहाँ माता–पिता दोनों काम कर रहे होते हैं, लेकिन फिर भी बच्चों को तब तक विभिन्न प्रकार की समस्याओं का सामना करना पड़ता है जब तक कि वे आत्मनिर्भर या स्वयं–व्यवस्थित होने के क़ाबिल और सक्षम न हो जायें।
- अगर पति–पत्नी दोनों को नियमित रूप से बाहर रहना पड़े, तो एक बन्द घर में बहुत सारी समस्याएँ आती हैं, मसलन, आवश्यक सेवाओं के लिए एक डिलीवरी ब्वॉय, डाकिया, मैकेनिक या कोई अन्य व्यक्ति नियुक्त करना होगा। जबकि एक संयुक्त परिवार यह सुनिश्चित करता है कि कोई एक या एक से अधिक व्यक्ति किसी भी समस्या से निपटने के लिए हमेशा मौजूद रहे।

- संयुक्त परिवार के टूटने के सबसे गम्भीर परिणामों में से एक वृद्ध, विधवा, बुज़ुर्ग, विधुर और परिवार के ऐसे अन्य आश्रित सदस्यों की दुर्दशा और नारकीयता है। संयुक्त परिवार प्रणाली परिवार के ऐसे सदस्यों को सहायता और सुरक्षा प्रदान करती थी। वृद्ध माता–पिता विशेषकर विधवा माता का परित्याग करना अब आम हो चला है, इसका तात्पर्य यह है कि जहाँ ऐसी घटनाएँ पहले निन्दनीय और असामाजिक मानी जाती थीं, वहाँ अब यह दुर्लभ नहीं है। ऐसी हज़ारों दुर्भाग्यपूर्ण महिलाएँ मथुरा, वृन्दावन और इसी तरह के अन्य तीर्थ–केन्द्रों के आश्रय गृहों/आश्रमों में देखी जा सकती हैं। वृद्धाश्रम का अभाव स्थिति को विकट बना रहा है।

यदि हम भारतीय समाज को क़रीब से देखें तो हम पाते हैं कि यह सदियों से जाति, संयुक्त परिवार और ग्राम समुदाय की तिकड़ी पर टिका हुआ है। इनमें से किसी में भी कोई परिवर्तन बदलाव की शक्तियों को बलवती करेगा किन्तु अब तीनों संक्रमण और मन्थन में हैं और इस प्रकार भारतीय समाज में जो सामाजिक परिवर्तन हो रहा है, उसमें योगदान दे रहे हैं। प्रख्यात समाजशास्त्री एम.एन. श्रीनिवास ने अपनी पुस्तक– 'ऑन लिविंग इन ए रेवोल्यूशन' शीर्षक के माध्यम से इन परिवर्तनों और बदलावों का उपयुक्त वर्णन किया है।

45

जाति व्यवस्था और उसका भविष्य
Caste System and its Future

ऐतिहासिक रूप से भारत जाति, पन्थ और भाषा के आधार पर विभाजित समूहों के रूप में सहस्राब्दियों से एक राष्ट्र के रूप में जीवित रहा है। जाति और जाति व्यवस्था भारतीय समाज के साथ इस क़दर चस्पाँ है और इसलिए महत्त्वपूर्ण भी है कि जब हम भारत के विषय में विचार करना प्रारम्भ करते हैं तो यह मुश्किल ही नहीं बल्कि दुष्कर होगा कि आप जाति के सन्दर्भ में नहीं सोचें। वस्तुतः यह भारत के लिए एक केन्द्रीय प्रतीक और चरित्र रहा है। साथ ही, 'जाति' को एक सामाजिक–वैज्ञानिक अवधारणा के साथ जोड़ा गया है। जिस परिघटना को हम अब 'जाति' कहते हैं, उसका नामकरण भारत के पश्चिमी पर्यवेक्षकों ने औपनिवेशिक काल की प्रारम्भिक अवस्था में किया था। जाति की घटना ने शायद भारतीय जीवन और विचार के किसी भी अन्य पहलू की तुलना में अधिक विवाद को जन्म दिया है। कई विद्वान भारत की जाति व्यवस्था को 'भारतीय संस्कृति' की परिभाषित विशेषता के रूप में देखते हैं। जाति इतनी जटिल परिघटना है कि इसे ठीक–ठीक परिभाषित करना कठिन है और परिभाषाएँ बहुत सारी समस्यायँ खड़ी करती हैं।

बहरहाल, दर्जनों परिभाषाओं के आधार पर जाति को सामाजिक स्तरीकरण के एक रूप में समझा और समझाया जा सकता है जिसमें शामिल है :

(i) पदानुक्रमित व्यवस्था–प्रणाली
(ii) जड़ व बन्द व्यवस्था
(iii) अन्तर्विवाही स्तर
(iv) निर्धारित सदस्यता
(v) व्यावसायिक विशेषज्ञता
(vi) जातियों के बीच सीमित व प्रतिबन्धित सम्पर्क

(vii) निम्न जाति समूहों की सामाजिक–आर्थिक–राजनीतिक अयोग्यता, मुख्य रूप से अस्पृश्यता

(viii) सैद्धान्तिक रूप से सामाजिक गतिशीलता या परिवर्तनशीलता की असम्भाव्यता

हालाँकि, "यह आर्थिक असमानताओं को प्रदर्शित करता है, आमतौर पर सदस्यों द्वारा अनुमत व्यवसायों के आधार पर, जाति स्तरीकरण अन्ततः ग़ैर–आर्थिक मानदण्डों में निहित है। अपने शुद्धतम रूप में, 'हिन्दू भारत' में, जाति सिद्धान्त धार्मिक है– जातियों को सदस्यों और उनकी गतिविधियों के अनुसार 'अनुष्ठान शुद्धता' के स्तर के अनुसार क्रमबद्ध किया जाता है" (समाजशास्त्र का शब्दकोश, 1991)। ऐतिहासिक रूप से, सबसे विकसित रूप में कुछ लोग तर्क देंगे कि जाति–स्तरीकरण का एकमात्र वास्तविक रूप भारत में हिन्दू धर्म के साथ पल्लवित हुआ है। वास्तव में इस प्रणाली की उत्पत्ति अस्पष्ट है। यह सम्भवतः जातीयता और व्यावसायिक विशेषज्ञता के दोहरे आधारों में स्थित है। जिस व्यवस्था को ब्राह्मणों ने सिद्ध और स्थापित किया, वह पाँच मुख्य विभाजनों, चार जाति समूहों (वर्ण) और एक बाहरी जाति समूह (पंचम वर्ण/पाँचवाँ वर्ण), अछूतों पर आधारित था। चार जाति समूहों में पुरोहित और धार्मिक प्राधिकारी 'ब्राह्मण', भू–स्वामी, धर्मनिरपेक्ष और सैन्य शासक 'क्षत्रिय', व्यापारिक मध्य–वर्ग 'वैश्य' और नौकर एवं गुलाम 'शूद्र' थे। अछूत सबसे अधिक निम्नस्तरीय, अपमानजनक और कर्मकाण्डीय रूप से अशुद्ध/बदबूदार कार्य करते थे। दरअसल, प्रत्येक वर्ण में अनेक जाति समूह होते हैं।

जाति को भारत की मौलिक सामाजिक संस्था के रूप में वर्णित किया गया है। जैसा कि प्रतिष्ठित भारतीय समाजशास्त्री आन्द्रे बेतत्ले रेखांकित करते हुए कहते हैं, "कठोर सामाजिक विभेद या चरम सामाजिक विशेषता का उल्लेख करने के लिए, जहाँ भी हो, इस शब्द को लाक्षणिक रूप में व्यवहृत किया जाता है। लेकिन हम भारत के हिन्दुओं के बीच इसे सबसे विकसित और परिपक्व रूप में पाते हैं, हालाँकि यह दक्षिण एशिया में मुसलमानों, ईसाइयों, सिखों और अन्य धार्मिक समूहों के बीच समान रूप से मौजूद हैं।"

जाति व्यवस्था के कार्य

जाति व्यवस्था को पारम्परिक रूप से निम्नलिखित कार्यों के निष्पादन के रूप में देखा जा सकता है :

(i) यह विभिन्न जाति समूहों के व्यवसाय का निर्धारण करके आर्थिक प्रतिस्पर्धा को कम करता है।

(ii) जीवनसाथी के चयन की पहुँच को और सीमित करके, यह अपने सदस्यों को जीवन साथी चुनने के उनके प्रयास में मदद करता है। सजातीय विवाह के नियम, परम्परागत रूप से, बहुत सख़्त हैं और उल्लंघनों को दण्ड के साथ गम्भीरता से लिया जाता है।

(iii) जाति व्यवस्था का आर्थिक आधार जजमानी व्यवस्था है। यह वस्तु और सेवाओं के आदान–प्रदान की एक अच्छी तरह से परिभाषित प्रणाली द्वारा शासित श्रम का एक विस्तृत विभाजन है। भू–स्वामी वाली जातियाँ, और निम्न व्यावसायिक रूप से विशिष्ट जातियाँ या 'पेशेगत जातियाँ' पारम्परिक रूप से कुछ जजमानी दायित्वों से बँधी होती हैं। भूमि के स्वामित्व को नियन्त्रित करने वाले संरक्षक (जजमान) या उच्च जातियाँ अन्य जातियों द्वारा प्रदान की जाने वाली सेवाओं के बदले में भूमि के उपज का आदान–प्रदान करती हैं।

जाति को अपने सदस्यों के लिए सामाजिक और मनोवैज्ञानिक संसाधन के रूप में भी देखा जा सकता है। एकता और सामान्य चेतना की भावना के अहसास–बोध के कारण एक जाति के सदस्य अपनी जाति के लोगों के बचाव में आते हैं।

जाति व्यवस्था और इसका रूपान्तरण

अपने शाब्दिक दृष्टिकोण और लोकप्रिय धारणा के विपरीत, जाति कभी भी स्थिर नहीं रही है। यह कई परिवर्तनकारी कारकों से प्रभावित रही है जो समय–समय पर प्राचीन काल से लेकर वर्तमान तक होते रहे हैं। जाति व्यवस्था में हमेशा अनुकूल परिवर्तन होते रहे हैं। हालाँकि, स्वतन्त्रता के बाद की अवधि के दौरान विशेष रूप से जाति के अनुष्ठान और आर्थिक पहलुओं में परिवर्तन की गति कई गुणा बढ़ गयी है। परिवर्तन के कारकों में, ब्रिटिश काल से ही, निम्नलिखित को सबसे महत्त्वपूर्ण माना जा सकता है :

(i) औद्योगीकरण और शहरीकरण

(ii) पश्चिमीकरण

(iii) सामाजिक और धार्मिक सुधार आन्दोलन

(iv) जजमानी व्यवस्था का पतन

(v) दलित और पिछड़ा वर्ग आन्दोलन

(vi) राज्य की भूमिका

ब्रिटिश शासन के दौरान औद्योगीकरण और शहरीकरण की प्रक्रिया ने बहुत महत्त्वपूर्ण भूमिका निभायी। औद्योगीकरण की प्रक्रिया ने सामाजिक स्थिति के कर्मकाण्डीय/धार्मिक मानकों की क़ीमत पर भौतिक और धर्मनिरपेक्ष संकेतकों और सामाजिक स्थिति के मानदण्डों को वरीयता दी। धर्मनिरपेक्षता के साथ शहरीकरण की प्रक्रिया ने उच्च और निम्न जातियों के बीच कर्मकाण्डीय और शारीरिक दूरी को काफ़ी पाट दिया, मुख्यतः जातियों के बीच कम शारीरिक विलगाव और शहरी केन्द्रों की अधिक धर्मनिरपेक्ष प्रवृत्ति के कारण ही ऐसा सम्भव हो पाया है।

पश्चिमीकरण की प्रक्रिया ने सामाजिक समानता की ओर उन्मुख एक नये सामाजिक दर्शन और मूल्य–प्रणाली की शुरुआत की और तर्कवाद पर ज़ोर दिया। इसने लैंगिक अधिकारों और लैंगिक न्याय को भी बढ़ावा दिया। भारतीय समाज की पश्चिमी प्रवृत्तियों से प्रभावित वर्गों ने हिन्दू धर्म की पुनर्व्याख्या की और जाति व्यवस्था पर एक नयी नज़र डाली। उन्होंने जाति व्यवस्था के सामान्य पारम्परिक नियमों की अवहेलना की और नये ग़ैर–पारम्परिक व्यवसायों को अपनाने में कोई संकोच नहीं किया। उन्हें जाति के बाहर से जीवनसाथी चुनने में भी कोई परेशानी नहीं हुई। कुल मिलाकर, पश्चिमीकरण ने भारतीय समाज के सांस्कृतिक आधुनिकीकरण को बढ़ावा दिया और इसे प्रोत्साहित किया।

कई धार्मिक और सामाजिक सुधार आन्दोलनों ने भी अपनी भूमिका निभायी। भक्ति आन्दोलन और सूफ़ी आन्दोलन ने मानव जाति की एकता पर बल दिया और मानवीय एकत्व के विचार से अवगत कराया और असमानता को 'ईश्वर निर्मित' होने के बजाय उसे 'मानव निर्मित' बताया। हालाँकि वे जाति व्यवस्था को ख़त्म नहीं कर सके, लेकिन उन्होंने निश्चित रूप से जाति की कठोरता को कम करने में मदद की। आर्य समाज और ब्रह्म समाज आन्दोलनों जैसे कई सामाजिक सुधार आन्दोलनों ने जाति व्यवस्था पर विशेष रूप से कर्मकाण्डीय शुद्धता और अशुद्धता तथा असमानता के पहलू पर सीधा हमला किया। पिछड़ी जातियों के आन्दोलनों या ग़ैर–ब्राह्मण आन्दोलनों के उभार ने भी असमानताओं के दर्शन को सीधा झटका दिया और समतावाद को प्रोत्साहित किया।

दरअसल, ऊपर वर्णित सभी कारकों में से विशेष रूप से राज्य की भूमिका स्वतन्त्रता के बाद सबसे महत्त्वपूर्ण थी। जब भारत के संविधान ने समानता की घोषणा की, तो उसने एक ही झटके में जातिगत असमानताओं और जाति श्रेष्ठताओं को अमान्य घोषित कर दिया। जाति व्यवस्था का एक अभिन्न अंग अस्पृश्यता को संज्ञेय अपराध बना दिया गया। लोकतन्त्र और वयस्क मताधिकार सामाजिक न्याय, समानता और भारतीय समाज के वंचित समूहों के सशक्तीकरण की दिशा में एक बड़ा क़दम था। राज्य द्वारा प्रायोजित और क्रियान्वित निर्देशों ने जाति व्यवस्था में निहित असमानता और अन्याय की जड़ों पर प्रत्यक्ष सीधा आक्रमण किया है और इसका लम्बा इतिहास रहा है। इसने समान क़ानूनी व्यवस्था और क़ानून के समक्ष समानता स्थापित की।

जाति व्यवस्था का भविष्य

हालाँकि, जैसा कि ऊपर उल्लेख किया गया है, यह सच है कि जाति व्यवस्था या अधिक सटीक रूप से कहें तो परम्परागत जाति व्यवस्था लगभग बदल चुकी है और किताबी दुनिया और दृष्टिकोण से परे चली गयी है, लेकिन क्या यह लुप्त होती जा रही है? निम्नलिखित विशेषताओं और प्रवृत्तियों ने इसके भविष्य पर प्रश्नचिह्न लगा दिया है :

- जाति आधारित उत्पादन प्रणाली का विनष्ट होना और जजमानी व्यवस्था प्रदत्त जातियों की पेशेगत विशेषज्ञता जाति व्यवस्था के मौत की घण्टी बजा रही है। एक ऐसे 'व्यवसाय मुक्त जाति संरचना' की परिकल्पना की गयी है जिसमें सभी जातियाँ अब किसी भी व्यवसाय को चुनने और उसका अनुकरण करने के लिए स्वतन्त्र हैं। इसके अलावा कई कौशल अब औपचारिक संस्थानों से सीखे जा सकते हैं जो पहले केवल पारिवारिक विरासत हुआ करते थे जैसे कि मिट्टी के बर्तन बनाना, कपड़े सिलना, बाल बनाना आदि।
- जाति आधारित लामबन्दी के माध्यम से दलितों और पिछड़े वर्गों के लोकतान्त्रिक दावे ने समाज में 'सत्ता संरचना' को बदल दिया है। उच्च जातियों के प्रभुत्व और परिकल्पित एकाधिकार में तेज़ी से गिरावट आयी है और भारत के सभी हिस्सों में 'नयी प्रमुख जातियाँ' उभरी हैं; परम्परागत जाति व्यवस्था की विशेषता ब्राह्मण और क्षत्रिय जातियों के प्रभुत्व की थी।

- जाति अब नौकरियों और शिक्षा में कम महत्त्वपूर्ण है लेकिन वैवाहिक गठबन्धनों और राजनीति में बहुत प्रासंगिक और ताक़तवर है। सजातीय विवाह (किसी की जाति के भीतर विवाह) शायद जाति व्यवस्था की अभिन्न विशेषताओं में से एकमात्र महत्त्वपूर्ण विशेषता है जो अभी भी लगभग बरकरार है। विभिन्न अध्ययनों और सर्वेक्षणों से पता चलता है कि भारत की 5 फ़ीसदी से अधिक आबादी ने अपनी जातियों से बाहर विवाह नहीं किया है और ऐसे अधिकांश मामले 'शहरी भारत' से हैं। कई विद्वानों का मानना है कि जब तक सजातीय विवाह एक आदर्श बना रहेगा, तब तक जाति व्यवस्था समाप्त नहीं होगी।
- परम्परागत रूप से वंचित जातियों की बढ़ती शक्ति का प्रतिकार करने के लिए, उच्च जातियों की लामबन्दी को भी इस प्रकार और अधिक सघन जाति–चेतना को जन्म देते हुए देखा जा सकता है।
- लोकतन्त्र, समानता और व्यक्तिगत स्वाभिमान के विचार अब सामाजिक जाति सम्बन्धों को परिभाषित कर रहे हैं।
- एक प्रख्यात समाजशास्त्री एम.एन. श्रीनिवास इन प्रवृत्तियों में एक और पहलू जोड़ते हुए एक आँख खोलने वाला बयान देते हैं, जब वे कहते हैं कि, "विरोधाभास यह है कि एक व्यवस्था के रूप में जाति मर रही है, लेकिन स्वतन्त्र रूप से अलग–अलग जातियाँ भौतिक लाभों की प्राप्ति के लिए एक–दूसरे के साथ प्रतिस्पर्द्धा कर रही हैं।

जाति की सर्वव्यापक और 'सर्वशक्तिमान' भूमिका को स्वीकार करते हुए उन्होंने अपनी अन्तिम कृति 'कास्ट : इट्स ट्वेंटीथ सेंचुरी अवतार' में एक वक्तव्य दिया है, जो कई लोगों को हैरान और विस्फारित कर सकता है– "हिन्दू धर्म रहेगा या नहीं, लेकिन जाति रहेगी।"

हालिया वर्षों में बाज़ारवादी अर्थव्यवस्था भारतीय आधुनिकता और विकास में राजनीतिक निवेश के लिए मुफ़ीद बन गयी है, लेकिन क्या यह जाति व्यवस्था को पराजित कर सकती है? वस्तुतः जाति की पारम्परिक भूमिका तो समाप्त हो रही है लेकिन प्रभाव के नये रूप खुल रहे हैं जो जाति व्यवस्था को नया जीवन दे रहे हैं, उन्हें संजीवनी देकर जीवन्त बनाये हुए हैं।

46

जनसंख्या वृद्धि के मुद्दे
Issues in Population Growth

जनसंख्या से सम्बन्धित मुद्दों के सन्दर्भ में किसी प्रकार की वैचारिकी और उसके निष्कर्ष की स्थापना करने से पूर्व इस तथ्य से अवगत होना अनुपेक्षणीय और अवश्य ज्ञातव्य होगा कि भारत का क्षेत्रफल सम्पूर्ण विश्व के कुल क्षेत्रफल का 2.4 फ़ीसदी है लेकिन इसमें दुनिया की कुल जनसंख्या की 15 फ़ीसदी आबादी निवास करती है जो (जनसंख्या विस्फोट) भारत की स्थिरता के लिए एक ख़तरा व चुनौती रही है। कमोबेश अधिकांश जनसांख्यिकीय विशेषज्ञों ने अपने वक्तव्यों में इस तथ्य से सहमति जतायी है कि जनसंख्या विस्फोट अब बीते दिनों की बात हो चुकी है और यह मुद्दा अब अप्रासंगिक हो चुका है क्योंकि हमारी जनसंख्या अब 'आबादी स्थिरीकरण' के स्तर को प्राप्त करने के काफ़ी क़रीब है।

बहरहाल, विशेषज्ञ निराशावादी बनने के बजाय इस बात पर बल देते हुए कहते हैं कि कई कारणों से हमें जनसंख्या के मुद्दे पर भारत की उपलब्धियों से प्रसन्न होना चाहिए और महिलाओं के प्रजनन स्वास्थ्य की दिशा में काम करना चाहिए जो स्वास्थ्य और शिक्षा के उच्च प्राथमिकीकरण से ही सम्भव है। इस पूरे परिप्रेक्ष्य को पूनम मुट्टरेजा, जो कि 'पॉपुलेशन फाउंडेशन ऑफ़ इंडिया' की कार्यकारी निदेशक हैं, के इस वक्तव्य से सुस्पष्टता मिलती है कि भारत की कुल प्रजनन दर (टी.एफ.आर.) 2.2 फीसदी है जो जनसंख्या या आबादी स्थिरीकरण के उस मानक स्तर–2.1 फीसदी से थोड़ा ही ऊपर है जिसमें एक दाम्पत्य युगल दो बच्चों द्वारा प्रतिस्थापित किया जाता है। सरल शब्दों में कुल प्रजनन दर (टी.एफ.आर.) उन बच्चों की औसत संख्या है जो एक महिला अपने जीवनकाल में पैदा करती है। जबकि प्रतिस्थापन स्तर प्रजनन क्षमता का वह स्तर है जिस पर एक आबादी एक पीढ़ी से दूसरी पीढ़ी में बिल्कुल बदल जाती है। यदि हम कुल प्रजनन दर (टी.एफ.आर.)

का पता लगाये, तो हम पाते हैं कि हम वर्ष 1950 में 5.907 पर शुरू हुए और वर्ष 2020 में 2.2 के उत्साहवर्धक स्तर पर पहुँच गये, जबकि वर्ष 2021 के लिए अनुमान 2.1 है, जिसका अर्थ है कि भारत के अधिकांश हिस्सों में जोड़ों के सिर्फ़ दो बच्चे होंगे। बहरहाल, वर्ष 2025 तक कुल प्रजनन दर के 1.93 तक गिरने का अनुमान है।

स्वामीनाथन अंकलेसरा अय्यर का दृढ़ मत है कि यह चुनाव में खड़े होने पर प्रतिबन्ध जैसे दण्ड के कारण नहीं है। ऐसा इसलिए है क्योंकि महत्वाकांक्षी मध्यवर्ग कम बच्चे चाहता है। बहरहाल आगे की चर्चा के लिए निम्नलिखित बिन्दुओं पर चर्चा करने की आवश्यकता है :

- भारत की जनसंख्या वृद्धि बहुत समय पहले चरम पर थी। जनसंख्या में वार्षिक वृद्धि दर के सन्दर्भ में 1982 में 2.36% थी जो 2021 में घटकर 0.97% हो गयी है। इसका मतलब है कि गिरावट की प्रवृत्ति जारी है।
- घरेलू सम्पत्ति के बढ़ते स्तर के साथ कुल प्रजनन दर में गिरावट आयी है।
- शिक्षा महिलाओं में प्रजनन और समय से पहले प्रजनन को कम करने में मदद करती है। केरल इसका सबसे अच्छा उदाहरण है जहाँ महिला साक्षरता और शिक्षा ने महत्त्वपूर्ण भूमिका निभायी है।
- पुत्र–प्राथमिक समाज के सभी वर्गों के बीच प्रजनन क्षमता में वृद्धि का एक प्रमुख कारक और प्रेरक है।
- आम धारणा के विपरीत, 2 से अधिक बच्चों वाली 83% महिलाएँ हिन्दू हैं।
- हिन्दू और मुस्लिम, दोनों के लिए प्रजनन दर कम हो रही है।

स्रोत : राष्ट्रीय परिवार स्वास्थ्य सर्वेक्षण (एनएफएचएस), राष्ट्रीय जनसंख्या आयोग, विश्व विकास संकेतक, विश्व बैंक, विश्व जनसंख्या सम्भावना 2019, संयुक्त राष्ट्र।

विशेषज्ञों का मानना है कि भारत में जनसंख्या वृद्धि बहुत पहले चरम पर थी और यह पहले से ही नीचे की ओर है। इसके अलावा, प्रजनन दर को धर्म से नहीं जोड़ा जाना चाहिए क्योंकि ग़रीब और अशिक्षित लोगों में प्रजनन दर अधिक है। पितृसत्ता मुख्य रूप से दो मामलों में प्रजनन दर को बढ़ाने के लिए ज़िम्मेदार है– पहला, यह पुरुष है जो बच्चों की संख्या और कब प्रजनन करना है के सन्दर्भ में निर्णायक होता है और दूसरा हिन्दू भारतीय समाज में आर्थिक एवं अन्य कारणों से पुत्रों को वरीयता तथा प्राथमिकता दी जाती है।

अधिकांश जनसांख्यिकी और राजनीतिक टिप्पणीकारों का मानना है कि जनसंख्या विस्फोट के दलदल का इस्तेमाल अक्सर प्रत्यक्ष या परोक्ष रूप से मुसलमानों को राजनीतिक रूप से लक्षित करने के लिए किया जाता है। यह सच है कि सभी धार्मिक समुदायों में मुसलमानों की प्रजनन दर हमेशा सबसे अधिक रही है, लेकिन यह भी सच है और इसकी राष्ट्रीय परिवार स्वास्थ्य सर्वेक्षण (एनएफएचएस) और अन्य प्रतिष्ठानों द्वारा पुष्टि की गयी है कि मुसलमानों में इसकी गिरावट भी सबसे अधिक है। यह स्पष्ट रूप से इंगित करता है कि उन्होंने छोटे परिवार के आदर्श को भी बड़े पैमाने पर अपनाया है।

अधिकार आधारित दृष्टिकोण

बाल विवाह निवारण अधिनियम की उपस्थिति के बावजूद, लगभग एक चौथाई लड़कियों की जल्दी शादी हो जाती है। वे कब और किससे शादी करती हैं, इस बारे में शायद ही उनकी कोई भूमिका हो। कम उम्र में शादी और कम उम्र में बच्चे पैदा करना, दोनों ही न केवल उच्च जनसंख्या वृद्धि के लिए ज़िम्मेदार हैं बल्कि एक लड़की के मूल अधिकारों का भी उल्लंघन करते हैं। यह उन्हें शिक्षा और स्वास्थ्य के अवसर से वंचित करता है। इस प्रकार, जैसा कि कई विशेषज्ञ कहते हैं, जनसंख्या विस्फोट की कहानी के बजाय, जो अब बहुत प्रासंगिक नहीं है, भारत को अधिकारों को बढ़ावा देने की आवश्यकता है। महिलाओं, लड़कियों को अपने जीवन, विशेष रूप से उनके प्रजनन अधिकारों के बारे में निर्णय लेने के लिए सशक्त बनाया जाना चाहिए। पितृसत्तात्मक मानसिकता से लड़ा जाना चाहिए ताकि महिलाओं और लड़कियों को व्यावसायिक शिक्षा, आजीविका के अवसर और हिंसा और ज़बरदस्ती से सुरक्षा सहित गुणवत्तापूर्ण शिक्षा मिल सके।

कुछ उत्तरी राज्यों का बदस्तूर समस्यामूलक बने रहना

जैसा कि पहले ही कहा जा चुका है कि कई राज्य प्रतिस्थापन स्तर की प्रजनन दर पर पहुँच गये हैं और गिरावट अनुमान से अधिक तेज़ हैं, लेकिन कुछ उत्तरी राज्य पिछड़ रहे हैं। वास्तव में 24 राज्यों और केन्द्र शासित प्रदेशों में कुल प्रजनन दर (टी.एफ.आर.) 2.1 या उससे भी कम दर्ज की गया है और शहरी भारत की कुल प्रजनन दर (टीएफआर) घटकर 1.8 हो गयी है। जीवन स्तर में सुधार और शैक्षणिक योग्यता के स्तर का संवर्धन

जनसंख्या वृद्धि की दर को कम कर रहे हैं। परिवार नियोजन कार्यक्रमों की सफलता से कहीं अधिक, बढ़ती शिक्षा और आकांक्षाओं ने सामाजिक जागरूकता कई गुणा बढ़ाई है।

ज़ब्रदस्त सफलता के बावजूद, उत्तर और दक्षिण के बीच प्रजनन उर्वरता में असमानता चिन्तनीय है। आधिकारिक सरकारी आँकड़ों से पता चलता है कि उत्तरी राज्यों विशेष रूप से उत्तर प्रदेश, बिहार और मध्य प्रदेश में औसत प्रजनन दर 3 फ़ीसदी से ऊपर है जिसे ठीक करने की आवश्यकता है। हालाँकि इन राज्यों में भी प्रजनन दर गिर रही है लेकिन इतनी तेज़ी से नहीं। इसका मुख्य कारण यह है कि इन राज्यों में महिलाओं को अभी भी प्रजनन और यौन अधिकारों का प्रयोग करने के लिए सांस्कृतिक स्वायत्तता का आनन्द नहीं मिल रहा है। जनसंख्या वृद्धि का महत्त्वपूर्ण कारक महिलाओं की निर्णायक भूमिका का स्वरूप है।

भविष्य की राह

पिछले दशकों में प्रजनन दर में धीमी गिरावट का एक महत्त्वपूर्ण कारण यह है कि पुरुषों ने परिवार नियोजन की सभी ज़िम्मेदारियों को महिलाओं पर थोप दिया। जैसा कि पूनम मुट्टरेजा (2021) ठीक ही बताती हैं कि पुरुष जन्म नियन्त्रण के साधनों को अपनाने से बचते रहे हैं। 2015–16 की अवधि के लिए राष्ट्रीय परिवार स्वास्थ्य सर्वेक्षण (एन.एफ.एच.एस.–4)का हवाला देते हुए, वह बताती हैं कि 15–49 वर्ष की आयु वालों लोगों में 36 फ़ीसदी विवाहित महिलाओं की नसबन्दी की गयी, जबकि 15–54 वर्ष की आयु के 1% से कम विवाहित पुरुष और 6% से कम पुरुष कंडोम का उपयोग करते हैं। हमें अपने परिवार नियोजन कार्यक्रम को और अधिक प्रभावी बनाने की आवश्यकता है जिसके लिए निम्नलिखित तीन कार्यों पर विचार करना अनिवार्य और अपरिहार्य है :

- पुरुष नसबन्दी से पौरुष सम्बन्धी मिथ के बारे में ग़लत धारणाओं से छुटकारा पायें। पुरुष सोचते हैं कि पुरुष नसबन्दी के बाद वे न पौरुष खो देंगे या नपुंसक हो जायेंगे।
- महिलाओं की भूमिका को प्राथमिकता दें, उन्हें यह चुनने की क्षमता दें कि वे कब, और कितने बच्चे चाहती हैं? यह उनके प्रजनन अधिकारों और स्वायत्तता से सम्बन्धित है।

- चयन के अधिकार को प्रोत्साहित करें और किसी भी तरह की ज़बरदस्ती से दूर रहें।

ज़बरदस्ती क्यों और कैसे प्रतिकूल हो जाती है, इसे दो उदाहरणों से समझा जा सकता है। 1975–77 ('आपातकाल' के दिनों) के बीच 'परिवार नियोजन शिविरों' में पुरुषों की नसबन्दी की गयी। कई उदाहरणों में पुरुषों को मवेशियों की तरह, इन शिविरों में ले जाया जाता था और 'लक्ष्यों' को पूरा करने के लिए ज़बरन उनकी नसबन्दी की जाती थी। यह आपदा थी जिसके कारण सार्वजनिक आक्रोश और भयंकर प्रतिरोध हुआ जिसके परिणामस्वरूप इन्दिरा गाँधी के नेतृत्व वाली काँग्रेस सरकार की भारी हार हुई। सारा उद्देश्य विफल हो गया। दूसरा उदाहरण चीन का है। इसने 'एकल सन्तान नीति' लागू की जिसके परिणामस्वरूप बड़े पैमाने पर कन्या भ्रूण हत्या और शिशु हत्या हुई और परिणामस्वरूप सभी बुरे परिणामों के साथ लिंग अनुपात में व्यापक स्तर पर असन्तुलन आया। कुछ समय बाद वे 'द्वि सन्तान नीति' को अपनाने के लिए विवश हो गये और अब वे माता–पिता को तीन बच्चों के लिए प्रोत्साहित कर रहे हैं। चीन द्वारा अपनायी गयी नीति और रणनीति का अनुकरण करने के लिए भारत के लिए इससे बुरा कुछ नहीं हो सकता। बढ़ती उम्र और संकुचित होते कार्यबल के साथ चीन अब 'जनसांख्यिकीय आपदा' का सामना कर रहा है। दिलचस्प बात यह है कि 'द्वि सन्तान नीति' का विधेयक आज़ादी के बाद से 35 बार संसद में पेश किया जा चुका है, लेकिन स्पष्ट कारणों से सरकारों ने इसे कभी नहीं पारित किया।

सामाजिक रूप से कहें तो पितृसत्ता, सभी कारकों के बीच, छोटे परिवार के आदर्श को देर से अपनाने के लिए सबसे अधिक ज़िम्मेदार है। जनसंख्या समस्या वास्तव में विकास की समस्या है। जैसा कि कई जनसांख्यिकीय कहते हैं–'विकास सबसे प्रभावी 'गर्भनिरोधक' है', जिसे सशक्त महिलाओं द्वारा समर्थित किया गया है।

जनसंख्या नीति

1952 में परिवार नियोजन का राष्ट्रीय कार्यक्रम शुरू करने वाला भारत पहला देश था। इसने जनसंख्या को स्थिर करने के लिए जन्म दर को कम करने की आवश्यकता पर बल दिया। राष्ट्रीय स्वास्थ्य नीति, 1983 में कहा गया है

कि कुल प्रजनन दर (टी.एफ.आर.) के प्रतिस्थापन स्तर को वर्ष 2000 तक हासिल किया जाना चाहिए। अधिक समान वितरण के साथ सतत विकास को बढ़ावा देने के लिए जनसंख्या को स्थिर करना एक महती आवश्यकता है। इस लक्ष्य की प्राप्ति हेतु राष्ट्रीय जनसंख्या नीति, 2000 (एन.पी.पी. 2000) शुरू की गयी थी। इसने प्रजनन स्वास्थ्य सेवाओं का लाभ उठाते हुए नागरिकों के स्वैच्छिक और पारदर्शी चयन और इसकी सहमति के प्रति सरकार की प्रतिबद्धता की पुष्टि की। राष्ट्रीय जनसंख्या नीति (एनपीपी), 2000 का तात्कालिक उद्देश्य गर्भनिरोधक, स्वास्थ्य सेवा के बुनियादी ढाँचे और स्वास्थ्य कर्मियों की अधूरी ज़रूरतों को पूरा करना और बुनियादी प्रजनन एवं बाल स्वास्थ्य देखभाल के लिए एकीकृत सेवा वितरण प्रदान करना है। इस उद्देश्य के अन्तर्गत निम्नलिखित राष्ट्रीय सामाजिक–जनसांख्यिकीय लक्ष्यों को वर्ष 2010 तक प्राप्त किया जाना था।

- बुनियादी प्रजनन एवं बाल स्वास्थ्य सेवाएँ, आपूर्ति और बुनियादी सुविधाओं के लिए अपर्याप्त आवश्यकताओं को पूरा करने जैसे मुद्दों पर विचार करना और उसके समाधान के लिए रूपरेखा खींचना।
- 14 साल से कम उम्र की विद्यालयी शिक्षा को मुफ़्त और अनिवार्य बनायें, प्राथमिक और माध्यमिक स्तर पर विद्यालयी शिक्षा को स्थगित करने वाले लड़के और लड़कियों, दोनों की संख्या को 20 फ़ीसदी के अनुपात से कम करना।
- शिशु मृत्यु दर को 30/1000 के अनुपाद से कम करना।
- मातृ मृत्यु अनुपात को 100/10,000 से कम करना।
- सभी टीका निवारणीय रोगों के ख़िलाफ़ बच्चों के सार्वभौमिक टीकाकरण का लक्ष्य प्राप्त करना।
- लड़कियों के विवाह की आयु में वृद्धि और 18 साल की उम्र से पहले नहीं और अच्छा होगा यदि 20 वर्ष की उम्र के बाद लड़कियों की शादी की नीति को प्रोत्साहन।
- प्रशिक्षित व्यक्तियों द्वारा 80 फ़ीसदी संस्थागत और 100 फ़ीसदी प्रसव के लक्ष्य को प्राप्त करना।
- विकल्पों के एक विस्तृत समुच्चय के साथ प्रजनन विनियमन और गर्भनिरोध के लिए जानकारी, परामर्श के लिए सार्वभौमिक उपलब्धता, और सेवाओं को प्राप्त करना।

- जन्म, मृत्यु, विवाह और गर्भावस्था के 100 फ़ीसदी पंजीकरण का लक्ष्य पाना।
- एड्स के प्रसार को रोकना और प्रजनन प्रणाली संक्रमण (आर.टी.आई), और यौन संचारित संक्रमणों (एस.टी.आई.) और राष्ट्रीय एड्स नियन्त्रण संगठन के प्रबन्धन के बीच अधिक एकीकरण और समन्वय को बढ़ावा देना।
- संचारी रोगों का नियन्त्रण और रोकथाम।
- भारतीय औषधि प्रणाली (आई.एस.एम.) को एकीकृत और समेकित करना और सभी परिवारों में जच्चा–बच्चा के स्वास्थ्य और देखभाल की सुविधा सुनिश्चित करना।
- कुल प्रजनन दर (टी.एफ.आर.) के प्रतिस्थापन के स्तर को प्राप्त करने के लिए छोटे से परिवार के आदर्श को बढ़ावा देना।
- सम्बन्धित सामाजिक क्षेत्र के कार्यक्रमों के कार्यान्वयन को विकेन्द्रीकृत करें ताकि परिवार कल्याण एक जनकेन्द्रित कार्यक्रम हो सके।

वास्तव में यदि राष्ट्रीय जनसंख्या नीति (एन.पी.पी.), 2000 को पूरी तरह से लागू किया जाता है, तो हम जनसंख्या प्रक्षेपण पर तकनीकी समूह द्वारा अनुमानित 1162 मिलियन (116 करोड़) के बजाय 2010 में 1107 मिलियन (110 करोड़) की आबादी का आकलन लगाते हैं।

भारतीय जनसंख्या की संरचना और विकास को प्रभावित करने वाले कारक : को हम निम्मलिखित बिन्दुओं के माध्यम और रेखांक्ति कर सकते है :

- *गर्भनिरोध की अपर्याप्तता की वजह से उच्च प्रजनन दर :* गर्भनिरोधक गोलियों की व्यापक और वहनीय उपलब्धता को सुनिश्चित करने के लिए तत्काल पहल करने की आवश्यकता है। दूरदराज़ के ग्रामीण और आदिवासी क्षेत्रों में गर्भ निरोधकों की पहुँच और सुलभता अभी भी अपेक्षाकृत अधिक सुलभ नहीं होने पायी है।
- *उच्च शिशु मृत्यु दर (शिशु मृत्यु दर) :* हिन्दी पट्टी के ग्रामीण क्षेत्रों में लोग अपने शिशु की दीर्घ आयु को लेकर आश्वस्त नहीं होते, इसलिए इन क्षेत्रों में अधिक बच्चों के प्रजनन की प्रवृत्ति होती है।
- *लड़कियों का जल्दी विवाह :* 50% से अधिक लड़कियों की शादी 18 साल से कम उम्र में हो जाती है, जिसके कारण "बहुत जल्दी,

बहुत बार, बहुत सारे बच्चे" हो जाते हैं। जन्म का उच्च प्रतिशत 24 महीने से कम के अन्तराल पर होता है जिसके परिणामस्वरूप उच्च शिशु मृत्यु दर भी होती है।

- *पुत्र केन्द्रित समाज का व्यापक प्रचलन :* सभी धार्मिक समुदायों में सामाजिक, आर्थिक और धार्मिक कारकों के प्रभावस्वरूप पुत्र को व्यापक स्तर पर वरीयता दी जाती है। महिलाओं की शिक्षा, सामाजिक, आर्थिक और राजनीतिक सशक्तिकरण के माध्यम से इस पर काफ़ी हद तक अंकुश लगाया जा सकता है। दहेज जैसी सामाजिक बुराई के मूल में भी पुत्र को वरीयता देने की प्रवृत्ति की भी महत्त्वपूर्ण भूमिका है।
- *ग़रीबी और शैक्षणिक पिछड़ापन :* अब सार्वभौमिक रूप से स्वीकार किया जाता है कि ग़रीबी और अभाव की स्थिति में बच्चे दायित्व नहीं बल्कि सम्पत्ति के रूप में तब्दील हो जाते हैं क्योंकि एक छोटी उम्र में वे परिवार की अर्थव्यवस्था में योगदान देना प्रारम्भ कर देते हैं। जहाँ कहीं भी बच्चे पारिवारिक अर्थव्यवस्था में योगदान करते हैं, उन्हें विद्यालयों में नहीं भेजा जाता और निश्चित रूप से इसके परिणामस्वरूप विद्यालय छोड़ने वाले विद्यार्थियों की संख्या (ड्रॉपआउट) में इज़ाफ़ा हो सकता है, इसकी दर उच्च हो सकती है। इसके अलावा, अब यह भी साबित हो गया है कि महिला साक्षरता और शिक्षा की उच्च दर से छोटे परिवार के आदर्शों का बेहतर प्रबन्धन होता है।
- *धार्मिक मान्यताओं और परम्पराएँ :* भारत व्यापक और सघन रूप में एक धार्मिक और परम्परागत समाज है। धार्मिक आधार पर लोगों के एक बड़े वर्ग के बीच, यह माना जाता है कि बच्चे भगवान का उपहार हैं और उनके जन्म पर रोक नहीं लगानी चाहिए। लेकिन वही समाज कन्या भ्रूण हत्या और भ्रूण हत्या का भी सहारा लेता है। वही लोग इस विरोधाभास और पाखण्ड से सहज हैं।

47

'स्मार्ट सिटी' परियोजना : प्रमुख मुद्दों पर प्रश्नचिह्न

Smart City Project : Questioning the Core Issues

विगत चार–पाँच दशकों के दौरान भारत में शहरों की संख्या में अत्यधिक वृद्धि हुई है। ग्रामीण से शहरी प्रवासन ने शहरों की अधिक जनसंख्या और बेतरतीब विकास में महत्त्वपूर्ण योगदान दिया है। कई क़स्बों ने खुद को शहरों में बदल लिया जिससे बुनियादी ढाँचे और इसके निवासियों के अधिवास का संकट पैदा हो गया। इन्हीं चिन्ताओं से 'स्मार्ट सिटी' की अवधारणा सामने आयी है। 'स्मार्ट सिटी' का लक्ष्य एक केन्द्र प्रायोजित योजना है। इस योजना ने 5 वर्ष (2015–20) की अवधि के अन्दर 100 शहरों को अन्तर्भूत करने का लक्ष्य निर्धारित किया है। केन्द्र सरकार ने मिशन को 100 शहरों के लिए वित्तीय सहायता देने का प्रस्ताव रखा है। कथित प्रस्तावित बजट 5 वर्षों में 48,000 करोड़ रुपये प्रति शहर, प्रति वर्ष औसतन 100 करोड़ के आधार पर विभाजित किये जाने थे। इतनी ही राशि राज्यों को देनी थी। आवास और शहरी विकास मन्त्रालय ने निम्नलिखित बिन्दुओं के माध्यम से अपनी रूपरेखा को आकार दिया है जिससे उनकी भविष्य की दृष्टि और कार्य–प्रणाली के स्वरूप से अवगत हुआ जा सकता है :

- भारत सरकार ने 25 जून, 2015 को 'स्मार्ट सिटी' मिशन शुरू किया है।
- इसका उद्देश्य सतत और समावेशी विकास के लक्ष्य के आधार पर निर्मित उन शहरों के विकास को प्रोत्साहित करना है जिसमें नागरिकों के लिए आधारिक अवसंरचना के साथ गुणवत्तापूर्ण जीवन–स्तर सुनिश्चित हो साथ ही साथ जिसमें ऐसे समावेशी

और टिकाऊ वातावरण का निर्माण किया जा सके जिसमें प्रासंगिक और युक्तियुक्त रूप से समाधान तलाशने एवं उसके अनुप्रयोग की सम्भावना बलवती हो।

- लक्ष्य सतत और समावेशी विकास पर है और विचार अत्यधिक घनत्व वाले क्षेत्रों को रेखांकित करना है, एक प्रतिकृति मॉडल बनाना है जो अन्य महत्त्वाकांक्षी शहरों के लिए एक मानक और प्रतिनिधि शहर की तरह कार्य करेगा। 'स्मार्ट सिटीज़' योजना ऐसे उदाहरण स्थापित करने के लिए है जिसका 'स्मार्ट सिटी' के भीतर और बाहर, दोनों जगह अनुकरण किया जा सकता है और जिससे देश के विभिन्न क्षेत्रों और हिस्सों में समान स्मार्ट शहरों के निर्माण को प्रोत्साहन और प्रेरणा मिले।
- 'स्मार्ट सिटीज़' योजना के महत्त्वपूर्ण नियामक और घटक शहरों के स्वरूप का संवर्धन (पुनः संयोजन), शहर पुनर्नवीकरण (पुनर्विकास), शहर–विस्तारीकरण (हरित क्षेत्र विकास) के साथ ही साथ शहर के समस्त भागों में ऐसी पहलों को प्रोत्साहित करना है जिससे कि शहर के बड़े भाग में युक्तिसंगत और प्रासंगिक समाधान और उसको व्यवहार में लाने की प्रवृत्ति को बढ़ावा मिले।
- मलिन बस्तियों सहित क्षेत्र आधारित विकास मौजूदा क्षेत्रों (पुनःसंयोजन और पुनर्विकास) को बेहतर नियोजित मानव बस्तियों में बदल देगा, जिससे पूरे शहरों में अधिवास की क्षमता में सुधार होगा। शहरी क्षेत्रों में तेज़ी से बढ़ रही आबादी को समायोजित करने के लिए शहरों के आसपास सुनियोजित और समुचित सेवाओं से युक्त नये क्षेत्रों (हरित क्षेत्र) के विकास को प्रोत्साहित किया जायेगा। युक्तिसंगत समाधानों के अनुप्रयोग से शहर बुनियादी ढाँचे और सेवाओं में सुधार के लिए प्रौद्योगिकी का उपयोग करने में सक्षम होंगे।
- इस तरह से व्यापक विकास से जीवन की गुणवत्ता में सुधार होगा, रोज़गार सृजित होगा और सभी के लिए आय में वृद्धि होगी, विशेष रूप से ग़रीब और वंचितों की, जिससे समावेशी शहरों का निर्माण होगा।

जिन लोगों ने स्मार्ट शहरों के विचार और अवधारणा को विकसित किया है, उनके दिमाग़ में 'शहरों की अधिवास की क्षमता' और इसको

कैसे बढ़ाया जाये जैसी समस्या और इसके समाधान की रूपरेखा ज़रूर ही रही होगी। इस सन्दर्भ में एक लोकनीति संस्थान 'अमेरिकन एसोसिएशन ऑफ़ रिटायर्ड पर्सन्स (ए.ए.आर.पी.)' अधिवासी समुदाय के मानको और नियामकों का वर्णन करता है, "वह जो सुरक्षित और संरक्षित है, उसके पास किफ़ायती और उपयुक्त आवास एवं परिवहन के विविध विकल्प हैं, और जो सहायक सामुदायिक सुविधाएँ और सेवाएँ प्रदान करता है। एक ऐसा स्थान जहाँ ये कथित संसाधन व्यक्तिगत स्वतन्त्रता को बढ़ाते हों और हर उम्र के सदस्यों को समुदाय के नागरिक, आर्थिक और सामाजिक जीवन में भागीदारी को बढ़ावा दें।" नागरिकों के सामाजिक–सांस्कृतिक, आर्थिक और मानसिक कल्याण को बढ़ावा देने के लिए 'अधिवास' की अवधारणा को महत्त्वपूर्ण माना जाता है। ज़ाहिर है, नागरिकों के जीवन की गुणवत्ता में सुधार स्मार्ट सिटी योजना का एक महत्त्वपूर्ण उद्देश्य होना चाहिए। योजना के मुख्य बुनियादी ढाँचे के तत्त्वों को नीचे संक्षेप में प्रस्तुत किया गया है :

- पर्याप्त पानी की आपूर्ति।
- सुनिश्चित बिजली आपूर्ति।
- स्वच्छता और जिसमें ठोस अपशिष्ट प्रबन्धन शामिल होना चाहिए।
- किफ़ायती आवास, विशेष रूप से आर्थिक रूप से कमज़ोर वर्गों के लिए।
- कुशल सार्वजनिक परिवहन।
- कुशल और मज़बूत सूचना प्रौद्योगिकी (आईटी) सम्बद्धता और डिजिटलाइजेशन।
- सुशासन, विशेष रूप से ई–गवर्नेंस और नागरिकों की सहभागिता।
- सतत और स्वस्थ वातावरण।
- नागरिकों, विशेषकर महिलाओं, बच्चों और वृद्ध निवासियों की सुरक्षा और संरक्षण।

बहरहाल, कुछ 'स्मार्ट शहरों' के अनुशीलन और विश्लेषण के आधार पर कुछ विशेषज्ञ बताते हैं कि स्मार्ट शहरों के मुख्य उद्देश्यों–जीवन की गुणवत्ता में सुधार के लिए सूचना प्रौद्योगिकी का उपयोग करना और नागरिकों को अधिक कुशल और सतत रूप से शहरी सेवाएँ प्रदान करना– इत्यादि को व्यवहार में नहीं लाया गया है।

ग़रीब और हाशिये पर रहने वाले समुदाय

कई विशेषज्ञों ने स्मार्ट सिटी योजना की अनेक कमियों को सुस्पष्ट रूप से उजागर किया है और उनकी आलोचना की है। अनिवार्य रूप से विचारणीय इन नकारात्मक पक्षों में एक इन शहरों में रहने वाले समाज के ग़रीबों और हाशिये के वर्गों की बेहतरी की चिन्ता और उसके प्रति प्रतिबद्धता की कमी है। ग़रीबी में रहने वाली महिलाओं, दलितों, आदिवासी समुदायों और अल्पसंख्यकों को उदाहरण के रूप में उद्धृत किया जा सकता है। विकलांग व्यक्ति और समाज के सभी वर्गों से सम्बन्धित वृद्ध व्यक्ति दूसरी श्रेणी में आते हैं। 'स्मार्ट शहर' इस तथ्य की अनदेखी करते हुए प्रौद्योगिकी पर बहुत अधिक ध्यान केन्द्रित करते हैं लेकिन हाशिये के और वंचित वर्गों के व्यक्ति न तो तकनीकी–प्रेमी हैं और न ही उनकी इंटरनेट या डिजिटलीकरण तक आसान पहुँच है और न ही वे इसका आनन्द लेते हैं। इस प्रकार, ऐसा प्रतीत होता है कि यह योजना एक सुसंगत अधिकार आधारित और समानता उन्मुख दृष्टिकोण को शामिल नहीं कर सकती है। इस पहलू पर विस्तार से, एक ग़ैर–सरकारी संगठन (एनजीओ) जागोरी की वरिष्ठ सलाहकार सुनीता धर ने कहा–"स्मार्ट शहरों में महिलाओं को उनकी सभी विविधताओं में शामिल किया जाना चाहिए। एक महिला मानवाधिकार दृष्टिकोण संरचनात्मक और सामाजिक असमानताओं को दूर करके शहरों की योजना बनाने के तरीक़े को बदल देगा। महिलाओं को समान नागरिकों के रूप में अपने अवसरों और सेवाओं के लिए स्वायत्त 'शहर का अधिकार' है। उन्हें कार्यस्थल और सार्वजनिक स्थानों, दोनों पर हर समय सुरक्षा का अधिकार है।" यह विचार कि एक शहर शहरी क्षेत्र में रहने वाले सभी व्यक्तियों का है, मानवाधिकारों की सार्वभौम घोषणा और नये शहरी घोषणा–पत्र पर भी आधारित है। उद्देश्य समावेशी, निष्पक्ष और सुलभ शहरों का निर्माण होना चाहिए।

हमें इस प्रश्न पर ध्यान केन्द्रित करना चाहिए कि 'यह शहर किसका है और इसे कैसे 'स्मार्ट' बनाया जाये', इस सन्दर्भ में हिमांशु उपाध्याय (2018) कहते हैं कि लक्ष्य को मई, 2017 में संयुक्त राष्ट्र मानवाधिकार परिषद् में भारत की तृतीय सार्वभौमिक आवधिक समीक्षा के आधार पर सिफ़ारिशों को लागू करने का लक्ष्य रखना चाहिए।

- मिशन को बच्चों, महिलाओं, अनुसूचित जातियों, अनुसूचित जनजातियों, प्रवासियों, बेघर व्यक्तियों, घरेलू कामगारों, विकलांग

व्यक्तियों, धार्मिक और यौन अल्पसंख्यकों सहित हाशिये पर के समूहों और अन्य बहिष्कृत समूहों के व्यक्तियों और समुदायों की ज़रूरतों, चिन्ताओं और मानवाधिकारों पर विशेष ध्यान देना चाहिए।

- मानव अधिकार आधारित प्रभाव मूल्यांकन और पर्यावरणीय प्रभाव मूल्यांकन सभी 'छोटे शहर' परियोजनाओं के लिए अनुमोदित होने से पहले अनिवार्य होना चाहिए।
- प्रधानमन्त्री आवास योजना सभी के लिए आवास–2022 के लक्ष्यों के साथ संरेखित करते हुए सभी शहरों में पर्याप्त और किफ़ायती आवास के प्रावधानों को मज़बूत किया जाना चाहिए। शहरों को स्पष्ट आय आधारित मानदण्डों के साथ 'किफ़ायती आवास' को परिभाषित करना चाहिए।
- 'पुनर्वास' और 'झुग्गी मुक्त शहर' परियोजनाओं जैसे शब्दों का प्रयोग निम्न आय बस्तियों को ध्वस्त करने के बहाने के रूप में नहीं किया जाना चाहिए। ज़बरन बेदख़ली, बाध्यकारी पुनर्वास और विस्थापन को रोकने के उपाय किये जाने चाहिए।

बहरहाल, इस योजना या क़वायद को यह साबित करना होगा कि *सरकार द्वारा परिकल्पित इन चमकदार शहरों में ग़रीबों के लिए कोई जगह नहीं* है–ग़लत है।

साथ ही, कोरोना महामारी ने हमें अपने जीने के तरीक़े पर पुनर्विचार करने के लिए मजबूर किया है।

अतएव, नीति नियोजकों को भविष्य के स्मार्ट शहरों पर पुनर्विचार, पुनर्निर्माण और पुनर्गठन में व्यस्त हो जाना चाहिए।

48

भारतीय समाज पर बौद्ध, जैन, इस्लाम और ईसाई धर्म का प्रभाव

Influence of Buddhism, Jainism, Islam and Christianity on Indian Society

भारत ने विश्व समुदाय में अपना विशिष्ट और अलहदा स्थान सुनिश्चित किया है। यह दुनिया के सभी धार्मिक अनुयायियों की शरणस्थली रहा है और इसने सर्वधर्म समभाव की संकल्पना को आत्मसात करते हुए जिस प्रकार की और जिस स्तर की धार्मिक सहिष्णुता दिखायी है, वह प्रेरक और अनुकरणीय है। भारत में व्यापक स्तर पर हिन्दू धर्म, बौद्ध धर्म, जैन धर्म, ईसाई धर्म, इस्लाम और पारसी धर्म प्रचलित और अस्तित्वमें रहे हैं। इन सभी ने भारतीय समाज को, चाहे कम हो या ज़्यादा लेकिन प्रभावित किया है। हालाँकि यह कथन जैन धर्म, बौद्ध धर्म, इस्लाम धर्म, ईसाई धर्म–विशेष रूप से इस्लाम के सन्दर्भ ही सीमित होगा, जिसका भारतीय सामाजिक जीवन के विविध पहलुओं और नियामकों पर गहरा प्रभाव रहा है।

जैन धर्म और बौद्ध धर्म

सामान्यतः यह माना जाता है और इसके साथ एक बड़ी आबादी ने सहमति भी जतायी है कि जैन और बौद्ध, दोनों ही मूल रूप से प्राचीन हिन्दू धर्म की शाखाएँ हैं। ऐतिहासिकता के दृष्टिकोण से देखें, तो जैन धर्म बौद्ध धर्म से थोड़ा प्राचीन प्रतीत होता है क्योंकि जैन धर्म के 24 वें तीर्थंकर महावीर बुद्ध के वरिष्ठ समकालीन थे। महावीर का काल 599–527 ईसा पूर्व और बुद्ध का 560–480 ईसा पूर्व के बीच माना जाता है।

जैन धर्म का नैतिक आदर्शवाद भारतीय समाज पर इसके प्रभाव के किसी भी विवरण में प्राथमिक और केन्द्रीय स्थान रखता है।

इसने नैतिक जीवन और गुणों के सशक्तीकरण में महत्त्वपूर्ण योगदान दिया है। जैन धर्म अपने मूल में 'बाह्य और आन्तरिक तपस्या की अवधारणा' से स्पन्दित है जिसका उद्देश्य वस्तुतः विघटनकारी, विभाजनकारी और नकारात्मक शक्तियों की प्रभावान्विति को समाप्त करना है। बाह्य तपस्या में भिक्षा माँगना, उपवास करना और बुतपरस्ती को हतोत्साहित करना जैसी चीज़ें अन्तर्भूत हैं; जबकि विनम्रता, मानवता की सेवा, ज्ञान की प्राप्ति, ध्यान, तपस्या और अन्य बाद में आते हैं। गूढ़ और जटिल विचारों के बजाय जैन धर्म ने लोगों के लिए एक सरल नैतिक संहिता निर्धारित की है। बहरहाल, जैन धर्म के अनेक सिद्धान्तों में कुछ सिद्धान्त को प्रमुखता के तौर पर रेखांकित किया जा सकता है, जिसका अनुपालन करना अनुपेणय है, जिनमें सति/एक (सत्य), अस्तेय (चोरी न करना), ब्रह्मचर्य (ग़ैर–व्यभिचार), और अपरिग्रह (अपरिग्रह) प्रमुख हैं। जैन शब्दावली में इन नैतिकताओं का पालन अनुव्रत के रूप में जाना जाने वाला गुण है। अहिंसा (अहिंसा, शान्ति) जैन धर्म में महत्त्वपूर्ण स्थान रखती है। यह न केवल मानव समाज बल्कि जीवन के अन्य रूपों पर भी दया का उपदेश देता है। इसने सख़्त और शुद्धतावादी शाकाहार की संकल्पना को न केवल जन्म दिया बल्कि इसे व्यापक स्तर पर प्रोत्साहित भी किया। सामान्य व्यक्ति या विश्वासी (श्रावक्त) और तपस्वी (यति), दोनों को कुछ व्रतों से बँधा हुआ माना जाता है, ये हैं मन की सही स्थिति की साधना, ध्यान का नियमित अभ्यास, चन्द्रमा के ढलने और घटने की अवधि के आठवें और चौदहवें दिन व्रत का पालन और दोषों की स्वीकारोक्ति और उसके पश्चात्ताप के लिए तपस्या। इसके अतिरिक्त, जैन धर्म में किसी भी तरह का नशा करना सख्त मना है।

लोक सेवा के क्षेत्र में धर्मशालाओं (विश्राम गृह, सराय) के निर्माण को व्यापक रूप से स्वीकार और प्रशंसित किया जाता है। ललित कला के क्षेत्र में उनकी पत्थर को तराश कर बनाने की वास्तुकला, मन्दिर वास्तुकला और चित्रकला महत्त्वपूर्ण योगदान के रूप में रेखांकित की जा सकती हैं। जैन धर्म की रूढ़िवादिता जैसे कई कारकों के कारण यह ब्राह्मणवाद के प्रति आत्मीय प्रतीत होता है, वास्तव में यह ग़ैर–धर्मोपदेशक प्रकृति का है और अन्य प्रतिद्वन्द्वी धर्मों के साथ वास्तविक अजातशत्रुता के प्रभावस्वरूप जैन धर्म भारतीय समाज में फलता–फूलता रहा है, उसकी यह उपलब्धि ही कही जायेगी क्योंकि यह इस तथ्य के बावजूद है कि अन्य धार्मिक विचारधाराओं की तरह इसमें भी अनेक विकृतियाँ विद्यमान हैं।

गौतमबुद्ध महावीर के समकालीन थे और उनसे कनिष्ठ थे। उनका पहले का नाम सिद्धार्थ था और बचपन से ही उनका आध्यात्मिक और मानवतावादी दृष्टिकोण था। उनके द्वारा समर्थित धार्मिक आन्दोलन–बौद्ध धर्म–ने रूढ़िवादी ब्राह्मणवाद को सबसे बड़ा झटका दिया। बौद्ध धर्म ने भारतीय समाज के विभिन्न पहलुओं को आकार देने में गहरा प्रभाव डाला। सामाजिक–सांस्कृतिक, धार्मिक और राजनीतिक क्षेत्रों में इसके प्रभाव को नकारा नहीं जा सकता। बौद्ध धर्म ने बिना किसी जटिल, विस्तृत और अस्पष्ट अनुष्ठानों के एक लोकप्रिय धर्म विकसित किया, जिसमें आवश्यक रूप से पुरोहित वर्ग की आवश्यकता नहीं थी। यह इसके व्यापक स्तर पर प्रचारित–प्रसारित और लोकप्रिय होने के प्रमुख कारणों में सम्भवतः सर्वाधिक रेखांकित करने योग्य था। बौद्ध धर्म की नैतिक संहिता भी दान, पवित्रता, आत्म बलिदान, सत्यता, लालसा एवं इच्छाओं पर आधारित थी और अपेक्षाकृत सरल तथा सहज है। इसने प्रेम, समानता और अहिंसा पर बहुत ज़ोर दिया। यह सच है कि उपनिषदों ने भी बौद्ध धर्म के उदय से पहले इन गुणों को उजागर किया था, लेकिन सार्वजनिक नैतिकता को उन ऊँचाइयों तक पहुँचाने का श्रेय बौद्ध धर्म को जाता है जो पहले कभी नहीं देखी गयी। यह बौद्ध धर्म के अनुयायियों के लिए आस्था का विषय बन गया। लेकिन इससे भी महत्त्वपूर्ण बात यह है कि बौद्ध धर्म ने इस मूल्य पर ज़ोर दिया कि मनुष्य अपने भाग्य का निर्माता है, न कि कोई भगवान या देवता। बौद्ध धर्म में व्यक्तित्व का एक महान् तत्त्व है और यह ईश्वर के किसी भी विस्तृत विचार से रहित है।

हालाँकि, बौद्ध धर्म कभी भी ब्राह्मणवाद को अपने उच्च पद से अपदस्थ नहीं कर सका, लेकिन इसने निश्चित रूप से इसे झटका दिया और भारतीय समाज में संस्थागत परिवर्तनों को प्रेरित किया। जाति व्यवस्था और उससे जुड़ी बुराइयों, पशु–बलि, तीर्थ–यात्रा, उपवास और संरक्षण पर आधारित हिंसक अनुष्ठानों को ख़ारिज करते हुए, इसने पूर्ण समानता का उपदेश दिया। बौद्ध धर्म में देवी–देवताओं, भाग्यवाद, पूर्व–जन्म और ग्रहों की चाल को मनुष्य की वर्तमान दुर्दशा के लिए ज़िम्मेदार नहीं माना जाता है। यह लोगों को इस दुनिया से जवाब तलाशने के लिए प्रोत्साहित करता है। इस प्रकार, यह अज्ञात के उत्तर खोजने के लिए मनुष्य के अन्वेषण का आधार पारलौकिकता के मुक़ाबले लौकिकता को अपेक्षाकृत अधिक तरज़ीह देता है। करुणा, लैंगिक समानता सहित सभी मनुष्यों के

बीच समानता, सभी जीवित प्राणियों की सुरक्षा और सभी के कल्याण ने पूरे समाज को एक में बाँधने की कोशिश की। सामाजिक समानता और सामाजिक–न्याय को बढ़ावा देने से बौद्ध धर्म को भारतीय उपमहाद्वीप की सीमाओं को पार करने और विश्व धर्म बनने में मदद मिली। बौद्ध विचार का प्रभाव हमारी विदेश नीति (पंचशील और गुटनिरपेक्ष), राष्ट्रीय एकता, आपसी सहयोग, शान्ति प्रयासों, महात्मा गाँधी के अहिंसा के दर्शन, कमज़ोर वर्गों के उत्थान और अनुसूचित जातियों और दलित वर्गों एवं आदिवासियों के कल्याण में भी देखा जा सकता है। चूँकि बौद्ध धर्म ने अज्ञान को दुःखों के मूल कारण के रूप में पहचाना; इसने ज्ञान प्राप्ति पर बहुत ज़ोर दिया। लोकतन्त्र और लोकतान्त्रिक मूल्यों को बढ़ावा देना भारतीय समाज में बौद्ध धर्म का एक और योगदान है। बौद्ध संघ और मठ ने लोकतान्त्रिक आचरण को बढ़ावा दिया और समय के साथ इसने कई हिन्दूमठों और धार्मिक संस्थानों को भी प्रभावित किया।

शिक्षा के क्षेत्र में बौद्ध धर्म ने शिक्षा को व्यावहारिक, कर्मोन्मुख और सामाजिक कल्याण की ओर अग्रसर करने का प्रयास किया। नालन्दा, तक्षशिला, विक्रमपुर, विक्रमशिला, सोमपुरी और अन्य जैसे प्राचीन भारत के अधिकांश विश्वविद्यालय बौद्ध धर्म की ही देन हैं। बौद्ध धर्म में ज्ञान की प्राप्ति और उसके अन्वेषण और अनुशीलन के लिए एक स्वतन्त्र खोज ने दिग्नांग, अश्वघोष, नागार्जुन, वसुमित्र, चरक, मातृशेत, धर्मत्रात और इसी तरह के सर्वोच्च क्रम के ऐसे प्रतिष्ठित विद्वानों को न केवल आकार दिया बल्कि इसे हमारे लिए मूर्त भी किया जो कि बौद्ध धर्म का मानवीय समाज को एक उपहार है और उपलब्धि भी। स्वतन्त्र भारत के ध्वज में अशोक के चक्र की तस्वीर है और यह राष्ट्रीय प्रतीक बौद्ध धर्म से अपनाया गया है। बौद्ध धर्म ने भारतीय स्थानीय भाषाओं को भी लोकप्रिय बनाया और इस प्रकार, विभिन्न भाषाओं और बोलियों के प्रति सम्मान को बढ़ावा दिया। निस्सन्देह, बौद्ध धर्म ने भारतीय समाज पर एक महान मानवीय और परोपकारी प्रभाव डाला है।

इस्लाम

भारत में इस्लाम के आगमन का पता सातवीं शताब्दी ईस्वी की अवधि के दौरान अरब में एक प्रमुख धर्म के रूप में उभरने के तुरन्त बाद लगाया जा सकता है। इस्लाम शब्द की उत्पत्ति एक मूल शब्द से हुई है जिसका अर्थ है "ख़ुद को ईश्वर के सामने समर्पण करना।"

इस प्रकार, सच्चे मुसलमान को ईश्वर की इच्छा के अधीन होना चाहिए और उसकी आज्ञा का पालन करना चाहिए एवं अपने साथी के साथ शान्ति से रहना चाहिए। इस्लाम के उदय ने अरब दुनिया में क्रान्ति ला दी और उन सभी धर्मों और क्षेत्रों को प्रभावित किया जहाँ वह प्रवेश कर सका। इस्लाम की सामाजिक–ऐतिहासिक भूमिका पर लिखते हुए, हरबंस मुखिया (1969) ने ठीक ही टिप्पणी की है कि जब मुहम्मद ने बहुदेववादी अरब में एक ईश्वर के सिद्धान्त का प्रचार किया–ईश्वर के अलावा कोई ईश्वर नहीं है–वह एक महान सामाजिक परिवर्तन का सुझाव दे रहा था। एक ईश्वर की अवधारणा सामाजिक समानता की अवधारणा का अर्थ था। यदि एक ही ईश्वर है और उसने सभी को बनाया है, तो उसके सामने सभी समान हैं जैसे बच्चे पिता के सामने हैं और इसलिए, सभी एक दूसरे के समान हैं। इस प्रकार, एक मुस्लिम भाईचारे (मिल्लत) की अवधारणा भी इसी मूल आधार से उत्पन्न हुई। साथ ही इस्लाम ने किसी विशेष शासक वर्ग या यहाँ तक कि एक विशिष्ट पुरोहित वर्ग को भी मंजूरी नहीं दी।

इस्लाम का प्रभाव भारतीय समाज पर मुख्य रूप से इसकी मानवतावादी अवधारणाओं के कारण महसूस किया गया था। इनमें मानवीय बन्धुत्व, सामाजिक नैतिकता के प्रशासी सिद्धान्तों के अनुरूप न्याय, निःस्वार्थ न्याय और परोपकार, पुरोहितवाद की अस्वीकृति, सरल एवं सहज धार्मिक सिद्धान्त, एकेश्वरवाद, उपकार (रहमान) पर ज़ोर और ईश्वर के दयालु (रहीम) गुण के साथ 'मानवता के प्रति दायित्व' (हक़–उल–इबाद) के निर्वहन में ईश्वर के प्राणियों के प्रति दया और उपकार के निहितार्थ शामिल हैं। भारतीय संस्कृति पर इस्लाम के अपने सर्वकालिक उत्कृष्ट प्रभाव के सन्दर्भ में एक प्रसिद्ध इतिहासकार–दार्शनिक डॉ. ताराचन्द ने मुस्लिम 'सूफ़ी सिलसिला' (रहस्यवादी आदेश) के सुल्हे–कुल (सभी के लिए शान्ति और पूर्ण शान्ति) के सन्देश पर भी ज़ोर दिया है। "मुस्लिम सूफ़ी सन्त मानवीय परोपकार के चमत्कार, विभिन्न समुदायों के भाईचारे, मनुष्य के अधिकारों के समर्थक और मुस्लिम सुल्तानों, सामन्तों एवं कुलीनों के अत्याचार से त्रस्त दबे–कुचलों, वंचित, शोषित और तथाकथित निम्नस्तरीय जाति से आने वाले लोगों को अपने खानकाह में शरण देने के कारण लोकप्रिय नायक बन गये" (रशीदुद्दीन ख़ान, 1987)। इस तरह वे उत्पीड़ित और वंचितों के रक्षक के रूप में इस्लाम के उपदेशों और मूल्यों के सच्चे प्रतीक थे। हालाँकि, इस्लाम के कई रूढ़िवादी व्याख्याकार सूफ़ीवाद और सूफ़ियों को इस्लाम के बाहर या हाशिये पर रखते हैं।

विडम्बना यह है कि यह सूफ़ीवाद और सूफ़ी सन्त थे जो 'मानवतावादी इस्लाम' को कायम रखने में सहायक थे; 'शाही इस्लाम' शासक राजवंशों के भीतर ही सीमित रहा। "इस्लाम की सूफ़ी परम्परा इस्लामी धार्मिक आस्थाओं और तत्त्वमीमांसा को स्थायित्व प्रदान करने में निर्णायक ही नहीं रही बल्कि भारत में इस्लाम के प्रचार–प्रसार में भी महत्त्वपूर्ण भूमिका निभायी। इसने आत्मसंयमी जीवन की नैतिकता, भौतिकवाद की क्षणभंगुरता (फ़ना), और रहस्यमयी आत्म–त्याग पर बल दिया, हालाँकि इस धर्म की जड़ें विदेशी मूल में थीं लेकिन कई मायनों में इसका हिन्दू–परम्परा के साथ साम्य भी था और इसने हिन्दुओं के एक बड़े वर्ग पर गहरा प्रभाव डाला। सूफ़ी–सन्तों और दार्शनिकों द्वारा प्रचारित कर्मकाण्ड विहीन और अमूर्त एकेश्वरवादने न केवल हिन्दू जनता को अपनी ओर आकर्षित किया, बल्कि उन अन्तर्मुखता और पलायनवादी ताक़तों के साथ सामंजस्य बिठाने की भी कोशिश की जिन्होंने हिन्दुओं के राजनीतिक सत्ता गँवाने के बाद उसकी परम्परा के तथाकथित पुरोधा और सर्वेसर्वा बन गये थे" (योगेन्द्र सिंह, 1988)। कई मुस्लिम विद्वानों और शासकों ने इस्लाम के साथ हिन्दू परम्परा के कुछ पहलुओं को समेटने के लिए खुले प्रयास किये। अकबर ने ईश्वरीय आस्था (दीन–ए–इलाही) नामक एक नये पन्थ की शुरुआत के माध्यम से इसका प्रयास किया, जो इस्लाम, जैन धर्म, हिन्दू धर्म और पारसी धर्म का मिश्रण था। दाराशिकोह ने इस्लाम के साथ उपनिषद् और एकेश्वरवाद के संश्लेषण की वकालत की और दोनों परम्पराओं के बीच समानता पर ज़ोर दिया। साहित्यिक हस्तियों में अमीर खुसरो ने मुस्लिम दुनिया में हिन्दू धर्म की अन्तरजातीय परम्परा की व्याख्या करने के लिए बहुत कुछ किया। सोलहवीं और सत्रहवीं शताब्दी ईसवी में, कई मुस्लिम कवि और लेखक हिन्दी में लिखना पसन्द करते हैं। इसके अलावा, वंचित जातियों के लाखों लोग इस्लाम की ओर आकर्षित हुए और अपनी कई स्थानीय या छोटी परम्पराओं को बनाये रखते हुए बेहतर सामाजिक परिस्थितियों की तलाश में इसे अपनाया और इस प्रकार भारत की मिश्रित संस्कृति में योगदान दिया।

इस्लाम का प्रभाव हमारे संविधान में हिन्दू समाज के परम्परागत पदानुक्रमित व्यवस्था के ख़िलाफ़ समानता को स्वीकार करते हुए स्पष्ट रूप से दिखायी देता है। इसके अलावा, हिन्दू विवाह अधिनियम के अधिनियमन ने विवाह को भंग करने की अनुमति दी और महिलाओं को अधिक अधिकार दिया तथा हिन्दू उत्तराधिकार अधिनियम ने माता–पिता की सम्पत्ति में

महिलाओं की हिस्सेदारी सुनिश्चित की, अन्य कारकों के अलावा, वस्तुतः ये इस्लाम की सामाजिक विचारधारा से प्रेरित थे। इस्लाम ने हिन्दू समारोहों, सामाजिक आदतों, विचारों और आदर्शों, भाषा और साहित्य, विज्ञान और कला को गहराई से प्रभावित किया। चिकित्सा विज्ञान के क्षेत्र में मुसलमानों ने भारत में उपचार की ग्रीक पद्धति की शुरुआत की जिसे अरब ने यूनानियों से सीखा और उसका संरक्षण किया। इसे इस देश में यूनानी चिकित्सा पद्धति के रूप में जाना जाता है। भारत मामलों के प्रख्यात अध्येता और विशेषज्ञ बी.एस. उपाध्याय ने अपनी प्रसिद्ध कृति 'फीडर्स ऑफ़ इंडियन कल्चर' (1973) में भारतीय समाज के पुनर्निर्माण में इस्लाम और मुसलमानों के योगदान का विस्तार से वर्णन किया है। संगीत का क्षेत्र एक अनूठा उदाहरण है। यह सर्वविदित है कि इस्लाम के रूढ़िवादी संस्करण में संगीत सबसे अधिक नफ़रत वाली चीज़ों में से एक है, लेकिन शास्त्रीय संगीत के सबसे प्रसिद्ध प्रतिपादक मुस्लिम रहे हैं और अभी भी हैं। ग़ज़ल, लावणी, ठुमरी, क़व्वाली, धुन, चतरंग मुसलमानों की रचनाएँ थीं जिन्हें हिन्दुओं ने कृतज्ञतापूर्वक स्वीकार किया। मुस्लिम संगीतकारों ने कई वाद्ययन्त्रों का आविष्कार किया जिनमें से कुछ सारंगी, दिलरुबा, तौस, सितार, रुबाब, सुरबीन, सुरसिंगार, तबला और अलगोज़ा हैं। नृत्य ललित कलाओं का एक अन्य पहलू था जिसे हिन्दुओं और मुसलमानों द्वारा संयुक्त रूप से और व्यापक स्तर पर आत्मसात किया गया। इसकी 'कथक शैली', जो मुस्लिम देशों में पनपी एवं पल्लवित हुई है और यहाँ लायी गयी है, वह मुस्लिम योगदान और उपलब्धि है जो सदियों से उत्तरी भारत में जमी हुई है। दरअसल, संगीत ज़रिया रहा है जहाँ समुदायों के बीच भेद को कभी बर्दाश्त नहीं किया गया। जब हम वास्तुकला की वस्तुस्थिति पर दृष्टिपात करते हैं, तो यह दृष्टिगत होता है कि भारतीय वास्तुकला के क्षेत्र में एक सम्पूर्ण परिवर्तन तब आता है जब मुस्लिम नवागन्तुकों द्वारा इसे नये आयाम और रूप दिये जाते हैं। गुम्बद और बुर्ज़, मेहराब और मीनारें भारत के कई शहरों की इमारतों को सुशोभित करती हैं। "मुसलमानों ने अपने नये, घर भारत में बनाये, जैसा कि उन्होंने कहीं नहीं बनाये थे। भारत के बाहर पूरी मुस्लिम दुनिया में दिल्ली और आगरा की तुलना में कोई क़िला नहीं है, कुतुबमीनार से ज़्यादा भव्य कोई बुर्ज़ नहीं है, सीकरी का बुलन्द दरवाज़ा से कोई भी द्वार ज़्यादा शानदार नहीं है मोती और जामा मस्जिद जैसी ख़ूबसूरत कोई मस्जिद नहीं, ताज के मक़बरे के समान नाजुक, सूक्ष्म, आकर्षक कोई भी नहीं। दुनिया में ऐसा कोई

देश नहीं है जो इस्लाम अभिप्रेरित स्मारकों के सन्दर्भ में भारत के समान हो। यहाँ तक कि भारत में निर्मित कथित स्मारकों के उत्कृष्ट और अप्रतिम सौन्दर्य की भी पूरी दुनिया में कोई सानी नहीं है" (बी.एस.उपाध्याय, पूर्वोक्त)। राजपूताना के राजाओं ने अपने महलों, यहाँ तक कि मुस्लिम शैली में अपने मक़बरे भी बनवाये और मुग़ल पोशाक पहनी और अपने–अपने दरबारों में मुग़ल शिष्टाचार को प्रभावित किया। चीनी पृष्ठभूमि से उभरी चित्रकला की चुग़ताई शैली ने भारत में चित्रकला के परिदृश्य को समृद्ध किया है।

वेशभूषा और आभूषण के क्षेत्र में, नथ (नाक की बाली) हिन्दू विवाह का एक वास्तविक प्रतीक बन गया है। औपचारिक सेहरा और हिन्दू दूल्हे का और भारत की सामासिक संस्कृति का सुन्दर उदाहरण है। यह भारत के लिए इस्लाम के सबसे बड़े स्थायी योगदानों में से एक है। उर्दू भारत की एक भाषा है जिसे हिन्दुओं और मुसलमानों दोनों ने मिलकर बनाया और विकसित किया है और यह भारत की एक साझा सांस्कृतिक विरासत के रूप में खड़ा है। उर्दू भाषा के स्थायी प्रभाव का हवाला देते हुए, बी.एस. उपाध्याय (पूर्वोक्त) ने विचार व्यक्त किया कि ऐसे शब्द हैं, जो शुद्धतावादियों के सर्वोत्तम प्रयासों के बावजूद, उत्तरी, मध्य और पश्चिमी भारत की सामान्य शब्दावली से बाहर नहीं किये जा सके। सूची अन्तहीन है लेकिन कुछ उदाहरण हैं बन्दूक़:, तोप, काग़ज़, सराय, चपरासी, बही, ग़बन, बारूद, सिपाही, देहात, ज़मींदार, नौकर, मुनीम, जिल्द, लिफ़ाफ़ा, कुर्ता, पायजामा, इस्त्री, और ऐसे हज़ारों शब्द जो हिन्दी में विशेष रूप से या बिना पर्यायवाची के उपयोग किये गये हैं। क्या गाँधीवादी चरखा, इन्क़लाब ज़िन्दाबाद और रोटी या चपाती से ज़्यादा महत्त्वपूर्ण शब्द हो सकता है? अब समय आ गया है कि हम अपनी मिली–जुली संस्कृति को फिर से पहचानें और हिन्दू एवं मुस्लिम प्रतिक्रियावादियों और कट्टरपन्थियों द्वारा इन मूल्यों पर हमले का सामना करने के लिए ख़ुद को कृतसंकल्पित और प्रतिबद्ध करें।

ईसाई धर्म

ईसाई धर्म यीशु मसीह द्वारा प्रचलित धर्म है, लेकिन इसकी जड़ें यहूदी परम्परा में हैं। ईसा एक ऐतिहासिक शख़्सियत थे जिनका जन्म लगभग 2,000 साल पहले हुआ था। चर्च ने ईसाई धर्म में एक महत्त्वपूर्ण भूमिका निभायी है। इसने ईसाई दुनिया के दृष्टिकोण को निर्धारित किया है।

यह लोकप्रिय विचार है कि भारत में ईसाई धर्म की एक लम्बी पृष्ठभूमि है। "हालाँकि, यह न तो साबित किया जा सकता है और न ही अस्वीकृत किया जा सकता है कि थॉमस ने भारत में प्रचार किया (द क्रिश्चियन मिशन टुडे, 1960), परम्पराओं के अनुसार, थॉमस, ईसा मसीह के प्रेरितों में से एक, 52 ईसा में केरल के तट पर उतरे और अलग–अलग क्षेत्र में सात चर्च स्थापित किये।" फिर उन्होंने मद्रास की यात्रा की जहाँ 72 ईसवी में मायलापुर में वे शहीद हो गये। लेकिन भारत में ईसाई धर्म का प्रसार, सही अर्थों में, 16वीं शताब्दी की शुरुआत से यूरोपीय लोगों के आगमन के साथ हुआ। शुरुआती धर्मोपदेशकों (मिशनरियों) में पुर्तगाली थे, उसके बाद डच, फ्रांसीसी और ब्रिटिश धर्मोपेदशक का आगमन हुआ, तदुपरान्त अमेरिकी धर्मोपदेशकों (मिशनरियों) के साथ अन्य धर्मोपदेशक भी साथ आये थे। प्रारम्भ में, मिशनरियों ने आदिवासी क्षेत्रों और तथाकथित रूप से अस्पृश्य आबादी के बीच काम किया, लेकिन कालान्तर में उन्होंने शहरी क्षेत्रों में भी अपनी गतिविधियों का प्रसार किया।

"भारत में ईसाई धर्म आधुनिकीकरण और आर्थिक विकास के महत्त्वपूर्ण कारकों में से एक रहा है, वस्तुतः सामाजिक मूल्यों के माध्यम से इसे वैध बनाया गया है" (विक्टर डिसूजा, 1994)। ईसाई धर्म का सार सार्वभौमिक भाईचारा, समतावादी दृष्टिकोण और वंचितों की सेवा है। अपने 'सामाजिक दर्शन' के अनुरूप ईसाई धर्म ने भारत में जाति व्यवस्था की बुराइयों पर हमला किया और स्वाभिमान और सामाजिक न्याय पर आधारित समतावादी समाज के निर्माण की दिशा में अपने उपदेशों के माध्यम से पूर्ववर्ती व्यवस्था को शिथिल करने में बहुत योगदान दिया। निस्सन्देह, ईसाई धर्म ने भारतीय समाज की 'आज़ादख़याली' में योगदान दिया है और विशेष रूप से दमनकारी जाति व्यवस्था के पीड़ितों को एक उपचारात्मक स्पर्श मरहम प्रदान किया है। ईसाई धर्म कमज़ोर वर्गों के लिए सामाजिक कल्याण की सबसे शुरुआती संस्थाओं में से एक रहा है और सामाजिक सेवाओं के विशाल जाल के माध्यम से इन क्षेत्रों में सरकारी सहायता से वंचित और 'अनछुए' भारत के अपेक्षाकृत अलग–अलग क्षेत्रों में शैक्षिक और चिकित्सा सुविधाएँ प्रदान करने में सक्षम रहा है। इस कथन के पक्ष में सबसे अच्छा सबूत उन क्षेत्रों में साक्षरता की उच्च्च दर है जहाँ ईसाई धर्म और इसका सामाजिक संस्थान सेवा जाल अपेक्षाकृत मज़बूत और सशक्त रहा है।

49

भारत, एक 'सेल फ़ोन राष्ट्र' : मोबाइल फ़ोन और समाज

India, A 'Cell Phone Nation' : Mobile Phone and Society

भारतीय समाज को प्रभावित करने वाले सभी उपकरणों और तकनीकों में से, इंटरनेट और सेल फ़ोन ने समाज को कई दृष्टिकोणों से प्रभावित किया है और इसे कई मायनों में परिवर्तित कर दिया है। भारतीय समाज पर सेल फ़ोन के प्रभाव का विश्लेषण करने से पहले आइए इसकी तकनीक के बारे में कुछ विचार करें। सेल फ़ोन सेल्युलर फ़ोन का संक्षिप्त नाम है, जिसका अर्थ है 'सेल्युलर रेडियो सिस्टम' तक पहुँच वाला फ़ोन, इसलिए इसे किसी तन्त्र (नेटवर्क) से तार (भौतिक सम्पर्क) से जोड़े बिना एक विस्तृत क्षेत्र में उपयोग किया जा सकता है। इसलिए इसे सामान्यतः 'मोबाइल फ़ोन' कहा जाता है। इस प्रकार, यह एक मोबाइल टेलीफ़ोन या एक द्विभाषी वार्तालापी उपकरण (हैंडहेल्ड टू वे कम्युनिकेशन डिवाइस) है जिससे कोई 'सेलुलर नेटवर्क' पर बात कर सकता है। यह एक 'स्मार्ट फ़ोन' बन जाता है जब यह कम्प्यूटर के कई कार्य करता है, जिसमें आमतौर पर एक 'टच स्क्रीन इंटरफेस', 'इंटरनेट एक्सेस' और एक 'आगणन प्रणाली' (ऑपरेटिंग सिस्टम) होता है जो डाउनलोड किये गये ऐप्स को चलाने में सक्षम होता है। इसे वेब तक पहुँचने और ब्राउज करने के लिए एक हैंडहेल्ड मोबाइल (कम्प्यूटर) के रूप में वर्णित किया जा सकता है। दूसरे शब्दों में, 'स्मार्ट फ़ोन' को एक वहनीय (पोर्टेबल) उपकरण (डिवाइस) के रूप में वर्णित किया जा सकता है जो मोबाइल टेलीफ़ोन और संगणक (कम्प्यूटिंग) कार्यों को एक इकाई में समन्वित करता है। एक तरह से यह 'मिनी कम्प्यूटर' की तरह काम करता है।

- स्मार्ट फ़ोन पोर्टेबल मीडिया प्लेयर, डिजिटल कैमरा, वीडियो कैमरा, रिकॉर्डिंग डिवाइस और जीपीएस नेविगेशनल डिवाइस के रूप में कार्य करते हैं।
- यह दस्तावेज़ों को देख, सम्पादित और साझा कर सकता है।
- फ़ाइलें डाउनलोड करें, संगीत प्लेलिस्ट बनायें और चलाये।
- तस्वीरें लें और वीडियो रिकॉर्ड करें।
- गेम खेलें, फ़िल्में एवं टीवी शो और कई अन्य तरह के कार्य देखें।

वर्ष 2004 के बाद से भारत में सेल फ़ोन के उपयोग और इसके उद्योग में तेज़ी से वृद्धि हुई और अब भारत दुनिया में सेल फ़ोन के सबसे बड़े बाज़ारों में से एक है। भारत में सेल फ़ोन के उपयोग की एक अनूठी विशेषता यह है कि हर स्थिति के भारतीय अब एक दूसरे के साथ बात करने में सक्षम हैं, जैसा पहले कभी नहीं था। अब यह सिर्फ़ एक शानो–शौक़त (स्टेटस सिंबल) का विषय नहीं है, हालाँकि निश्चित रूप से बहुत महँगा और नवीनतम मॉडल हो सकता है। दरअसल, एक बार जब मोबाइल फ़ोन जनता तक पहुँच गया, तो जनता इसकी उपभोक्ता बन गयी। मीडिया का परिदृश्य अब नाटकीय रूप से बदल गया है। कई भारतीयों के लिए मोबाइल फ़ोन न केवल संवाद करने का एक उपकरण है, बल्कि बाहरी दुनिया के लिए उनकी एकमात्र खिड़की है, माध्यम है। इसने ज्ञान के वैश्विक प्रवाह की उपलब्धता सुनिश्चित की है। इसने "स्थानीय सांस्कृतिक प्रथाओं को भी बदल दिया है, राजनीतिक और सामाजिक आन्दोलनों को संगठित किया है, और लैंगिक गतिविज्ञान के स्वरूप को चुनौती दी है" (जेफरी और डोरन, 2013)। साधारण मोबाइल फ़ोन के 'स्मार्ट फ़ोन' में बदलने के साथ, इसने भारत और भारतीय समाज को अभूतपूर्व तरीक़े से बदल दिया है। इसका सकारात्मक और नकारात्मक प्रभाव भारतीय समाज के विभिन्न क्षेत्रों में स्पष्ट रूप से देखा जा सकता है।

शिक्षा और ज्ञान

वस्तुतः छात्रों और ज्ञान सृजन से जुड़े लोगों को अत्यधिक लाभ हुआ है। अब मानविकी और सामाजिक विज्ञान, भौतिक विज्ञान, इंजीनियरिंग और प्रौद्योगिकी आदि से सम्बन्धित सभी प्रकार की जानकारी सिर्फ़ एक क्लिक से उपलब्ध है। शीर्ष विद्वानों और उनके सम्बन्धित क्षेत्रों के विशेषज्ञों के वीडियो व्याख्यान यूट्यूब और अन्य स्रोतों के माध्यम से देखे जा सकते हैं।

छात्रों को पहली बार विशेषज्ञों को बोलते हुए देखने का मौक़ा मिला। छात्रों के लिए यह एक बड़ी उपलब्धि है। राष्ट्रीय और अन्तरराष्ट्रीय स्तर पर आयोजित ऑनलाइन व्याख्यान, संगोष्ठियों और सम्मेलनों के साथ दूरी और पहुँच के कारक अब प्रासंगिक नहीं हैं।

भारत में पिछले डेढ़ साल के कोरोना महामारी के दौरान, विद्यालयों, महाविद्यालयों और विश्वविद्यालयों ने ऑनलाइन कक्षाओं का आयोजन किया और कमोबेश यह सुनिश्चित किया कि छात्रों को शिक्षण का कोई नुक़सान नहीं हुआ या यों कहें कि अबेफ़लाइन कक्षाओं में उनका सम्पर्क नहीं टूटा। हालाँकि यह सच है कि ऑनलाइन कक्षाओं का विकल्प नहीं हो सकती हैं, फिर भी यह गम्भीर छात्रों के लिए बहुत मददगार रही हैं। स्मार्ट फ़ोन ने शिक्षा की गुणवत्ता में सुधार करने का एक अनूठा तरीक़ा प्रदान किया।

स्वास्थ्य और चिकित्सा देखभाल

लाखों लोग अब स्मार्ट फ़ोन के माध्यम से स्वास्थ्य सम्बन्धी जानकारी और सुविधाओं की खोज करते हैं। कई चिकित्सकों, सर्जनों, फ़िज़ियोथेरेपिस्ट और खाद्य एवं पोषण विशेषज्ञों के साथ वीडियो चैट के माध्यम से सामान्य जनता सलाह और परामर्श प्राप्त करने में सक्षम हैं। इसके अलावा, लोगों को अब जल्दी से चिकित्सा सहायता मिल सकती है और यहाँ तक की उन्हें कुछ ही मिनटों में आपातकालीन आतुर वाहन यानी कि एम्बुलेंस सम्बन्धी सेवाएँ उपलब्ध हो सकती हैं। अब, चिकित्सकों के नुस्ख़े के आधार पर ऑनलाइन दवाई–विक्रेता (केमिस्ट) रियायती क़ीमतों पर दवाएँ उपलब्ध करा रहे हैं, ऑनलाइन भुगतान स्वीकार कर रहे हैं। लोगों के स्वास्थ्य और बीमारियों के बारे में कई सवाल हैं जो समय की कमी के कारण उनके चिकित्सक उन्हें सन्तुष्ट नहीं कर पाते हैं। इस प्रकार के लघु प्रकृति के प्रश्नों के उत्तर गूगल जैसे विभिन्न खोज़ इंजनों पर मिलते हैं, जो उपलब्ध खोज़ इंजनों में सबसे लोकप्रिय है।

सेल फ़ोन स्वास्थ्य के लिए ख़तरा भी पैदा करते हैं। अधिकांश यूज़र्स (उपयोगकर्ता) ईयर फ़ोन और बाह्य स्पीकर के बिना सीधे फ़ोन का उपयोग करते हैं। चिकित्सा विशेषज्ञों का मानना है कि कानों के सीधे सम्पर्क से मस्तिष्क और तन्त्रिका–तन्त्र को नुक़सान होता है। इसके अलावा, लाखों टावरों के माध्यम से सेल फ़ोन द्वारा उत्सर्जित दीर्घकालिक वायु–प्रदूषण और विकिरण गम्भीर स्वास्थ्य ख़तरे पैदा करते हैं।

सेल फ़ोन अपशिष्ट

इलेक्ट्रॉनिक कचरा, जिसे ई–कचरा भी कहा जाता है, कम्प्यूटर और सेल फ़ोन द्वारा उत्पन्न होता है। भारी मात्रा में ई–कचरा लोगों की सुरक्षा और स्वास्थ्य के लिए गम्भीर ख़तरा पैदा करता है। ऐसा कहा जाता है कि भारत में इसकी पुनर्नवीकरण की प्रक्रिया अपरिपक्व और अनुपयुक्त तरीक़ों के माध्यम से होती है जो हवा, मिट्टी और पानी और पुनर्नवीकरण की प्रक्रिया में सम्मिलित कर्मियों के शरीर में सीसा और कैडमियम जैसे ज़हरीले पदार्थों को छोड़ती है। भारत जैसे देश में इससे होने वाले नुक़सान की कल्पना की जा सकती है जहाँ चिकित्सकीय अपशिष्ट (कचरे) का प्रबन्धन और निपटान सुरक्षित और वैज्ञानिक तरीक़े से नहीं किया जा रहा है। अस्पतालों और नर्सिंग होम के आसपास चिकत्सकीय अपशिष्ट के ढेर देखे जा सकते हैं। उपभोक्ता वस्तुओं, विशेष रूप से इलेक्ट्रॉनिक उपकरणों की अत्यधिक माँग, ई–कचरे की एक चौंका देने वाली मात्रा का उत्पादन कर रही है और यह हर गुज़रते वर्ष के साथ बढ़ रही है। दुर्भाग्य से, इस स्थिति से निपटने के लिए कोई गम्भीर और तत्काल प्रयास नहीं किये जा रहे हैं। इसके अलावा, रिपोर्टों से यह भी पता चलता है कि भारत ई–कचरे का निपटान–क्षेत्र (डम्पिंग ग्राउण्ड) भी बनता जा रहा है।

महिला सशक्तीकरण

पश्चिमी समाजों की तुलना में भारतीय समाज में लैंगिक सम्बन्ध अभी भी पर्दा–नशीन अथवा बहुत अधिक बाधित हैं। मोबाइल फ़ोन, विशेष रूप से स्मार्ट फ़ोन, ने कई सामाजिक मानदण्डों, मूल्यों और प्रथाओं के लिए अभूतपूर्व और अप्रत्याशित चुनौतियाँ पैदा की हैं। स्मार्ट फ़ोन के आने से सामाजिक जीवन में काफ़ी बदलाव आया है।

अब युवा पुरुष और महिलाएँ पारस्परिक सन्निकटता का अधिक आनन्द लेते हैं और वे एक–दूसरे से पाठ सन्देश (टेक्स्ट) और वीडियो के माध्यम से नियमित सम्पर्क रखते हैं। ग्रामीण भारत में इस उपकरण (गैजेट) को माता–पिता और पुरानी पीढ़ी द्वारा सन्देह और आशंका की दृष्टि से देखा जा रहा है। कई राज्यों और कई गाँवों में लड़कियों को सेल फ़ोन देने से मना किया जा रहा है। कुछ पंचायतें लड़कियों को सेल फ़ोन ले जाने की अनुमति नहीं देने का प्रस्ताव भी पारित करती हैं क्योंकि उनके अनुसार सेल फ़ोन समाज के नैतिक ताने–बाने को बर्बाद कर रहा है।

साथ ही यह विशेष रूप से उत्पीड़न और शोषण के ज़्यादा शिकार होने वाली दलित, पिछड़ी जातियों और अन्य कमज़ोर वर्गों की महिलाओं को सशक्त बना रहा है। एक साधारण, सस्ता मोबाइल फ़ोन होने पर भी वह पुलिस, अपने परिवार के सदस्यों और समर्थकों से मदद माँग सकती है। वह अपने क्षेत्र में काम कर रहे एक ग़ैर–सरकारी संगठन (एनजीओ) से भी सम्पर्क कर सकती है और उसकी मदद ले सकती है। इस प्रकार, इसने विभिन्न तरीक़ों से महिलाओं को सशक्त और जागरूक बनाया है।

धर्म

हालाँकि कई टी.वी. चैनल सभी प्रकार की धार्मिक सूचनाओं और ज्ञान के लिए बहुत सारी जानकारी और उसकी उपलब्धता प्रदान कर रहे हैं, एक स्मार्ट फ़ोन धर्म–अनुयायी को एक व्यक्तिगत संवेदना से भर देता है। सभी धर्मों के अनुयायी अब अपने धर्मों के विश्वासों और इतिहास के बारे में सुलभ, सरल और सहज तरीक़े से अवगत हो सकते हैं। साथ ही यह एक–दूसरे के ख़िलाफ़ नफ़रत और हिंसा को भी बढ़ावा देता है। इस प्रकार 'धर्म ऑनलाइन' एक दोधारी तलवार की तरह आपसी सद्‌भाव और शान्तिपूर्ण सहअस्तित्व को नुक़सान पहुँचाने के लिए इस्तेमाल किया जा रहा है।

अश्लील वीडियो

स्मार्ट फ़ोन के सबसे नुक़सानदायक दुरुपयोग में से एक अश्लील और यौन–उत्तेजित करने वाले वीडियो की आसान सरल, सहज एवं सुलभ उपलब्धता है। हज़ारों अश्लील साइटों तक बच्चे और बहुत कम उम्र के व्यक्ति आसानी से पहुँच सकते हैं। ये अश्लील वीडियो अक्सर हिंसक और विकृत सेक्स को दर्शाते हैं। इसका बच्चों पर बहुत बुरा असर पड़ रहा है। बच्चों और युवा वयस्कों पर 'पोर्नीफाइड कल्चर' के प्रभाव का अध्ययन किया गया है। यौन इच्छा और उसकी सन्तुष्टि स्वाभाविक और सामान्य है, लेकिन यह विकृत और अश्लील यौन सामग्री के निरन्तर सम्पर्क से बच्चों में यौन व्यवहार की प्रारम्भिक अवस्था को बुरे तरीक़े से प्रभावित करता है तथा इसके निर्धारण में निर्णायक भूमिका सुनिश्चिता कर सकता है और विशेष रूप से मानसिक और शारीरिक परिपक्वता प्राप्त करने से पहले कई मनोवैज्ञानिक विचलन और विकृतियों के लिए ज़िम्मेदार हो सकता है।

अश्लीलता कभी भी यौन शिक्षा का विकल्प नहीं हो सकती। लम्बे समय तक ऐसे वीडियो की सरल एवं सहज उपलब्धता और उसके साथ निरन्तर सम्पर्क वस्तुतः ऐसी अश्लील संस्कृति को जन्म दे सकती है जहाँ पुरुष और महिला के बीच प्राकृतिक और सामान्य सम्बन्धों के लिए कोई स्थान नहीं है। मनोवैज्ञानिकों का विचार है कि यह विकृत और विरूपी यौन मूल्यों जैसे 'समूह सेक्स', सोडोमी और पशुता को बढ़ावा देता है। महिलाओं के यौन उत्पीड़न की ख़तरनाक और शर्मनाक आवृत्ति के पीछे वस्तुतः उग्र पितृसत्तात्मक व्यवस्था के अलावा विकृत अश्लीलता की भी एक महत्त्वपूर्ण और विचारणीय भूमिका है।

लामबन्दी और हिंसा के लिए अफ़वाहों का प्रचार-प्रसार

अब जब हर कोई सेल फ़ोन से लैस है तो विशेष रूप से साम्प्रदायिक नफ़रत से सम्बन्धित अफ़वाहें फैलाई जा सकती हैं और अचानक जुटी भीड़ कथित 'अपराधी/शिकार' पर हमला कर सकती है। विगत कुछ वर्षों के दौरान हरियाणा, राजस्थान और उत्तर प्रदेश जैसे राज्यों में गौ तस्करी, बच्चा–चोरी, डायन–शिकार और कई अन्य कारणों की अफ़वाहों पर कभी–कभी निर्दोष व्यक्तियों की भीड़ द्वारा हत्या कर दी गयी। क़ानून लागू करने वाले अधिकारी ऐसी स्थितियों में हिंसा को रोकने के लिए सन्देश–प्रेषण (एसएमएस) और मोबाइल इंटरनेट सहित सभी इंटरनेट बन्द कर देते हैं। इस प्रकार, 'फ़र्ज़ी समाचार' और 'झूठे वीडियो' ने ऐसे किसी भी कृत्य में शामिल न होने वाले लोगों के जीवन के साथ खिलवाड़ किया है।

स्मार्ट फ़ोन सहित सस्ते सेल फ़ोन की बढ़ती उपलब्धता के साथ भारतीय समाज जीवन के विभिन्न क्षेत्रों में आमूल–चूल परिवर्तन के दौर से गुज़र रहा है। सामाजिक सम्बन्ध, सूचना और ज्ञान का विस्फोट, महिलाओं का सशक्तीकरण, नयी व्यावसायिक संस्कृति, धर्म और रीति–रिवाज़ तथा समाज के कई अन्य पहलू बदल रहे हैं। वास्तव में भारत को अब 'सेल फ़ोन राष्ट्र' के रूप में सम्बोधित किया जा रहा है।

50

पन्थनिरपेक्षता, सम्प्रदायवाद और कट्टरवाद : राष्ट्रीय-निर्माण की प्रक्रिया के विरुद्ध विभाजनकारी और विघटनकारी शक्तियाँ

Secularism, Communalism and Fundamentalism: Divisive Forces Against Nation- Building Process

वर्तमान भारतीय समाज राष्ट्रीय निर्माण की प्रक्रिया को बाधित और नुकसान पहुँचाने वाली विभाजनकारी एवं विघटनकारी शक्तियों के विरुद्ध संघर्षरत होने की अनिवार्यता पर बल देने को विवश हो रहा है। जातिवाद, जनजातीयतावाद, भाषावाद, क्षेत्रवाद के अलावा सम्प्रदायवाद और कट्टरवाद दो सशक्त और प्रभावी विभाजनकारी शक्तियाँ उभरी हैं। बहरहाल, सम्प्रदायवाद और कट्टरवाद के अनुशीलन, विश्लेषण और स्पष्ट समझ के लिए यह अनुपक्षेणीय एवं अवश्य ज्ञातव्य होगा कि हम इसे पन्थनिरपेक्षता की पृष्ठभूमि और भावभूमि में ही समझने का प्रयास करें।

धर्मनिरपेक्षता : वैचारिकी और प्रक्रिया के रूप में

एक समाजशास्त्रीय अवधारणा होने के नाते, धर्मनिरपेक्षता एक विचारधारा के रूप में अस्तित्वमान है और इसके सशक्त और प्रभावी वैचारिक अर्थ हैं, लेकिन भारत में इस शब्द को जिस प्रकार और जैसी प्रवृत्ति के साथ व्यवहार में लाया जाता है, वह इसके मूल वैचारिकी के अनुरूप नहीं है। सबसे पहले आइये, हम इस शब्द के वैचारिक निहितार्थों को विशुद्ध रूप से समाजशास्त्रीय सन्दर्भ में लें। सैद्धान्तिक धरातल पर, जैसा कि एमाइल दुर्खीम कहते हैं कि दुनिया में जो कुछ भी है–विश्वास, मिथक, हठधर्मिता, कार्य, व्यक्ति और प्राणी या तो 'पवित्र' है या 'धर्मनिरपेक्ष' है।

धर्म से सम्बन्धित सभी पक्ष 'पवित्र' के रूप में समाहित और सम्बोधित होते हैं और इसके अनुसार सभी परम्परागत समाज मूल रूप से 'पवित्र समाज' होते हैं क्योंकि ये, सामाजिक जीवन के महत्त्वपूर्ण भागों के रूप में और अलग–अलग तीव्रता के साथ, धर्म के क़ानूनों द्वारा शासित होते हैं। यह धर्म है जो ऐसे समाजों के सदस्यों की गतिविधियों को नियन्त्रित करता है। पन्थनिरपेक्षता की विशेषताओं में निम्नलिखित सबसे महत्त्वपूर्ण हैं :

(i) 'चर्च' (धार्मिक सत्ता) और 'राज्य' के बीच अधिकार का पृथक्करण,

(ii) 'पारलौकिकता' के विपरीत 'इहलोक' पर ज़ोर, और

(iii) तर्कवाद और वैज्ञानिक दृष्टिकोण।

धर्मनिरपेक्षता/पन्थनिरपेक्षता का तात्पर्य है कि राज्य चर्च, धार्मिक प्राधिकारों एवं संस्थानों जैसे कि *बिशप, पण्डित, मौलवी* या ख़लीफ़ा द्वारा शासित नहीं होगा। भाग्यवाद और दैवीय प्रतिशोध जैसी सामाजिक जड़ता को प्रोत्साहित करने वाले सिद्धान्त का धर्मनिरपेक्षता में कोई स्थान नहीं है। एक धर्मनिरपेक्ष मस्तिष्क की चिन्तन पद्धति और प्रणाली का आधार तर्क संगतता होती है जो इसकी एक महत्त्वपूर्ण विशेषता के रूप में रेखांकित की जा सकती है। एक धर्मनिरपेक्ष अथवा पन्थनिरपेक्ष (आधुनिक) समाज धर्म के ख़िलाफ़ नहीं है, लेकिन उसे अन्धविश्वास और असहिष्णुता के साथ–साथ कट्टरता और रूढ़िवाद से भी लड़ना होगा। समाज जन्मजात धर्मनिरपेक्ष नहीं होता। इसके बजाय, जो समाज धर्मनिरपेक्षता के विविध और अनेक रूपों तथा स्तरों को आत्मसात करने का प्रयास करते हैं, उन्हें परम्परागतता (धार्मिक/पवित्र) से धर्मनिरपेक्षता से जुड़े मूल्यों और वैचारिकी को अपनाने के लिए रूपान्तरित होना पड़ा। इस परिवर्तन में धर्मनिरपेक्षता की प्रक्रिया ने अपनी भूमिका निभायी है। इस प्रकार, धर्मनिरपेक्षता सामाजिक परिवर्तन की एक प्रक्रिया है जिसके माध्यम से धर्म और धार्मिक सोच की सार्वजनिक प्रभावोत्पादकता में गिरावट आती है, क्योंकि इसे वास्तविकता की व्याख्या करने और सामाजिक जीवन को विनियमित करने के अन्य तरीक़ों से बदल दिया जाता है। कई पश्चिमी समाज इस घटना के उदाहरण हैं जहाँ धर्म अभी भी जीवित है, लेकिन यह काफ़ी हद तक व्यक्तियों के निजी क्षेत्र तक ही सीमित है।

लोकतन्त्र के साथ–साथ पन्थनिरपेक्षता हमारे संविधान की प्रस्तावना में लिपिबद्ध है, लेकिन इस धर्मनिरपेक्षता की दो व्याख्याओं का सह–अस्तित्व

दृष्टिगत होता है। एक तरफ़ तो धर्म और राजनीति के विलगाव और पृथक्करण का पाश्चात्य सिद्धान्त है, दूसरी तरफ़, 'सर्व धर्म समभाव' की धार्मिक मान्यता और संकल्पना अस्तित्वमान है। धर्म और राजनीति के अलगाव की 'पश्चिमी' अवधारणा, विशेष रूप से धर्म और राज्य को अलग करना, जो वस्तुतः धर्म को निजता के दायरे में ले जाता है और दूसरी ओर सर्व धर्म समभाव (सभी धर्मों के लिए समान सम्मान), एक साथ चलते हैं। हिन्दू धर्म सही मायनों और परम्परागत मूल्यों में समानता और अन्यों की गरिमा को संरक्षित और सुरक्षित करने के लिए न केवल सैद्धान्तिक रूप से प्रतिबद्ध होता है बल्कि व्यवहारगत स्तर पर भी वह इसको अमल में लाने के लिए सर्वदा ही तत्पर रहता है, लेकिन 'राजनीतिक हिन्दुत्व' अन्यथा और अलग मानसिकता के साथ कार्य करता है। इस प्रकार, भारतीय सन्दर्भ में धर्मनिरपेक्षता वैचारिक रूप से साम्प्रदायिकता का विरोध करती है। यह सभी नागरिकों की सहमतियों और असहमतियों के साथ, उनके लिए धार्मिक और स्वतन्त्रता की समानता का प्रतीक है। एक धर्मनिरपेक्ष राजनीति वह है जिसमें राज्य नागरिकों के बीच उनके धार्मिक विश्वास के आधार पर भेदभाव नहीं करता है। यह सभी नागरिकों को समान नागरिक अधिकार प्रदान करता है, प्रत्येक की धार्मिक स्वतन्त्रता का सम्मान करता है और उन लोगों की भी स्वतन्त्रता की रक्षा करता है जो नास्तिक या अज्ञेयवादी हैं और धर्म एवं ईश्वर में विश्वास नहीं करते हैं।

धर्मनिरपेक्षता आज दुनिया भर में संकट का सामना कर रही है। भारत में, जैसा कि गुरप्रीत महाजन (2003) बताती हैं, धर्मनिरपेक्षता के आलोचक दो तर्क देते हैं : (क) धर्मनिरपेक्षता की अवधारणा–धर्म और राजनीति को अलग करना भारतीय समाज और जीवन–शैली के लिए नयी परिघटना है, इसलिए इसका भारतीय संस्कृति और सन्दर्भ में कोई स्थान नहीं है। (ख) धर्म को राजनीति से पृथक् करना एक विचार है जो ईसाई धर्म की देन और उपहार 'प्रोटेस्टेंट नैतिकता' से अभिप्रेरित है, लेकिन इसकी सीमित प्रयोज्यता है। धर्मनिरपेक्षता के पैरोकारों को इस तथ्य पर आपत्ति है कि भारतीय राज्य पर्याप्त रूप से धर्मनिरपेक्ष नहीं है, क्योंकि यह सार्वजनिक विषयों और कमोबेश प्रत्येक स्तर पर धर्म के उपयोग की अनुमति देता है। दूसरी ओर, धर्मनिरपेक्षता के आलोचकों का मानना है कि इस अवधारणा की भारत के लिए कोई प्रासंगिकता नहीं है क्योंकि इस देश में धर्म को राजनीति से अलग नहीं किया जा सकता है, लेकिन धर्म और राजनीति का

मिश्रण किस सीमा तक देश की शान्ति और समृद्धि को भंग कर सकता है, यह हमारे देश की हालिया प्रचलित राजनीति से बिल्कुल स्पष्ट है। हमारे पड़ोसी देशों–पाकिस्तान और अफ़ग़ानिस्तान में मौजूदा हालात हमारे लिए एक सबक होना चाहिए। हमारे निर्वाचित और चयनित प्रतिनिधियों को धर्म और रीति–रिवाज़ों के सार्वजनिक प्रदर्शन से दूर रहना चाहिए। राम मन्दिर के भूमि–पूजन में हमारे प्रधानमन्त्री की भागीदारी ने लाखों धर्मनिरपेक्ष लोगों को विस्मित कर दिया।

धर्मनिरपेक्षता को साम्प्रदायिकता के विरोधी के रूप में रेखांकित किया जाता है। यह दृष्टिकोण अल्पसंख्यकों को बहुसंख्यकों से सुरक्षा का भी प्रोत्साहन देता है। भारतीय समाज अपनी शुरुआत से ही ऐसी परम्पराएँ स्थापित करने में सक्षम और समर्थ रहा है जिसमें एक बहु–धार्मिक, बहु–जातीय और बहुभाषी ढाँचे में एक एकीकृत सामाजिक, सांस्कृतिक और राजनीतिक जीवन सम्भव था। अपने स्वयं के सांस्कृतिक–धार्मिक विचारों और प्रतीकों को दूसरों पर थोपना हिन्दू परम्परा और धर्म से सही मायनों में अलग रहा है। इसकी पुष्टि सबसे महान प्रतिपादकों में से एक स्वामी विवेकानन्द ने भी न केवल है बल्कि इसे युक्तियुक्त एवं उपयुक्त रूप से प्रदर्शित और निर्धारित भी किया गया है। मोटे और बुनियादी तौर पर, धर्मनिरपेक्षता की प्रक्रिया तीन कारकों से संचालित होती है :

(i) शिक्षा;
(ii) विधान तथा
(iii) सामाजिक सुधार

शिक्षा, जब वैज्ञानिक और तर्कसंगत आधार पर प्रदान की जाती है, तो चिन्तन–प्रक्रिया में तर्कसंगतता को जन्म देती है। इस सन्दर्भ में यदि हम भारत को एक विषय के रूप में चयनित करें, तो हमें यह परिलक्षित होता है कि शिक्षा धार्मिक संस्थानों, विद्यालयों और मदरसों के माध्यम से दी जाती थी जो मन्दिरों, मठों, मस्जिदों और चर्चों से जुड़ी होती थी। जब औपचारिक शिक्षा का दायरा बढ़ा और धर्मनिरपेक्ष शिक्षण संस्थान खोले गये, तो इससे एक बड़ा बदलाव आया। शिक्षा की विषय–वस्तु और शिक्षा के माध्यम में परिवर्तन इसके लिए काफ़ी हद तक ज़िम्मेदार था। इसलिए सामाजिक परिवर्तन में औपचारिक शिक्षा की भूमिका को कम नहीं किया जा सकता है। धर्मनिरपेक्षता की प्रक्रिया में विधायी पक्ष भी महत्त्वपूर्ण कारक है,

लेकिन केवल विधायी पक्ष को प्राथमिक और केन्द्रीकृत बनाने से, जो उचित प्रेरणा और सामाजिक वातावरण द्वारा समर्थित नहीं है, वांछित परिणाम प्राप्त नहीं किया जा सकता है। कई विकासशील देशों को इस स्थिति के उदाहरण के रूप में उद्धृत किया जा सकता है। अगर भारत का सन्दर्भ लें, तो सही मायनों में धर्मनिरपेक्षता के उदय के लिए पर्याप्त और अनिवार्य बुनियादी ढाँचे के समर्थन के बिना हमारा देश विधायी रूप से धर्मनिरपेक्ष हो गया है। हमारे देश की धर्मनिरपेक्षता और राष्ट्रीय एकता के मुखौटे के पीछे संकीर्णता, रूढ़िवादिता और अवैज्ञानिक भावनाओं का एक विस्मयकारी वैविध्य चस्पाँ है, वह वस्तुतः हमारे 'धर्मनिरपेक्ष' देश के ताने–बाने और मूल्यों के लिए एक ऐसी चुनौती रही है जिससे संघर्षरत रहना और इसकी रक्षा करना हमारी राष्ट्रीयता की नींव है। जातिवाद, जनजातीयतावाद, भाषावाद और धार्मिक साम्प्रदायिकता का अस्तित्व हमारे कटु सत्य हैं जिसका अहसास–बोध नित्य–प्रतिदिन ही होता है। तथाकथित 'पैरोकारी', 'ईश्वर–पुत्रों/अवतार' और धार्मिक कट्टरपन्थी स्वतः ही फल–फूल रहे हैं। इन कारकों की प्रबलता के बरअक्स धर्मनिरपेक्षता केवल काग़ज़ी शेर बन और सिमट कर रह गयी है। वास्तव में, धर्मनिरपेक्षता जीवन जीने की एक पद्धति है, तरीक़ा है। यह कोई नारा नहीं बल्कि आस्था का विषय है। सामाजिक सुधार के लिए सामाजिक आन्दोलन एक ऐसा उपयुक्त और प्रभावी उपकरण है जो धर्मनिरपेक्षता की प्रक्रिया को प्रोत्साहन देता है। यह मानसिकता को परिमार्जित और परिष्कृत करता है। यह हमें सामाजिक परिवर्तन को स्वीकार करने के लिए तैयार करता है। हमारे समाज ने जिस भी हद तक धर्मनिरपेक्षता और इसके मूल्यों को संरक्षित करने की प्रतिबद्धता हासिल की है और उसे आत्मसात किया है, वह समय–समय पर शुरू किये गये विभिन्न सामाजिक–सुधार के लिए एक बहुत बड़ी उपलब्धि के रूप में रेखांकित की जा सकती है।

धर्मनिरपेक्षीकरण की प्रक्रिया में शहरीकरण और औद्योगीकरण, दोनों अभिप्रेरक के रूप में कार्य करते हैं। इन दोनों कारकों के अस्तित्वमान होने और फिर प्रभावी होने में तकनीकी नवाचारों की उल्लेखनीय भूमिका है। यह देखा गया है कि जैसे–जैसे वैज्ञानिकता और प्रौद्योगिकी का क्षेत्र विस्तृत होता है, धर्म का क्षेत्र सिकुड़ता और संकुचित होता जाता है। इसका शायद ही यह मतलब हो कि धर्म और विज्ञान असंगत हैं। इस सन्दर्भ में एक प्रख्यात विद्वान के रूप में एस.सी. दुबे (1974) ने ठीक

ही कहा है– "उच्च आध्यात्मिक और नैतिक धरातल पर, धर्म विज्ञान के मुहावरे और प्रगति के लोकाचार के साथ असंगत नहीं है। इसके अलावा, शहरीकरण और औद्योगीकरण 'समष्टिगत' भावना और तात्कालिक नियन्त्रण को शिथिल करने में मदद करते हैं। ये मनुष्य के लिए नये विकल्पों की सर्जना करते हैं। इसके अलावा, यह तर्कसंगत कार्य–कारण–प्रभाव आधृत स्पष्टीकरण को प्रोत्साहित करता है और इस प्रकार, जीवन के विभिन्न पहलुओं पर धार्मिक विश्वासों की पकड़ शिथिल हो जाती है, हालाँकि और परिघटना के रूप में धर्म में रुचि बनी रहती है। यह अपने 'सामूहिकता और साम्प्रदायिकता के गहराते रंग' को छोड़ देता है और फलतः व्यापक स्तर पर इसका रूपान्तरण हो जाता है : एक व्यक्तिगत विषय अथवा निजी कार्य व्यापार।"

बहरहाल, भारत के राज्य ने धर्मनिरपेक्षता की प्रक्रिया को प्रोत्साहित करने के लिए निम्नलिखित क़दम उठाये;

(i) अस्पृश्यता के रूप में असमानता के ऐसे प्रतीकों को समाप्त करना, जिनके अभ्यास को दण्डनीय अपराध घोषित किया गया है;

(ii) लोगों के सभी वर्गों के लिए सभी धार्मिक स्थलों और संस्थानों को खोलना;

(iii) हिन्दू व्यक्तिगत क़ानून (Personal Law) में सुधार, अन्ततः देश में सभी समुदायों के लिए एक समान/समान व्यक्तिगत क़ानून (Personal Law) विकसित करना है;

(iv) ऐसी सभी एजेंसियों जैसे दुकानों, सार्वजनिक रेस्तरां, होटलों और सार्वजनिक मनोरंजन के स्थानों को राज्य के किसी भी नागरिक के साथ भेदभाव करने से प्रतिबन्धित करना;

(v) सभी शैक्षणिक संस्थानों को सभी समुदायों के सदस्यों के लिए खोलना;

(vi) ऐसी सामग्री को सम्मिलित करके पाठ्य–पुस्तकों की सामग्री को धर्मनिरपेक्ष बनाना जो वैज्ञानिक–तर्कसंगत दृष्टिकोण को बढ़ावा देने में सहायक हो सकती है, ऐसी सामग्री को हटाकर और वर्जित करके जिससे युवा मस्तिष्क में ज़हर भरने की सम्भावना थी और जो परम्परावाद, अश्लीलता और धार्मिक रूढ़िवाद से घिरा हुआ था, तथा;

(vii) एक सशक्त आर्थिक आधार विकसित करना ताकि ग़रीबी को मिटाया जा सके और लोगों के बीच धन का समान वितरण सुनिश्चित किया जा सके।;

धर्मनिरपेक्षता आधुनिकीकरण की प्रक्रिया में बुनियादी तत्त्वों में से एक है। इस प्रकार, यदि हमारे समाज को विश्वव्यापी परिवर्तनों का सामना करने के लिए आधुनिकीकरण करना है, तो हमारे पास धर्मनिरपेक्षता की प्रक्रिया को तेज़ करके 'धर्मनिरपेक्षता को व्यवहार में' अपनाने के अलावा और कोई विकल्प शेष नहीं बचा है।

साम्प्रदायिकता, कट्टरवाद और साम्प्रदायिक हिंसा

भारत के वर्तमान सामाजिक–राजनीतिक परिदृश्य की सबसे महत्त्वपूर्ण विशेषता नयी आर्थिक नीति और वैश्वीकरण के सामने साम्प्रदायिकता का 'विस्फोट' है। यह भारतीय समाज के सामाजिक ताने–बाने के लिए ख़तरा है।

बहुलवादी और वैविध्यपूर्ण भारत में साम्प्रदायिकता एक अत्यन्त जटिल परिघटना है। सामाजिक विज्ञान में विभिन्न विषयों के शिक्षाविदों ने कई प्रकार की परिभाषाएँ तैयार की हैं–जो कुछ अस्पष्ट, कुछ निश्चित और स्थिर, पूर्वकल्पित धारणाओं पर आधारित हैं, तो अन्य कुछ हमेशा बदलती सामाजिक–राजनीतिक गत्यात्मकता के आधार पर। इनमें से कुछ परिभाषाओं में साम्प्रदायिकता को 'सबसे ऊपर एक विचारधारा', कुछ अन्य को 'भ्रामक चेतना', 'दुर्लभ संसाधनों के लिए संघर्ष', 'नौकरियों के लिए प्रतिस्पर्धा', 'शासक वर्ग की राजनीति का एक साधन' के रूप में समझाया गया है। जल्द ही अपने अत्यधिक असहिष्णु और अलोकतान्त्रिक प्रवृत्ति के आधार पर इसे फ़ासीवाद के अग्रदूत के रूप में भी देखा जाता है। परिभाषाओं की अधिकता के बीच, डब्लू. सी. स्मिथ (1979) की परिभाषा काफ़ी सामान्यीकृत और स्वीकृत है :

"साम्प्रदायिकता वह विचारधारा है जिसने सामाजिक, राजनीतिक और आर्थिक इकाई के रूप में प्रत्येक धर्म के अनुयायियों के समूह पर बल दिया है, और ऐसे समूहों के बीच भेद, यहाँ तक कि विरोध पर भी ज़ोर दिया है।"

यहाँ तक कि एक जटिल घटना के अति–सरलीकरण के रूप में देखे जाने के जोख़िम पर भी उसी परिभाषा को फिर से परिभाषित किया जा

सकता है : "साम्प्रदायिकता एक विचारधारा है जो इस विश्वास पर आधारित है कि समाज धार्मिक समुदायों में विभाजित है और जिनके हित भिन्न हैं एवं परस्पर विरोधी हैं और इसलिए प्रकृति में विरोधी प्रतीत होते हैं।" सामाजिक, आर्थिक और राजनीतिक आयामों के सापेक्ष धार्मिक साम्प्रदायिकता के भारत के अनुभव के सन्दर्भ में उपर्युक्त उदाहरण स्मिथ की परिभाषा को स्पष्ट और अधिक समझने योग्य बनाता है। यहाँ, चूँकि धर्म और धार्मिक पहचान (या साम्प्रदायिक पहचान हो सकती है) साम्प्रदायिकता की समझ के लिए केन्द्रीय वस्तु है, और चूँकि भारत एक पारम्परिक समाज होने के नाते धर्म को जीवन में सर्वोच्च मूल्य के रूप में प्राथमिकता देता है। इसलिए साम्प्रदायिकता पर कोई भी चर्चा धर्म की भूमिका के बिना सार्थक नहीं होगी और धार्मिक पहचान की बुनियादी धार्मिकता की भावना का पुष्पन और पल्लवन है। यहाँ, यह कहा जा सकता है कि धार्मिक जुड़ाव की भावना, जो आमतौर पर किसी की पहचान के लिए प्राथमिक रही है, आमतौर पर सामान्यतः बचपन के दिनों के दरमियान समाजीकरण की प्रक्रिया के अन्तर्गत हासिल की जाती है या यों कहें कि प्राप्त होती है।

आइये, हम साम्प्रदायिक विचारधारा के आधार पर पुनः वापस जायें कि समाज उन धार्मिक समुदायों में विभाजित है जिनके हित पारस्परिक भिन्न ही नहीं हैं बल्कि एक–दूसरे के विपरीत हैं। दरअसल, अपनी कुतार्किकता और व्यक्तिगत अनुभवों की पुष्टि और इसे अभिप्रमाणित करने के लिए वे अतीत की ग़लत और अवैज्ञानिक व्याख्या का आश्रय लेते हैं और इस पर गर्व भी करते हैं। क्या ग़रीबी, बेरोज़गारी, शिक्षा और स्वास्थ्य सम्बन्धी अवसंरचना के अभाव की समस्याएँ सभी धार्मिक समुदायों के लिए समान नहीं हैं? क्या इन मामलों में उनके हित एक–दूसरे से भिन्न या विरोधी हैं?

कहा जा सकता है कि साम्प्रदायिकता का सौ साल से भी अधिक पुराना इतिहास रहा है, जिसने असंख्य तरीक़ों से भारत के सामाजिक–सांस्कृतिक और राजनीतिक जीवन के पहलुओं को प्रभावित किया है। निश्चित समय की प्रविधि में यह विस्फोटक होने के साथ–साथ निष्क्रिय रहता है। साम्प्रदायिकता पर अपने प्रशंसित काम में बिपिन चन्द्र (1987) ने तर्क दिया कि "साम्प्रदायिकता पिछले एक सौ पचास वर्षों की ऐतिहासिक प्रक्रियाओं की झूठी चेतना थी, क्योंकि, वास्तव में हिन्दुओं और मुसलमानों के हितों के बीच कोई वास्तविक संघर्ष मौजूद ही नहीं था।" यह इतिहास का एक झूठा दृष्टिकोण था। वह आगे तर्क देते हैं कि "साम्प्रदायिकता आर्थिक

स्थिरता और समाज को बदलने के लिए सशक्त संघर्ष की अनुपस्थिति की विशेषता वाली सामाजिक स्थिति में हितों, आकांक्षाओं, दृष्टिकोण, मनोविज्ञान और मध्य वर्गों के दृष्टिकोण की अभिव्यक्ति और गहराई में निहित थी– साम्प्रदायिक प्रश्न था क्षुद्र और स्वार्थी बुर्जुआ वर्ग की सर्वोत्कृष्टता।" के. एन. पणिक्कर (1991) ने कहा कि "साम्प्रदायिकता चेतना की एक अवस्था है जो मुख्य रूप से एक ही धर्म को मानने वाले सदस्य के लिए विशिष्ट सांस्कृतिक पहचान की कुछ मान्यताओं पर आधारित है।" ज्ञानेन्द्र पाण्डे (1990) ने सुझाव दिया कि "साम्प्रदायिकता उपनिवेशवादी ज्ञान का एक रूप है, जिसका भारतीय सन्दर्भ में, विभिन्न धार्मिक समुदायों के सदस्यों के बीच सन्देह, भय और शत्रुता की स्थिति है।" ये सभी परिभाषाएँ व्यापक रूप से दो प्रमुख धार्मिक समुदायों जैसे हिन्दू–मुस्लिम, हिन्दू–ईसाई, हिन्दू–सिख, मुस्लिम–सिख सम्बन्धों के बीच विरोधाभासी सम्बन्धों को स्पर्श करती है, चाहे वह 'कल्पना' हो या वास्तविक।

साम्प्रदायिकता : भारतीय राजनीति का नया चेहरा

भारतीय राज्य की परिकल्पना एक धर्मनिरपेक्ष, ग़ैर–साम्प्रदायिक तरीक़े से की गयी थी। धर्मनिरपेक्ष–लोकतान्त्रिक राज्य में राजनीति और राजनीतिक दलों की एक महत्त्वपूर्ण भूमिका सुनिश्चित की गयी थी। दुर्भाग्य से स्वतन्त्र भारत में चुनाव के मायने अपने आप में समाप्त हो गये और व्यापक राष्ट्रीय हितों के बजाय संकीर्ण आत्म और राजनीतिक हित अधिक महत्त्वपूर्ण हो गये। इस परिदृश्य में, एक बहुलवादी समाज में संख्या के खेल के साम्प्रदायिक निहितार्थ स्पष्ट हो गये। राजनीतिक दल जाति और धर्म के बरअक्स अपने हितों की कल्पना करते हैं। ''संख्याओं के खेल में इस तरह के एक जातीय अभिविन्यास में दो प्रमुख विशेषताएँ हैं। पहला, नये राजनीतिक संगठनों का उदय है जो कभी–कभी स्पष्ट रूप से और कभी–कभी इतने स्पष्ट रूप से साम्प्रदायिक नहीं होते हैं। यह स्थानीय स्तर पर होता है या उस स्तर पर शुरू होता है और फिर आगे बढ़ता है'' (रजनी कोठारी 1998)। वह शिवसेना को इसके एक स्पष्ट उदाहरण के रूप में देखते हैं, लेकिन कई अन्य उदाहरण भी हैं। सांस्कृतिक और साम्प्रदायिक संगठनों द्वारा राजनीतिक संगठनों पर क़ब्ज़ा करना भी एक उदाहरण है। वस्तुतः ग़ैर–राजनीतिक संगठनों द्वारा राजनीतिक भूमिका निभाने के रूप में क्या शुरू होता है। रजनी कोठारी राष्ट्रीय स्वयंसेवक

संघ का उदाहरण देते हैं। और इस घटना या प्रक्रिया के फलस्वरूप उपजे ज़मात–ए–इस्लामी को भी रेखांकित करना नहीं भूलते। ऐसे संगठन यह ऐलान करते हैं कि उनका राजनीति से कोई लेना–देना नहीं है, लेकिन वे अपना जाल फैलाते रहते हैं, ताकि समय के साथ, राजनीतिक संगठन जैसे दल, व्यापार संघ और पेशेवर संघ, जैसे छात्र और शिक्षक, यहाँ तक कि महिला संगठन भी साम्प्रदायिक और इससे जुड़े ऐसे संगठनों पर अधिक निर्भर हो जाते हैं, जिन्हें राजनीतिक तक नहीं माना जाता है।

राजनीति का अपराधीकरण और लम्पटीकरण भी अन्ततः साम्प्रदायिकता से जुड़ जाता है। लेकिन साम्प्रदायिक राजनीति में मध्यवर्ग की भूमिका एक चिन्ताजनक घटना है। मध्यवर्ग के बड़े हिस्से साम्प्रदायिकता के झण्डाबरदार बन जाते हैं और कार्यकर्ता या समर्थक के रूप में साम्प्रदायिक राजनीति में सम्मिलित हो जाते हैं। रजनी कोठारी (पूर्वोक्त) का कहना है कि हिन्दू मध्यवर्ग लम्बे समय से खुद को अल्पसंख्यकों (धार्मिक के साथ–साथ सामाजिक, उदाहरण के लिए, दलितों और आदिवासियों) से घिरा हुआ पा रहा है। दरअसल, मोटे तौर पर नज़रिया यह रहा है : हम उन्हें हर समय 'पक्ष' क्यों देते हैं? राज्य ने हमारे लिए क्या किया है? उनके पास आरक्षण है, वे और अधिक समृद्ध हो रहे हैं, राज्य उन्हें इन सब में मदद करता है, केवल हम पीछे रह गये हैं? बहुसंख्यक समुदाय को इन सभी वर्षों में काँग्रेस की नीतियों से आहत होने और भेदभाव किये जाने की वस्तुस्थिति का 'अभिज्ञान' हो। इस बीच, उग्रवादी मसीहावादी क़िस्म के बहुत सारे 'सांस्कृतिक' हिन्दू संगठन उभरे हैं, जिनका उद्देश्य हिन्दुओं में एक एकीकृत, केन्द्रीकृत इकाई से सम्बन्धित होने की भावना लाना है। महात्मा गाँधी की हत्या के बाद कुछ समय के लिए राष्ट्रीय स्वंयसेवक संघ को राजनीतिक रूप से निम्नतर होना पड़ा था, लेकिन बाद में यह फिर से सक्रिय हो गया। यहाँ तक कि प्रमुख धर्मनिरपेक्ष राजनीतिक दलों के साथ गठजोड़ करने में काँग्रेस अपना झुकाव या रूख स्पष्ट कर अपनी परम्परा में भी स्पष्ट रूप से साम्प्रदायिक दलों को लेने के लिए 'नरम हिन्दुत्व' की ओर एक नाटकीय बदलाव किया है। इस परिदृश्य में, वामपन्थी अपने सीमित प्रभाव के कारण इस प्रवृत्ति पर कोई रोक लगाने में विफल रहे। इस प्रकार, पुराने या नये प्रकार के 'विपक्षी' दल सत्ता में एक नया आधार पाते हैं, जैसे कि हैदराबाद में इत्तिहाद–उल–मुस्लिमीन (एम.आई.एम.)।

कट्टरवाद, साम्प्रदायिकता और वैश्वीकरण

कट्टरवाद (Fundamentalism) का प्रयोग अक्सर उसी अर्थ एवं सन्दर्भ में किया जाता है जिसमें साम्प्रदायिकता का प्रयोग किया जाता है। लेकिन कट्टरवाद धार्मिक कट्टरता की धारणा के साथ अपेक्षाकृत निकटता से जुड़ा हुआ है। यह एक महिमामय, ग़ैर–आलोचनात्मक और निरंकुश तरीक़े से एक धार्मिक परम्परा के 'मूल सिद्धान्तों' पर वापस जाने का प्रयास है। "यह एक सिद्धान्त में निर्विवाद और अन्ध विश्वास है, आमतौर पर ये अपनी धार्मिकता और इसके प्रोत्साहन में तत्परता के साथ कृतसंकल्पित होकर कार्य करते हैं। आधुनिक युग में इस शब्द का प्रयोग इस्लामी आस्था के सन्दर्भ में रूढ़ रूप से व्यापक स्तर पर व्यवहृत होता है। हिन्दू उग्रवाद का उदय भी इसी असहिष्णुता की प्रवृत्ति के प्रभावस्वरूप हुआ है। सम्भवतः इसलिए हिन्दू कट्टरवाद जैसे वाक्यांश को वर्तमान सन्दर्भ में उपयोग में लाया जाता है।" (टीपीजी जॉर्ज, 1998)

कट्टरवाद को एक धार्मिक आन्दोलन के रूप में देखा जा सकता है जो आस्था के आवश्यक या 'मौलिक' पहलुओं के पूर्ण सत्य और व्यवहार पर ज़ोर देता है। कट्टरवाद सामाजिक रूप से न केवल धर्मों के बीच अपने विशिष्ट स्थान के कारण महत्त्वपूर्ण है, बल्कि इसलिए भी कि यह आसानी से राजनीतिक क्षेत्र में प्रसारित हो जाता है। धार्मिक रंग कुछ भी हो, कट्टरपन्थी आधुनिक विचारों के विरोधी हैं और सभी प्रकार के बौद्धिक तर्कों की निन्दा करते हैं। "हालाँकि वास्तव में कहा जाये तो कट्टरवाद यहूदी, ईसाई और इस्लाम जैसे (दिव्य) धर्मों से जुड़ी पवित्र पुस्तकों की एक विशेषता है। हालाँकि, आज जो देखा जा सकता है, वह हिन्दू धर्म को भी कुछ बुनियादी धर्मग्रन्थों तक सीमित करके, इसके 'मौलिकीकरण' या बुनियादी पुनरुत्थान का एक प्रयास है, जैसे कि वेद, उपनिषद, गीता और कुछ 'सर्वमान्य' मिथक जैसे राम का युद्ध और उग्रवादी संस्करण।" (गेब्रियल डिट्रिच, 1995)।

अगर हम क़रीब से देखें तो हम पाते हैं कि कट्टरवाद ख़ुद को राजनीतिक रूढ़िवाद और पितृसत्तात्मक मूल्यों के साथ जोड़ता है। साथ ही यह "ख़ुद को पूँजीवाद के आक्रामक रूपों से जोड़ता है जिसे संयुक्त राज्य अमेरिका के 'इलेक्ट्रॉनिक चर्च' में ईसाई कट्टरपन्थियों के बीच देखा जा सकता है। (डियट्रिच, पूर्वोक्त) कट्टरवाद का साम्प्रदायिकता की तुलना

में धर्म के साथ घनिष्ठ सम्बन्ध है। जबकि साम्प्रदायिकता आज धर्मनिरपेक्षता (धर्मनिरपेक्ष शब्दजाल) और राष्ट्रवाद की भाषा बोलने का दावा करती है, कट्टरवाद धर्म के मूल सिद्धान्तों के बारे में बहस करने की कोशिश करता है। इसलिए, यह कभी–कभी अन्तर–धार्मिक तर्कों को अभिव्यक्त कर सकता है, लेकिन अन्तर–धार्मिक संवाद को भय से नज़रअन्दाज़ भी कर सकता है। साम्प्रदायिक राजनीति के अभी के दबाव में, जो 'हिन्दूवाद', 'इस्लाम', 'ईसाई धर्म' आदि की भावना पैदा करता है, ख़तरे में है, कट्टरपन्थी ताक़तें सभी धार्मिक समुदायों में ज़मीन हासिल कर रही हैं। "कभी–कभी कट्टरवाद पूँजीवादी शक्तियों द्वारा अपनायी जा रही त्वरित विकास की पद्धति और तौर–तरीक़ों से भी पनपता है, जैसे कि सामाजिक सुधार के नाम पर भिंडराँवाले का उदय हुआ जो कि वर्तमान में सिख कट्टरवाद का प्रतीक और चेहरा है।" भारत में ज़मात–ए–इस्लामी मुस्लिम कट्टरवाद का प्रतिनिधि है क्योंकि यह अपने तथाकथित उसूलों और वज़हों पर निरन्तर बल देना जारी रखता है। मूल विचारधारा के रूप में, इस्लाम के कुछ मूल तत्त्व आधुनिक समय के अनुकूल और अनुरूप नहीं लगते हैं। पाकिस्तान में कट्टरपन्थी तत्त्व और अफ़ग़ानिस्तान के 'तालिबान' मुस्लिम कट्टरवाद के सबसे विकृत रूप हैं, जो उनके समाजों को मध्ययुगीन या प्राचीन काल में ले जाने की सम्भावनाओं को आकार ही नहीं दे रहे बल्कि सकारात्मक और तीव्रता के साथ उसको प्रशस्त कर रहे हैं।

(इस पाठ में 'सेक्युलर' के लिए धर्मनिरपेक्षता और पन्थनिरपेक्षता दो शब्दों को व्यवहार में लाया गया है, किन्तु इस सन्दर्भ में यह ध्यातव्य है कि धर्मनिरपेक्षता शब्द का उल्लेख संविधान में कहीं नहीं है, जबकि 'सेक्युलर' के लिए पन्थनिरपेक्षता शब्द के प्रयोग को निर्धारित किया गया है।)

(स्रोत; भारतीय संविधान, सुभाष कश्यप)

◻◻